主编简介

宋坤，男，1951年生，河北卢龙人，曾任中共卢龙县委办公室主任、卢龙县人大常委会副主任。系中国民间文艺家协会会员、中华诗词协会会员、中国孤竹文化研究中心常务副主任。曾在全国近百家报刊上发表杂文、随笔、文史文章若干篇，作品曾获河北省文艺振兴奖。著有杂文集《虎头石漫笔》，主编《中国孤竹文化》《京东第一府》《孤竹诗词》。

孤竹儿女

宋　坤◎主编

华龄出版社
HUALING PRESS

责任编辑：董　巍

责任印刷：李未圻

图书在版编目（CIP）数据

孤竹儿女／宋坤主编． -- 北京：华龄出版社，
2019. 12

　ISBN 978 - 7 - 5169 - 1507 - 3

　Ⅰ.①孤… Ⅱ.①宋… Ⅲ.①名人—生平事迹—卢龙
县 Ⅳ.①K820. 822. 4

　中国版本图书馆 CIP 数据核字（2019）第 290003 号

书　名：孤竹儿女

作　者：宋坤　主编

· ·

出 版 人：胡福君

出版发行：华龄出版社

地　　址：北京市东城区安定门外大街甲 57 号　　邮编：100011

电　　话：010—58122246　　　　　　　传真：010—84049572

网　　址：http：//www. hualingpress. com

· ·

印　　刷：三河市华东印刷有限公司

版　　次：2021 年 1 月第 1 版　　2021 年 1 月第 1 次印刷

开　　本：710mm×1000mm　1/16　　　　印张：19. 5

字　　数：350 千字

定　　价：98. 00 元

· ·

编辑委员会

热土丰碑

——《孤竹儿女》序

卢龙县委书记　鞠世闻

在改革复兴，新时代文明实践的热潮中，卢龙县又一文化兴县的硕果亮相舞台了。全面反映卢龙县各个历史时期杰出人物精神风貌的专著《孤竹儿女》公开出版了。这是卢龙县文化生活中的一件大喜事。在本书出版之际，有些话很想与读者共勉，权当本书的序言吧。

孤竹，一片富有传奇色彩的热土。在这片热土上，诞生了商之始祖，养育了古圣先贤，衍生了以玄水文化、农耕文化、青铜文化、道德文化为基本内涵的中国孤竹文化，同时也造就了一代又一代的时代楷模。古圣先贤，引领东方精神。封疆大吏，开疆拓土。古城名宦，治国兴邦。沙场英豪，浴血奋战，谱写了一曲曲振奋人心的炎黄子孙、孤竹儿女交响曲。近代，在抗日战争解放战争时期，又涌现一批能征善战、敢打必胜、抛头颅洒热血的英雄儿女。新中国成立以后，卢龙县从军在外的三军将校，工作、生活在外的四方政要，遍及全国各地的科教精英、文体旗手、商企领军，以及在卢龙县廉洁从政的人民公仆，艰苦创业的社会贤能，都以各自不同的姿态，展示出孤竹儿女勤劳、勇敢、拼搏、奉献、团结、善良、睿智、笃学的美好形象。

我到卢龙县任职不久，便被卢龙县几千年以来孤竹儿女的光辉业绩所感动，所鼓舞。作为一名为政一方的人民公仆，不仅需要向他们好好学习，也很需要把他们的光辉业绩整理出来，编印成书，以励后人。这些孤竹儿女，可歌可泣，也完全可以入史入传。于是，我提议，由中国孤竹文化研究中心负责，组织编辑出版《孤竹儿女》一书。近几年来，中国孤竹文化研究中心在挖掘、研究、传承、开发孤竹文化方面做了大量积极有效的工作，先后编辑出版了《中国孤竹文化》《京东第一府》《诗话孤竹》《孤竹国史论》等中国孤竹文化系列丛书。这本《孤竹儿女》，是中国孤竹文化系列丛书的一个重要组成部分，同时也是卢龙县人民，特别是在外从军、从政、从教、经商的各位领导、志士仁人认识家乡，了解家乡，关注、关怀家乡建设的一本活字典、活教材。卢龙县的各级干部、在校学生以及广大人民群众，都要认真学习、领会、掌握这本书的精神实质，激发奋发向上的社会主义正能量，为卢龙县国民经济和社会各项事业的发展，进而实现"中国梦"做出积极的贡献。

文化作为一种精神力量，能够在人们认识世界、改造世界的过程中转化为物质力量，对社会发展产生深刻的影响。先进的、健康的文化对社会的发展产生巨大的促进作用。优秀文化总能以其特有的感染力和感召力，成为照亮人们心灵的火炬、引领人们前进的旗帜。近年来，卢龙县在文化建设方面，做了大量的工作。除了编辑出版一系列出版物以外，还新建了现代化标准的文化馆、图书馆、体育馆，目前正在筹建李大钊纪念馆、孤竹文化博物馆、一渠百库纪念馆、永平书院，永平府古城保护维修也正在进行之中。财政小县，办文化大事，已经不是一个空洞的口号，而是卢龙县上上下下有目共睹的现实。

2020 年 12 月 1 日

目　录
CONTENTS

孤竹儿女·上卷

孤竹儿女·下卷

孤竹儿女·上卷

古圣先贤

早在三千多年前的殷商时期，商朝北境有一个商王朝分封的同姓诸侯国——孤竹国。孤竹传国千年，文明盛足，人杰地灵。这里诞生和养育了被孔子、孟子尊为圣贤的伯夷、叔齐，衍生了以玄水文化、农耕文化、青铜文化、道德文化为核心的中国孤竹文化。伯夷、叔齐是孤竹这片国土上最有代表性的圣贤级的优秀孤竹儿女。

伯夷、叔齐

伯夷、叔齐是孤竹国九世国君墨胎氏的长子和三子。伯夷，名允字公信；叔齐，名智字公达。伯夷、叔齐是二人的谥号。弟兄二人均以贤德为重，伯夷性情温和敦厚，叔齐聪颖机智。因为叔齐比较聪慧，故墨胎氏临终遗命传位于叔齐。墨胎氏逝后，叔齐认为长幼有序，不肯为君，让位于伯夷。伯夷因父命在先，不肯违拗，也不愿继位。二人一直相让不下。后来伯夷考虑到自己居于国内，弟弟断不能继承君位，长此下去必将误国，于是悄悄出走。叔齐与伯夷想法不谋而合，也悄然离国而去。二人出走后，国人无奈，立中子为君。

伯夷、叔齐出走后相遇，听说国人已立新君，于是二人相商投奔西岐"似将有道""善养老"的周文王姬昌。二人历尽千辛万苦赶往西岐，可此时周文王已去世多年，武王姬发正带领大军征讨商纣王。伯夷、叔齐以为文王刚死，武王就出兵伐商，乃不仁不孝之举。于是拦住武王的车马劝谏："父死不葬，爰及干戈，可谓孝乎？以臣弑君，可谓仁乎？"意思是：你父亲刚刚死去，你不好好安葬，为什么急急忙忙大动刀兵？这能说是孝道的行为吗？作为臣子，去讨伐君主，这是仁义的行为吗？武王的左右想杀了二人，被军师姜子牙劝住，说："此义人也。"扶起二人，放他们走了。后来武王平灭殷商，天下归周。据《庄子》《吕氏春秋》记载，武王曾许下二人高官厚禄，但二人始终拒不接受。

伯夷、叔齐到西岐原本是为了投奔周文王，却遇到"父死不葬""以臣弑君"的武王。乘兴而去，失望而归，遂隐居到故国的首阳山（现卢龙县城南的阳山），发誓宁死不吃周朝的粮食，在山上采薇而食。一天，二人正在山上采薇，遇到一个打柴的妇人，妇人问他们为什么采薇而食，他们便把不食周粟的原因讲给了妇人。妇人听了，也许是为了劝说二人不要再固执，说："你们讲道义不吃周朝的粮食，可你们采的薇也是周朝的草木呀！"从此二人索性连薇也不采了。他二人悲愤地吟诵了一首《采薇歌》："登彼西山兮，采其薇矣；以暴易暴兮，不知其非矣；神农、虞、夏忽焉没兮，我安适归矣；吁嗟徂兮，命之衰矣。"歌罢，便双双饿死在首阳山上。

各个历史时期对伯夷、叔齐的纪念、歌颂与祭祀

伯夷、叔齐耻食周粟，饿死首阳山以后，在全国产生了广泛的影响。许多著名思想家、政治家、史学家、文学家、艺术家包括帝王将相对伯夷、叔齐给予了高度评价，纷纷以各种形式歌颂、纪念、祭祀伯夷、叔齐。伯夷、叔齐成了人们学习的榜样，崇拜的对象，成了人们心目中的神仙。历史上，人们评价、纪念、祭祀伯夷、叔齐，主要有以下几种形式。

1. 用史志的形式记述伯夷、叔齐。

孔子在《论语》中曾先后四次赞颂伯夷、叔齐。

《论语·季氏》："齐景公有马千驷，死之日，民无德而称焉。伯夷、叔齐饿于首阳之下，民到于今称之。"

《论语·公冶长篇第五》：子曰："伯夷、叔齐不念旧恶，怨是用希。"

《论语·述而篇第七》："伯夷、叔齐何人也？"曰："古之贤人也"曰："怨乎？"曰："求仁而得仁，又何怨？"

《论语·微子第十八》：子曰："不降其志，不辱其身，伯夷叔齐与？"

孟子在《万章·下》中两次赞誉伯夷，摘引如下：

孟子曰："伯夷，目不视恶色，耳不听恶声。非其君，不事；非其民，不使。治则进，乱则退。横政之所出，横民之所止，不忍居也。思与乡人处，如以朝衣朝冠坐于涂炭也。当纣之时，居北海之滨，以待天下之清也。故闻伯夷之风者，顽夫廉，懦夫有立志。"

孟子曰："伯夷，圣之清者也；伊尹，圣之任者也。柳下惠，圣之和者也；孔子，圣之时者也。孔子之谓集大成。"

除二圣赞评外，春秋战国时期，许多名人也都有尊崇和赞誉之言。

管子曰："故伯夷、叔齐非于死之日而后有名也，其前行多备矣。"

韩非子曰："圣人德若尧舜，行若伯夷。"

庄子在《庄子·杂篇·让王第二十八》和《庄子·杂篇·盗跖第二十九》中两次赞誉夷齐。

《庄子·杂篇·让王第二十八》有云："昔周之兴，有士二人处于孤竹，曰伯夷、叔齐。"

"……若伯夷、叔齐者，其于富贵也，苟可得已，则必不赖高节戾行，独乐其志，不事于世。此二士之节也。"

《庄子·杂篇·盗跖第二十九》有云："世之所谓贤士，伯夷叔齐。伯夷叔齐辞孤竹之君而饿死于首阳之山，骨肉不葬。"

《吕氏春秋·诚廉》中详细记载了伯夷叔齐的故事，道出"石可破也，而不可夺坚；丹可磨也，而不可夺赤"的道理。

汉代史学家司马迁所著的《史记》，把《伯夷列传》作为人物列传的首篇。

被列为唐宋八大家之首的韩愈写了一篇《伯夷颂》，全文如下："士之特立独行，适于义而已矣。不顾人之是非，皆豪杰之士，信道笃而自知明者也。一家非之，力行而不惑者，寡矣。至于一国一州非之，力行而不惑者，盖天下一人而已矣。若至于举世非之，力行而不惑者，则千百年乃一人而已耳。

若伯夷者，穷天地，亘万世，而不顾者也。昭乎日月不足为明，崒乎泰山不足为高，巍乎天地不足为容也。

当殷之亡，周之兴，微子贤也，抱祭器而去之。武王，周公圣也，从天下之贤士与天下之诸侯而往攻之，未尝闻有非之者也。彼伯夷、叔齐者，乃独以为不可。殷既灭矣，天下宗周彼二子乃独耻食周粟，饿死而不顾。繇是而言，天岂有求而为哉？信道笃而自知明也。

今世之所谓士者，一凡人誉上，则自以为有余；一凡人诅之，则自以为不足。彼独非圣人，而自是如此。夫圣人乃万世之标准也，余故曰：若伯夷，特立独行，穷天地，亘万世而不顾者也。虽然，微二子，乱臣贼子接迹乃后世矣。"

北宋王安石也著有《伯夷论》，文章阐述的观点与韩愈虽有不同，对夷齐没有全盘肯定，也没有全盘否定。

屈原、陆贾、刘向、司马光、朱熹、文天祥、元好问、李贽、顾炎武以及近代曾国藩、谭嗣同、周恩来等人对伯夷、叔齐都有高度评价。

明代永平府知府张玭著有《夷齐录》，五卷，为浙江范懋柱家天一阁藏本。张玭，字席玉，石州人，嘉靖乙未进士，官至南京户部右侍郎。永平府城西十八里孤竹故城有清德庙，以祀夷、齐。玭守永平时，因搜辑历代祀典、诸家艺文，编为一帙。万历年间，永平府卢龙籍人士刑部左侍郎白瑜，因张玭《夷齐录》损益，又整理改编了《夷齐志》，六卷。这是历史上关于伯夷、叔齐的两部专著，已列入四库书目。

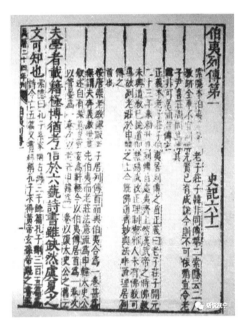

司马迁《史记·伯夷列传》节选

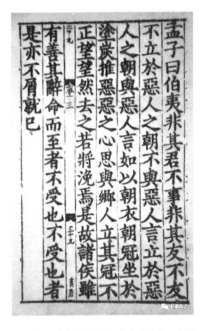

明代永平府知府张玭《夷齐录》节选

2. 用诗词的形式讴歌伯夷、叔齐。

伯夷、叔齐让国全仁、谏伐求义、不食周粟、特立独行以及"不降其志，不辱其身"的仁义精神和高尚气节，使历代诗人深受感动。他们题诗作赋，咏颂伯夷、叔齐。见于文字记载的，咏颂伯夷、叔齐的诗词多达数百首。

历史上咏颂伯夷、叔齐的诗可分为三种类型。

一是直接赞美夷齐精神的。屈原、陶渊明、李白、杜甫、白居易、范仲淹、文天祥等都有咏颂夷齐的诗作传世。著名的爱国诗人屈原在《九章·橘颂》中把夷齐作为自己为人处事的榜样，"行比伯夷，置以为像兮"。陶渊明在《读史述·九章·夷齐》写道："二子让国，相将海隅。天人革命，绝景穷居。采薇高歌，

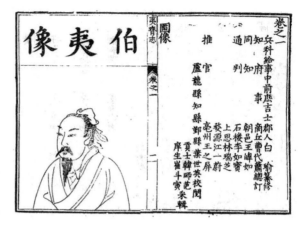

明代卢龙籍人士、刑部左侍郎白瑜《夷齐志》节选

慨想黄虞。贞风凌俗，爰感懦夫。"晋代，广州刺史吴隐之上任之前，听说广州城外有一泉，人称"贪泉"。传言赴广州做官者，若饮此泉之水，就会变成贪官。吴隐之上任伊始，就痛饮三瓢贪泉之水，并赋诗一首，以言其志。"古人云此水，一歃怀千金。试使夷齐饮，终当不易心。"吴隐之喝了贪泉之水，不仅没有成为贪官，而且成了著名的廉吏。激励他拒贪守廉的，就是夷齐精神。南宋民族英雄文天祥，在被俘囚禁期间，曾写过两首《和夷齐西山歌》。其一为："小雅尽废兮，出车采薇矣。戎有中国兮，人类熄矣。明王不兴兮，吾谁与归矣。抱春秋以没世兮，甚矣吾衰矣。"其二为："彼美人兮，西山之薇矣。北方之人兮，为吾是非矣。异域长绝兮，不复归矣。风不至兮，德之衰矣。"元兵统帅劝降时说，"国己亡矣，杀身以尚，谁复书之?"文天祥正言以答："商非不亡，夷齐自不食周粟。人臣自尽其心，凯问书与不书?"并咏诗抒怀："饿死真吾事，梦中行采薇。"

二是题写首阳山的。自汉魏以来题写首阳山的诗就有三十多首。唐代诗人胡曾有一首《首阳山》这样写道："孤竹夷齐耻战争，望尘遮道请休兵。首阳山倒为平地，应始无人说姓名。"清乾隆皇帝对首阳山很感兴趣。天下多处首阳山，哪座是夷齐采薇之首阳? 乾隆皇帝亲自进行了考证。永平府夷齐庙修复落成后，乾隆皇帝御制了一首《夷齐庙》诗，他在《夷齐庙诗序》中写道："卢龙孤竹城，夷齐庙在焉。史称夷齐耻食周粟，饿死首阳。《诗》云：采苓采苓，首阳之巅。《疏》谓在河南蒲阪，而《庄子》则曰首阳山在岐山西北，曹大家云在陇西，《元和郡国志》谓首阳山在河南偃师，《说文》又谓在辽西。则是首阳凡五，各有证据，而其为夷、齐饿死之处则一也。将孰之从，唯《辽史》所

7

载，营州临海军下刺史，本商孤竹国，今之卢龙，即辽营州地也。《尔雅》所举孤竹，北户，注谓孤竹在北。周时幅员不广，其以此处为极北，故宜。然则《说文》所谓首阳山在辽西者，此为近之。殆以诗在《唐风》，而扣马而谏当武王伐纣之时，由是岐、陇、蒲、偃，皆附会其说耳。夷、齐清风在，天下何处非首阳，岂争疆域乎？"

三是题写夷齐庙的。自宋代，开始修祠建夷庙，祭祀伯夷、叔齐，明代正式以夷齐庙命名。历代文人学者、帝王将相纷纷前往拜谒、祭祀夷齐，并赋诗记之。康熙、乾隆、嘉庆等帝王都有题写夷齐庙的诗作，有的还刻于诗碑、廊柱之上。明清以来，仅题写永平府夷齐庙的诗就多达一百二十多首。这些诗，除了历代帝王将相、朝廷官员以及慕名拜谒的仁人志士以外，也有不少出自永平府和卢龙县的历任知府、知县。明清永平府知府王玺、吴杰、王大合、游智开以及卢龙县知县叶世英、李士模、魏师段等都题写了关于夷齐庙的诗作。明代成化九年，永平府知府王玺重修了夷齐庙，并写了《题夷齐祠》，诗云：忆昔孤标不徇名，一时推让见真情。耻居汤武兴师地，肥遁唐虞见国城。薇老空山无故迹，风流百世有余清。圣贤有意垂经史，一睹令人百感生。

3. 用美术、书法的形式描绘伯夷、叔齐。

南宋著名画家李唐以伯夷、叔齐耻食周粟，采薇而食，最后饿死首阳山为题材，画了一幅《采薇图》。此画系国家一级文物，现收藏于故宫博物院。《采薇图》刻画的是伯夷、叔齐"不降其志，不辱其身"，宁死不愿失去气节的精神。图中描绘伯夷、叔齐对坐在悬崖峭壁间的一块坡地上。伯夷双手抱膝，目光炯然，坚定沉着；叔齐上身前倾，表示愿意相随。伯夷、叔齐均面容憔悴，身体清瘦。肉体上由于生活在野外和以野菜充饥而受到极大的折磨，但是在精神上却丝毫没有被困苦压倒。图中人物刻画生动传神，森然正气溢于毫端。这

南宋李唐的《采薇图》，现藏于故宫博物院，为国家一级文物

幅画的创作年代，正是南宋与金国对峙的时候，一些朝廷官员丧失民族气节，主张投降。李唐则以这幅画的形式弘扬高尚气节，谴责投降变节的行为。《采薇图》传世于宋、元、明、清各个朝代，晚清入宫，至今已近千年。绘画大师徐悲鸿称赞《采薇图》"为绘画史上的极峰。"李唐的《采薇图》是中华文化的瑰宝，是华夏文明的骄傲，同时又是炎黄子孙高尚气节的展现，同时也是孤竹文化的精华之作。

自从南宋李唐《采薇图》问世以后，又有一些画家创作了各种版本的《采薇图》。《采薇图》成了一代代画家经久不衰的创作选题。梁楷、石涛、苏六朋、张大千、浦儒、尹瘦石、黄胄都有《采薇图》画作存世。

北宋名臣范仲淹曾手书小楷韩愈之《伯夷颂》，为稀世珍品。后为秦桧所藏，辗转多人后，清代入宫。1949 年国民党逃台，将其带到台湾。

继范仲淹书《伯夷颂》之后，元代书法家邓文原也书有《伯夷颂》。"先哲吾师表，斯文古鼎铭。义形扣马谏，书胜换鹅经。故事征皇祐，乡祠谒仲丁。登堂睹遗墨，山雨飒英灵。心田垂世远，手泽历年殊。谁购山阴序，真还合浦珠。身惟名不朽，书与道同符。诸老珍题在，犹堪立懦夫。蜀后学邓文原顿首。"邓文原书《伯夷颂》，现存故宫博物院。

清代初期，被称为"扬州八怪"之一，被誉为诗、书、画"三绝"的郑板桥擅长画竹。他画有一幅《孤竹图》。《孤竹图》题识："扬州汪士慎，字近人，妙写竹。曾作两枝，并瘦石一块，索杭州金农寿门题咏。"金振笔而书二十八字，其后十四字云：'清瘦两竿如削玉，首阳山下立夷齐。'自古今题竹以来，从未有用孤竹君事者，盖自寿门始。寿门愈不得志，诗愈奇，人亦何必汩富贵以自取陋！

元代邓文原书《伯夷颂》

上海博物馆，珍藏一件明代崇祯年间景德镇烧制的《青花瓷伯夷、叔齐人物故事笔筒》，是我国珍贵文物之一。此件高 21.9 厘米，口径 18.4 厘米，底径为 16.8 厘米。整体直身，内外均施白釉。筒身四周以青花绘制，是一件典型的十七世纪明晚期景德镇精美青花瓷制品，弥足珍贵，堪称国宝。

存世还有明崇祯年间五彩伯夷叔齐故事图花觚。器身装饰采用红、绿、黄、紫、黑等色，彩绘伯夷叔齐叩马谏武王，上有"青高双义士，叩马谏君王。耻食周家粟，于心终不忘"的题诗。该花觚已流落到英国，为英国巴特勒家族收藏。

以伯夷、叔齐人物故事为题材的瓷器、铜器、木器，明清时期还有很多。用美术、书法的艺术形式描绘伯夷、叔齐，已成为孤竹文化的重要特色。

上海博物馆藏明代青花伯夷叔齐人物故事笔筒

4. 用庙宇的形式祭祀伯夷、叔齐。

用庙宇的形式祭祀伯夷、叔齐，最早源于汉代，清康熙永平知府彭士圣《重修清节祠碑记》云："自汉熹平五年已有祠。唐天宝七载祀义士八人于郡县。崇祭则自此始。"《水经注》记载，"孤竹祠在山上，城在山侧。"说明北魏时期已有孤竹祠。孤竹祠无疑是祭祀伯夷、叔齐的祠堂。前蜀韦庄《鹧鸪》诗中有"孤竹庙前啼暮雨"句。韦庄，五代前蜀诗人、词人。因《鹧鸪》诗得名，人称郑鹧鸪。孤竹庙与孤竹祠应为同物。唐代诗人李颀有《登首阳山谒夷齐庙》诗一首，"古人已不见，乔木竟谁过。寂寞首阳山，白云空复多。苍苔归地骨，皓首采薇歌。毕命无怨色，成仁其若何。"说明唐代已正式以夷齐庙命名。

清代坐落于卢龙城西北二十里的夷齐庙

明代，是以庙宇的形式祭祀伯夷叔齐最鼎盛的时期。在明代，全国范围内的夷齐庙就有十来处。甘肃巩昌府、山西平阳府蒲州、山东青州府昌乐县、莱州府潍县、河南府偃师县、台州府天台县、河北永平府、河间府献县都有夷齐庙。

据《永平府志》记载，宋大中祥符四年曾访庙遣官致祭。清惠、仁惠谥号则封于政和三年。元至顺元年颁庙额曰"清圣古庙"，久废。曾移于郡城内东北隅为明洪武九年，郡丞梅珪所建，未几复废。景泰五年，郡守张茂乃重建于孤竹故城。成化九年郡守王玺请于朝，赐今额御定祭文。而后，到明末清初，又经过五次较大规模的复修。

到夷齐庙祭祀伯夷、叔齐，见于史志记载的帝王，就有元世祖、明宪宗、清圣祖、清高宗、清仁宗五位。他们到夷齐庙祭祀伯夷、叔齐，或颁以祭文，或题写诗篇，都十分庄重。到夷齐庙祭祀伯夷、叔齐的达官贵人、文人学者、平民百姓，包括国外志士仁人，更是不计其数。

5. 用戏剧的形式歌唱伯夷、叔齐。

舞台戏剧的艺术形式，是人们喜闻乐见、乐于接受的艺术形式。通过舞台戏剧，可以使人们潜移默化地受到熏陶。用戏剧的形式歌唱伯夷、叔齐，是近代特别是新中国成立以后的事情。京剧《二堂舍子》，是我国著名传统京剧剧目之一。戏剧中有这样一段唱词："昔日里有一个孤竹君，伯夷、叔齐二位贤人。都只为孤竹君身染重病，传口诏命次子即位为君。那伯夷尊父命不肯担任，那叔齐分长幼也不能应承。弟让兄来兄不肯，兄推弟来两不能。这一个出午门无有踪影，那一个私逃出了后宰门。在首阳山前冻饿死，留得个美名万古存。为父我怎比得孤竹君，二娇儿也难比那二位贤人。"著名戏剧艺术家梅兰芳、周信芳、马连良皆演唱多次。《昔日里有一个二大贤》已经在河南、河北、湖北、山东等地广泛传唱。唱词大体如下："昔日里有一个二大贤，弟兄们推位让江山。兄让弟来弟不坐，弟让兄来兄不担。前宰门逃出大太子，后宰门逃出儿英贤。首阳山上见了面，弟兄抱头哭黄天。饿了吃些松柏子，渴了涧下饮清泉。老天不住鹅毛片，鹅毛大片下得欢。下了七天零七晚，弟兄冻死首阳山。姜子牙带来封神榜，封他和合二神仙。这是前朝一本古，一朝一帝往下传。"河北省卢龙县，编创了大型历史舞蹈剧《孤竹浩歌》，深受观众欢迎。此外还编创了《孤竹国夷齐歌》亮相舞台，演出效果很好。

河南豫剧《首阳山》
《昔日里有个二大贤》剧照

大型歌舞剧《孤竹浩歌》剧照

伯夷、叔齐的思想修为与孔子儒家思想的渊源关系

孔子是中华民族历史上伟大的思想家、政治家和教育家。以孔子为代表的儒家思想，数千年来经久不衰，影响着中国乃至东方世界的经济、政治与文化生活。孔子的儒家思想是属于全人类的精神财富。在中国历史上，最伟大、最被人们公认的思想家就是孔子，影响最大、传承最广、最长久的思想就是孔子的儒家思想。直到现在，孔子及以他为代表的儒家思想有其现代化的一面，有适合于当今世界全球化现实的一面。中国共产党历来倡导的和谐社会、以人为本等理念，与孔子的儒家思想有很多相吻合的方面。深入研究孔子的儒家思想，探究孔子儒家思想的历史渊源，对我们的社会主义和谐社会建设，有着重要的历史意义和现实意义。

那么，孔子的儒家思想是如何形成的，思想渊源又是什么？他是受了什么思想道德影响而逐渐形成了自己的世界观和价值观呢？

对这个问题，历史上许多学者曾做过深入的研究与考证，并取得了许多学术成果。对儒家思想的渊源，自两汉以来，概括起来有七种说法。一是以《淮南子·要略》为代表的儒学渊源于文武周公之道说，二是以《史记·太史公自序》为代表的儒学渊源于六经说，三是以刘歆《汉书·艺文志》为代表的儒学"出于司徒之官"说，四是以章太炎《原儒》为代表的儒学渊源于"达、类、私"三科说，五是以《淮南子·要略·儒》为代表的儒学渊源于殷之遗民说，六是以冯友兰《原儒墨》为代表的儒学渊源于"教书襄礼"之职业说，七是以徐中舒《甲骨文所见的儒》为代表的儒学渊源于宗教性职官说。山东大学教授孙熙国又在《〈易经〉与儒家思想之渊源》中提出，儒家思想来源于《易经》，认为儒家提倡的仁政思想、民本思想、内圣与外王相统一思想以及和合精神等，皆可在《易经》中找到初端。

儒家，从广义上讲，就是有知识、有学问的专家。这些人，有的是从贵族阶层分化而来，有的是民间涌现出来的。他们靠自己的知识和学问觅取生存。首先提出儒之提法的，就是孔子。"儒"这一名词的最早记载似乎见于《论语·雍也》。孔子在这里告诫他最得意的学生子夏说：要当就当"君子儒"，千万不要当"小人儒"。这似乎就是儒的提法的起源。孔子就是当时典型的"儒"。他出生于鲁国，十五岁"以学为志"，学到了方方面面的知识，到三十岁时，已颇有成就。五十岁左右，开始受到当政者的重视和起用，政绩斐然。后来，因不满于鲁君接受齐人馈赠的女乐而愤然出走，周游列国，开始了长达十几年的漂泊生涯。年近七十，在失望中返回鲁国，没过几年，就带着遗憾死去了。作为儒家，不仅仅是某一个人，而是一个群体，一个阶层，一个有学问、有知识、有思想、有主张、有政治见解的知识阶层。他们的思想，相互影响、相互渗透、相互传播，从而逐步形成了具有广泛代表性、统一性的思想体系。这就是我们所说的儒家思想。当时的孔子，贤人七十，弟子三千，周游列国，到处讲学，"传道、授业、解惑"。孔子是儒家的代表人物，可以说是个"大儒"。以孔子为代表的思想和主张，就成了孔子的儒家思想。所以，孔子可以说是儒家思想的奠基人。

孔子的儒家思想，集中反映在《论语》里。孔子一生，没有任何著述。《论语》是由他的弟子们编撰而成的。在孔子所处的时代，还没有私人著述的先例，只有官方的著作。所以，孔子是"述而不著"，没有著作传世。而孔子弟子们编撰的《论语》一书，则把孔子的思想和主张，也就是孔子的儒家思想全部阐述出来了。孔子的儒家思想，大体可以用以下九个字来概括，就是仁、义、礼、智、信、恕、忠、孝、悌。仁，爱人，孔子思想体系的理论核心。它是孔子社会政治、伦理道德的最高理想和标准，也反映他的哲学观点，对后世影响也很深远。仁体现在教育思想和实践上是"有教无类"。春秋时代学在官府，孔子首开私学，弟子不问出身贵贱敏钝，均可来受教。仁体现在政治上是强调"德治"，德治的基本精神实质是泛爱众和博施济众，孔子把仁引入礼中，他的"德治"无疑是对"礼治"的继承和改造。"爱人"既为仁的实质和基本内容，而此种"爱人"又是推己及人，由亲亲而扩大到泛众。义，原指"宜"，即行为适合于"礼"。孔子以"义"作为评判人们的思想、行为的道德原则。礼，孔子及儒家的政治与伦理范畴。在长期的历史发展中，"礼"作为中国封建社会的道德规范和生活准则，对中华民族精神素质的培养起了重要作用。智，同"知"，孔子的认识论和伦理学的基本范畴，指知道、了解、见解、知识、聪明、智慧等。内涵主要涉及知的性质、知的来源、知的内容、知的效果等几方面。关于知的性质，孔子认为，知是一个道德范畴，是一种人的行为规范知识。信，指待人处事的诚实不欺、言行一致的态度，为儒家的"五常"之一。孔子将"信"作为"仁"的重要体现，是贤者必备的品德，凡在言论和行为上做到真实无妄，便能取得他人的信任，当权者讲信用，百姓也会以真情相待而不欺上。恕，"己所不欲，勿施于人"，包含有宽恕、容人之意。忠，"己欲立而立人，己欲达而达人"。孔子认为忠乃表现于与人交往中的忠诚老实。孝，孔子认为孝悌是仁的基础，孝不仅限于对父母的赡养，而应着重对父母和长辈的尊重，认为如缺乏孝敬之心，赡养父母也就视同于饲养犬，乃大逆不孝。孔子还认为父母可能有过失，儿女应该婉言规劝，力求其改正，并非对父母绝对服从。这些思想正是中国古代道德文明的体现。然而孔子论孝，还讲"父母在，不远游"，"三年无改于父之道，可谓孝矣"，表现了其时代的局限性。悌：指对兄长的敬爱之情。孔子非常重视悌的品德，其弟子有若根据他的思想，把悌与孝并称，视之"为仁之本"。

那么，孔子的儒家思想与伯夷、叔齐的思想修为、价值观念有什么渊源关系和必然联系呢？这就是本文要集中研究和讨论的问题。

伯夷、叔齐从兄弟让国到首阳采薇最后魂断西山，发生了一系列巨大的事变。从这些事变中，伯夷、叔齐的思想和行为表现超人，甚至令人不可思议。第一，孤竹国君墨胎氏临终遗命，意立叔齐为国君。墨胎氏死后，叔齐让伯夷。叔齐的伦理依据是"长幼有序"。伯夷不肯，他的伦理依据是"父命难违"。二人都不肯为君，于是选择了出走。第二，伯夷、叔齐来到西周，正赶上文王故，武王举兵伐纣。二人叩马力谏。他们的思想标准是"父死不葬，爰及干戈"，是为不孝，"以臣弑君"，是为不仁，不义。第三，武王灭纣，天下归周后，伯夷、叔齐认为武王不仁，不义，不孝，吃周的粮食是可耻的行为。于是"耻食周粟"，采薇而食，最后干脆绝食，饿死在首阳山上。这里，反映了伯夷、叔齐特立独行，"不降其志，不辱其身"的民族气节。

伯夷、叔齐的思想和行为突出的是让国。从夷齐让国中，可以透视出伯夷、叔齐关于父子、弟兄关系的传统理念，进一步说，仁、义、礼、智、信的思想、道德标准也完全可以从夷齐让国中得到充分的体现。在中华民族几千年文明史上，让国不是伯夷、叔齐的首创。让国的始作俑者，是尧时期的许由。那时实行禅让制，尧的第一人选就是许由。"尧让天下于许由，许由不受，耻之逃隐。"尧又请许由做九州长，许由认为这玷污了他的耳朵，于是跑到颖水去洗耳。《庄子·逍遥游》记载，"尧知其贤，让以帝位，许由闻之，隐于箕山。"在夷齐让国之后，春秋战国时期，吴国的延陵季子也让国扬名了。季子名札，春秋时吴王寿梦的第四子，曾封于延陵，故称"延陵季子"。寿梦认为季札博学多才，有治国之能。于是要他继承王位。季札弃室而耕，辞之。以后他的兄长相继继位后都要把王位让与他，他都固辞不受。历史上，让国之举除了上述以外，就再也"后无来者"了。

伯夷、叔齐的思想修为对后来的孔子有哪些影响，对孔子儒家思想的形成又发展又起到哪些促进作用呢？

伯夷、叔齐死后，历代思想家、政治家、文学家包括帝王将相纷纷题笔撰文，讴歌伯夷、叔齐，包括被后人称为圣贤的孔老夫子。见于文献记载的，最早赞美伯夷、叔齐的人就是孔子。孔子在《论语》中曾先后多次赞颂伯夷、叔齐。《论语·公冶长篇第五》：子曰："伯夷、叔齐不念旧恶，怨是用希。"《论语·述而篇第七》："伯夷、叔齐何人也？"曰："古之贤人也。"曰："怨乎？"曰："求仁而得仁，又何怨？"《论语·微子第十八》：子曰："不降其志，不辱其身，伯夷叔齐与？"孟子曰："伯夷，圣之清者也"。韩非子曰："圣人德若尧舜，行若伯夷"。屈原曰"行比伯夷，置以为像兮"……

那么，先哲们尤其是以孔子为代表的儒家，从伯夷、叔齐的思想修为中学到了什么？伯夷、叔齐的思想修为对孔子儒家思想的形成有哪些影响？我们可以从以下几个方面进行分析。第一，"仁"。伯夷、叔齐兄弟让国，充分体现了"仁"的道德标准。孔子也赞扬他们"求仁得仁"。孔子儒家思想的核心和最高道德标准也是"仁"。第二，"义"。让国，首先就是"义"字当先的，行为是无比高尚的。第三，"礼"。伯夷、叔齐"耻食周粟"，宁死全仁，用孔子的话就是"不降其志，不辱其身"。就是后来儒家提倡的"礼"。孔子"克己复礼"，为倡导和弘扬"礼"而奔波了大半生。第四，"孝"。伯夷以父命为尊，宁可不做君王，也不违背父亲的遗愿，这就是"孝"，最大的"孝"。兄弟让国，体现的是"悌"。不难看出，孔子儒家思想的主要精髓，都能从伯夷、叔齐的思想修为中找到源头。从这些佐证，完全可以看出，伯夷叔齐的思想修为是孔子儒家思想形成的基础，孔子儒家思想是东方世界的道德源泉。伯夷叔齐的思想修为，也就成了名副其实的东方德源。

宋坤主编《中国孤竹文化》　　　　　　宋海斌著《东方德源》

关于伯夷、叔齐的成语典故

伯夷、叔齐让国相去、叩马谏伐、不食周粟而首阳采薇最后命断西山以后，历代思想家、政治家、文学家、艺术家、上至帝王将相，下至平民百姓，均给予了高度评价。历代纷纷书之、记之、写之、画之、歌之、咏之，从而形成了一系列关于伯夷、叔齐的成语典故。

求仁得仁

求仁得仁是指求仁德便得到仁德，无愧于心便没有什么可以遗憾的。亦指比喻理想和愿望实现。原指伯夷、叔齐兄弟让国，本是求仁的表现；既然让国而心安理得，已经得仁，就没有怨言了。

求仁得仁的出处，《论语·述而》冉有曰："夫子为卫君乎？"子贡曰："诺；吾将问之。"入，曰："伯夷、叔齐何人也？"曰："古之贤人也。"曰："怨乎？"曰："求仁而得仁，又何怨？"出，曰："夫子不为也。"

叩马而谏

叩马而谏的典故出自司马迁《史记·伯夷列传》，"西伯卒，武王载木主，号为文王，东伐纣。伯夷、叔齐叩马而谏曰：'父死不葬，爰及干戈，可谓孝乎？以臣弑君，可谓仁乎？'左右欲杀之。太公曰：'此义人者。'扶而去之。"

以暴易暴

以暴易暴的意思是用凶暴的代替凶暴的，指统治者改换了，可是暴虐的统治依然不变。现也指用暴力对付暴力。出自《史记·伯夷列传》。伯夷、叔齐饿死首阳山之前，唱了一首《采薇歌》，"登彼西山兮，采其薇矣，以暴易暴兮，不知其非矣。神农虞夏忽焉没兮。我适安归矣。吁嗟徂兮命之衰矣。"

不食周粟

不食周粟是形容气节高尚，誓死也不愿与非正义或非仁德的人有瓜葛。出自《史记·伯夷列传》。武王伐纣成功，天下一统为周，伯夷、叔齐认为这是件可耻的事，两人决心不做周臣，不食周粟。兄弟两个离开周朝的统治区，到一个叫首阳山的地方隐居下来，靠采集山上的薇菜充饥。一位妇人看到他们后说："你们不吃周朝的粮食，可你们现在采摘的野菜也是周朝土地上生长的呀！"二人一听，心想，这天下的一草一木都是周朝的，决定绝食等死，临死之际，他们还唱了一首歌，歌曰："用暴虐代替暴虐啊，还不知道错在你自己。神农、虞舜、夏禹的盛世，忽然间都已消逝无迹，我们的归宿在哪里？"

西山饿夫

西山饿夫指的是伯夷、叔齐。《史记·伯夷列传》："武王已平殷乱，天下宗周，而伯夷、叔齐耻之，义不食周粟，遂饿死於首阳山。"《梁书·刘显传》："之遴尝闻夷、柳惠，不逢仲尼一言，则西山饿夫、东国黜士，名岂施于后世。"

封疆大吏

孤竹国疆域在今唐山以东、辽宁锦州以西、内蒙古以南、濒临渤海的广大地区。孤竹的治所也就是核心地带在今河北省卢龙县。卢龙，历史上先后称肥如、卢龙、平州、北平郡、南京路、永平路、永平府。历史上各个时期，这里人才辈出，涌现了许多节度使、总督、尚书等二品以上的朝廷大员、封疆大吏。这里重点加以介绍。

蔡寅

蔡寅，秦末陈留（今河南杞县）人。初为魏国太仆，后起兵反秦。汉高祖三年（公元前 204 年），投奔刘邦汉军，被封为车骑将军。其后，蔡寅战绩卓著，大败楚军大将龙且，大破彭城，因功于汉高祖六年庚子三月（公元前 201 年）被封为肥如国敬侯，食千户，封地治所肥如（在今河北省卢龙县卢龙镇一带）。公元前 177 年，蔡寅薨。其后，肥如侯爵世传二世严侯蔡戎、三世肥如侯蔡奴。汉景帝元年（公元前 156 年），肥如侯蔡奴逝世，因蔡奴无子，于是西汉朝廷撤除了肥如侯国。直到西汉元康四年（公元前 62 年），蔡寅的曾孙肥如大夫蔡福又被封为肥如侯，方重为肥如侯国。

罗艺

罗艺（？—627 年），字子延，襄州襄阳（今湖北省襄阳市）人，隋末唐初将领，寓居京兆云阳（今陕西泾阳）。隋末任虎贲郎将，驻守涿郡。

罗艺少年时谙习兵事，部队纪律严明，勇于攻战，善射。大业中期（610 年前后），因屡立战功官至虎贲郎将。

公元 612 年（隋大业八年），隋炀帝发兵攻打高句丽，命罗艺督军北平郡治新昌（今河北卢龙县、迁安市部分地区），受右武卫大将军李景节度。

隋朝末年，军阀割据四方，田地荒芜，民不聊生，各地不断爆发农民起义。涿郡物阜民丰，加上兵器精良，粮仓充盈，多据财宝，屯兵数万，众多贼子竞然前来侵扰掠夺。留守的官员虎贲郎将赵十住、贺兰宜、晋文衍等人都不能抵抗，只有罗艺独自出战，杀敌不可胜数，威望越来越大。

赵十住等人非常忌恨罗艺。罗艺私下得知他们将要作乱的消息，于是向众人宣布说："我们这些人讨伐贼子非常有功效，城中的仓库里东西堆积得像山一样，君命（处理东西的权利）在留守官员的手里，但他们无心救济贫困百姓。"这难道是慰问体恤之心吗？用这些话激怒城中的百姓，百姓都怨恨。不久，罗艺率兵回城，郡丞出城迎候罗艺。罗艺趁机拿下郡丞，摆开阵势，赵十住等人害怕都前来听命。于是罗艺分发府库财物，来赐给将士，打开粮仓赈济穷困之人，境内军民都十分高兴。

隋末，罗艺割据幽州，独霸一方。宇文化及、窦建德、高开道等人均曾派出使节前往幽州招降罗艺。罗艺不从，还杀了宇文化及的使者，为炀帝发丧。公元620年（武德三年），罗艺奉表归国，唐高祖李渊下召封他为燕王，赐姓李氏，从此，罗艺改名为李艺，为唐立下大功。

公元622年（武德五年），秦王李世民攻打刘黑闼，罗艺带兵数万，在徐河攻破刘黑闼弟刘十善的军队，俘获和斩首的共有八千人。几个月之后，刘黑闼二次起兵，罗艺再次奉诏讨伐。李渊命太子李建成总统诸军征讨刘黑闼，不久刘黑闼战败被俘斩杀，罗艺与太子李建成在洺州会师。

在罗艺协助唐击败刘黑闼后，罗艺请求入朝，唐高祖盛情接待了罗艺，拜他为左翊卫大将军。罗艺自以功高位重，便目无他人，自从和太子李建成相识后，他被李建成拉拢，结为党羽。世民的亲信曾至其营，罗艺无故殴打他们，唐高祖因他是属吏，大怒，很长时间才释怀，待他像以前一样。当时突厥屡次成为侵扰的祸患，因罗艺一向有威名，让北夷害怕，唐高祖令罗艺凭本官身份带领天节官兵镇守泾州。

公元626年（武德九年），李世民即皇帝位后大封功臣，拜罗艺为开府仪同三司，食实封一千二百户。但因为曾得罪过李世民，罗艺内心恐惧不安，便图谋反叛。

公元627年（贞观元年）正月十七日，罗艺假称奉密敕，麾兵入朝，途中趁势占据了幽州。太宗命令长孙无忌与尉迟敬德率兵讨伐罗艺。朝廷大军还没抵达，赵慈皓便与统军杨岌谋议诛除罗艺，事情泄露，赵慈皓被抓住。杨岌当时在城外发觉有变化，匆忙带兵攻打罗艺。罗艺大败，抛弃妻子儿女，带领数百名骑兵逃奔突厥。到了宁州边界，经过乌氏驿站时，跟随的人逐渐逃散，其左右斩杀罗艺，把他的首级送到了京师。朝廷在市集悬首示众，并恢复了其本姓罗氏。罗艺之弟罗寿当时任利州都督，也被诛杀。至今，在卢龙县城北罗园村，传说是罗艺家后花园，今卢龙城北教场河相传是罗艺练兵之所。

田承嗣

田承嗣（705—779 年），字承嗣，平州卢龙（今河北卢龙县）人，唐朝中期割据军阀。祖父田璟为郑州司马，父亲田守义为安东副都护。

田承嗣家族世代为卢龙军裨校，父亲和祖父以豪侠闻名辽碣一带。田承嗣早年曾是安禄山部将，任前锋兵马使，因征讨奚族、契丹有功，升任左清道府率、武卫将军。

755 年（天宝十四年），安禄山在范阳起兵反唐，田承嗣与张忠志（即李宝臣）担任前锋，攻陷河洛。后来，安禄山发现田承嗣治军严整，便让他镇守颍川（今河南禹州）。

757 年（至德二年），田承嗣率军攻打南阳。当时，鲁炅坚守南阳数月，城中兵粮奇缺，一只老鼠都能卖到四百钱，死者相枕。田承嗣攻破南阳，而鲁炅则突围而出，退守襄阳。田承嗣穷追不舍，转战二天，见襄阳一时难以攻破，便班师而还。同年十月，郭子仪收复洛阳，田承嗣在颍川降唐。不久，安庆绪退守相州（今河南安阳市）。田承嗣再次叛唐，与蔡希德、武令珣合军北上，驰援相州。

759 年（乾元二年），史思明兴兵南下，田承嗣担任前锋，再次攻陷洛阳，拜魏州（今河北大名县）刺史。762 年（宝应元年），官军再次收复洛阳，田承嗣随史朝义退守莫州（今河北任丘市）。

763 年（广德元年），田承嗣见官军已收复大部分州郡，又知史朝义不肯投降，便欺骗他道："您不如返回幽州，催促李怀仙发兵。坚守莫州，仆固瑒（仆固怀恩之子）难以破城。"史朝义听从了田承嗣的建议，临行更对他说："满门一百余口，都托付给你了。"田承嗣顿首流涕地答应。

史朝义走后，田承嗣召集众将，言道："我们效力于燕国，先后攻破河北一百五十多座城池，挖坟掘墓，烧杀抢掠，无恶不作，如今该何去何从呢？自古祸福无常，只有识时务的人，才能转危为安。天亮之后，我打算出降，你们以为如何？"众将都同意。天亮后，田承嗣命人将史朝义的家眷送往仆固瑒营中，向官军投降。

仆固瑒约定日期受降，田承嗣害怕不能保全自身，便诈称有病，不肯出城。仆固瑒欲入城捉拿田承嗣，却因他身旁排列着许多刀斧手而无从下手。田承嗣以重金行贿，才得幸免。后来，田承嗣与李宝臣、李怀仙、薛嵩前往仆固怀恩营中谢罪，表示愿为他效力。

当时，叛乱初平，城池残破，民生凋敝。朝廷为了恢复生机，数次大赦天下，对安史旧将既往不咎。仆固怀恩担心平乱后荣宠减弱，有意将安史旧将引作外援，帮助田承嗣四人统辖河北各郡。田承嗣拜为检校户部尚书、郑州刺史，迁魏州刺史、贝博沧瀛等州防御使。不久，田承嗣升任魏博节度使。

魏博节度使田承嗣肺部患病，天气一热就病情加重，因此常说："山东天气比较凉快，我若能驻守山东，还能多活几年。"他从军中选拔了三千勇士，称为外宅男，给其优厚的待遇，命他们在衙门口和宅院内值班，并欲在适当时机吞并潞州。潞州节度使薛嵩知道后，日夜忧愁，却无良策。薛嵩的婢女红线剑术超人，且有仙术，请命前往魏博，夜入田承嗣卧室，盗得其枕边金盒。薛嵩派人给田承嗣送信道："昨晚有人从魏州来，从您床头上拿了一个金盒，我不敢留下，特派专使连夜送还。"使者半夜登门，将金盒交给田承嗣，田承嗣惊异得几乎晕倒。次日，田承嗣解散外宅男，并命人赠送厚礼给薛嵩，从此与薛嵩修好。

田承嗣为人生性猜忌、好逞勇武。表面上接受朝廷命令，暗中图谋巩固自身，辖内收取重税、整修武备、统计户口，强拉兵丁。因此，几年之内，部众多达十万。田承嗣挑选魁梧有力的战士一万名，充作卫兵，称为衙兵。在境内自任官吏，自取赋税，名义上虽为朝廷藩镇，却从未履行过臣子的义务。

773年（大历八年），田承嗣为安史父子建立祠堂，尊为"四圣"，上表朝廷，求任宰相。唐代宗考虑到百姓长期遭受虐害，对田承嗣非常宽容，只是派人劝其毁掉四圣祠堂，拜为检校左仆射、守太尉、同平章事，封雁门郡王。后来，唐代宗将魏州升格为大都督府，任命田承嗣为长史，又将永乐公主下嫁其子田华，希望能笼络其心。但是，田承嗣生性凶顽，愈加放肆。

775年（大历十年），昭义军兵马使裴志清在田承嗣引诱下，举兵作乱，驱逐节度留后薛崿（又作薛萼），率部归附魏博。田承嗣以救援为借口，趁机袭取相州。唐代宗命内侍孙知古赴魏州告谕田承嗣，让他恪守本境。田承嗣却拒不奉诏，仍派大将卢子期攻取洺州（今河北永年东南），杨光朝攻取卫州（今河南汲县），还诱使卫州刺史薛雄归附自己，被拒绝后暗中派人将薛雄妻子老小屠杀殆尽。不久，田承嗣占据相卫四州之地，自己任命官吏，并将精兵良马全部带回魏州。

当时，成德节度使李宝臣、淄青节度使李正己都与田承嗣有矛盾。听闻田承嗣抗拒朝廷，纷纷上表，请求征讨。同年四月，唐代宗贬田承嗣为永州刺史，并命令李宝臣、李正己与河东节度使薛兼训、幽州节度使朱滔、昭义节度使李承昭、淮西节度使李忠臣、永平军节度使李勉、汴宋节度使田神玉等八位节度使派兵前往魏博，准备征讨田承嗣。

不久，田承嗣部将霍荣国在磁州（今河北磁县）投降官军，李正己攻占德州，李忠臣围困卫州，而田承嗣派去攻打冀州（今河北蓟州区）的裴志清也投降了李宝臣。田承嗣只得亲自进兵冀州，却被李宝臣击败，烧毁辎重才得以逃回。八月，田承嗣见各镇兵马围拢，部将大多叛逃，非常恐惧，只得遣使进献降表，表示愿意归附朝廷，不久又命卢子期进犯磁州。

九月，李宝臣与李正己合力围困贝州（今河北清河县），田承嗣出兵解救。因朝廷对二李所部赏赐各有厚薄，士卒多有怨言，二李担心军队哗变，自行撤军。不久，李宝臣与朱滔合攻沧州，在田承嗣堂弟田廷玠的抵抗下，一时难以破城。

十月，卢子期在清水被李宝臣与李承昭俘虏，斩于京师，田承嗣之侄田悦在陈留（今河南开封市）兵败。田承嗣便遣使将境内户口、甲兵、谷帛册籍献给李正己，道："田某老迈，时日无多。儿子不肖，侄辈孱弱。我所有的一切，以后都是您的，怎敢让您劳师兴兵呢？"并跪拜在李正己的使者面前，亲自奉予簿书，悬挂李正己画像，每日焚香祷拜。李正己非常高兴，于是按兵不动，河南诸镇也不敢轻易进兵。田承嗣解除南顾之忧，得以专心应对北方。

这时，朝廷派中使马承倩慰劳李宝臣。李宝臣赠送缣帛百匹，马承倩却嫌礼薄，掷于道中，并肆意辱骂。李宝臣大怒，在兵马使王武俊的劝说下，从此消极作战。田承嗣知道李宝臣是范阳人，常想占据幽州，于是命人在石头上刻上谶语："二帝同功势万全，将田为侣入幽燕。"暗中埋在范阳境内，又让望气者声称范阳有王气。李宝臣掘得谶石后，田承嗣又命人游说道："您和朱滔一同攻取沧州，也归朝廷所有，不是您的。如果您能放过我田承嗣，我就把沧州献给您，还愿与您一起攻取范阳。您以精骑为前驱，我以步军殿后，攻取天下易如反掌。"李宝臣大喜，认为此事和谶语相符，便与田承嗣图谋范阳，而田承嗣也陈兵边境。

李宝臣连夜袭破朱滔，进击范阳，但见雄武军使刘怦已有防备，不敢贸然进军。田承嗣见二镇交兵，便撤军南还，并派人对李宝臣道："我境内有事，就不和您周旋了。石头上的谶语，是我戏弄您的。"李宝臣又惭又怒，只得退兵。

后来，田承嗣两次上表，请求入朝谢罪，李正己屡次上表为他说情，请朝廷允许他改过自新。776年（大历十一年），唐代宗下诏，赦免田承嗣之罪，恢复官爵，准许他与家属一起入朝，对所部将领一概不予追究。但是，田承嗣逗留不肯入朝。不久，侵入滑州（今河南滑县），击败李勉。

同年八月，汴宋留后李灵曜作乱，朝廷命李忠臣、李勉、李正己与河阳三城节度使马燧、淮南节度使陈少游前往征讨，而田承嗣则派田悦救援。田悦击败李勉部将杜如江、李正己部将尹伯良，进军汴州（今河南开封市），屯兵城北，却被马燧、李忠臣击败，只身逃走。李灵曜出逃途中，在韦城被杜如江擒获，送往京师斩首。

777 年（大历十二年），因田承嗣始终不肯入朝，又援助李灵曜叛乱，唐代宗再次下诏讨伐。田承嗣上表请罪，唐代宗便又赦免其罪，恢复官爵，还免其入朝。当时，田承嗣占据魏博相卫洺贝澶七州，拥兵五万，与其他藩镇既有矛盾又相互勾结，表面听命于朝廷，实则不遵法令，官爵、甲兵、租赋、刑杀尽皆自专，并修筑堡垒、整治武备。唐代宗对此，也束手无策。

779 年（大历十四年），田承嗣病逝，终年七十五岁，遗命其侄儿田悦承袭其位，并命儿子辅佐。不久，朝廷封田悦为魏博留后，追赠田承嗣为太保。

田承嗣生有十一子，分别为田维、田朝、田华、田绎、田纶、田绾、田绪、田绘、田纯、田绅、田缙，其中田维为魏州刺史，田朝为神武将军，田华为太常少卿兼驸马都尉，田绪为魏博节度使兼驸马都尉，田缙为右领军将军，女儿田氏嫁李宝臣之弟李宝正为妻。

田廷玠

田廷玠（？—782 年），平州（今卢龙县城）人。魏博节度使田承嗣的堂兄弟。慈爱敦厚温文儒雅，不乐于在军中供职，任乐寿、清池、否城、河间县令，以为官贤德闻名，多次被提拔，官至沧州（今沧州东南）刺史、横海军使。恒州（今正定）李宝臣、幽州朱滔联兵进攻沧州，廷玠患难夫妻守，连年受到叛军的进攻，兵力和粮食竭尽，但最终没有叛逃，城池没有被攻陷。朝廷嘉奖，授官为洺州刺史，调任相州刺史，为薛嵩的部下。田承嗣蚕食薛嵩的属地，廷玠坚守正道爱抚百姓，不回避不屈服，族侄田悦代替田承嗣统领军政，顾虑廷玠不服从，想请他为节度副使。廷玠见田悦心志凶恶悖逆，不遵守朝廷法度，极力劝谏，并说："你如果野心不改，可先杀掉我，不要让我看见田氏家族毁灭。"于是称病不出，不再出门做官。田悦前去看望，闭门不见，782 年（建中三年），忧郁悲愤而死。

田悦

田悦（751—784 年），平州卢龙（今河北卢龙）人，唐朝中期军阀，魏博节度使田承嗣之侄。

田悦幼年丧父，随母亲改嫁到平卢军。763 年（广德元年），叔父田承嗣担任魏博节度使，命人四处寻访，找到了田悦。田悦时年十三岁，应答进退、彬彬有礼，处理事情很合田承嗣的心意。

田悦勇猛善斗，勇冠军中，虽然残忍奸诈，但是貌似忠厚，轻财重施，以此沽名钓誉，得到军中将士的拥护，担任魏博中军兵马使、检校右散骑常侍、魏府左司马。

775 年（大历十年），朝廷下诏贬田承嗣为永州刺史，田悦也被贬到贫瘠之地。田承嗣遂起兵反叛，命田悦与卢子期攻打磁州（今河北磁县），结果被昭义节度使李承昭击败。后来，田承嗣上表请罪，得到赦免，田悦也得以恢复原职。

776 年（大历十一年），汴宋留后李灵曜造反，朝廷命淮西节度使李忠臣、永平节度使李勉、河阳三城节度使马燧一同征讨。李灵曜向田承嗣求救，田承嗣遂派田悦前去援助。田悦击败永平军将领杜如江、淄青军将领尹伯良，乘胜进军，驻扎在汴州（今河南开封）城北。马燧、李忠臣率军迎击，大破魏博军，田悦兵败逃走。

779 年（大历十四年），田承嗣去世。田承嗣临终时，见自己儿子孱弱，便让田悦袭任节度使。不久，朝廷任命田悦为魏博留后，随即升任检校工部尚书、魏博节度使。此后，田悦招揽贤才，开设馆宇，礼待天下士人，表面恭顺，暗中实现他的野心。当时，唐代宗年纪已老，格外随和，对田悦的奏请无有不允。

780 年（建中元年），河北黜陟使洪经纶听闻田悦拥兵七万，便下令裁军四万，让他们回去务农。田悦先依令裁军，随即集合被裁士兵，激怒他们道："你们在军中这么久，都有父母妻子，如今被黜陟使裁撤，靠什么为生？"众人大哭。田悦于是拿出自己的财帛、衣服分给他们，让他们返回军中。从此，魏博军都感激田悦而怨恨朝廷。

不久，有传言说唐德宗要封禅泰山，而李勉在汴州修固城池。淄青节度使李正己非常害怕，率军屯扎曹州（今山东曹县），又派人游说田悦，请他一起对抗朝廷。田悦便与李正己、梁崇义等人勾结，并以王侑、扈蓴、许士则为心腹，以邢曹俊、孟希祐、李长春、符璘、康愔为爪牙。

781 年（建中二年），成德节度使李宝臣、淄青节度使李正己先后去世，他们的儿子李惟岳、李纳都上表求袭节度使，被朝廷拒绝，便与田悦一同反叛。当时，朝廷命张孝忠征讨恒州（今河北正定），田悦便命孟希祐救援，又命康愔进军邢州（今河北邢台），命杨朝光驻军于邯郸西北的卢家砦，断绝昭义军粮道，自己随即跟进。当时，邢州刺史李洪、临洺守将张伾形势危急。河东军、河阳军与昭义军自壶关东下，在卢家砦、双冈先后击败魏博军，解除邢州之围，田悦退保洹水。

田悦与李纳在洹水列阵，马燧率神策军将领李晟前来攻打。田悦大败，带着精锐骑兵逃回魏州（今河北大名）。魏博将领李长春关闭城门，不让他们进城，等待官军到来，马燧等人却滞留不进。次日，田悦入城，杀死李长春，哭着对将士道："我田悦靠着伯父余荫，得以与你们同甘共苦，如今败亡到这一步，不敢偷生。但我苟且偷生的原因，只是由于淄青、恒冀的子弟未能承袭职位。既不能得到皇帝的恩准，乃至于用兵，以致生灵涂炭。我只因老母尚在，不敢自杀，希望你们杀了我来换取富贵，免得与我同死。"说完便跪在地下。[11]

众将都动了怜悯之心，扶起田悦道："我们现有人马，尚可一战，事情若不成功，我们愿意生死相共。"田悦拭去眼泪道："诸位不因我丧败而弃我，誓与我同存亡。我即使先去地下，也不敢忘了诸位的厚意。"于是抽刀割发盟誓，将士们也都效仿，相约为兄弟。田悦又将富户家的财物及府库中的东西都拿出来赏给众将。田悦见自己兵械短缺，士兵死亡甚众，便召来邢曹俊商议。邢曹俊为他整顿军队，修筑工事，振奋士气，大家才又恢复信心。十几日后，马燧等人才进至城下。

782 年（建中三年），王武俊诛杀李惟岳，朱滔招降深州。朝廷于是任命王武俊为恒州刺史，康日知为深赵二州观察使，王武俊、朱滔都对朝廷封赏不满。田悦得知此事，认为可以离间二人与朝廷的关系，便派王侑、许士则去游说朱滔："司徒您奉诏讨贼，不到十天就攻克束鹿，招降深州，使得李惟岳困窘，王武俊才得以杀死李惟岳。听说您兵出幽州时，有诏令说谁攻破李惟岳攻克其地，就将那地归属于他麾下。如今却把深州给了康日知，明显是朝廷不相信您。而且，皇帝本意是扫清河朔，不再让藩镇承袭。我们魏博如果被灭掉，接下来就要打燕、赵的主意，到时司徒您也岌岌可危。而且，合纵连横，救灾恤患，都是不朽的功业。司徒若能救援魏州，田尚书便将贝州（今河北清河）献给您，希望司徒多加思考。"朱滔本就想得到贝州，听后欣然答应，并让王侑回报田悦。

当时，唐德宗命王武俊拿出三十万石粟米给朱滔，又让他派五百骑兵帮助马燧。王武俊担心朝廷平定田悦后会北伐成德，因此不肯奉诏。朱滔便以此事为由，让王郅去游说王武俊："皇帝因为你善战，所以要调用你的粮草、军队，以此来削弱你的军力。若是魏博被攻破，官军肯定会北伐成德。如果我们联手南救魏州，帮助田悦，那您所得的好处就不仅仅是不用出粮草、军队这么简单，到时您还能得到解人危难的名声，被天下人称赞。况且，康日知身不出赵州（今河北赵县），对国家有什么功劳，能够坐拥两州之地。您亲手诛杀李惟岳，却没有得到深州，天下都以此为耻。"王武俊当即同意起兵，并回复朱滔。[14]

五月，朱滔屯兵宁晋，与王武俊会合。田悦自恃援兵将至，便命康愔与官军交战，结果大败而回。田悦大怒，关闭城门不让败军入城，致使败军死伤惨重。六月，朱滔、王武俊到达魏州，田悦以牛酒犒劳。马燧等在魏河西岸扎营，田悦、朱滔则扎营于河东，两军相持数月。后来，马燧让李晟出兵，与张孝忠合攻涿州（今河北涿州）、莫州（今河北任丘），截断朱滔退路。

田悦对朱滔的援救非常感激，欲拥戴他为盟主，后因朱滔不同意，便效仿战国七雄旧例，三镇与李纳各自称王，沿用唐朝正朔。十一月，田悦称魏王，自称寡人，以魏州为大名府，并设置司武等官职，大封百官。

783年（建中四年），朱滔出屯瀛洲（今河北河间），将大将马寔留在魏州。同年十月，泾原兵变，朱泚被拥立为帝，唐德宗出逃奉天（今陕西乾县）。马燧等都回军勤王，王武俊、马寔也各自返回。田悦将王武俊送到馆陶，拉着他的手，哭着告别。

784年（兴元元年），朱滔打算援助朱泚，派王郅去与田悦商议："从前大王您在重围之中，孤与赵王前来解救，保住了魏州。如今秦帝占据关中，我打算前去东都接应。您如能与我一同渡河，合力攻取大梁，我就去攻取巩州（今四川珙县）、陕州（今河南陕县），与秦军会合。如此，天下大定，您与赵王永无南方之患，且能成为唇齿相依之国。希望您尽快考虑决断。"

当时，田悦闻听皇帝已赦免自己的罪责，不愿前去，但又不想断然拒绝，就假意派薛有伦去回报朱滔同意如约出兵。朱滔大喜，又派舍人李珚来催促。田悦又犹豫起来，许士则劝道："冀王的勇敢果断，权谋策略，堪称一世之雄，他诛杀李怀仙、朱希彩，将哥哥骗去京师而夺取兵权，对他有恩的也被杀了，与他同谋的也覆败了，他的心思谁能估量得到？如今大王不如朱泚等人，居然还念着他的恩德。您若执著于匹夫之义，出去一定会被擒拿。大王不如假装同意，出去迎师，派州县准备酒肉犒劳，并推脱有事，不与他们同行。千万不可为报恩而取祸。"田悦同意了他的话。

王武俊听说朱滔邀田悦西行，就派田秀来劝说田悦："听说大王准备跟从朱滔渡河，与朱泚成掎角之势，此举实在错误。当初朱泚还未袭取京都，朱滔为列国之一，已经自以为高人一等了。如果他得了东都，与朱泚连手为祸，兵马众多，威风大振，我们岂不将受制于他？如今天子恢复我等官职，赦免我等之罪，我们为什么要舍天子而去向朱滔、朱泚称臣呢？希望大王您能闭城不出，武俊待昭义军出兵，为大王讨伐。"田悦便让田秀回去将计划告诉王武俊，同时派曾穆到朱滔处回报。

朱滔大喜，在河间起兵南下，到达清河，让人通报田悦，田悦却托辞不去。朱滔又进军永济，派王郅来催促田悦："我王相约出馆陶与大王会师，然后一同渡河。"田悦道："当初是与冀王约好的，但现在全军都对我说：'魏州才受侵掠，供应短缺。'如今我每日设法抚慰，还怕下属有二心。一旦我离开城邑，定会生变，我还将归往何处。若不是处在这种困境，我定不敢违背约定。现在我先派孟希祐带五千人马去帮助冀王。"同时派裴抗、卢南史前去回复。

朱滔大怒道："他向我求援，答应把贝州给我，我没要；他要尊我为天子，我与他一起称王。现在让我远道而来，自己却不出兵。这种人我若不讨伐，我还讨伐谁？"于是囚禁裴抗，让马寔攻取魏州数县，然后又将裴抗放回。田悦不敢出兵，朱滔于是进围贝州，攻取武城，打通德州、棣州之路，并围困清阳。

这时，朝廷任命田悦为检校尚书右仆射、济阳郡王，命给事中孔巢父前来宣谕。田悦反叛已经四年，狂妄固执而又少谋略，屡战屡败，士兵甚以为苦，都厌恶战争，如今听闻孔巢父前来，无不欢呼雀跃。

田悦与孔巢父设宴饮酒，撤去门前阶下的守卫。当夜，田悦堂弟田绪与族人私下议论道："田仆射妄自起兵，几乎使我宗族被灭。他把财宝厚赠天下人，却不给我们兄弟。"于是打算杀了田悦。有人劝说不可胡来，田绪大怒，杀死劝谏之人，与左右翻墙入内。

当时，田悦饮酒已醉，正在酣睡。田绪举刀进入堂中，亲手将田悦杀死，又杀死他的母亲马氏、妻子高氏。田悦死时，年仅三十四岁。

田弘正

田弘正（764—821 年），本名田兴，字安道，平州卢龙（今河北卢龙县）人。唐朝中期藩镇将领，魏博节度使田承嗣侄子，相州刺史田廷玠之子。

田弘正精通兵法，善于骑射，初为魏博军衙内兵马使。元和七年，士卒拥立为主，率六州之地归顺朝廷。唐宪宗封为检校工部尚书、兼御史大夫、魏博节度使，封沂国公，赐予姓名。此后，田弘正效忠朝廷，奉命征讨成德节度使王承宗、淮西节度使吴元济、淄青节度使李师道，因功封为检校司徒、同平章事。

820 年（元和十五年），进封中书令，改任成德节度使。御下不严，生活奢侈，引发将士不满。821 年（长庆元年）七月，成德都知兵马使王庭凑集结牙兵作乱，杀害田弘正全家及部属将吏三百人。时年五十八岁，追赠太尉，赐谥忠愍。

田弘正自幼爱读儒书，精通兵法，善于骑射，作战勇猛，又知礼仪，深受伯父田承嗣喜爱。田季安主政魏博时，田弘正为魏博军衙内兵马使。

田季安生性奢侈、残忍好杀，田弘正数次规劝，得到军中拥戴。田季安认为田弘正收揽人心，将他贬为临清镇将，又想借罪将他杀害。田弘正伪称自己得了风湿病，用艾草炙灼全身，才得以幸免。

812年（元和七年），田季安病逝，其子田怀谏袭任节度使，并召回田弘正，让他官复原职。当时，田怀谏将政事都交给家奴蒋士则决断。蒋士则处事不公，引起三军愤怒，都道："兵马使是我们的主帅。"打算拥立田弘正。田弘正在家闭门不出，士卒便在府外大声鼓噪。

田弘正出来后，士卒都拜倒在地，请他到府衙理事。田弘正吓得跌倒在地，自知难以推脱，便对士卒道："你们让我主持军务，我与你们约法三章，你们愿意听从我的话吗？"又道："我要遵守朝廷法纪，将魏博的版图户籍交给朝廷，请朝廷任命官吏。在天子诏命下达之前，有敢请我做节度使的人斩首，有杀人抢掠的斩首！"三军将士尽皆应诺。

当日，田弘正便到府衙理事，斩杀蒋士则等十几人，随后表奏朝廷。不久，唐宪宗封田弘正为检校工部尚书、魏州大都督府长史、兼御史大夫、魏博节度观察等使、上柱国、沂国公，并赐名，命中书舍人裴度到魏州宣谕。

自从田承嗣担任魏博节度使以来，房舍、衣饰多有逾越礼制之处，田弘正继任后，悉命撤毁。田弘正认为节度使府正厅太过奢华，平时只在采访使府厅堂处理政务。他还在府中建造书楼，收集藏书万余卷，在闲暇时常与幕僚佐史谈论古今之事。对于属官的任命，田弘正也都向朝廷请示。

当时，幽州、成德、淄青、淮西等藩镇对田弘正归顺朝廷之事非常忧惧，屡次派遣说客游说、引诱，但是田弘正始终坚持操守。同时，裴度也多次对田弘正晓以大义，田弘正对朝廷更加恭谨。

815年（元和十年），朝廷征讨淮西节度使吴元济，田弘正也派儿子田布率军助战。淄青节度使李师道害怕田弘正攻打自己，不敢公开支持吴元济。吴元济的援军断绝，最终被官军平定。后来，成德节度使王承宗反叛，田弘正又奉召征讨。王承宗惊惧之下，以二子为质向田弘正求和，并献出德州、棣州。

818年（元和十三年），朝廷命田弘正与宣武军、义成军、武宁军、横海军一同征讨李师道。田弘正自杨刘渡河，在郓州（今山东东平）四十里外扎营，并击败淄青军大将刘悟。不久，李愿、李光颜等军三面进攻，淄青军形势危急。

819年（元和十四年），刘悟倒戈，回到郓州，斩杀李师道，向田弘正请降。淄青镇得以平定，田弘正因功被封为检校司徒、同中书门下平章事。同年八月，田弘正入朝，并在麟德殿奏对，加封检校司徒、兼侍中。田弘正意欲变革节度使承袭之风，便将兄弟子侄都派到朝中为官。

李师道败亡前，紧张多疑，听到风吹鸟飞就怀疑有什么变故，于是下令禁止郓州人在一起饮宴相聚，行人也不许悄声私语，如有违犯，就严刑惩处。田弘正进入郓州后，将这些苛法全部废除，放纵百姓们游乐，寒食节也不禁行人往来。有人劝道："郓州人随同李师道数年，与朝廷为敌，现虽已平定，人心尚未安定，不可不防。"田弘正道："如今淄青暴乱为首者已经诛除，应当施行惠政，如果仍以严刑为政，那就好比是以夏桀来代替夏桀，又有什么改善呢？"

820年（元和十五年），王承宗病逝，唐宪宗便改任田弘正为成德节度使、检校司徒、中书令、镇州大都督府长史。田弘正因长期与成德军交战，与成德士卒有旧怨，便让两千魏博军随行护卫。后来，田弘正上表朝廷，要求将这两千兵马留在成德，并要求朝廷供给军饷，但是支度使崔倰却不肯同意。田弘正四次上表朝廷，崔倰都不加理会。

田弘正对家人非常优厚，兄弟子侄在两都（长安、洛阳）为官者生活奢侈，每日花费近二十万钱。田弘正供给魏博、成德两镇财货，车辆络绎不绝，河北士卒都非常不满。后来，朝廷赐给成德士卒一百万缗钱，却没有按时送到，将士更加不满。成德军都知兵马使王庭凑，性情果敢狡诈，密谋作乱，常借小事激怒将士，但由于魏博兵马尚在，不敢贸然行动。[12]

821年（长庆元年）七月，田弘正命魏博兵士返回魏州。同月二十八日，王庭凑集结牙兵作乱，田弘正及家属、将吏三百余口一同遇害，终年五十八岁。唐穆宗得知后，册赠田弘正为太尉，赐谥忠愍。

田弘正生有四子，长子田早为安南都护，次子田牟为天平军节度使，三子田布为魏博节度使，四子田章为洛阳令，各有功绩载于史册。

阳惠元

阳惠元（？—784年），亦作杨惠元（《资治通鉴》），平州人，唐朝将领。

阳惠元初因矫健勇猛，而在平卢军中服役，隶属于平卢节度使刘正臣。后来跟随田神功、李忠臣等人相继渡海进兵青州、齐州，因其忠勇多谋略，而号称名将。

上元二年（761年）正月，田神功派阳惠元等人率领一千五百人向西攻打王恒。不久，阳惠元等人在淮南击败王恒，王恒率军向东逃跑，到达常熟时才投降。朝廷下旨命阳惠元担任神策军京西兵马使，镇守奉天。

唐德宗李适刚继位，有意约束各节度使中跋扈者。建中二年（781年），当时淄青节度使李正己驻兵曹州，魏博节度使田悦增兵黄河上游，河南大乱。朝廷征发京西防御吐蕃兵马一万二千人驻防关东。唐德宗登上望春楼，设宴犒劳将士。神策军的士兵唯独不肯饮酒，唐德宗让人询问原由，阳惠元回答说："我们来自奉天，主帅张巨济告诫我们说：'此行要大大地建树功名，待到凯旋而归的日子，我与你们好好痛快一场。'所以不敢饮酒。"到出发时，有关衙门在道旁摆设酒食，只有阳惠元的部下不肯启瓶饮酒。唐德宗深表赞赏，颁赐诏书慰劳阳惠元。

同年，田悦谋反，唐德宗派阳惠元率领三千禁军与诸将领攻打田悦，激战御河，夺取三桥，阳惠元所立战功最多。不久，朝廷升任阳惠元为检校工部尚书，代理贝州刺史，并将他的部队隶属于邠宁节度使李怀光。

建中三年（782年），凤翔节度使朱泚谋反。建中四年（783年）冬天，阳惠元从河朔与李怀光奔赴国难，解除奉天的围困。

兴元元年（784年）二月，朝廷命令阳惠元与神策军行营节度使李晟、鄜坊节度使李建徽以及李怀光在便桥把营垒联结在一起。李晟知道李怀光将要反叛，把军营移到东渭桥。

翰林学士陆贽劝唐德宗说："四个将领联结营垒，李晟等人兵少官职低，受到李怀光整治，势必两方面不能保全。李晟既然担心李怀光反叛，请求与阳惠元东移，那么李建徽就孤立无援。应该趁李晟行动的机会，联合阳惠元、李建徽两支军队一起移驻东渭桥，以此来防备李怀光把军队肢解，赶急整装进发，那么李怀光就使不出诡计。"唐德宗不听，派神策军将领李升前往试探，回来向唐德宗报告："李怀光谋反很明显。"

当天晚上，李怀光派人夺取阳惠元、李建徽的军队，阳惠元、李建徽逃向奉天，李怀光派部将冉宗带领一百多名骑兵急速追击，在好畤县追上阳惠元等人。阳惠元披散着头发呼喊苍天，眼眶流血，脱掉外衣，赤着上身，搏斗而死。阳惠元的两个儿子尚食奉御阳晟、左卫兵曹参军阳曧躲在水井中，冉宗都将他们搜出杀害，只李建徽一人幸免。朝廷下令追赠阳惠元为尚书左仆射（一作右仆射），阳晟为殿中监，阳曧为邠州刺史。

陈思让

陈思让（903—974 年），字后己，幽州卢龙人，北宋初期著名将领。父亲审确，出仕后唐至晋，历檀、顺、涿、均、沁、唐、祁、城八州刺史。预征蜀，权利州节度使，终金州防御使。陈思让起初隶属庄宗帐下，即位，补右班殿直。晋天福中，转东头供奉官，再迁作坊使。安从进叛于襄阳，以思让为先锋，任右厢都监，跟随武德使焦继勋领兵进讨。正巧遇安从进之师于唐州花山下，立刻抓住时机，大败安从进，安从进孤身侥幸逃脱。陈思让以功领奖州刺史，安从进叛乱平息，授坊州刺史。

八年冬，契丹入侵，陈思让监澶州军，赐鞍勒马、器帛。讨杨光远于青州，又为行营右厢兵马都监，兵罢，改磁州刺史。会符彦卿北征契丹，思让表求预行。未几，改卫州刺史。连丁内外艰。当时武臣罕有执丧礼者，思让不俟诏，去郡奔丧，时人闻之无不交口称赞。起复随州刺史。

汉初，移淄州，罢任归朝。会淮南与朗州马希广合兵淮南，攻湖南，马希广来乞师，旋属内难，又周祖北征，乃分兵令思让往郓州赴援，兵未渡而希广败。思让留于郓州。

周祖即位，遣供奉官邢思进召思让及所部兵还。刘崇僭号太原，周祖思得方略之士以备边，遣思让率兵诣磁州，控扼泽、潞。未几，授磁州刺史，充北面兵马巡检。未行，升磁州为团练，即以思让充使。

广顺元年（951 年）九月，刘崇遣大将李瑰领马步军各五都，乡兵十都，自团柏军于鹞子店。思让与都监向训、张仁谦等率龙捷、吐浑军，至虒亭西，与瑰军遇，杀三百余人，生擒百人，获崇偏将王璠、曹海金，马五十四。俄遣王峻援晋州，以思让与康延昭分为左右厢排阵使，令率军自乌岭路至绛州与大军合。崇烧营遁去，思让又与药元福袭之。俄命权知绛州。明年春，迁绛州防御使。

显德元年（954 年）九月，改亳州防御使，充昭义军兵马钤辖，屡败并人及契丹援兵，迁安国军节度观察留后，充北面行营马步军排阵使。显德五年，败并军千余于西山下，斩五百级。是秋，邢州官吏、耆艾邢铢等四十人诣阙，求借留思让，诏褒之。十二月，改义成军节度观察留后。

六年春，世宗将北征，命先赴冀州以俟命。及得瓦桥关，为雄州，命思让为都部署，率兵戍守。世宗不豫还京，留思让为关南兵马都部署。恭帝嗣位，授广海军节度使。

宋初，加检校太傅。乾德二年，又为保信军节度。时皇子兴元尹德昭纳思让女儿为夫人。开宝二年夏，改护国军节度、河中尹。乾德七年，卒，年七十二。赠侍中。

陈思让累历方镇，无败政，然酷信佛道，所至多禁屠宰，俸禄悉以饭僧，人目为"陈佛子"。身没之后，家无余财。弟思海，至六宅使。有一子陈钦祚，累迁至香药库使、长州刺史。陈钦祚有一子陈若拙。

赵匡禹

赵匡禹（951—1019 年），字致君，辽平州卢龙人。祖父赵思温，为辽南京留守，卢龙节度使。父赵延宁，为保静军节度使。赵匡禹初授西宫使，政绩口碑皆佳。适时，高丽反辽，奉命率军参与征讨，因战功改任麓州（今吉林浑江东）刺史，又担任遂州（今内蒙古库伦旗）刺史、银青崇禄大夫、检校太保兼御史大夫、上柱国。又主持临海军节度使政事。为官期间，撤销繁杂苛刻的法令，奖励和督促百姓从事纺织和农耕，修缮百姓房屋，未到三年，使整个管辖境内政治清明，深得百姓拥戴。开泰八年（1019 年）九月，病逝于建州（今辽宁朝阳西）家中，终年 69 岁。

赵思温

赵思温（？—939 年），字文美，卢龙（今河北卢龙县）人。辽朝时期大臣。少时果断敏锐，力大无比，起初跟随燕王刘仁恭幕府。李存勖对燕国兴师问罪，赵思温统率偏师与之拒战。流矢射中眼睛，他撕下战袍拭去血渍，继续力战不已。为李存勖将领周德威所俘。李存勖感佩其豪壮，亲自解去他身上的绳索，将他收录到手下。久而久之，日渐得到李存勖的信任和重用。后与梁军交战于莘县，以骁勇闻名，授为平州刺史，兼任平、营、蓟三州都指挥使。

神册二年（公元 917 年），辽太祖派大将攻夺燕地，赵思温前去降伏。及至讨伐渤海时，皇帝任命赵思温为汉军都团练使，其奋力作战，攻下了扶余城。身上多处受伤，辽太祖亲自为他调药。

赵思温是辽代"断腕皇后"的缔造者。公元 926 年，辽太祖在东征途中驾崩，皇后述律平临朝称制代行皇帝职权，处理军国大事。她把一些与自己思维有悖的大臣召集起来问道："你们思念先帝吗？"大家说："我等受先帝之恩，永世难报，岂能不思？"述律平说："果真如此，你们就去陪伴先帝吧。"于是，不由分说都砍了脑袋。就这样，述律平以"陪伴先帝"或"传话于先帝"为由，先后杀害了一百余位贵族、大臣。有一次，轮到赵思温头上。赵思温不甘受死，于是把心一横，坚决不肯上路。述律平问："你与先帝如此亲近，怎么不肯去呢？"赵思温坦然答到："要说亲近，谁也没有皇后亲近，皇后若能先去，臣一定跟着去。"述律平被将了一军，忽然抽出腰刀，砍下了自己的右手，下令放进辽太祖棺内。又为自己开脱说："我并非不想追从先帝于地下，只因国家无主，诸子幼弱，无暇前往啊。"于是停止了杀戮，赵思温也幸免于难。

辽太宗即位，赵思温因功提升为检校太保、保静军节度使。天显十一年（公元 936 年），后唐军进攻太原，石敬瑭派使者求救，皇帝命赵思温从岚、宪之间出兵救援。撤兵之后，改任南京留守、卢龙军节度使、管内观察处置等使、开府仪同三司，兼任侍中，赐为协谋静乱翊圣功臣，改任临海军节度使。

会同初年（938 年），随耶律牒拟出使后晋举行册礼，回国后，升为检校太师。会同二年（939 年），有星坠落于庭中，去世。皇帝派使者赠资助祭，赠为太师、魏国公。

据王恽《秋涧集》载："赵思温生子十二人，其中儿子赵延照、赵延靖，官至使相，赵延晖，官至节度使。孙子：赵匡禹，历任遂州观察使、临海军节度使等职。曾孙赵为干，历任西南面安抚副使，遂州刺史，沂州刺史等职。其后支分别当使相、官三事、宣徽、节度、团练、观察、刺史、下逮州县职二百余人。"

孟乔芳

孟乔芳（？—1654 年），字心亭，直隶永平（今河北卢龙）人，汉军镶红旗，清初名将。

孟乔芳年轻时曾是明军副将，后因事获罪，罢官闲居家中。父亲孟国用，为宁夏总兵官。1630年（天聪四年），清太宗皇太极攻克永平府，孟乔芳与知县张养初、兵备道白养粹、副将杨文魁、游击杨声远等十五人出城投降。清太宗仍旧任孟乔芳为副将，又任命白养粹为巡抚，张养初为知府，让他们协助贝勒济尔哈朗坚守永平。

孟乔芳与杨文魁、杨声远前往行营见驾时，太宗召见三人，以金卮赐酒，并道："朕与明朝皇帝不同，凡是我的臣子，都会赐座，一同饮食。"后来，明朝总兵祖大寿遣使来见孟乔芳，欲打探清军的动向。孟乔芳绑缚使者，献给清帝。

五月，明军夺取滦州（今河北滦县），贝勒阿敏弃守永平，并屠杀城中百姓。白养粹、张养初等降官十一人遇害，孟乔芳与杨文魁、杨声远、郎中陈此心得以幸免。孟乔芳随清军返回辽阳（今辽宁辽阳）后，被任命为乌真超哈（汉文为汉军）牛录额真（汉文为管佐领事）。

1631年（天聪五年），清太宗设立六部，任命孟乔芳为刑部承政、二等轻车都尉世职。1638年（崇德三年），清廷更改官职，孟乔芳改任刑部左参政。1639年（崇德四年），乌真超哈设置八旗四固山，孟乔芳兼领汉军正红、镶红两旗梅勒额真（汉文为副都统）。

1642年（崇德七年），孟乔芳随军伐明，包围锦州，与都统金砺一起攻克塔山城。当时，乌真超哈八旗增至八固山，孟乔芳又改任镶红旗梅勒额真，因此孟乔芳成为汉军镶红旗人。

1643年（崇德八年），孟乔芳因徇私包庇贝勒爱新觉罗·罗洛浑的家奴，降世职一等，被降为三等甲喇章京。不久因攻克前屯卫、中后所两城有功，加封为半个前程（一云骑尉）。

1644年（顺治元年），清军入关，孟乔芳改任刑部左侍郎。1645年（顺治二年），孟乔芳担任兵部右侍郎兼右副都御史、陕西总督。当时，张献忠占据四川，关中地区盗贼并起，叛将贺珍袭掠汉中、兴安（今陕西安康）。顺治帝任命内大臣何洛会镇守西安，并拜他为定西大将军。

1646年（顺治三年），顺治帝又命肃亲王豪格攻打四川，孟乔芳也派所部兵马协助。当时，长安百姓胡守龙以左道之术蛊惑民众，阴谋作乱。孟乔芳派副将陈德捕杀胡守龙，并将他胁从的百姓遣散。

后来，贺珍与孙守法、胡向化率七万人攻打西安。何洛会主张守城，孟乔芳便派陈德守西门，副将任珍守北门。这时，李国翰率军赶到，贺珍败走。十月，孟乔芳派去协助豪格的军队屡破叛军，夺取龙安（今四川平武）。

1647年（顺治四年），孟乔芳率军出镇固原，征讨武大定，并派部将任珍击斩白天爵等人。这时，刘芳名攻打宁夏，陈德夺取镇原，固原西北全部平定。孟乔芳又派任珍、陈德等将领攻打兴安，讨伐贺珍。任珍等人先后在荞麦山、板桥、椒沟、药箭寨等地大破叛军，终于平定兴安。

同年，马德在宁夏兵变作乱，杀宁夏巡抚焦安民，孟乔芳派马宁会合宁夏兵一同讨伐。马宁与叛军在乱麻川交战，一直追击到河儿坪，斩杀马德。孟乔芳又派张勇、刘友元攻打铁角城，生擒贺宏器、李明义，又命陈德招降青嘴寨折自明、辘轳寨高一祥，击斩天峰寨张贵人，扫清关中群盗。

1648年（顺治五年），河西回民米喇印、丁国栋起义，并拥戴明朝延长王朱识锎为首领，攻陷甘凉，侵扰岷（今甘肃岷县）、兰、洮（今甘肃临潭）、河（今甘肃临夏）诸州。孟乔芳率军出镇秦州（今甘肃天水），派赵光瑞、马宁援救巩昌（今甘肃陇西）。马宁在广武坡击破叛军，追击七十余里，解巩昌之围。

后来，叛军袭扰临洮、岷州内官营。孟乔芳调兵遣将，命张勇、陈万略攻打临洮，马宁、刘友元攻打内官营，赵光瑞、佟透攻打岷洮河三州。张勇在马韩山击败叛军，进而收复临洮。赵光瑞在贼梅岭生擒叛军首领丁光射，接连攻取岷州、洮州、河州。马宁进击内官营，叛军退守兰州。

闰四月，孟乔芳与侍郎额塞率军攻打兰州。这时，张勇在马家坪俘获朱识锎，与马宁、赵光瑞会师兰州。收复兰州后，孟乔芳又命赵光瑞夺取旧洮州，击斩叛首丁嘉升。八月，清军攻打甘州（今甘肃张掖）。孟乔芳命张勇于夜间攻城，自己和昂邦章京傅喀禅等人随后进军。不久，叛军粮草断绝，全部出降。

1649年（顺治六年），清军征调军队南下四川。当时，米喇印是兰州军副将。他知道镇兵不愿远征，便唆使中军参将蒋国泰作乱，杀死甘肃巡抚张文衡等人，并占据甘州。丁国栋也攻陷凉州（今甘肃武威）、肃州。孟乔芳率军渡河，围困兰州，并修筑深沟坚垒。[15]

后来，叛军粮尽，趁夜突围。孟乔芳派军追击，在水泉堡击杀米喇印。丁国栋又在肃州自任总兵官，并尊缠头回土伦泰为王，出掠凉州、甘州、酒泉。这时，平阳盗首虞允、韩昭宣作乱，响应大同叛将姜瓖，攻陷蒲州（今山西永济）。孟乔芳便留张勇、马宁围困肃州，自己回军援救蒲州。

八月，孟乔芳在潼关渡河，收复蒲州。副将赵光瑞先后斩杀叛将白璋、张万全、王国贤，夺取宁晋、荣河、猗氏。孟乔芳又命章京杜敏攻克解州，协领根特也在侯马驿击破叛将郭中杰。九月，赵光瑞攻克运城，斩杀虞允、韩昭宣。十一月，张勇攻克肃州，诛杀丁国栋、土伦泰等人，河西回民之乱全部平定。

1650年（顺治七年），孟乔芳因功加兵部尚书，进封一等阿达哈哈番（即轻车都尉）。后来，孟乔芳又剿灭兴安寇何可亮、北山寇刘宏才、雒南寇何柴山、紫阳山寇孙守全，又上疏朝廷，请求免除陕西赋役，并在延庆、平固等地实行屯田，以补充军饷。顺治帝进封孟乔芳为三等阿思哈尼哈番（即男爵），加太子太保衔。

1653年（顺治十年），清廷又命孟乔芳督四川兵马钱粮。孟乔芳上疏，认为陕西赋税难以支撑军饷，建议裁兵一万二千人，并裁撤汉羌总兵官，又请求让马宁驻守保宁（今四川阆中）、吴三桂驻守汉中，以规取四川。十月，孟乔芳命狄应魁平定西宁回民之乱，俘获叛首祁敖、牙固子。

此前，孟乔芳数次上疏朝廷，请求退休，清廷都没同意。平定西宁回乱后，孟乔芳以患病为由，再次请求辞职。清廷便加封他为少保，将他召回京师。十二月，孟乔芳病逝，而此时诏令尚未到达。不久，清廷遣内大臣祭奠，赐孟乔芳谥号忠毅，加赠太保，赐白金千两，宅邸一所。

1730年（雍正八年），雍正帝兴建贤良祠，孟乔芳的灵位被安放在祠中。孟乔芳生有三子，长子孟熊臣，官至汀州知府，次子孟熊飞，官至监察御史，三子孟熊弼，袭封三等阿思哈尼哈番。著有《孟忠毅公奏议》二卷。

郎廷佐

郎廷佐，字一柱，祖籍关宁人（今辽宁省北镇市）人，为汉军镶黄旗。父亲郎熙载是明朝的诸生，于天命七年（1622年）降清，后因军功世袭游击将军之衔。郎廷佐兄弟三人，兄郎廷辅，弟郎廷极。郎廷佐为次子，早年过继给同门郎永清，为其从子。郎永靖曾累官至山东巡抚，郎廷佐以官学生授内院笔贴式（指有学问的人），后历任国史院侍读。

顺治三年（1646年），郎廷佐以国史院侍读跟随肃亲王豪格进军四川，征讨张献忠、王瓖有功升任秘书院学士。顺治六年，又随英亲王阿济格讨伐在山西倒戈反清的大同镇总兵麦瓖，因功升任江西巡抚。随后，郎廷佐又因功先后升任江南江西总督、福建总督等职。

郎廷佐一生"兄襄王事，素著勤劳。"清军进入江南后，南明政权倾覆，明朝的残余势力在大顺、大西农民军余部的支持下，先后在战场上掀起了几个抗清复明的高潮。而闽南、粤东一带的郑成功与浙东的鲁王旧臣张名振、张煌言部密切合作，一再袭扰长江中下游地区，严重威胁清军在江南的立足，清廷更是深以为患。

顺治十五年，清兵大举进攻西南地区的大西军李定国部，郑成功、张煌言为了解救与自己休戚相关的西南地区的危局，举兵进攻浙江沿海，准备进入长江，因在海上遭遇飓风，于次年六月再次大举北伐。郑成功、张煌言率17万水陆大军，于崇明岛登陆后，七月军至焦山，袭破瓜洲，攻克长江门户镇江，进围江宁。时任两江总督的郎廷佐正驻守在江宁，当时江宁城中守军总兵力不过三万人，城大兵少，难于守御，抵抗十分困难。

其实，早在这一年的二月，郎廷佐因巡视江海防务之后就像朝廷密陈过海防机宜，他指出："郑成功拥众囤聚海岛，早晚必将再次举兵侵犯江南，而江南省兵数不多，且水师舟船未备，请求调发相邻各省精兵以增强防御力量。"但是却没有引起朝廷重视，始终没有批准他的请求。

郑成功大军降至，形势危急，郎廷佐镇定自若，他一面施展缓兵之计，让总兵梁化凤向郑成功假意请降，却又提出按大清旧律，守城30天城池易手方不加罪守城将士及其家小为由，请求宽限30天，郑成功信以为真，于是屯兵城下，旷日持久，一拖就是两个月，没有全力组织攻城。

另一方面，郎廷佐紧急向临近各省调兵，等到各路援军赶到之时，他又利用郑成功部斗志松弛的大好时机，突开城门，纵兵奇袭，取得胜利。此役，郎廷佐擒获郑军提督甘辉、总兵张禄、郭良玉等，并烧毁水师船只五百余艘，郑成功兵败，返回厦门。江宁得以保全、长江得以肃清，清廷在江南的统治得以维持，郎廷佐之功赫然居首。

三藩之乱爆发后，福建总督范承谟被靖南王耿精忠杀害。康熙十三年（1674年），与耿精忠为姻亲的郎廷佐受命继任为福建总督。郎廷佐临行时上疏朝廷："臣孙虽为耿精忠胞弟之婿，然臣誓不与逆贼俱生，愿力疾前驱，歼除叛寇。"

因福建当时在耿精忠之手，郎廷佐进至浙江后，随康亲王杰书暂驻金华，参与筹划平叛之策，多有贡献。直至康熙十五年六月，郎廷佐病逝于军旅之中。

郎廷佐性行纯良才能敏捷，并且深谙百姓疾苦。在任两江总督期间，江南江西战乱频繁，他上书朝廷，实行"按籍督催"和"稽征新赋"并行政策，统一征税标准，并严令官吏任内征赋未达标者，不得调任新单位。既增加了政府财政收入，又减轻了农民的负担。

同时，郎廷佐又注重发展经济，曾督造景德镇官窑。此后，其弟郎廷极继任江西巡抚和两江总督期间，也继承其志，督烧官窑、瓷器，大力发展经济，史称郎窑。郎窑红也由此而得名。其特点是釉质厚，釉面有大裂纹，还有不规则牛毛纹。因釉面流动性大，颜色越往下越深，如牛血般殷红，而口无边无色，俗称"脱口"，即一圈白边。而底边由于底足旋削保证了流釉不过足，俗称"郎不流"。因其釉中含铜，称铜红釉，釉色鲜艳，有"其明如镜，其润如玉，其赤如血"的赞誉，实为瓷中珍品。景德镇瓷器也因此享誉中内……

郎廷佐死后，朝廷赐祭葬，葬于今卢龙县土山村后，所葬之处始称郎家坟。

翁叔元

翁叔元，字铁庵，初名旂，字宾林，永平（今卢龙）人。康熙十一年（1672年），中举人。十五年，中一甲第三名进士，授官为编修。十七年，主持山东乡试，回京后参与编纂《明史》。不久，由赞善晋升为工部尚书，改任刑部尚书，因病请假回家休养。叔元性情慈爱敦厚，少年时诵读古代名臣奏议，看到陈奏百姓疾苦的内容，就会涕泗交流。别人对自己有恩德，终身不忘，回报一定超过别人的期待才会停止。为官处理政事十分务实，在史馆修史，同僚皆称赞他有文采，每秉奏一篇，皇上都十分称赞。做祭酒时，所举荐的人大家都认为很好。在工部时，每年分发柴炭，价值八万金，先前有好多被侵吞损耗，经常会预支购买柴炭的款项，例如康熙二十七年时，主管部门就已经行文预支到康熙二十九年，叔元计算白白浪费银钱约有十万，就每年少拨给二万，满五年，把少拨的钱全部拨还。按照工部惯例，每兴建一处工程，先计算其所需款项，然后上报，叫作"料估"。工程结束后有好多假冒和滥用的，主管人员担心招来怨恨，不敢依据实情上奏，十年来没有结算销账的大工程达四十三项。叔元邀请六部各自举荐部属二人，分别负责清理各自的工程，不到半年，积案全部结清。在刑部时，听到镣铐锒铛和犯人的哀号声，即十分悲戚，因此，平反了很多案件。州县呈报已判罪定案的案件，叔元固知其中有好多冤屈的，但难以破案平反，犯人被长期囚禁，最后有的病死狱中，叔元无可奈何。有些案件叔元就直接在刑部复查改正，而不再上奏朝廷，其爱民之心大都是这一类事情。著有《梵园诗集》。

冀如锡

冀如锡（1613—1686年），字公冶，又字镕我，永平府（今卢龙）人。幼年聪慧好学，十七岁补任博士弟子缺员，刻苦攻读，寒冬酷暑也不停止。父母去世，弟如镛、如媀皆年幼，如锡抚育教诲他们，做兄长又做老师。顺治四年（1647年），中进士，授官刑部福建司主事。遇到流放罪人的行李在中途休息的地方许多被偷窃，如锡全力追还，救活的人很多。任刑部山东司员外郎、贵州司郎中，都十分廉洁宽容公正。

顺治七年，授官湖广襄阳府（今湖北襄樊）知府。正值战争过后，境内不安，乃召回逃亡的百姓，通缉追捕反叛之人，社会秩序逐渐稳定。白云山发生反清农民起义后，官兵大举进兵围剿，需要军粮，如锡立即置办没有失误。又建议火烧豹尾山，捣毁望京城，以便大兵进剿。不久，农民起义被镇压。大兵进入襄阳，域内秩序安定，也是如锡努力的结果。

顺治十一年，任河东盐运使，通商利民，兴利除弊。他在理学方面付出很大精力，程朱之书置于桌案，工作的闲暇时间潜心研读，又召集学生于明朝理学家薛瑄家庙讲学授业，黄河汾河一带兴盛文德教化，有邹鲁（指孔孟家乡山东邹县、曲阜）之礼教风气。十六年，升河南布政司，驻守汝南，恰逢各州县上报垦荒亩数，所报多有不实，如锡说："欺骗朝廷，连累百姓，这是大害"。于是派御史再次丈量确定垦荒亩数。升浙江按察使，到任八个月，清理案件一百七十余宗。十七年，到朝内任太常寺卿，任通政司通政使。十八年，补任工部右侍郎，监督建造顺治帝陵寝。

康熙四年（1665年），返回原籍为母服丧。八年，任兵部右侍郎。十年，任兵部左侍郎。十二年，升都察院左都御史，振兴法度纲常，杜绝攀附权贵之风，他所提的建议都切中时弊，曾经给朝廷献上申明在朝内外为官之职责疏、严格有关部门初次授官之法令疏、请求禁止砌款粘单（禁秘密举报以徇私）疏、请求禁止奴仆首主（禁奴告主）疏、直接陈述盐政害民疏，大多被采纳实行。

康熙十二年九月，任工部尚书，充当殿试读卷官。十五年，淮扬河决堤，奉命同侍郎伊桑阿前往视察。如锡向朝廷揭发检举河臣王光裕渎职，光裕被革职。又按照当时的形势，建立治河、通运、勘检之法。十六年，因修建天坛文华殿耽误工期，受到严厉斥责，部内决定降四级调遣使用，于是回到乡里。

冀如锡生活简约，平时饮食衣着崇尚朴素，往来于城乡仅使用一辆车，二个仆人，见到的人不知道他为尚书。不尚虚荣，以切身实践为要务，晚年很喜好《周易》，曾对子侄说："我无论做官还是在家，修养自身还是待人接物，多得益于《易》"。

蔡士英

蔡士英（? —1675 年），字伯彦，号魁吾。大清兵部尚书，汉军正白旗人，世居辽东锦州。二始祖蔡清至七始祖蔡嵩均是单传并世袭千户；祖父蔡国忠袭祖爵诰封武节将军葬大凌河，有二子绍胤、绍光；父亲蔡绍胤系蔡士英，国忠长子，字瀛洲，袭祖爵诰封武德将军，葬大凌河，祖茔授正白旗，配夏氏生一子士英，从戎辽东广宁左屯卫。

崇德七年（1642 年），随祖大寿降郑亲王济尔哈朗，授征山东、福建，授金都御史。顺治六年（1649 年），总管八旗红衣大炮。顺治九年（1652 年），授为江西巡抚。顺治十二年（1655 年）担任漕运总督，加兵部尚书，"抗言力陈"海禁之弊，"多所振刷，厘革挽输，天庚迄无亏额"。

顺治十三年（1656 年），钱谦益赴淮安访蔡士英，"必与复明运动相涉"。康熙六年，捐资重修三官庙。康熙十四年（1675 年）逝世，谥襄敏，死后葬于卢龙县城西南十五里今蔡家坟村处。

蔡士英生有四子，蔡毓贵、蔡毓荣、蔡毓华、蔡毓茂，均在朝为官，声名显赫。蔡士英文笔亦佳，著有《抚江集》《滕王阁集13卷》《滕王阁续集》留传于世。

坐落于卢龙县蔡家坟村的蔡士英墓地原貌

蔡毓荣

蔡毓荣，字仁庵，汉军正白旗人，漕运总督和兵部尚书蔡士英之子。因父军功，被朝廷初授正四品武官佐领，兼刑部郎中。后又授京畿道御史兼参领。顺治十七年，随调征郑国信部。一次，蔡毓荣因鞭挞宦官横行而名震京师。康熙初年，迁秘书院学士。康熙五年，授刑部侍郎，康熙七年，授吏部侍郎。康熙九年，授四川湖广总督，驻荆州。朝廷接见蔡毓荣，康熙亲自解下御袍赏赐，还带着体温。康熙十年，蔡毓荣上疏朝廷，"四川民少田荒，请广招开垦。凡候选及现任人员招民三百户者，议叙即用即升。垦熟田亩宽限五年起科。"又言四川冲要，营员请照沿边例

题补。康熙十一年，又上疏移驻官兵子弟得入籍应试。康熙十二年，请裁遵义总兵官，改镇松潘事，并下部议行。同年十二月，吴三桂反。毓荣遣沅州总兵崔世禄率兵入贵州，夷陵总兵徐治都、永州总兵李芝兰继进，上命速遣提督桑额守沅州。寻授顺承郡王勒尔锦为大将军，率八旗兵讨三桂，驻荆州，谕毓荣督饷。十三年，分设四川总督，命毓荣专督湖广，以招民垦荒功，加兵部尚书。三桂破沅州，世禄降。常德、澧州、长沙、岳州相继陷。部议毓荣当夺官，命留任。寻居父丧，命在任守制，督绿旗兵进剿。毓荣令副将胡士英等分防江口。叛将杨来嘉据南漳，屡出掠，令襄阳总兵刘成龙御之，战屡胜。广西提督马雄降三桂，腾书两广总督金光祖，言毓荣将率绿营兵赴岳州降三桂。光祖密使告毓荣，毓荣以闻，请解任，命殚心供职，毋以反间引嫌。

康熙十四年，勒尔锦请增绿旗兵援、剿二营，领以两副将，命毓荣统辖。十七年，毓荣督造战舰成，率绿旗兵五千，从大将军贝勒尚善进攻岳州，与讨逆将军鄂纳等以舟八百馀入洞庭湖，击三桂兵，大败之，发炮沉其舟，歼寇甚众。遣将舣君山，载土伐木塞诸港。分兵屯三眼桥、七里山，绝寇转粮道。寇犯我粮艘，夹击，复大败之，斩级千馀。会三桂死，其孙世璠以丧还。师克岳州，进定长沙、衡州。康熙十八年，疏言："湖南境惟辰州尚为三桂守。枫木岭、神龙冈两道皆险隘。我师疲顿，当小休。俟粮草克继，会师进攻。"上命给事中摩罗、郎中伊尔格图传谕曰："贼败遁负险，宜用绿旗步兵。毓荣所属官兵

强壮，不难攻取险隘，剿除馀寇。其具方略以闻。"毓荣疏请专责一人，总统诸路绿旗兵水陆并进，上即授毓荣绥远将军，赐敕，总统绿旗兵，总督董卫国、周有德、提督赵赖等并受节制。十九年，督兵分道出枫木岭、辰龙关，水师并进，克辰州，再进克沅州，并复泸溪、溆浦、麻阳诸县。大将军贝子彰泰与会师，自沅州入贵州境。彰泰疏言绿旗兵已与满洲兵会，若各自调遣，虑未能合力奏功。上命毓荣军机关白大将军。寻与卫国督兵克镇远、思南。世璠将夏国相等以二万人屯平远西南山，分兵据江西坡，坡天险，国相为象阵。我师迫险攻象阵，不能克，毓荣以红旗督战，众奔不可止，师败绩。越二日复战，鼓众奋进，国相弃险走，遂克贵阳。二十年，从彰泰下云南，次曲靖。会师进薄会城，屯归化寺，夺重关及太平桥。世璠将余从龙等出降，诇知其虚实。赵良栋师至，趣进攻，毓荣军大东门。世璠自杀，城下。云南平。毓荣还任湖广总督。

二十一年，调云贵总督。累疏区画善后诸事："一曰蠲荒赋。云南陷寇八载，按亩加粮。驱之锋镝，地旷丁稀，无征地丁。额赋应予蠲除，招徕开垦。二曰制土夷。前此土目世职，不过宣慰，三桂滥加至将军、总兵。初投诚，权用伪衔给札，今当改给土职。旧为三桂夺职者，察明予袭。三曰靖通逃。三桂旧部奉裁，徵兵散失。八旗仆从，兔脱鼠窜。宜厚自首赏，重惩窝隐。所获逃人，量从末减，庶闻风自归。四曰理财源。云南赋税不足供兵食。地产五金，令民开采，官总其税。省会及禄丰、蒙自、大理设炉铸钱。故明沐氏庄田及入官叛产，均令变价，以裕钱本。田仍如例纳赋，兵弁馀丁，垦荒起科，编入里甲，俾赋有馀而饷可节。五曰酌安插。逆属尝随伍，当遣发极边。若仅受伪衔，并未助逆，宜免迁徙。六曰收军仗。私造军器，应坐谋叛论罪。土司藏刀枪，民以铅硝、硫黄贸易，皆严禁。七曰劝捐输。云南民鲜盖藏，偶有灾祲，无从告籴。请暂开捐监事例。八曰弭野盗。鲁魁在万山中，初为新嶍阿蒙土人所据，啸聚为盗。内通新平、开化、元江、易门，外接车里、孟艮、镇元、猛缅。三桂授以伪职，今虽改授土司。仍宜厚集土练，分驻隘口，防侵轶为患。九曰敦实政。兵后整理抚绥，其要在垦荒芜，广树蓄，裕积贮，兴教化，严保甲，通商贾，崇节俭，蠲杂派，恤无告，止滥差。州县吏即以此十事为殿最。十曰举废坠。各府州县学宫，自三桂煽乱，悉皆颓坏。今宜倡率修复。通省税粮，既有成额，宜均本折定，留运驿站，酌加工食，俾民间永无派累。"疏入，廷臣议行。别疏言："督标旧额兵四千，请增千为五营。吴三桂设十镇，今改为六。在迤西者：曰鹤丽、曰永顺、曰楚姚蒙景，在迤东者：曰开化、曰临元澄江、曰曲寻武沽。""中甸旧辖丽江土府，三桂割畀蒙、番互市。今互市已停，蒙、番所设喇嘛营官未撤，宜令土知府木尧仍归其地。"

初，师自贵州下云南，毓荣劾董卫国不听调度，上命俟事平再议。二十二年，部议卫国未尝违误，且有复镇远功，请免议，上责毓荣妒功诬奏，下部议，削五级。二十五年，授总督仓场侍郎，改兵部。领侍卫内大臣佟国维等疏言侍卫纳尔泰自陈前使云南，毓荣令其子琳馈以银九百；内务府又发毓荣入云南以三桂女孙为妾，并徇纵逆党状：下刑部，鞫实，拟斩，籍没，命免死，与琳并戍黑龙江。赦还。三十八年，卒。

蔡珽

蔡珽（？—1743年）字若璞，号禹功，别号无动居士，又号松山季子，蔡士英之孙，蔡毓荣之子。汉军正白旗人。康熙三十六年进士，改庶吉士，散馆授检讨。累进翰林院掌院学士，兼礼部侍郎。

康熙六十一年（1722年）八月，当蔡珽接替年羹尧出任四川巡抚，去热河陛见时，在年羹尧的安排下，谒见了胤禛，从此便成了胤禛的心腹。因此，两人关系一度比较友好。但是后来却因为某些原因出现了争执。蔡珽做巡抚时，将年羹尧说好之人题参，后来，年羹尧的亲信王景灏做巡抚又再将蔡珽说好之人题参。于是，蔡珽与年羹尧有了过节，最后发展到年羹尧已无法再容忍蔡珽的境地，年羹尧首先拿前任夔州知府程如丝开刀。雍正元年（1723年），他疏劾程如丝贩卖私盐，残害盐商。而蔡珽则针锋相对，奏称程如丝"为四川第一好官"，两人矛盾深化。可是，雍正对蔡珽有好感，对蔡珽的评价仍是"学问素优，人品端方"。到雍正四年五月，雍正"看按察使程如丝是汉人内第一等人"。而此时，年羹尧"自持已功，故为怠玩、或诛戮太过，至此昏愦"，其"为川陕总督，贪婪放纵，网利营私"，引起了雍正猜忌之心和极大不满。按理年羹尧本是绝顶聪明之人，但是却不知鸟尽弓藏之理。雍正认为年羹尧与"蔡珽之奏各相悬殊"，"将此事着石文悼审明"。石文悼似乎摸透了雍正的心理，便极力为程如丝开脱。奏报程如丝"实系冤抑"。初次交锋，年羹尧占了下风。

其实，除了雍正本身对年有疑心外，本身年羹尧就有很多劣迹，着实令人难以同情。如"川员赴任过陕者，必今重送赆仪，并讲明到任后规礼等语"，"各官尽皆趋赴年羹尧或差人请安或附禀送礼"，同时扶植亲信等，这些怎能让本就极其过敏的雍正能安坐龙床。

雍正二年（1724 年），蔡珽又上疏朝廷说："四川不产白铅，开采非便"，以此对抗年羹尧请在川陕"开采、鼓铸"之事。接着年羹尧又参劾蔡珽凌辱重庆知府蒋兴仁，迫使其"气愤自杀，事后以病卒"奏闻。年羹尧弹劾蔡珽阻挠采矿，被夺官，下诏逮至京入见，部议将他革职拟斩，而雍正却以"非军民钱粮"为由，令"酌情减等"，后改"协啧"，雍正仍不同意，说："大臣可杀而不可辱，何得将封疆大吏解京协啧，著另议。"十一月，蔡珽被押解回京。正当蔡珽被押回北京办罪时，雍正三年（1725 年）正月，年羹尧败露，使蔡珽有了转机。二月雍正召见蔡珽，认为他的获罪"系年羹尧参奏"，于是免其罪。具言年羹尧贪暴，始得免罪。特授左都御史，兼正白旗汉军都统。后又授兵部尚书，兼左都御史，署直隶总督。

直隶水灾，议蠲赈，发帑修河间、静海诸城。调吏部尚书，兼领兵部，都察院及都统事。

雍正四年四月，雍正以蔡珽领事多，先后解其左都御史，都统事，七月，解吏部尚书，十月，因徇庇直隶昌尹营参将杨云栋贪污军饷一事，部议革职，雍正命降授奉天府尹。此时，在雍正眼里蔡珽已变为"一粗率轻薄，言过于实之人，况量浅舞巧，满腔私欲"。

此前，当岳钟琪代替年羹尧任川陕总督时，蔡珽入对，"言钟琪叵测"，真是一石激起千层浪，先是逼得岳钟琪"不胜惶惑，要辞去川陕总督而委以侍从闲散之官"。雍正五年（1727 年）三月，雍正得知此事后，立即严旨追查。并且安慰岳钟琪"此明系蔡珽程如丝等鬼魅之所为"，并且说："从前朕用岳钟琪为陕西总督时，蔡珽在朕前奏称岳钟琪不可深信"，然而"岳钟琪到京，则在朕前甚称蔡珽"，"岳钟琪实大有功于蔡珽，而蔡珽亦不应以谗言报之也"，此时，雍正的态度很是明朗，表现出了对蔡珽的极大不满。

蔡珽因此被从奉天召京师审问。在审问过程中，雍正忆起在伏法举人汪景祺的《西征纪实》一书中记有蔡珽当四川巡抚时，曾接受夔州知府程如丝贿赂之事。对此，"蔡珽亦云曾受过程如丝银六万六十两，金子九百两是实"，程如丝更是潇洒"也不在乎是谁保举的，若能事事见得，即系蔡府丞保举又何妨，不然就是特用的也见不得"，雍正只能慨叹"天理昭彰，胆寒毛骨为之悚然"。

九月，刑部疏参蔡珽"从前四川巡抚任内，屡蹈重罪，部议革职"，并将蔡珽的罪状归纳为十八条，"按律应斩立决，雍正令议斩监候"。六年（1728 年）二月，管理旗务的多罗郡王德昭上疏，说又查出蔡珽家私藏朱批奏折三件，应照大不敬律立斩。此时，蔡珽正在四川听审，雍正令立即逮至京师。

其实，真正促使雍正对蔡珽下决心判定，是因为他曾为黄振国翻案。雍正四年三月，直隶总督李绂抵任。先是，左都御史蔡珽荐其故吏已革知县黄振国，起用为河南信阳州知州，巡抚田文镜劾黄振国贪劣不法。李绂由广东来京陛见，奏言振国无罪，文镜以绂与振国同年，劾其袒护。

四年十二月，浙江道御史谢济世参奏田文镜贪虐不法，谕责谢济世自恃言官，胸怀诡诈，令大学士、九卿等严讯具奏。讯得济世自认风闻无据，显系受人指使，要结朋党，扰乱是非，拟斩决。雍正已隐约感觉到蔡珽、李绂、谢济世有结党之嫌。在雍正眼里，甚至在整个清朝皇帝眼中，朋党都是十恶不赦的。雍正曾颁发谕旨："解散朋党至再至三"。对于此案，雍正认为"究其根源，皆黄振国一人而起"，遂下令将黄振国立即处决。谢济世被发配阿尔台充军。蔡珽仍定斩刑，监候处决。可见，对科甲朋党，雍正是恨之切、痛之深。

七年十月，以谢济世在阿尔台军前，供出昔年参田文镜出于李绂、蔡珽之授意，上召见廷臣，命绂随入。谕曰："朕在藩邸，懒于交接，人所共知，并不知蔡珽、李绂之姓名。至田文镜之在河南，公忠为国，而蔡珽、李绂以其参劾黄振国等，遂极为陷害，朋比为奸，指使谢济世捏款诬参，欲令言臣挟制朕躬，必遂其私愿而后已"，"此风不可长"。

蔡珽直到雍正十三年乾隆即位才得赦免。出狱后，再未任职，默默无闻，乾隆八年，悄然离世。

蔡珽工于诗文，其诗清刚隽上。著有《守素堂诗集》《楞严会归》十卷。

魏元烺

魏元烺（1779—1854年），字丽泉，卢龙县魏官庄村人，魏元煜之弟。魏元烺幼而颖悟，好学。嘉庆五年（1800年）顺天乡试举人，十三年（1808年）戊辰科二甲一百一十三名进士，选翰林院庶吉士。嘉庆十四年（1809年）改山东肥城知县，同年转任山西洪洞知县，嘉庆二十年（1815年）官太平县，历升平定直隶州知州、云南府知府、迤南道，四川、江西、福建按察使，广东、福建布政使。道光十一年（1831年）升福建巡抚，署闽浙总督。道光十九年

（1839年）回京任大理寺卿，道光二十年（1840年），升兵部右侍郎，道光二十二年（1842年），转刑部右侍郎，道光二十三年（1843年），迁刑部左侍郎。道光二十五年（1845年），擢都察院左都御史。道光二十七年（1847年），改礼部尚书。五月，迁兵部尚书。咸丰三年（1853年），充考试国子监学正学录阅卷大臣。

清王先谦、潘颐福《东华续录》记载："道光四年甲申（1824年）夏六月庚申（二十八日），调邱树棠为江西按察使、魏元烺为福建按察使。道光五年乙酉（1825年）秋八月丁巳（初三日），以魏元烺为广东布政使，调张青选为福建按察使。""道光十年庚寅（1930年）春正月丙午（十六日），程含章以病免，以魏元烺为福建布政使（服阕，广东布政使）。道光十一年辛卯（1831年）春正月丙子（二十二日），谕：'三载考绩，实为激扬大典。满、汉诸臣有能尽心所事、任劳任怨者，自应甄叙；有年老而精力不衰者，仍当留任。福建巡抚韩克均办事迟缓，不能振作；尚无劣迹可指，亦着以原品休致。'以魏元烺为福建巡抚、孔昭虔为福建布政使。"

《清史稿·宣宗本纪》记载："十一年春正月丙子，以魏元烺为福建巡抚。"在担任福建巡抚期间，魏元烺于道光十二年、道光十三年参加了镇压台湾嘉义县张丙起义。

道光十二年（1832年）夏，大旱，台湾嘉义知县邵用之治事无方。闰九月，台湾嘉义县张丙纠众起义，杀知府吕志恒、知县邵用之。十一月，清廷命署福州将军瑚松额赴台湾镇压张丙起义。巡抚魏元烺权闽浙总督印，命陆路提督马济胜带兵2000人前往讨伐。闽浙总督程祖洛时在浙江，闻变后速抵厦门，调兵方集，起义军被镇压，张丙等首领被俘。（清）朱景星修、郑祖庚纂《闽县乡土志·兵事录·俘获张丙》记载："道光十二年闰九月，台湾嘉义县张丙纠众倡乱，杀知府吕志恒、知县邵用之，巡抚魏元烺权督印，驰檄陆路提督马济胜提兵讨贼，济胜以二千人往，众咸少之。总督程祖洛在浙江，闻变倍道抵厦门，调兵方集，而济胜已破贼，得渠魁。次年五月俘丙，于京师诛之。台湾平。"民国《厦门市志》记载："道光十二年，张丙倡乱嘉义。十月朔，戕知县、知府，围城匝月。兴泉永道周凯驻厦门驰报，巡抚魏元烺调兵进讨。十一月廿八日，总督程祖涵自浙驰厦，寻东渡。明年正月，将军瑚松额由厦渡台。事定，调凯权台湾道。禁厦门口不得贩卖鸦片。"《清史稿·宣宗纪》记载："十三年春正月丁丑台湾嘉义匪首陈办伏诛。"《清史稿·瑚松额传》记载："十二年，命偕尚书禧恩督师剿湖南瑶匪赵金龙，……命署福州将军，台湾土匪张丙等作乱，授为钦差大臣，偕参赞哈哴阿赴剿。及抵福建，提督马济胜已擒匪首，台湾略定。十三年春，命仍渡台搜捕馀党，擒各路匪首二十馀人，贼党三百馀人，分别置之法，械送张丙、陈办、詹通、陈连至京诛之，加太子太保，复调成都将军。"

魏元烺一生为官恪尽职守，忧国奉公，年七十余精力不减，屡奉恩旨褒奖赏戴花翎，咸丰四年（1854 年），魏元烺以疾乞假，寻卒。死后，朝廷赐祭葬，谥勤恪。魏元烺卒后，其兵部尚书一职由一代帝师翁心存接任。

魏元烺为嘉庆十三年进士，比以"虎门销烟"闻名的林则徐早一科。魏元烺与林则徐私交极好，林则徐的女婿沈葆桢（道光二十七年中进士）中秀才、举人、进士都是恰逢魏元烺作主考官，当时被人赞为奇遇。这一榜与沈葆桢同时中的还有张之万和李鸿章，这三人，后来都成为晚清重臣，同被封为内阁大学士。魏元烺曾作过兵部尚书、礼部尚书、左都御使、署闽浙总督。因此，后来有人赞叹曰："门下三冢宰，兄弟两都督。"

魏元煜

魏元煜，字升之，号爱轩，生年不详，卢龙县魏官庄村人，清兵部尚书魏元烺之兄。乾隆五十八年进士，拜礼部尚书刘墉（当时主考官）门下，改庶吉士。六十年，授检讨。嘉庆三年，大考，改吏部主事。四年，补官。五年，充四川乡试副考官。七年，会度同考官，迁员外郎。九年，升郎中，授江南道监察御史。十年，两广总督那彦成奏调赴粤。上念其亲老，仍留京补原缺，转掌湖广道监察御史。父忧，服阕，补山西道监察御史。寻转掌贵州、河南道。先后居谏垣凡六载，持大体，不屑毛举细故。十八年，外授江苏江字粮道。核库款，恤帮丁，禁浮收，剔丁蠹，三月政声大著。寻以官御史时，失察林清滋事，降调。十九年，复原官，授浙江杭嘉湖道，调江苏苏松粮道。二十年，迁浙江按察史，二十三年，擢广东布政使。二十五年，巡抚江苏。

道光元年，魏元煜向朝廷上疏："江苏仓库亏缺，追补未清，请暂免州县处分，俟新赋如额，再行核办。"诏如所请。二年，授漕运总督。又向朝廷上疏："军船领运漕粮，某帮应兑某仓，宜有定制，以杜弊端。除饶州、扶州两帮，均循旧章办理，余十一帮领兑四十余厅县漕粮，请将各仓秉公搭配，照帮分为十一签，分别掣定。自道光三年新运起，三年一届，由后推前，挨次轮转，不必再掣。如船多米少，以后仓米数拨补；米多船少，以后帮船数找兑。"从之。嗣以漕船舞弊失察，降调留任。四年，定漕船水手章程，复喫水尺寸旧制，江浙以三尺八寸，湖广以四尺三寸为度。十一月，黄水倒灌，御黄坝、洪湖、高堰、山盱诸堤，皆溃决。罢两江总督孙玉庭，以元煜代之。玉庭留工督办河漕，调仓场侍郎颜检为漕运总督，协同筹划。时清水宣泄过多，明年重运艰于浮送。玉庭授嘉庆时节黄济运之策，元煜亦以为请。上以所奏为目前权宜之计，命吏部尚书文孚会同详议。文孚寻亦如元煜所请。上从之。五年，启御黄坝，引黄入运。三月，运口淤垫，军船难挽渡。元煜、玉庭奏雇民船起剥，并请帑一百二十万两。上不得已，姑允所请。然以借黄济运非善策，欲令江浙漕船试行海运，下元煜等议，元煜以窒碍难行奏覆。四月，协办大学士户部尚书英和，请暂雇海船以分滞运，酌折额漕，以资治河。复下元煜等议，元煜奏请仍征本色。五月，塞御黄坝，河淤船滞，部议降调。上加恩留任，复授漕运总督。六月，里河、扬河运道淤垫，疏请筑坝蓄水，浮漾军船，并于淮城以上挑河砌滩。旋以水势短绌，余漕船一百万石，不能盘运，请暂存贮，俟明年搭运，上责其靡帑病民，降三品留任。是月，卒。

道光年间漕运总督魏元煜主张借黄河水运粮的洪泽湖码头

孤竹名宦

本章收录祖籍孤竹（卢龙、永平）在外地做官的文武官员的优秀代表和在卢龙古城为官的古城名宦。他们为官一任，造福一方，是历史上孤竹儿女的优秀代表。

周宝

周宝（814—887年），字上珪，祖籍卢龙县人。曾祖周待选，为鲁城县令，因抵御安禄山叛军以身殉国。祖父周光济，官至左赞善大夫，父周怀义，精通谙，被提拔官至检校工部尚书，天德西城防御使。周宝初为千牛备身，后为父旧僚天平节度使殷侑部将。会昌（841—846年）时，选拔方镇中有才将校为禁军宿卫，周宝与高骈一起在右神策军供职。后任良原镇使，以善击球补为军将。因刚毅耿直不得升迁，于是凭着球技向唐武宗推荐自己。唐武宗赏识他的才能，升任金吾将军。击球时一眼受伤失明。出京城做官任泾原节度使（今甘肃泾川北）。在任时尽力鼓励农垦，积聚粮食二十万斛，号称为良将。及黄巢起义军占据宣、歙，周宝奉命调任镇海军（今江苏镇江）节度使兼南面招讨使。唐僖宗逃入蜀中，加封周宝为检校司空。当时几股武装分别占据常熟、崐山、华亭、无锡等地，周宝操练军队自守，调派杭州兵戍守各个县镇，分为石镜、清平、潜都、盐官、新登、唐山、富春、龙泉等八都，当时号称"杭州八都"。又以将要救国纾难为名，招募军队建立"后楼都"，命儿子周玙率领。周玙懦弱不能率领军队，后楼兵横行无忌。周宝也沉溺女色，疏于管理军事。其女婿杨茂实为苏州刺史，重收赋税导致民不聊生。当地权宦官田令孜派人替代杨茂实，周宝上表请求留任，朝廷不许。杨茂实于是屠杀城内百姓后而离开。部将张郁先以击球得赏识，后反叛，周宝讨伐平定。高骈在禁军时以兄长之礼侍奉周宝，及为淮南节度使（今江苏扬州）、盐铁转运使，召周宝之子周佶为支使，周宝也聘高骈之侄在幕府供职。高骈升任天下都统，不再恭敬周宝，以连兵西进为名欲图谋周宝，周宝察觉，于是发怒与之绝交。光启三年（887年），部将刘浩联合度支催勘使薛朗叛变，周宝刚刚就寝，听见格斗声，又见城中火光冲天，于是从青阳门出逃，兵士趁机大肆抢劫。周宝至常州投奔丁从宝，召后楼都军队，没有一个士兵前来。杭州刺史钱镠派兵攻打薛朗，以迎接周宝为名围困常州。丁从宝奔向海陵，周宝被迎接安置在樟亭，不久被杀。周宝所建"杭州八都"影响巨大，其帅董昌、钱镠先后建国割据一方。

陈若拙

陈若拙（975—1018 年），字敏之，幽州卢龙（今河北卢龙）人。护国军节度使、河中尹陈思让之孙。自幼好学。太平兴国五年（980 年），考中进士甲科，授官将作监丞、鄂州（今湖北武昌）通判，后改任为太子右赞善大夫、主持单州（今山东单县）政务。因政绩显著提拔为太常丞，调任监察御史，又任盐铁判官。益州（今四川成都）狱中关押了很多囚犯，长期滞留没有判决，宋太宗命若拙前往处置，不久又调任殿中侍御史、益州通判。淳化三年（992 年），改任西川（今四川成都）转运副使，不久，又升为正使。后改任西京（今河南洛阳）留司通判、泾州（今甘肃泾川）通判，调任司封员外郎，押送粮草至塞外，受到宋太宗褒扬嘉奖诏书的表彰。召回朝廷，任盐铁判官，转任工部郎中，掌管开拆司。宋真宗北巡大名，若拙为京城留守判官。咸平三年（1000 年），于郓州（今山东东平）、齐州（今山东济南）治理黄河有功，授任官职代理京东转运使。不久，实授官职任转运使。原本准备担任三司使，后被拜为刑部郎中、授命主持潭州（今湖南长沙）政事。于是以父母年老为借口，不肯前往赴任。宋真宗怒，追回刚刚封官授爵的敕书，先后贬其为处州（今浙江丽水）、温州（今浙江温州）知州。任满回朝，又被任命为刑部郎中、盐铁判官，改任兵部郎中、河东转运使，赏赐金紫鱼袋。大中祥符三年（1011 年），宋真宗赴宝鼎（今山西万荣县荣河镇）在汾阴祭祀，若拙自河东献出钱帛、粮草十万以资助费用，因有功被提拔为右谏议大夫，转任至永兴军府（今陕西西安）。恰逢相邻郡县遭遇荒年，前任知府不许当地粮食出境，若拙到任后，准许粮食买卖出境，许多邻郡饥民得以活命。调任至凤翔府（今陕西凤翔），任满后又任官为给事中、主持澶州（今河南濮阳）政事，政绩卓著，任满后，郡民上书挽留。陈若拙一生少于学问，素无文才。当时科举获进士甲科第二名者称"榜眼"，其偶然得到这个名次，而言语大多荒诞，被人戏称"瞎榜"。

张升

张升（1261—1341 年），字伯高，原籍定州，后迁徙到平州（今卢龙县城）。幼年聪敏过人。长大后刻苦勤学，精通文辞。至元二十九年（1292 年），被举荐为将仕郎、翰林国史院编修官，预修《世祖实录》。历任应奉翰林文字、翰林修撰、兴文署令，后任太常博士。元武宗即位，商议皇帝亲自祭祀之礼仪。张升的建议，引经据典，又参考斟酌时宜，被朝廷采纳。至大（1308—1311 年）初年，改太常寺为太常礼仪院，张升任判官。后出京执掌汝宁府（今河南汝南）政事。当时，有人曾收受禁书一编，上有乡里大户人家姓名。张升即命焚毁禁书，以免诬陷及无辜之人。此事被朝廷知道后，被罚二个月的俸禄。而政绩考核，张升为诸郡第一。后改任江西行省左右司郎中，升绍兴路（今浙江绍兴）总管。大德、至大（1297—1311 年）年间，浙江闹大饥荒，疾疫传播，百姓死了将近一半，而赋税、盐课仍然责成里胥代为缴纳，贪官污吏互相勾结，加害百姓。张升依据登记的名册，上报行省，予以减免。先前，江浙行省参知政事将平江（今江苏苏州）每年承担的海运粮袋三万条，转至绍兴织造，而绍兴非产麻之乡，民众负担甚重。绍兴官员更换数任，均视为定例而不改变。张升上疏朝廷，指出麻非绍兴所产，海运所需应由平江承担。朝廷采纳此项建议，绍兴重负得免。张升为官，能严格约束下属，勇于解除民众苦难，深得民心。后历官湖北道廉访使、江南行台治书侍御史，召为参议中书省事，改枢密院判官。不久，又复任中书参议。

至治二年（1322 年），出任河东道廉访使，尚未成行，又改任治书侍御史。次年，出任淮西道廉访使。泰定二年（1325 年），拜陕西行省参知政事，任中奉大夫。不久，任辽东道廉访使。正遇上永平（今卢龙）发大水，百姓灾难深重。张升请求从海路调拨粮食十八万石、钞五万缗，赈济灾民，并请减免岁赋，均为朝廷采纳。第二年，又召拜侍御史。天历（1328—1329 年）初年，出任山东道廉访使。当地社会秩序不稳定，官府要求加固城墙以备防御。张升以为，修固城墙无疑是抛弃城外民众，于是拒绝执行。民心由此得以稳定。一年后，又召为太禧院副使，兼任奉赞神御殿事。又出任河南省左丞，又调任淮西道廉访使。当时，张升已六十九岁，上书请求离任退休，被批准。至顺二年（1331 年），又起用任为集贤侍讲学士，深受元文宗信任。元统元年（1333 年），元顺帝即位，召元老旧臣寻求治国之道。任张升为经筵官。不久，即请求回乡祭扫先人坟墓。第二年，又以奎章阁大学士、资善大夫、知经筵事的身份召回京师，张升借口有病推辞。朝廷命本郡每月供给一半俸禄，以奉养他。至正元年（1341 年）去世，死后追封为资德大夫、河南等处行中书省左丞，谥号文宪。元统（1333—1334 年）初年，随元顺帝至上都（今内蒙古正蓝旗东）。元顺帝以其为多朝元老，见闻广博，每次议论朝政，都命其直言勿隐。陈颢亦直接陈述己见，颇有见地。后至元四年（1338年）退休，朝廷下命他在家享受全部俸禄。至正十四年（1354年），追封摅诚秉义佐理功臣、光禄大夫、河南江北等处行中书省平章政事、柱国，又追封蓟国公，谥号文忠。次子敬伯，历任中书省参知政事，中书左丞、右丞，至中书平章政事。

陈颢

陈颢（1264—1339年），字仲明。祖上居住卢龙，后迁到清州（治今河北青县）。幼年聪颖，喜好读书，每天记诵千百字。年龄稍长后，游学京师，拜翰林承旨王磐、安藏为师。王磐熟知金代典章，安藏精通各国语言，陈颢都认真地学习。经安藏举荐，入宫做朝廷宿卫，接着又为元仁宗在即位前做太子时居住的宅第说书。大德九年（1305年），元仁宗奉命与母后出京居住在怀庆（今河南沁阳），陈颢跟随前行，常以古代圣贤身处逆境而奋发有为之事相鼓励。元成宗去世，元仁宗回朝，迎接其兄元武宗即位。其间，宫廷内部斗争激烈，陈颢多有准备。及元仁宗即位，陈颢因为拥戴皇帝有功，拜官为集贤大学士、荣禄大夫，仍在宫中做宿卫，政事无不事先知晓。元仁宗恢复科举，陈颢赞助之力很多。陈颢侍从宫禁，常把经典所载史事与朝政密切相关联者，用来劝谏元仁宗，元仁宗亦曾当众称赞陈颢所奏大多都是善事。后因父年老，请求辞官回到清州老家奉养老人，元仁宗下令任命其长子孝伯为清州知州，以便奉养双亲。陈颢坚决推辞，于是任命孝伯为清州判官。元仁宗欲任命陈颢为中书平章政事，陈颢极力推辞不接受。元仁宗去世，陈颢辞官回家居住达十年之久。元文宗即位，又起用他为集贤大学士。积极倡导以文德教化治理国家，极力主张增设国子学生员，减免儒士的徭役，均为元文宗采纳。以举荐贤士为己任，乐于谈论别人的好处，而厌恶听到别人的过失。欧阳玄为国子祭酒，陈颢与之同试国子伴读，每出一卷，见有好的言语，一定会喜形于色，极力举荐。

赵兴祥

赵兴祥，平州卢龙人。六世祖赵思温，为辽国燕京留守，封天水郡王。父亲赵瑾，乃辽静江军节度使。兴祥凭着祖上功德补任官职，辽末投奔金朝，与完颜宗望南下伐宋。金熙宗时，升任知宣徽院事。因有忠孝之名，被金熙宗升为左宣徽使，护视天子。海陵王完颜亮继位后曾对兴祥说，如果想让儿子做官尽管说，兴祥辞谢不肯受。升任太子太保，封广平郡王、臣鹿郡王，又改封申国公，为武定军节度使，总领一方军政要务。

金世宗继位后，励精图治，一改海陵王昏暴政治，广罗治世人才，淘汰昏庸老弱。兴祥尽管在海陵王时颇受重用，但清廉公正干练周到人人皆知，所以继续留——并委以要职。兴祥曾在平州（今卢龙）晋见金世宗，金世宗赞许他的忠诚，任为秘书监，又以其孙赵珣为阁门祗侯，以示表扬奖励。大定十五年（1175年），金世宗巡视安州（今安新旧安州）时，又召见兴祥，见其患风眩病，还赐药医治。不久，死于任上。

姚内斌

姚内斌（911—974年），原名内殷，因其名犯赵匡胤之父弘殷之避讳，改名内斌，平州卢龙（治今卢龙县城）人。原在辽国做官，为幽州骁勇之将，任关西巡检、瓦桥关使，曾与后周将张藏英激战于乐寿（今献县）。周世宗北伐，率众献出城池投降，任汝州（治今河南临汝）刺史。宋朝建立后，随宋太祖平定李筠叛乱，改任虢州（治今河南灵宝）刺史。当时，党项贵族屡犯边境，被委任为庆州（治今甘肃庆阳）刺史兼青、白两池（治今宁夏盐池）榷盐制置使。在任十数年，党项贵族不敢来犯，为宋初镇戍西北二边名将。以其勇猛无比，人称"姚大虫"。

崔文耀

崔文耀，洪武初年永平府首任知府。以廉政爱民著称。崔文耀推车换伞的故事，卢龙人有口皆碑。

明代洪武初年，第一任永平府知府崔文耀承乏兹土，居官严明，洁己爱民。为人慈祥，谦谦恺悌，常敝车羸马，微服出行。某日，带领府吏乔装平民去山南诸村访民饥苦，归来路经达仁巷村东山坡处，遇一龙钟老汉推木轮车停于山坡。车上坐高龄老母，言其去城里为老母就医，因山路难行，寸步为艰，阻隔在此。崔知府见此情景，深为怜悯，即刻令诸随从替老汉推拉困车，亲送至城里就医，一路观之者众，赞之者多。临别崔知府自送纹银二两，助其贫弱。母子二人感激零涕，拜而再拜，恳问恩人何方义士，姓字名谁，以图后报。众人相顾左右而言他，拒告身份，劝其受惠勿念，勉其殷勤侍奉老母，多尽人子之孝，众望足矣！事后，方知此举乃崔知府所为，消息不胫而走，刹时誉满城乡，田间传美，巷闻讴歌。越明年，崔知府另有高任，绅民感其德泽，百姓戴之如父母，爱之若福星。众议赠"万民伞"与崔公，以表民怀。神工巧妇，各尽其艺。伞大径可丈余，均以上品苏杭绸缎为料，五彩缤纷，上绣八仙过海、竹林七贤等人物故事，栩栩如生，另绣人间福、禄、寿三星，锦鸡、寿带、魏紫、姚黄等百花百鸟，争奇斗艳。佩以掐金嵌银，可谓富丽堂皇。经之营之，数民攻之，不日成之，周围缀以五彩绸条，上签万民推举之代表人物亲笔签名其上，并书景伸颂德之词。待崔公赴任临行之日，是怀其德，感其洁己爱民，路尽口碑。由壮士二人执"万民伞"头前引路，众绅民人等扶老携幼，远送十里竟而劝不归，依依难舍之情，难于言表。彼时，南门外正修建"九龟桥"，绅民提议将崔知府当年推车助老之美绩与当日万民感恩馈赠宝伞之盛况，绘影图形，镌之于石匾之上，以兹永怀，兼儆后世。官民齐赞此举之善，遂庀材鸠工，昼夜攻之，不日成之。观者皆啧啧称赞，只见石雕图像人物造型逼真，前之拉者、曳者，后之推者，个个活灵活现，盎然成趣。车上老妇人欠身示意，深含感激之情。后面骑马者当是崔知府，似在全神贯注于众人之劳累及安全。竣工后，将石匾嵌于"九龟桥"东面石栏南端，并佩以花草图案石雕，以作衬托。过往行人多在此驻足观赏，以致流连忘返。时过境迁，转眼已过数百年。1962年发大水，泥沙将此桥东面淤平，后竟被全部拆毁。此浮雕石碑亦弃之河岸，意欲砸毁。一有心人见其为古之遗物，损之可惜，遂邀邻人将其拍至西菜园村北井边，后砌在井台上。1996年，将此石刻移至大西门门洞外北倒，供游人观赏。可惜年深代远，雨淋日晒，致使原貌模糊不清，难以再现当年之奕奕神彩。后来，此石碑于一夜之间不翼而飞，至今下落不明。

永平府古城素有"东门金鸡叫，北门铁棒槌，西门牛虎斗，南门推车换伞"之美妙传说，"南门推车换伞"概出于此。

何诏

何诏（1460—1535年），字廷纶，号石湖，浙江山阴县峡山人。弘治九年进士，授南京工部主事（明成祖朱棣于永乐十九年迁都北京后，南京仍设六部，官名前署"南京"二字），改工部主事，迁员外郎、郎中。因忤太监刘瑾，下诏狱。正德十三年得白，出任永平府知府。为官清正廉洁，曾自誓口号十二句："子孙强如我，要钱做什么？子孙不如我，要钱做什么？子孙果若贤，做官不要钱；子孙果不贤，做官不要钱。为臣不尽忠，读书做什么？为子不尽孝，人天做什么?"时有太监诬陷邻居为盗贼,县官刑讯逼供,屈打成招。何诏到任,明察秋毫,平反冤狱,乡民称颂。"有中官石某诬其邻为盗者十四人,县官锻炼成狱,诏廉出之。"(嘉庆《山阴县志》)"时中贵王宏镇边,踞视郡邑长吏,谒者如属官,诏独竟不往其所。诬盗成狱者,十有四人,竟出不坐。郡有叔杀人,而赂见知者,移罪于侄,狱且成二年,诏一讯立辩,诸所讯鞫心服。乃厘宿弊,均粮役,即奸胥老吏部能索一钱。兴学校,勤考课。三年闻母丧去,民追送泣别,立去思碑,入祀名宦。"(万历二十七年《永平府志·名宦》)

正德十五年六月擢广西右参政。嘉靖二年五月升福建右布政使。嘉靖四年四月,晋都察院右副都御史,巡抚保定等府地方兼提督紫荆等关。嘉靖六年四月,改任工部右侍郎,转左侍郎。嘉靖八年六月擢为南京刑部尚书,七月晋工部尚书,疏辞之,改南京工部尚书。"帑蓄不满三千金,五年乃至一十余万"。嘉靖十三年十一月,引疾致仕。嘉靖十五年正月卒,年七十六岁,追赠太子少保。《明世宗实录》称其"谆谨自持,耿介有守,居官无赫赫声,而所至皆留改绩。"

何诏之子何鳌,正德十二年进士,授刑部主事,累升提督两广军务,总理河道,刑部尚书,卒赠太子少保。有"父子尚书"之称。

毛思义

毛思义,字继贤,山东阳信人。弘治十五年联举成进士,授户部主事,转工部都水司郎中,"凿月河以杀水势,公私便之"。正德九年出为永平府知府。"奉发修职,弗避危险,以救民瘼。"(万历二十七年《永平府志》)

正德十三年春正月,明武宗朱厚照在义子、锦衣卫指挥使江彬等人的引导下抵大同游玩,"闻太皇太后崩,乃还京发丧"。四月,武宗幸密云,江彬等"掠良家女数十车,日载以随,有死者",民间传言欲括女子、敛财物以充进奉,多惊疑避匿,哭泣相闻。永平府知府毛思义下令言:"大丧未举,车驾必不远游,此皆奸徒矫诈,煽惑人心,百姓其各安业,非有府部抚按官文书,敢称驾至扰民者,即捕治之。"因此忤怒江彬,镇守中官郭原与毛思义"有隙",将此事上闻,武宗大怒,立逮下诏狱,系半岁,降三级为云南安宁州知州。

嘉靖元年三月,升陕西按察副使,整饬固原兵备。"民怀其德,为立生祠"。嘉靖二年五月,升四川布政司右参政,"芒部作乱",毛思义"策平之",后改浙江右参政。嘉靖八年五月,擢浙江右布政使,寻转左;十月擢为都察院右副都御史,总督漕运兼巡抚凤阳等处。

嘉靖九年二月,调任总理粮储兼巡抚应天等处右副都御史。嘉靖十年二月,以右副都御史总督南京粮储。嘉靖十一年三月，致仕还乡。嘉靖二十年八月，卒，年六十七岁，赐祭葬如例。著有《海隅集》《永平录》行于世。

霍恩

霍恩（1470—1512 年），字天锡，祖籍卢龙，世为茂山卫（今河北易县）千户，于是成为易州（今河北易县）人。霍恩弘治十四年（1501 年）中举人，十五年，中进士。授官为山阳知县，设法节省开支，减少百姓负担。因为父守丧辞掉官职。又被任用为安邑（今山西运城）知县。从不接受富民的请求。一富民死，其妾私自将财产给养子，霍恩驱逐其养子，把财产归回到富民家族，以供养其妾。免除山民为官吏打柴的劳役。因祖母去世而离职。又起用授官为上蔡（今属河南）知县，恰逢社会矛盾激化，刘六、刘七、杨虎起义反抗之时。正德七年（1512 年）十一月，农民军派人劝霍恩打开城门投降，霍恩杀掉来使，加固城池坚守。上蔡人主张派人伪装成知县，下城引开敌人，使霍恩趁机逃脱。霍恩不肯，与其妻刘氏相约以死报国。上蔡城墙较低，一日一夜被攻破。霍恩妻刘氏自杀而死。霍恩被俘，被肢解而死。朝廷商议追封霍恩光禄寺少卿，谥号愍节，返葬于易州西荆轲山东南。以霍恩长子霍汝愚为世袭茂山卫指挥同知；次子汝鲁入国子监读书。

王珝

王珝（生卒不详），字汝温，永平卫（今卢龙县城）人。弘治十二年（1499 年），中进士，选为兵科给事中，监督泰陵工程。宦官剥削军士，并且砍伐靠近泰陵山上林木获利，王珝向皇上上疏弹劾有关官吏并查问惩治，使工程坚固而费用节省，得到银币赏赐，升为工科左给事中。徽州（今安徽歙县）有豪族打官司，数年不能判决，王珝奉命前往勘验，很快公正判决。改任御史后，核实应天府（今江苏南京）各郡官府库藏使用情况，某知府不称职，怕获罪，贿赂王珝，遭王珝弹劾。迁为刑科都给事中。明武宗大婚时，王珝上奏裁减冗杂费用数金。升任顺天府（今北京）丞，筹划安排赈救饥荒，救活了很多人。提拔为左佥都御史，奉命巡视山西，抑制豪门大族，清理盐法。不久，因在宁武抵御贼寇失利，上疏弹劾众将逗留观望，被戴上刑具押送到京师，又上疏检举自己过失，被朝廷贬为浙江参议。有一大富豪隐匿几百顷地租，累积几十年不能惩治，王珝亲自丈量田亩，揭发其奸诈。孝丰（今浙江安吉西南）民众反抗官府压榨，官府准备动用军队，王珝请求前去用道理说服大家，竟使民众自动解散。

后升任河南右参政，守卫南阳，平定淅川（今河南淅川东北）矿工反抗。又担任金都御史，奉命巡视山东，选拔廉洁干练的官员核察各郡户口以平均徭役。正德十四年（1519年），明武宗征讨朱宸濠叛乱，有关官吏集结几万名役夫接驾，而明武宗圣驾很久没有到达，众人缺乏粮食，并且染病，王玼下令全部解散回家，救活的人数不可胜计。宦官以供给御用为名肆意非法勒索民间财物，王玼严辞劝告，宦官不服，王玼十分气愤，迫使宦官停止勒索。后升为右副都御史，奉命巡视陕西。秦王藩邸宗人众多，俸禄不够，成为百姓负担，王玼设法补齐数目，官府上下称赞。后改任南京大理寺卿，迁兵部右侍郎，卒于任上。

刘隅

刘隅（1490—1566年），字叔正，号范东，山东东阿县苫山人。嘉靖二年进士，嘉靖三年正月授福建道监察御史，出按江北，督南直学政，改直隶巡按御史，出为四川按察司佥事（重夔道）。"嘉靖九年十二月丁巳朔。丙寅，四川永川县民李绍祖等左道惑人，聚众为乱，重夔兵备佥事刘隅捕平之。兵部列上地方诸臣功罪，谓隅督捕之功，应赏叙，惟圣明裁之。上命赏刘隅银币。"（《明世宗实录》）

嘉靖十二年，调任永平府知府。"时大荒，滦（州）、乐（亭县）尤甚，人将相食，聚谋行劫。躬诣赈抚而变弭，其于学校尤笃。"（万历二十七年《永平府志》）

嘉靖十七年七月升河南按察司副使，进河南按察使，寻擢都察院右佥都御史，巡抚保定。嘉靖十九年十二月以督修沙河行宫有功，晋右副都御史，巡抚如故。

嘉靖二十一年六月，蒙古右翼首领俺答纠众入犯山西边境，经朔州破雁门掠太原，七月越太原，列营汾河东西，纵掠上党、平阳、夏邑，大同巡抚龙大有、宣府巡抚楚书、山西巡抚刘臬和保定巡抚刘隅画地为牢，各自为政，"连营莫相摄，观望不肯战。纵贼深入，杀掠人畜万计"，"凡掠十卫三十八州县，杀虏二十余万，牛马羊猪畜二百万"，山海卫籍山西参将张世忠等孤军奋战，中箭而死，朝廷震怒。八月，山西道监察御史金灿等弹劾大同巡抚龙大有、山西巡抚刘臬"偾军误国"，宣府巡抚楚书、保定巡抚刘隅等不称职，"均宜罢斥"，吏部、都察院议覆称刘隅等"才力各有不及"，"遇缺调用"。紧接着工科给事中李纶弹劾刘隅"贪残尤著"，"赃私狼籍"，吏部覆言称刘隅"在保定以任事太剧，腾谤比之"，"其罪且有不止于罢黜者"，"令直隶抚按官核实"（《明世宗实录》），"言官以犒军费剧劾隅，有诏罢归听勘"（道光《东阿县志》）。嘉靖四十五年七月卒，年七十七岁。

刘隅工书，善奕棋。著有《家藏集》《治河通考》《古籍分韵》等。

辛应乾

辛应乾（1521—1593 年），原名子厚，字伯符，号顺庵，山西安丘人。嘉靖三十一年乡试中举，嘉靖四十一年登进士第，授山西长治县知县。"洁己奉公，有淫僧杀人，占其妻，公摘发之。"（康熙《续安丘县志》）"德量宽宏，颓废修举。"（光绪《长治县志》）秩满，行取户部浙江清吏司主事，历升员外郎、郎中。隆庆五年出为永平府知府。隆庆六年，修清节祠（夷齐庙），建北平书院。

万历二年二月升山西按察司副使，进按察使。万历八年三月擢山西右布政使，十月转左布政使，十二月擢都察院右佥都御史，提督雁门等关，巡抚山西。严督各关文武官员，与士兵同甘苦，操练军马，整理器械，修筑城池墩台关堡，储备粮草，预防敌情，三关人民依为长城。

万历十一年闰二月升南京兵部右侍郎，十月晋兵部左侍郎，协理京营戎政。"自陈致仕"，"天性孝友，居乡乐易，宗间皆推服之。"（康熙《续安丘县志》）万历二十年九月十四日卒。万历二十一年十一月，赐祭葬。《明神宗实录》称其"勋庸久著，行谊克孚，在官在乡，两无愧焉。"天启二年三月，赠兵部尚书。

著有《三命全书》《观象玩占》《劝善录》《官迹图》等。

韩应庚

韩应庚（生卒不详），字希白，号西轩，一作西玄，又号孤竹山人，东胜左卫（今卢龙县城）人。世代对人有恩德而不为人所知，曾祖韩文富乐善好施；祖父韩诚，治家有方。嘉靖（1522—1566 年）年间，连年欠收，先后借给乡人粮食达二万石，不求偿还。父亲韩廷义，精通多家技艺，有擒获大盗之功。韩应庚万历五年（1577 年）中进士，授职为彰德府（今河南安阳）推官。宽宏大量十分厚道，清正廉洁明察秋毫，到任数日，积压案件全部处理完毕。每次接受新的诉讼，都派遣当班差役在公署前设灶，招呼上诉的人自己做饭，还不到就餐时间，而事情已经判决，平反冤假错案不可胜数。升为福建道御史，出京巡视甘肃（今甘肃张掖），正值连年发生严重饥荒，不等朝廷下令即发粮赈济。又巡视山东，铲锄豪强，罢黜贪官污吏，释放死囚二百六十多人。但无心仕途，称病辞官。回家后，每天与亲故流连于山水之间，在城南巨大岩石上筑室，名叫钓台；以图书花鸟自娱，多次征召不再出任，但遇到不公平的事情总要代别人申诉。万历三十二年，发生饥，韩应庚向官府交纳粮食进行赈济，施舍粥饭救人，卖几百亩田地来赡养郡邑中的贫士。

韩氏祖籍山西赵城县（今为洪洞县赵城镇）王开村。明洪武末年，永平府因战争破坏，地广人稀，而且经常遭到北元蒙古政权的侵扰，于是朝廷将山西移民充实到永平府周边，设立军屯户，垦荒种田，戍守边关。韩氏始迁祖从戎东胜左卫（今卢龙县城）前所，迁家于九百户堡（今滦县九百户村）。六传至韩应庚，又迁至永平府城。2011年10月13日第13版薄生荣《临汾晚报》报道："在洪洞县赵城镇王开村，有一块明代万历十一年留下的碑碣。碑的阳面刻：'大明万历丁丑进士监察御史韩应庚先茔'，碑的阴面刻着'万历十一年正月二十一日，直隶东胜卫前所，九百屯六代孙，监察御史韩应庚，巡抚甘肃，经赵城县，因户常居，即日用俸银兴盖瓦房一所共六间，招集丁户，永远居住。'"

由于受晋商思想的影响，韩氏家族懂经营，会管理。曾祖父韩文、祖父韩诚使家业日益增大，乐善好施，乡人德之。父韩廷义精通武艺，仗义疏财，见义勇为。万历二十七年《永平府志·韩廷义传》记载："祖文富而乐善，终身疏素，不忍戕物生。父诚富益巨，博施不斁，受横不报。嘉靖中，岁屡祲，后先以粟二万石余贷贫者，竟不责其偿。廷义警敏有英气，通百家众技，更长武事，多奇谋，曾擒巨寇以靖一方，尤好作阴骘福德事。生三子，择师取友，乡印式之。长应庚，成进士，为名御史，乐隐于滦浒钓鱼台；次应箕食廪；季应奎，中乡试，四令名邑，人以为积善所致。"

据康熙十九年增刻本《卢龙县志·韩应庚传》记载："世有隐德。曾祖文，富而好施。祖诚，益大其业。嘉靖中，岁屡歉，先后贷乡人粟至二万石，不责其偿。父廷义，生而英敏，通百家众技，尝擒巨寇，以靖一方，封监察御史。"

韩应庚，万历四年丙子科乡试中式，万历五年丁丑科（1577年）殿试第三甲第十七名进士（第三甲二百四十一名），授彰德府推官。乾隆五年《彰德府志》记载："推官：韩应庚，东胜左卫人，进士，万历五年任。"以治绩卓异，万历十年六月擢升福建道监察御史，明察秋毫，革除积弊，平反冤狱，世人奉为神明。又屡上封事，颇有见用。《明神宗实录》记载："万历十年六月丁亥朔日。戊戌，选推官韩应庚为福建道试御史。""万历十一年九月己卯朔。甲午，巡按陕西御史韩应庚条陈救荒十事：一、散赈票以稽饥民。言被灾州县正官置立印票，选委殷实公正之人，沿乡挨查贫难丁口，酌量等则，慎给赈票，按次关领；二、平斗斛以均实惠。言各仓斛斗与市廛较量，两平印烙钉固，足数给散；三、清库余以抚逃移。言将查出被灾州县库贮无碍官银，行令各官设法招徕酌量查给；四、借俸廪以助春耕。言各官俸廪量减一二，为贫民牛种之资；五、酌催科以苏困苦。地方钱粮有势不可已者，审定等则，酌量催徵；六、省供亿以宽里甲。言祭祀、乡饮、宴会、馈赏等费大加减革以宽民力；七、减讼狱以贻休息。州县正官不得滥受民词，法外苛刻；八、停商税以通货财。额课银两，暂行停息；九、裁冗役以资士类。言裁革各衙门冗役，所遗工食银两分给学较贫士；十、设官兵以弭盗贼。行被灾州县卫所各巡捕官督率千百户，分投四乡，不时稽察。户部覆如奏，第借俸助耕。节官俸之减有限，如近日总督石茂华所议借军饷银两给买牛种，秋成抵还，如无军饷处，所许动支在库，无碍官银，及期果贫不能还者，量准豁免。上俱报可。"后提督陕西学校，巡按甘肃、山东等地。顺治十六年、乾隆二十五年《赵城县志·选举志》记载："韩应庚，万历丁丑榜进士，提督陕西学校监察御史，巡按山东。"

万历十三年，韩应庚巡按山东时，见泰山碧霞宫久废，兴工重修，参谒者络绎不绝。顺治十一年、康熙三十八年《岱史·灵宇纪》记载："碧霞灵应宫：在岳绝顶西南下三里。旧名昭贞观，宋真宗东封时所建。万历乙酉（十三年，1585年）按院韩应庚命官鸠工，更新往制。"

康熙十九年《卢龙县志·韩应庚传》记载："少励清操，登万历丁丑（五年，1577年）进士，授彰德府推官。其治务廉明宽厚，下车取沉狱验问，数日间决断殆尽。受领新讼，遣当直设灶公署前，呼对簿者自炊，未及餐而事已判矣，平反冤狱无计。入为福建道御史，出按甘肃。值大祲，不俟命即发仓粟以赈。再按山东，锄强豪，黜贪墨，共出死囚二百六十余人。"

年四十七，解绶归里，隐居于卢龙县城南二十里滦河岸边钓鱼台，筑月白楼别墅，垂钓岸边，交友会文，一时文人雅士聚会于此，吟诗作赋，此地为卢龙古"八景"之一"钓台月白"。居乡乐举善事，不问政事，优游林下三十年，以诗文自娱，留下诸多名篇，至今传颂。弘治十五年，撰有相宅相墓之书《三元通天照水经》四卷，至今流传于世，今藏于国家图书馆。

康熙十九年《卢龙县志·韩应庚传》记载："时年四十七，即引疾归。日与亲故徜徉山水间，于城南二十里石矶上筑室，名曰钓台，以图书花鸟自娱。七征不起，从不干有司。遇不平事，辄为代白，闻者敬信，昭雪罔敢后。岁甲辰（万历三十三年，1604年）饥，输粟公府，而施縻掩骼无虚日。又鬻负郭田数百亩，以赡郡邑两庠贫士，无不交口称颂。寿七十有四，至今东辅推急身勇退者，皆以西轩先生为第一人。"

年七十四，无疾而卒，葬于钓鱼台侧。康熙十九年《卢龙县志》记载："韩御史墓，在城南二十里钓台之址。"

乡民为感谢韩应庚的恩德，在卢龙城东南天仙庙左侧建怀德祠祭祀之，清顺治四年至七年，永平兵备道、山东按察司佥事陈弘业重修，顺治十四年至十六年，永平兵备道、山东按察司副使、清初著名诗人宋琬撰有《怀德祠记》。康熙十九年《卢龙县志》记载："韩御史祠，城外东南天仙庙左。乡人感御史韩公应庚之德建祠祀之，宪使陈公弘业重修，宋公琬为记。"

韩应庚年逾五旬无子。后娶刘氏，生二子：韩原浚、韩原洞。康熙十九年《卢龙县志》记载："刘氏，世胄家女。御史韩应庚五十无子，知其贞静，求为侧室。父有难色，刘晓书史，翻晋《络秀传》，父解其意，乃嫁之。年二十八而应庚卒，生子原浚方十余岁，刘扶嫡郝氏坐堂上，呼家僮抱原浚于前，慨然谕以抚孤大义，内外帖然。庚午（崇祯三年，1630 年）之变，郡城垂危，刘尽生平耕织所贮，括有万金，上军门犒师，命原浚避难以存韩祀，而身与城为存亡。城陷，复以智免。"次子韩原洞，明诸生。崇祯三年正月初四日，后金汗皇太极率众攻打永平府榛子镇，原洞守城，战败，殉难。入祀表忠祠。康熙十九年《卢龙县志·韩应庚传》记载："原洞，字开之，少为诸生，诗文有奇气，当郊圉多故，尝慷慨悲歌，慕古人以身殉国之义。庚午（崇祯三年，1630 年）之变，身捍危城，出金犒师，知不可支，乃为《忠国论》一篇置怀中，赴斗而死。事闻，奉旨旌表建祠。"乾隆四十一年廷臣奉敕撰《钦定胜朝殉节诸臣录·入祠士民》记载："生员韩原洞，东胜卫人。崇祯三年，大兵破榛子镇，战败，不屈，死。"

长子韩原浚，满清入关后，为避免遭受清廷迫害，变卖家产，流寓河南，隐居于密县，与清初学者孙奇逢、诗人宋琬相交甚厚，学问渊博，为时名士，世人敬仰。顺治十三年冬，年六十岁卒，其子韩鼎业葬之于钓鱼台祖父墓侧。康熙十九年《卢龙县志·韩应庚传》记载："原浚，字发之，居家以孝友闻。弱冠游太学，以时事多隐忧，遂告归。生平简澹，喜吟咏，寡交游。时或正冠危坐，人语以世法机事辄笑，不解谓何。无少长贵贱，皆推诚心待之，里闬敬为天民。后十五年，原浚乃尽弃其田宅，与其子鼎业避地之河朔、林虑间，复南渡河，之鄢陵，转入嵩少山中，十余年而卒。鼎业扶柩反葬于钓台先生之墓侧。"清初著名学者容城孙奇逢为之撰墓志铭，著名诗人宋琬撰有《韩隐君传》。嘉庆二十二年《密县志·流寓》记载："韩原浚，字发之，卢龙人。家世贵显，简澹寡交游。常正冠匡坐，或语以世法机事，不解谓何。人无少长贵贱，皆推诚心待之。甲申变革后，尽弃其田产，携家隐大槐山，临终命子归葬。容城孙征君奇逢为之志铭曰：'谋不在食，忧不在贫。'人以为定论。莱阳宋琬有《韩隐君传》。子鼎业，平生慕鲁仲连、田子春之为人，读书不事章句，所交俱当世贤豪长者。避地山居，躬耕耨，习勤苦，晏如也。尝过太阳山，见李崆峒先生墓为盗掘伐，即裹粮率家僮收葬，海内知名之士莫不高其义焉。"

韩原善

韩原善（生卒不详），字继之，别号鹏南，卢龙人。父亲韩应箕，依仗文武之才，有古代侠客之风。韩原善聪慧过人，专心学习经史，同时学习《黄石》《奇门遁甲》等书。万历三十五年（1607年），中进士，授官青浦（今属上海）知县。当时吴淞河道长期堵塞，震泽（今江苏太湖）、淀湖之水汇合到一起向东流，百姓遭受水灾。韩原善免除租税，救济饥贫，平价出售粮食，设立粥棚，亲自救济。又平均分配荒芜的田地，取消补贴，开垦苏塘，清理漕运，十分周到细致，受到全城百姓崇敬。后调任长洲（今江苏苏州）知县，该县土地共有122万余亩，自从创立官甲，政事由乡绅控制，乡绅施展诡计致使民户生活困窘。韩原善奉巡抚之命依照科差（官府向百姓征收财物或派劳役），增加役田3万余顷，为政清廉公正。后任户部郎中。在任知县期间，父亲曾分给其家产，帮助其清廉执政。及到户部任职，父亲为其不谄媚权贵而高兴。不久，因父亲去世而回家守丧。服丧期满，到兵。四十七年，韩原善出关，听说开原被努尔哈赤率领的后金军攻陷，于是昼夜兼程赶到广宁（今辽宁北镇）驻守防备。全部辽军需要依靠海运供给。莱津每年要运输物资二十万石，距离辽地六百余里，水陆费用繁多。韩原善冒雪行至海上，进行经营筹划，每年节省费用数千金，不到一月而运送粮食二十万有余。因为母亲去世而回家服丧。著有诗文八卷，奏疏二卷，尺牍四卷，《六壬指掌》二卷。

白瑜

白瑜（？—1623），字绍明，永平卫（今卢龙县城）人。万历二十三年（1595），中进士，选为庶吉士，授官兵科给事中。二十九年，上书请求推广孝敬慈爱，进献敦促节俭、保持孝廉、爱惜人才、审理冤案四项建议，又引用祖训和前朝事例来评论时政，言辞十分恳切。三十年，京师（今北京）大旱，河州（今甘肃临夏）地区黄河干枯，礼官请求明神宗修身自省，白瑜建议释放被长期流放禁锢的臣子并言及矿税之害，未被采纳。三十一年，宦官王朝率领禁军劫掠京城西山各处煤矿，白瑜上疏劝谏，明神宗不听后累次升迁为工科都给事中。明神宗营建乾德台，白瑜上疏阻止，极力劝谏，并第二次上疏请求贬斥宦官王朝、陈永寿，明神宗仍不听从。白瑜建议治理黄河应当有专门负责的官员，明神宗指责他抄袭别人的陈旧言论，将他贬为广西布政司照磨。后因为生病返回家中。明光宗即位后，起用为光禄少卿，累次升迁为太常卿。给事中倪思辉、朱钦相、御史王心一因为上疏直言被贬，白瑜上疏阻止商议相救。天启二年（1622年），白瑜由通政使拜官为刑部右侍郎，主持刑部政事。当时，郑贵妃兄长之子郑养性奉诏回原籍，因为逗留不走，被家奴张应登控告私通塞外。永宁伯王天瑞同其弟锦衣卫王天麟也接着上疏弹劾郑养性图谋不轨。白瑜认为私通塞外是诬陷，于是会同都御史赵南星、大理卿陈于廷等人审理此案，请求治家奴诬告之罪，勒令郑养性出京到远方安家。第二年，白瑜升为刑部左侍郎。卒于任上，追封尚书。

崔维嵘

崔维嵘（生卒不详），字岚峰，卢龙人。明代举人崔启享之子。顺治五年（1648年），以贡生身份授官清丰（今属河南）知县。尽力缉捕盗贼，城邑因此得以安定。后任兴安州（今陕西安康）知州，招集逃亡百姓，借给他们粮食，劝百姓从事耕种，一年后，居民安定。因依法公正处理防兵与守将的冲突，违逆上级官吏，被降职，返归故里。晚年居住在父母墓旁，粗茶淡饭，自得其乐。

李充拙

李充拙（生卒不详），字逸之，卢龙人。父李时，官至思州知府。嘉靖四年（1525年），李充拙与兄李充浊在家乡同时中举，官至陈州（今河南淮阳）知州。州中多不守法纪的豪强，经常混迹官署衙门，假借公文干扰百姓，官府不能铲除。李充拙上任后，查访首犯，将其击杀，其余的人都四散逃走。因母亲去世回家守丧，期满后起用为通州知州，卒于任上。

李充浊

李充浊（生卒不详），字澄之，永平（今卢龙）人。父李时，官至思州知府。他嘉靖五年（1526年）中进士，授官为叶县知县，平定黄山大盗，百姓为其建立祠庙，与楚叶公、汉王乔庙合祭。擢升为礼科给事中，出京做浙江右参政，改任河南，修筑要塞，自顺德（今邢台）边界抵达山西，绵延九百多里。又升为陕西按察使，为官宦之家五人的冤案昭雪。后又升为河南右布政使，转任左布政使，改任贵州左布政使，赈济铜仁饥荒，使上万人存活。不久，辞职回家。

李瀹

李瀹（生卒不详），字伯通，永平（今卢龙县城）人。父李充浊，官至贵州左布政使。李瀹在岁贡（每年向朝廷推荐人才）时授官郯城县（今属山东）县丞。郯城号称难以治理，百姓流亡，拖欠税款。李瀹在荒田上建立官家修建的村庄，捐献俸禄建设住宅三十多所，号为俸余官庄，招集逃亡百姓，由官府给牛耕种，鼓励耕作，除缴纳公税及交付受雇的工钱外，其余全部纳入公共粮仓以备赈济，百姓称赞。提升为郯城知县。不到一年，乞求辞职回家。

廖自显

廖自显（？—1545年），字德潜，卢龙卫（今卢龙县城）人。家境贫寒，努力学习，以廉耻自我约束。正德十六年（1521年）中进士，授官颍上（今属安徽）知县，赈济饥荒，救活数万人。提拔为御史，奉命巡视通州（今北京通县）粮仓，革除宦官监收的弊端。巡察宣府（今宣化）、大同期间，镇守将领勒索钱财又杀掉降敌假冒功绩，山西巡抚与参议因为小事产生怨恨纷争，廖自显上疏弹劾，罢免其官。嘉靖九年（1530年），廖自显上疏请求革除镇守建昌（今四川西昌）的太监，以游击将军代替，一时间得到官府和百姓的称赞。不久，任汝宁府知府，执法清廉耿直，做官二年。著有《拾烬集》《放言悯遗集》。

张玭

张玭（？—1565年），山西石州人。嘉靖十四年（1535年）乙未科进士，初授大名府清丰县知县，升兵部主事，历任郎中、知府、按察使，升都察院右佥都御史，巡抚顺天。不久，左迁布政使司参议，历升大理寺左右少卿、顺天府府尹、南京户部右侍郎，改任工部右侍郎。

明嘉靖年间，张玭曾任永平府知府。孤竹神圣之地的仁义风尚熏染了他，伯夷、叔齐让国求仁、不食周粟、特立独行的圣贤气节感化了他，使他在永平府结下了永不忘怀的夷齐情结。在永平府为官一任，在挖掘、传承孤竹文化、弘扬夷齐精神上励精图治、多有善举，为夷齐故里的后来人交口称赞。

明代《国朝献征录·卷之五十一·工部右侍郎张玭传》记载："工部右侍郎张玭，山西石州人。嘉靖十四年进士。初授大名府清丰知县，升兵部主事，历郎中、知府、按察使，升都察院右佥都御史，巡抚顺天。寻谪布政参议，升大理寺左右少卿、顺天府尹、南京户部右侍郎，改今官。玭孝友，乐易其居，官所至，以廉称。"这里所记载的知府，就是永平府知府。万历二十七年《永平府志》记载："张玭，山西石州人，进士，嘉靖二十五年至二十九年任知府。"

永平府，乃古孤竹国所在地，被孔子、孟子称为圣贤的伯夷、叔齐就在这里出生，在这里长大，在这里读书，在这里留下了兄弟让国的千古佳话。张玭，这位来自山西石州的异地人士，就任永平知府，耳熏目染的是传承千年的孤竹文化、夷齐精神。他决意学习夷齐、崇仰夷齐、纪念夷齐、传承夷齐精神，并努力为之。康熙五十年《永平府志》记载："张玭，山西石州人，由进士（嘉靖）二十五年任。下车即厘剔宿弊，凡有不便于民者，悉力除之。置脂膏簿，颁示属吏，无敢扰民。立孤竹书院，以风励士类，集文行优者，肄业于中。拓夷齐故城，修举如制，祠成编志，畀守祠者世守之。升酒泉兵备，寻转蓟门巡抚，入祀名宦。"

书院，是中国古代介于官学与私学之间的文化教育机构和学术研究机构，主要是为参加科举考试的试子们提供教育服务。书院始于唐，兴于元明，终于清末。但永平，第一个书院就是知府张玭所立，名曰"孤竹书院"。之前，永平没有建立书院的记载。自张玭建立孤竹书院后，明隆庆六年知府辛应乾建立了北平书院，乾隆十二年知府卢公见曾建立了敬胜书院。张玭将书院命名为"孤竹书院"，目的就是为了打造孤竹文化。

康熙五十年《永平府志》记载，张玭"拓夷齐故城，修举如制"。张玭所拓之城，就是明洪武四年所建的永平府城。但是，为什么不直接写拓永平府城而写拓"夷齐故城"呢？显然，在张玭任永平知府期间，夷齐的大旗已经漫卷府城了，以至人们言谈记事，提及永平，便直称"夷齐故城"了，一直到清康熙年间，还因袭这种称谓。

万历二十七年《永平府志》记载："清节庙，旧在府城东北隅，景泰五年知府张茂移建于孤竹城。成化七年知府王玺奏准，赐额'清节'，降以祝文，定为春秋二祭，大学士淳安商辂记其事。弘治十年知府吴杰重新，行人张廷纲作记。嘉靖知府张玭梦人赐以'二墨'，因感而重新之。以二墨者，墨胎氏之二清也。"自从唐代以来，伯夷、叔齐受到帝王的崇敬和祭祀，开始修庙建祠，用庙宇的形式祭祀夷齐。到了明代，庙宇祭祀夷齐达到了历史的顶峰。在这种气候下，知府张玭重建了夷齐庙。关于张玭重修夷齐庙，还有一段传奇的故事。《永平府志》记载张玭梦人赐以'二墨'，因感而重新之。以二墨者，墨胎氏之二清也。"清朝鲜使臣崔德中《燕行录日记》也记载，张玭知府重修清节祠之碑有曰："永平乃商殷侯孤竹之国也。张公为知府时，梦有二人持墨来赠曰：君若守兹土，善待兄弟。觉来不知指教。问诸人，人言此地墨胎氏二子伯夷、叔齐之旧国也。张公大感悟，请财于诸卫，营立此宇，而极其宏侈云矣。"这个张玭知府，对夷齐可谓达到了痴迷的程度，连做梦都梦见夷齐，而且还要让梦想成真。

张玭在传承夷齐文化上做的第四件大事就是编撰《夷齐录》。清纪昀《四库全书总目提要》记载："《夷齐录》五卷（浙江范懋柱家天一阁藏本），明张玭撰。玭字席玉，石州人，嘉靖乙未进士，官至南京户部右侍郎。永平府城西十八里孤竹故城有清德庙，以祀夷、齐。玭守永平时，因搜辑历代祀典、诸家艺文，编为一帙，据《目录》，原本有图。此本无之，盖为传写者所佚矣。"《夷齐录》是关于伯夷、叔齐和夷齐祭祀的资料汇编，尤其偏重于对夷齐庙的详细记载。突出彰显了永平府在当时全国范围内夷齐祭祀的地位。该书属于关于伯夷、叔齐生平事迹和夷齐庙祭祀活动的专志，具有很高的历史价值和学术价值。该书收录清《四库全书》，为故宫珍本，极为珍贵。

张玭出任永平知府不到五年，围绕传承夷齐文化，办了四件大事，着实可贵。于古于今，都值得学习效仿。

阚杰

阚杰（生卒不详），卢龙人阚各庄村人。祖籍山东汶上县人，乃春秋时期齐国阚止的后裔，于明朝初年移民迁至今滦水河畔的阚各庄。

阚杰自幼家庭贫困，为了出人头地，阚杰一家节衣缩食供其读书。阚杰虽然出身贫寒，但他非常好学，阅览群书，天文、地理、文学均有涉猎。他常以三国阚泽为榜样，奋发苦读。

明朝嘉靖年间，国泰民安，百姓安居乐业，朝廷十分重视文化教育事业的发展，因此文化教育事业空前繁荣。嘉靖时期，户部拨专款维修白鹿、嵩阳、睢阳、岳阳四大书院，下旨各省、府（州）、县开设书院，大量收藏图书。一时间，杂剧、传奇、志异、医药、文选等出版物如雨后春笋，永平知府张玭创办的孤竹书院就是在这种大背景下应运而生的。

据《永平府志》记载：（张玭）嘉靖二十五年任永平知府。下车即百剔宿弊，凡有不便于民者，悉力除之。置"脂膏簿"，颁示属吏，无敢扰民。立孤竹书院，以风励士类。集文行优者，肄业于中。

张玭创办孤竹书院在当时可以说是一场及时雨，为永平府的学子们科举入仕铺就了一条光明大道。孤竹书院也因此培养了一批年轻有为的后生，同时也更为朝廷输送了大量的人才。

张玭创办孤竹书院后，阚杰便第一个来到孤竹书院求学，如饥似渴，如醉如痴。后来果然不负众望，秋闱入试，一举考中举人，授荆州府推官。

荆州府推官是府级佐贰官，为正七品，掌管刑名、赞计典。阚杰虽然官职不高，但是却对所辖事务治理得井井有条，受到朝廷的推崇，被授以石州知州。因出身贫寒，阚杰特别能体恤民情，竭尽地方父母官之职，深受石州人民爱戴。在任期间，他不但改革了以往不分贫富均徭纳税的弊政，还改善了当地的教育事业，培养了很多品学兼优的人才。阚杰施政，仁厚宽和，事事崇尚节约，上面官员来往，仅以饭食相待，并不奉送地方特产，竟迫使那些以巡视为名沿途勒索财物的公使大臣们心生怨恨。无论是在任推官时，还是在任石州知州时，从不徇私枉法，假公济私。朝廷吏部有意提拔于他，暗示其送些地方特产即可。然而，阚杰却装傻充愣，洁身自好，不与之同流合污，因此阻隔了他的升迁之路。在任二十余年间，却从来没有到京城给吏部送过礼品，因此廉洁之声声名鹊起。

据《永平府志》记载：阚杰，卢龙人，嘉靖乙酉（1525 年）举人，任荆州府推官，以治行行取，授石州知州，遂辞归。耿介自好，足不履城市者二十余年。

身为孤竹国的后裔，或许是受了夷齐品德的熏陶，与他同科的举人也都名声甚好。

嘉靖中叶，由于皇帝一心求取长生不老术，国家兴衰得失，不闻不问，终于嘉靖二十一年十月廿一（1542 年）发生了震惊朝野的"壬寅宫变"（十六名宫女和两名妃嫔险些杀死明世宗嘉靖皇帝的一次失败事件，史称壬寅宫变），令阚杰不禁毛骨悚然，同时对朝廷也心灰意冷。嘉靖二十八年（1549 年），阚杰以身体有病为由，向朝廷提出辞官，回到永平府归隐。也正是那一年，大明清官海瑞考中了举人。

阚杰辞官归隐后，没有像后来钓鱼台的韩应庚那样终日游山玩水，自娱自乐，仍然关心着时局的发展。嘉靖二十九年"庚戌之乱"，鞑靼部俺答汗率军长驱直入北京郊区，烧杀抢掠数日，满意而去，阚杰痛心不矣。嘉靖四十一年，徐阶暗中指使御史邹应龙上疏弹劾严嵩。严嵩被罢官，其子严世蕃被谪戍，阚杰闻之，在家把酒高歌以示庆祝。嘉靖四十五年二月，海瑞任云南户部司主事后，见嘉靖帝疏理朝政，就买好了自己的棺木，诀别妻儿，遣散家僮，写了闻名天下的《直言天下第一事疏》，上疏死谏。阚杰闻其"上疏时，自知触忤当死，市一棺，诀妻子，待罪于朝，僮仆亦奔散无留者，是不遁也。"不禁感叹，言曰："当年伯夷、叔齐尚有叩马谏伐之举，吾身为孤竹后裔，自愧不如也。"

后海瑞虽然下狱，但是嘉靖帝驾崩，穆宗继位，海瑞终被获释。阚杰已在病中，闻之，倍感欣慰，言曰："朝廷有此英才，国家之幸也。"遂卒于滦水河畔。

赵得祐

赵得祐（生卒不详），卢龙人。曾祖赵忠，官至御史。得祐三岁时家道衰落，等到长大后，虽屡遭意外灾祸，仍不忘读书。嘉靖二年（1523年），中进士，授官为御史，奉命巡察应天府（今江苏南京），屡次弹劾辅政大臣，权贵畏惧。出京做贵州佥事，调任辽东（今辽宁辽阳），多次升官到陕西行太仆寺卿。后辞官回家，永平（今卢龙县城）知府纪巡准备用犯人纳金赎罪所得砖瓦为得祐修缮房屋，得祐恼怒并拒绝。

王大用

王大用（生卒不详），东胜左卫（今卢龙）人。隆庆二年（1568年），中进士，做扶沟县（今属河南）知县。因为执法公正，得罪权贵，改任东平州（今山东东平）州判。不久，升为滕县知县，有一当权宦官以进献贡物为名，侮辱驿站官员，索取贿赂。王大用到达驿馆，下令打开箱子验证，全都是锦衣卫穿的冬服，于是派人逮捕押送贡物的差役，将其逮捕入狱，宦官害怕，请求免罪，当时的人们称赞王大用办事英明。后多次升迁为陕西参政。去世后，扶沟、滕县都为其立祠祭祀。

魏可简

魏可简（生卒不详），明万历十七年（1589年）进士，曾任沂水县知县、户部主事，后累任光禄寺少卿。由于史料匮乏，生卒年代不详。

在卢龙县石门镇阚各庄武山西坡半山腰的滦河东岸，有个阇黎洞，古称"临河洞"或"临河岩"。洞由高达50米的上下两个溶洞构成，洞口自然天成，在上下两洞之间，有一条长约10米的通道相连，但通道较窄，仅能容一人通过。阇黎洞的洞口在下洞，洞口用条石垒有墙壁和洞门，门额上镌有"阇黎洞"三个大字。上款镌"孤竹山人白瑜题"，下款镌"魏可简立"。洞内一些地方也多有垒砌，并建有佛龛和精美的莲花座等。此外，洞内石壁上遗有"别有洞天"等字。上洞有100多平方米，分有10余个形态各异的小洞，并设有北窗；每个小洞的入口仅可容一人通过，里面能直立。该洞是"天人合一"的"杰作"。它不但保存着许多大小不一、形态各异的具有奇、险、幽等特征的喀斯特溶洞，而且还完好无损地保存着明代雕砌的古朴洞门以及古代贤哲名士的题刻。从落款可以看出，"阇黎洞"三个大字乃明朝万历二十三年进士白瑜所题、明万历十七年（1589年）进士魏可简所立。

白瑜其人不必细说，是永平府人，其人少年便英敏博学，善于词赋，明万历二十三年考中进士后任庶吉士，然后平步青云，曾先后授刑科给事中、广西按察司照磨、通政使、刑部左侍郎、太常寺卿，卒官赠尚书之职。然而，魏可简却鲜有人知。

从民国版《昌黎县志》所记凤凰城"与魏松所修临河洞俱可避兵"和"魏尚宝卿可简墓在县西七十里阚各庄西"之言词来分析，魏可简系武山北麓的阚各庄人。县志记其"官尚宝司卿卒，生平清介，未竟厥施"；其意当为官至朝廷掌管皇家宝玺、符牌、印章的官员。

魏可简为政为官，不论身居何职，都平易近人，恪尽职守，为民着想，清正耿直，因而常遭到同僚排挤，致使其才未得尽用。据《沂水县清志·道光志》记载：魏可简"知沂水事，端肃宽静，以古道自持，不事蜂击粉藻，惟便民为经久计，平刑缓赋，衙宇澄然。所招抚流亡归业李积庆等八百七十八户，开荒田三百七十八顷，筑城垣，修邑志。礼士下贤，动依规范。丰神庄重，望而知其为端人。"

魏可简在任沂水县知县期间，政绩颇丰，因而赢得了百姓的口碑。尤其是对于教育事业，更是情有独钟。俗语说：十年树木，百年树人。进士出身的魏可简，深知办教育难与莘莘学子读书的辛苦。沂水书院，是为国家输送人才的重要基地，明朝副使杨光溥曾在这里读书，至今还留有素封亭。然而，沂水书院却苦于没有学田，不能资助那些贫困人家读书的人。沂水县地方经济也很窘迫。于是魏可简为了多为朝廷输送人才，便自出俸禄，于万历十二年置办了学田七十九亩，每岁收租资助贫困生员。在他的带头下，继任知县李大经也续置学田六十二亩七分，并置办耕牛，解除了贫困学子们的后顾之忧。万历二十一年，魏可简又重修了学宫，加大了对教育的投入力度。教谕傅履重、训导刘衍协修，进士、户部贵州清吏司主事、温陵傅履礼撰文《重修儒学记》，贡生、邑人张东鲁篆。据道光《沂水县志》旧邑志载：明知县魏可简，自出俸资，置学田七十九亩。继任知县李大经，续置学田六十二亩七分。天启初年，置教谕、举人吕相尧，定学田九十五亩四分四厘。（明万历二十年）"万历二十一年，知县魏可简重修学宫，现有碑记，时协修教谕为傅履重，傅有《万历庚寅年水利论略》，俱凿凿可据。"

对于阚黎洞，历代地方志书多有记载，清初著名地理学家顾祖禹在《读史方舆纪要》亦记之，云临河岩"在县南八十里，一名阚黎洞。壁立千仞，顶分八字。山腰有洞，逼近深潭，有小径可入，容二百余人。旁又有十余，皆幽胜。"（其中"县南"当为"县西"之误）清光绪版《永平府志》记阚黎洞：

"一名临河岩。在武山西，壁立千仞，顶分八字，洞在其腰，前逼深潭。由小径匍匐入，颇昏黑，穿而直上丈余，四壁有隙如牖（yǒu），爽垲（kǎi）可容二百人。又有小者十余，皆幽胜。辽金以来，居民多避兵于此。"民国版《昌黎县志》的记载与《永平府志》大致相同，但认为阇黎洞"一名临河洞"，并云小洞分别名"金鳌洞""水洞""织罗洞"等，"世乱民多避兵于此"。从这些记载中不难得知，阇黎洞在古代主要为"避兵"之地。魏可简晚年回到家乡后主持整修阇黎洞，其实也意在如此。尤其是明朝后期，李自成起义，建立大顺王朝，吴三桂引清兵入关，抗日战争与解放战争期间，阇黎洞都发生过巨大作用。在六音山一带，相传吴三桂就曾在此驻过兵。还有武山名字的由来，相传有自称武王的人在此屯兵驻守也验证了这一点。不过，随着时代的发展，阇黎洞失去了战略意义以后，这里便被改建为佛教活动场所，重塑三仙冠神像，每年正月初六庙会香火鼎盛，香烟缭绕，前来拜谒者络绎不绝。

2010 年，昌黎县朱各庄镇民营企业家魏会顺出资数百万元，对"阇黎洞"又进行保护性修缮，在尽可能恢复其原貌的同时，使之成了集礼佛、旅游、休闲于一体的旅游景区，吸引了来自全国各地的游客。

尤侗

尤侗（生卒不详），字同人，更字展成，号悔庵，晚号艮斋、西堂老人。明万历四十六年（1618 年）生，长洲（今苏州市）人，清初著名诗人、戏曲家。顺治五年，试拔贡生第一。后任直隶永平府推官四年。康熙十八年，参加博学鸿词考试，授翰林院检讨，纂修《明史》三年，告归。康熙四十三年（1704 年）年病逝，享年八十七岁。"侗天才富赡，诗多新警之思，杂以谐谑，每一篇出，传诵遍人口"。（《清史稿·尤侗传》）工诗文词曲，著述颇丰，有《西堂全集》。

纵观尤侗一生，政治活动与文学创作以永平推官期间最为活跃。他关心民间疾苦，努力从政。诗词多写生活实事，敢于揭露与抨击社会黑暗现实。尤侗在永平虽短短四年，却描绘了清初京东地区的历史画卷，作为文化遗产弥足珍贵。

顺治九年（1652 年）五月，尤侗奉敕任永平府推官。时年三十五岁。

顺治元年（1644 年），朝廷颁布"圈地令"，在近京五百里州县内进行大规模圈地，设置皇庄、王庄及八旗官兵庄园。尤侗来时，土地已被圈占，满汉杂处。又有投充人强夺民家田产献给旗下，圈地之事仍时有发生。"庄头""旗丁"仗势欺人尤为普遍，民族矛盾与阶级矛盾十分激烈。尤侗就任，"搏击豪强虽未敢，要使满汉归平亭"。他壮年气盛，在衙署的楹柱上赫然题写一副对联，联曰："推论官评，有公是，有公非，务在扬清激浊；析理刑法，无失入，无失出，期于扶弱锄强。"

他公开表示当官要"扬清激浊"，要"扶弱锄强"，以大无畏精神展示了自己的理想抱负。

九月，妻子曹氏携子女抵卢龙。

卢龙是历史名城，有许多古迹与传说。尤侗寓居于此，深受英雄事迹鼓舞，但官微职卑，很少有事做，不免有几分怅惘。他填词《金人捧玉盘·卢龙怀古》，以寄托情愫。词云："出神京，临绝塞，是卢龙。想榆关、血战英雄。南山射虎，将军霹雳吼雕弓。大旗落日，鸣笳起，万马秋风。问当年，人安在，流水咽，古城空。看雨抛、金锁苔红。健儿白发，闲驱黄雀野田中。参军岸帻，戍楼上，独数飞鸿。"

词的上阕写汉代李广守右北平故事，气势磅礴，既倾注了对李将军的敬仰之情，也寄托了自己壮阔的襟怀。下阕前四句急转直下，情绪一落千丈。"健儿白发，闲驱黄雀野田中"，喟叹多少人奔波一世事业成空。最后三句"参军岸帻，戍楼上，独数飞鸿"，更为悲壮。"参军"是自指。为什么"独数飞鸿"？是官小职微，闲来无事？是对长空过雁，感自身飘零？还是想弃燕雀之小志，慕鸿鹄而高翔？抑是随雁南飞，牵动了乡愁？这些成分恐怕都有。当时尤侗的思绪是复杂的。

他对社会弊端有着细密的观察，在《秋兴》八首中写了自己的见闻和感慨："江南皆赤地，河朔半洪波"；"牧马嘶圈地，行人说战场"；"饥寒空野老，歌舞自官衙"……尽管如此，他还要努力抗争，尽职尽责，惩罚邪恶势力，为民请命。这年冬天，他到遵化州谒见御史中丞王来用，参与弹劾山海游击夏登仕。又劾去贪官数人，收捕"衙蠹"数人。他想在刷新吏治上有所作为。

但是，尤侗作为永平府的属官是身不由己的。有时还奉命应酬"旗兵"，供应粮草，陪同圈地与打猎。他对边塞军旅生活和异域风情感到新奇。《苏幕遮·塞上》词可见一斑："朔云寒，边月苦。黍栗西风，吹乱黄沙舞。夜半雪深三尺许。毡帐驼峰，倒载琵琶女。打围来，圈地去，银管炊烟，茶煮乌羊乳。蛮府参军穷塞主。匹马随他，看射南山虎。"

清初，京畿无战事，军旅活动来去匆匆，无非是"打围来，圈地去"，"台上呼鹰，碛中走狗，千人弓箭横腰，牙苏抗招摇"（《望海潮·观猎》）。骆驼背上驮着宿营用的帐篷，倒坐着弹琵琶的军妓。小憩时，"将军坐地分曹，有健儿行炙，美女弹槽"（《望海朝·观猎》），"银管炊烟，茶煮乌羊乳"。尤侗作为

"蛮府参军"，随行观猎，对这种粗犷的塞上生活表示欣赏，铭刻在记忆里。

尤侗受上级指派干着无足轻重的额外公事，没有闲暇。当时正是安置旗人到圈占土地的庄园的时候，地方官简直应接不暇。"燕雀排衙，公事弹琴了。又报黄旗队到，手板匆匆，走马辽西道"（《苏幕遮·塞上之二》）。

顺治十年，尤侗到各县办理公务，顺便游览名胜风光，吟咏了许多诗词。游山海关老龙头，他沉浸于浩瀚的大海景色，表现惊喜之情："家在芙蓉江畔住，两桨沙棠桃叶渡。天风吹我北溟来，茫洋一望无穷处"（《归朝欢·澄海楼》）；"茫乎望洋向若叹，大哉归墟涉无岸。近视争看白马奔，远观不辨青霓断。似雷非雷声殷殷，鱼鳖颠倒腾千军。骇浪乍浮出地日，惊潮翻射垂天云"（《澄海楼诗》），用如椽大笔描绘了壮丽的祖国河山。他凭吊遗迹，发思古之幽情，浇自己的块垒，如《虎头石》诗："将军射虎阳山下，视之石也虎所化。至今石虎尚狰狞，当时将军何叱咤。数奇不遇高皇封，时去反遭醉尉骂。世上谁无万户侯，过此张弓不敢射"，借赞颂李广，抒发自己怀才不遇之情。更有些诗即景生情，流露出故国之思，对明朝灭亡表示惋惜："……夕阳背陇牛羊下，秋草平沙鸿雁多。四野荒芜村舍少，十年回首几干戈"（《白云楼》）；"……土人指点先朝事，十年以前风景异。关上皆屯细柳营，墙边乱蹴桃花骑。水犀之师蔽艎艅，木牛之粮衔舳舻。铁甲将军吹觱栗，胭脂小妇醉酡酥。至今眼中一事无，寒沙萧萧雁飞疾"（《澄海楼》）。他还写成了《登景忠山礼碧霞元君》《登五峰山谒韩文公祠》二首、《陪周伯衡门游一柱峰》《钓鱼台和韵》二首、《登孤竹城拜伯夷叔齐祠堂》等诗词，留下了不少描写边塞山光海色，体物缘情，并含有深意的作品。

这一年，永平知府朱文佑调离，尤侗代理知府三个月。他调查民间疾苦，写条陈二十款上报，得到批准执行，替老百姓做好事。以后辅佐知府罗云皋也政绩斐然。

永平府连年大雨成灾，"去年大水禾大无，今年雨下如悬壶"（《苦雨行》），滦河，青龙河，陡河诸水泛滥，庄稼被淹，永平各县闹灾荒，饥民嗷嗷待哺。顺治十一年，知府罗云皋率尤侗及属吏赈灾。尤侗作长诗《散米谣》，感叹灾重粮少，祈求上天"大发万千仓，散为天下雨"，实际是呼吁朝廷能下令开仓济民。在赈灾工作中，以数十万计的灾民得免填沟壑。百姓感恩戴德，但也惹了一些豪富权贵。后来，朝廷分别派大臣到京畿各府赈灾。来永平府的是少宰佟代、大理寺丞郝杰。佟代出京时，滦州知州刘汉杰就说了中伤尤侗的坏话。佟代到了永平，就责令尤侗到各县赈粮，并百般刁难。尤侗奔走月余，寝食俱废，还唯恐受打击，吃尽了苦头。他写了长诗《纪赈》，揭露钦差大臣佟代等人"箕距高堂上，意气吞虹霓。金盘罗几席，椎牛烹黄羝"，作威作福，颐指气使的行径；更发出"呜呼小民苦，尧舜病难医"的慨叹。

冬天，刑部奉旨派官员来永平"恤刑"，考察冤案，落实政策。尤侗积极参加核实，使不少无辜百姓的冤狱得以平反。

顺治十二年，永平府又水涝成灾。尤侗督各州县设粥厂赈济灾民，杯水车薪，无济于事。"……去年散米数千人，今年煮粥才数百。去年领米有完衣，今年啜粥见皮骨。去年年壮今年老，去年人众今年少。爷娘饿死葬荒野，妻子卖去辽阳道。小人原有数亩田，前岁尽被豪强圈。身与庄头为客作，里长尚索人丁钱……"（《煮粥行》）他愤怒地指出"豪强圈"地是造成悲剧的根源，把批判的矛头直指朝廷。

清廷为了缓解京畿的粮食紧张，招募穷苦百姓向辽东移民。百姓扶老携幼，哭泣上路，流落异乡。尤侗哀其离散，作《出关行》："……辽西虽穷是故土，辽东虽好流离苦，亲戚坟墓天一方，惜别临歧泪如雨。玉关生入定何年，夜梦犹倚旧庄户……"没有逃荒的百姓遇到丰稔年景也不得安生，盗贼蜂起，与豪绅地主串通，常借旗下窝藏，官府不得缉捕。他以忧愤的笔触写了《忧盗行》。他身为推官，秉公执法而不能，连盗贼也奈何不得，反而遭到权贵、庄头等的嫉恨。公余静坐反思，抒发愤懑，自己责怪自己："何物书生不知务"（《北平听讼图诗》）。他明知自己不识时务，却直道而行，结果是无力改变严酷的现实。"……白水一干唯饮马，黄茅千里不鸣鸡。难将桴鼓驱群盗，愧乏丝毫补圹黎"（《赋得绝塞愁时早闭门其三》）。他意志灰颓，身心交瘁了。

这一年初夏，尤侗的学生徐文元自江南来京参加考试，落第，至永平。师生相见谈往事、谈家乡、谈诗说文，非常高兴。尤侗有一首《闻鹧鸪》诗可能写在此时。"鹧鸪声里夕阳西，陌上征人首尽低。遍地关山行不得，为谁辛苦尽情啼"，含蓄地揭露社会的黑暗，借用鹧鸪叫声"行不得"，诉说内心深处的沉痛。徐文元替他校对《西堂杂俎》一集，带回家乡，刻板印出。文元南归。他心境寂寞，秋感风寒，一病五十多天。他对官场生活极为厌倦，心想来永平四年了无建树，不如及早回乡做个平民，"四见龙山雪，依然一蔽衣……逢迎吾道拙，耐可返柴扉"（《乙未除夕》）。

他多次给左都御史龚芝麓写信，恳切要求调离永平。龚芝麓等正打算调尤侗改任京兆推官时，一桩意外的事情发生了：旗丁滦州人邢可仕，鱼肉乡里，诬告良民，犯"反坐"罪。尤侗按律法杖邢可仕三十棍。邢上告到刑部，刑部加以追究，给尤侗定了罪。罪名是"擅责投充"，例应革职，改降二级调别的地方使用。这是顺治十三年春天的事。无疑这又是一宗冤案。有人劝他上疏皇帝说明实情。他迟疑未决。妻子曹氏说："归耳！父母老矣，奈何恋升斗，违膝下？"于是，尤侗下决心弃职还乡。写《南归杂诗》二十四首，其第二首云："辽海风涛恶，边庭日月昏。豺狼当道怒，魑魅对人尊（蹲）。莫怨网罗密，犹怜皮骨存。北方不可往，今日为招魂。"时年三十九岁。他搜集永平所作诗，刻印《右北平集》。

几年后，著名诗人吴伟业称赞"才子骚坛盟主"尤侗毅然弃官的明智："……碣石宫颓北海酒，令支塞（注：令支，古国名，在今迁安县。令支塞，泛指永平府一带）卷西风雨，更翩然，解组赋归来，云深处"（《满江红·题尤悔庵小影和原韵》）。

数十年后，尤侗老矣。他回首往事，对壮年时期永平推官生涯却有所留恋，他为未能施展才智感到惋惜："……回首卢龙成旧梦，变作阳关三叠。仰屋看书，叩门乞食，恨少朱家侠。相逢痛饮，头颅如许堪惜"（《念奴娇·题席次文出猎图和梅村韵》）。

冯如京

冯如京（1602—1671年），1640年（崇祯十三年）任永平府滦州知州。1642年（崇祯十五年）迁永平府同知。

史书记载，冯如京在永平任职期间，颇有建树，受民拥戴。"冯如京值开国初，以本府同知擢用。弹压变乱，招集流离。申请创立寓学，以恤远士，革除明季陋规，以抚疮痍，六属钦服，士民爱戴。寻升榆林道副使，历广东、江南左右布政。"

崇祯十七年四月二十二日，清朝摄政睿亲王多尔衮率清兵先锋直趋永平城。为使永平府免受战火洗礼，重蹈遭受"永平屠城"的厄运，冯如京开城投降，同时也完整的保存了永平古城。冯如京开城投降，仍"权领永平诸务"，同年七月授永平知府，因此成了大清王朝的第一任永平知府。

九月十二日，顺治帝与太后銮驾入关，至永平府，知府冯如京、副将张维义率文武官员出城十里迎驾。《清世祖实录》记载："顺治元年九月丁酉。上驻跸永平府，知府冯如京、副将张维义率文武官员出城迎驾。上赐食谕之曰：'尔等各安心轸恤所属军民人等，爱养孤贫，俾其得所。又须严查各属，遇有一二逃人获时即行解京，倘隐匿不解，被原主识认，或被傍人告发，所属官员从重治罪，窝逃之人置之重刑。'仍传谕山海关晓示各属。"

李本洁

李本洁，字澄庵，卢龙人。康熙五十二年（1713年），中举人，授官为广东广宁知县。当地有虎为祸患，本洁出钱招募猎人捕杀，除去虎害。遇水旱灾年，尽心筹措物资救济，救活的百姓很多。后辞官回乡，家居闭门不出，每天诵读小学，勤于学业。生平言行认真，以诚恳对待别人，对人有恩，从不自我表白。著有《宁阳政略》《公余录》等书。

李日芃

李日芃（1588—1655年），辽东都指挥使司（辽阳）人，隶籍汉军正蓝旗。清太宗皇太极时，以诸生入内院理事，赐五户。顺治二年五月，升永平府知府。时值满清入关不久，人心浮动，由于长期战争破坏，逃亡者众多，人民流离失所，民不聊生。李日芃到任后，安抚流民，发展生产，惩治贪官污吏，革除苛捐杂税，老百姓安于耕牧。《永平府志》称其"惩投充，革滥派，吏不能为奸"。

顺治三年二月，迁霸州兵备道、山东按察使司副使；三月升都察院左佥都御史。顺治四年十二月，授操江巡抚，加都察院右副都御史。顺治五年，"（江西总兵）金声桓以江西叛，日芃亲督兵屯小孤山磨盘洲，令同知赵廷臣、参将汪义、游击袁诚等迎击。"（《清史稿·李日芃传》）

顺治六年，裁安徽巡抚，命日芃摄其事，兼都察院右副都御史、兵部右侍郎。操江自江宁移驻安庆。土寇余尚鉴挟明宗室朱统锜勾结金声桓馀党据险为二十馀寨，掠桐城、潜山、太湖诸县。日芃遣副将梁大用等督兵讨之，克皖涧寨，进围飞旗寨，断水道，分兵四路合击，拔之。又破桃围等寨，擒戮统锜、尚鉴，馀大小和山等十八寨皆降。

顺治十一年二月，进秩兵部尚书。顺治十二年八月，加太子太保，十月二十二日卒，谥忠敏，赐祭葬如例。

朱衣助

朱衣助（生卒不详，一作衣祚、衣佐），字文佑，奉天人，汉军旗籍。顺治五年授深州知州。"时土寇未靖，披坚执锐，为士卒先，捍卫孤城，抚循黎庶，士民德之。"顺治八年擢永平府知府。顺治十年二月，升陕西按察使司副使、庄浪道。顺治十二年七月，任河南布政使司右参政，分守河南道。顺治十三年二月，迁山东按察使司按察使。顺治十四年十一月，擢陕西布政使司右布政使。

顺治十六年三月十六日，郑成功攻陷镇江，巡抚蒋国柱等败绩遁走，被革职。十七日，朱衣助任都察院右副都御史，提督操江兼巡抚安徽等处。五月十八日，郑成功攻克瓜州，朱衣助被俘投降，后乘隙逃往江宁。二十四日，吏、兵二部会题：据驻防江宁总管喀喀木等咨称："操江巡抚朱衣助于失陷瓜洲之后，即行降贼；遣家人朱镇等四人，持号布至江宁接取家口。"今研审朱衣助，供云："原领兵赴援瓜洲，与贼对敌；兵败被擒，后复逃回。"但衣助身膺巡抚重任，不能固守地方，以致失陷城池；虽旋即逃回，亦难辞咎。应革职，送刑部议罪。"得旨："朱衣助情罪未经审明，止据本人口供，草率具奏，甚属不合！着再行严加详审确议具奏。"秋七月二十五日，吏部、兵部合奏："臣等复审操江巡抚朱衣助降贼一案，屡加刑讯，虽无投贼确供，但衣助如不降贼，当兵败被执之后，贼岂肯将衣助并家仆安置一处，从容纵逃；朱衣助降贼是实，应革职，拏交刑部拟罪。"得旨："议政王、贝勒、大臣会同详审确议具奏。"八月初六，议政王、贝勒、大臣会议："海贼陷瓜洲时，操江巡抚朱衣助降贼，遣家人朱镇于江宁接取家属，被执。衣助见家属未至，且念伊父在京，因自贼营逃回，捏称对垒陷阵，为贼所擒。衣助膺巡抚重任，不能固守城池，畏惧降贼，应斩，籍其家。但能即日逃回，应免死；仍交与该王为奴。其家属听该都统、副都统发落。朱镇，应鞭一百。"从之。最后，以"降贼"证据不足，朱衣助被革职。

梁世勋

梁世勋（1651—1718年），字廷镛，号鹤汀，陕西三原人。父梁加琦为清顺治年间四川抚剿总兵，屡败李自成、张献忠余部，擢四川提督。梁世勋以正一品荫生入国子监读书，从征河东有功，授盛京治中，历任刑部员外郎、郎中。康熙二十九年出为永平府知府。"立心宽厚，冰蘖自矢。丁丑（康熙三十六年，1697年），郡西北城堤被水冲塌，经营修筑。尤拳拳爱民，煮粥赈饥，必亲尝寒熟。捕蝗、祈雨则不惮先劳。然秋霜凛若，毫无宽假，以故士乐民安，豪强敛迹。"（民国《卢龙县志》）"出守永平有神君名。时郡地旗民相犬牙，居者尝患苦之，公以安集为务，奖善锄强，捕蝗息讼，诸大政至今籍籍人口。"（《皇清诰授光禄大夫户部左侍郎鹤汀梁公墓志铭》）

康熙四十年升两淮盐法道，寻转直隶巡道。康熙四十四年正月升山东按察使，九月进山东布政使。康熙四十五年五月擢广西巡抚。康熙五十年八月调任安徽巡抚。康熙五十五年十月，晋户部左侍郎。康熙五十七年闰八月，卒，享年六十七岁。

赵国麟

赵国麟（1673—1751年），字仁圃，号拙庵，山东泰安人。康熙三十八年举人，康熙四十八年进士。康熙五十八年六月，授直隶长垣知县。康熙六十年奉命摄理内黄县令。"内黄大饥，遽发仓数万石赈之，民赖以全活。是年秋，河决溃堤，逼长垣城，率吏士昼夜睹筑，缚筏垂绠以入漂流者，计日授居户，巷皆满。明年河复决，捐金为堤护城。又起太行堤百余里，开支河数道，自此长垣无水患。"（乾隆《泰安县志》）当官清峻，以礼导民，民戴如父母。

雍正二年二月，署理永平府知府。两县农民因赋役过重闹事，甚至啸聚为匪。他主张改剿为抚，出榜安民，杖责衙役，并亲自捐俸，劝富户出资，帮助贫民买种子，事态很快平息。是年九月迁大名道。

雍正四年四月，调清河道，五月改天津盐运使，八月转长芦盐运使。雍正五年十一月擢福建布政使。雍正七年闰七月调河南布政使。雍正八年五月升福建巡抚。雍正十二年十月调任安徽（安庆）巡抚。

乾隆三年四月擢刑部尚书，十月调任礼部尚书，十二月兼管国子监事。乾隆四年正月，授文华殿大学士。乾隆六年三月，御史仲永檀疏劾赵国麟往吊京城富户、工部凿匠俞君弼。俞死后，其女婿许秉义因与其过继孙子俞长庚争夺家产，通过本家亲戚内阁学士许王猷邀九卿至俞家吊丧，"赵国麟亦亲往跪奠"，导致"物议沸腾"。九卿会丧是只有皇帝驾崩才能享用的大礼，九卿往吊平民，严重违背封建礼制。四月一日赵国麟乞休，乾隆皇帝朱批："经王大臣等查讯明白，全属子虚，著照旧供职。"六月，给事中卢秉纯参劾赵国麟"往奠俞姓之事"，"既出之后告其至亲刘藩长，自鸣得意。"乾隆皇帝命其亲家、休致光禄寺卿刘藩长来京对质，"令鄂尔泰、张廷玉谕国麟引退。国麟疏未即上，上降诏诘责。"（《清史稿·赵国麟传》）。谕旨称"见其人（赵国麟）属老成，且素闻伊留心理学，是以内升尚书，继因大学士缺出，一时不得其人，将伊补授"，"屡被言官弹劾，朕尚保全之，而彼不自省悟"，"今既不知自处，不得不明加处分。赵国麟著降二级调用，留京候补。"（《清高宗实录》）。六月，光禄寺卿刘藩长革职。九月，赵国麟左迁礼部侍郎。乾隆七年正月，晋礼部尚书；二月"以病乞休"，乾隆皇帝朱批："著在任调治，照旧供职。"七月，赵国麟"以久病乞休"，乾隆皇帝大为不悦，夺其官职，改在咸安宫效力行走。乾隆八年二月，以"年老有病"，"加恩准其回籍"。乾隆十五年八月，赵国麟与刘藩长诣京师为乾隆皇帝祝寿，赏赐原衔，令其回籍。十一月，卒。

谢赐履

谢赐履（1661—1727年），字建候，一字勿亭，广西全州县人。康熙二十一年吴三桂叛乱平定后，广西补行康熙二十年辛酉科乡试，谢赐履与其父谢明英同时考中举人（谢明英为解元），初授广东感恩县（今海南东方县）知县，任仅两月，丁忧归。服阕，补四川黔江县令。

康熙五十四年秋，超擢永平府知府。是年夏季，永平府暴雨成灾，滦州、昌黎、迁安、乐亭四县平地水深数尺，庄稼全部淹没，百姓嗷嗷待哺，苦不堪言。谢赐履急令各属县开仓救灾，赈济灾民，不必等待上级批准，地方官惧怕朝廷追究责任，不敢办理。谢赐履说："救饥如救焚，专擅之罪我当之，迟延之罪尔敢当耶？"并亲临乡村视察，动员富民出粟赈灾，不数日，得粮万余石。又选精明能干之人，分路发放。自己赶赴直隶总督府，据实入告，请求救济四万石，令以船百艘从水路运到乐亭县。

康熙五十五年十月，知府谢赐履上疏称"永平府属州县从前俱有社仓，今年春间乏食，将仓粮借出，民甚赖之。既然如此，永平府所属地方民人缘何流往盛京，幸将军抚恤，乃得给与口粮养赡耳！"康熙皇帝批示："知府谢赐履既称设立社仓，于民大有裨益，着交与张伯行（仓场总督）、谢赐履二人于永平府属地方举行五年，如果有益，再于各处举行。"于是永平府所属州县建社仓，劝所属输捐积储，以备荒年之用。

康熙五十八年，被康熙皇帝称为"天下第一清官"的仓场总督张伯行以"和平清正"保举谢赐履，九卿皆列名同保。康熙皇帝称道："谢赐履居官好，举得极是。"于是，特授以天津兵备副使。康熙六十年冬，升湖北按察使。康熙六十一年十月，超擢为山东巡抚。次月十三日，康熙皇帝驾崩，雍正即位，十二月十日因"未能谙悉"解任，仅三个月。

雍正元年，以右金都察御史巡视两淮盐政。雍正二年闰四月，升左副都御史，仍管盐政。调任两浙，一如淮政。雍正四年春，以老病乞休。次年卒于北京，享年六十有七。

卫立鼎

卫立鼎，字慎之，山西阳城人，康熙二年举人，康熙十九年至二十五年任卢龙县令。爱民如子，为百姓办事，革除征敛粮税弊端，为官清正，两袖清风，县内大治，民皆称道。康熙十九年增补顺治十七年版《卢龙县志》六卷，刊刻成书。

由于卫立鼎在卢龙政绩突出，被评为直隶治行第一，先后得到格尔古德和于成龙两位直隶巡抚的推荐，于康熙二十五年行取户部江西清吏司主事，后升浙江清吏司郎中，累官至福州知府。《清史稿·格尔古德》记载："康熙二十一年，授直隶巡抚。二十三年，上幸五台山，格尔古德迎驾，询地方贤吏，以灵寿知县陆陇其对。寻疏荐井陉道李基和、卢龙知县卫立鼎与陇其廉能，下部擢用。"

民国易宗夔《新世说》记载："卫慎之官卢龙知县，地当两京孔道，驿使旁午，公悉自营办，一不以扰民。魏敏果公巡察畿内，至卢龙，已治县，不食，但啜茶一瓯，曰：'卫令饮卢龙一杯水，吾亦饮卫令一杯水耳。'（卫名立鼎，山西阳城人，康熙中官卢龙知县。先是，县中征粮，勺秒以下皆用升合量，征草以银代，仍买草民间而低昂其值。公令输户合奇零统归斗斛，及额而止，纳草者不用代，民甚便之。会圣祖命魏象枢偕科尔坤巡视畿内，诸大狱悉以咨之。公引经准律，魏大称善。格文清公为直隶巡抚，以事至其县，谓之曰："令之苦，无异秀才时，然做秀才自苦耳，今自苦而百姓乐，非苦中之乐乎？"疏荐卢龙治行第一，灵寿陆陇其次之）。

《清史稿·循吏·卫立鼎传》记载："圣祖澄清吏治，拔擢廉明，近畿尤多贤吏，如彭鹏、陆陇其及嗣尧，当时皆循名上达，闻於天下。鹏及陇其自有传。又有卫立鼎、高荫爵、靳让，治绩亦足媲美。立鼎，字慎之，山西阳城人。康熙二年举人，授直隶卢龙知县。地当两京孔道，驿使旁午，供张糗糒，悉自营办，不以扰民。先是县中征粮，勺秒以下，皆用升合量。纳草以银代，仍抑价买诸民间。立鼎令输户含纳奇零，统归斛斗，徵草则以本色输，民甚便之。兴行教化，奖拔士类，丕变其俗，尤以清廉著称。尚书魏象枢及侍郎科尔坤奉命巡畿内，至卢龙，已治具，不肯食，仅啜一瓯，曰：'令饮卢龙一杯水耳，吾亦饮令一杯水。'诸大狱悉以咨之，立鼎引经准律，象枢大称善。于成龙之巡抚直隶也，尝迎驾於霸州，奏举循吏，以立鼎、陆陇其并称。嗣巡抚格尔古德以事至卢龙，谓立鼎曰：'令之苦，无异秀才时。秀才徒自苦，今令苦而百姓乐，非苦中之乐乎？'疏荐立鼎治行第一，灵寿令陆陇其次之。内迁户部郎中，秩满授福建福州知府，以年老致仕归。教授乡里，以倡论道学为事。年七十有六，卒。"

刘峨

刘峨（1723—1795年），字先资，号宜轩，山东单县人。入赀授知县。乾隆二十三年，选直隶曲阳知县。乾隆二十五年调顺天府宛平县令。卢沟桥有逆旅，多阴戕过客没其财，峨发其奸。西山煤矿多藏匿亡命，峨散其党羽，先后捕治置诸法。乾隆三十一年升顺天府南路同知，明年调东路同知。乾隆三十六年夏任永平府知府。"东南环海地亩多为旗产，仍系居民耕种，往往奸民串通构讼，纠纷不结，峨直授所属州县，立定阡陌，永为证据，甫一年，断结积案数百。"（雍正《畿辅通志》）。乾隆三十七年迁通永道。乾隆四十三年以母忧归。服阕，起天津道，仍调通永道。乾隆四十四年，以父忧归，夺情，署清河道，服阕真除，署直隶按察使。乾隆四十五年，迁湖北按察使。石首有寡妇，兄公谋其产，诬之，死于狱。峨治官书发其枉，逮其兄公至，亲鞫，论如律。乾隆四十六年，迁安徽布政使，调山西。乾隆四十八年，擢广西巡抚。乾隆四十八年五月，晋直隶总督。五十三年，命偕山东巡抚长麟等勘议粮艘在德州剥运。五十五年，因建昌盗贼洗劫钱铺，同伙系清苑狱二年未决，降调兵部左侍郎。未几，擢兵部尚书。乾隆六十年，以疾乞解任，加太子少保，原品休致。卒，赐祭葬，谥恪简。嘉庆元年七月，兵部尚书纪昀撰有《兵部尚书刘恪简公峨合葬墓志铭》。

李奉翰

李奉翰（？—1799年），字芗（香）林，奉天汉军正蓝旗人，江南河道总督李宏子。乾隆二十五年入赀授沂水县丞，乾隆三十年迁潍县知县，改聊城县令。乾隆三十五年升安徽颖州府知府，调任山东青州府知府。乾隆三十七年仲秋，调署直隶永平府知府。《永平府志》自康熙五十年重修以来已经六十余年，李奉翰延请江宁孝廉、永平府敬胜书院山长王金英重修，乾隆三十九年刊印。乾隆三十八年迁江苏苏松太道。乾隆四十年四月坐事罢，因"尚有出息，特加恩擢用"，"发往江南河工，令其自备资斧效力"，赏还原官，奏署河库道。乾隆四十四年正月，署江南河道总督。乾隆四十五年二月，授河东河道总督。河溢考城芝麻庄、张家油房，奉翰督吏塞芝麻庄，工竟。上谕曰："勉为之，莫以水弱而弛其敬谨！"是年八月，命仍署江南河道总督。奉翰奏："张家油房工未竟，较南河睢宁工为要。请留河东，俾藏其役。"报可。九月，张家油房工亦竟，上为欣慰。乾隆四十六正月，调江南河道总督。二月，奏请重定南河汛员额缺，酌增兵丁；移改运河闸官、运河汛员，视缺简要，更定品秩，下大学士九卿议行。七月，河决青龙冈，命偕大学士阿桂驰赴河南会河东河道总督韩镲督办东、西两坝下埽。甫合龙，坝蛰陷，乃与阿桂等议宽濬青龙冈迤下至孔家庄、荣华寺、杨家堂诸地引河，并于黄河下游北岸疏潘家屯、张家庄二引河、苏家山水线河、宿迁十字河、桃源顾家庄引河，五道泄水。四十八年春，青龙冈工竟。方坝陷，奉翰督吏抢护，堕入金门，格於缆，伤焉，河工谓两坝间为金门，缆所以引埽者，事闻上。五月，加兵部尚书、都察院右都御史衔。

乾隆四十九年，乾隆皇帝南巡，李奉翰觐行在，高宗奖其勤劳，赐骑都尉世职。五十年，坐清口东、西两坝不早收束，致运道浅阻，降三品顶戴。寻命复之。秋，河水大至，奉翰督吏昼夜填筑，塞李家庄、烟墩头、司家庄、汤家庄诸漫口。乾隆五十四年二月，调河东河道总督。五十八年，命赴浙江会巡抚吉庆会勘海塘。奏请以范公塘及海宁石坝改筑柴盘头，并于石塘前修补坦水，三官塘柴工后加培土戗，从之。五十九年，漳水溢，临漳三台涨发，命驰往勘察。奏："漳河两岸沙土浮松，水势骤长骤落，向无堤堰。上年大雨漫溢，应将下游淤垫处疏濬深通，再将三台坝基填筑，俾归故道。"上从其议。嘉庆二年二月，以"江南丰工合龙"，加太子太保；九月，授两江总督，兼管南河事。嘉庆三年，睢宁河堤决口。嘉庆四年正月，与河道总督康基田督塞睢州决口，工程竣工。二月，卒。

福庆

福庆（1749—1819年），乾隆二十九年补理，钮祜禄氏，字仲余，号兰泉，满洲镶黄旗人。乾隆二十八年考取理藩院笔帖式，藩院笔帖式。乾隆三十年五月，京察一等，加一级。乾隆三十三年四月，京察一等，加一级，以理事同知通判用，十月拣发直隶。乾隆三十四年补张家口理事同知。乾隆三十八年六月，"厅属民人姚进喜图奸堂姊牛氏不遂，用篦扎伤，并行自扎"，福庆"亲验属实，并不交差销禁，辄令保长雇夫抬送，以致中途逃回，复将牛氏杀死，并伤姚世忠夫妇，远扬无踪，难保无差役贿纵，并有捏饰诿卸情弊"，褫职。乾隆三十九年四月，赏笔帖式，仍在理藩院行走。

乾隆四十二年五月，京察一等，加一级。乾隆四十三年十月，补放湖北同知。乾隆四十六年调天津府同知。乾隆五十三年十二月丁母忧，回籍守孝。乾隆五十四年升理藩院员外郎。

乾隆五十五年二月，"永平府知府员缺，著候补知府福庆署理，俟服阕后再行实授"。乾隆五十六年四月以"才具明白，办事勤慎"补授永平府知府。旋调甘肃安肃道。乾隆五十九年任新疆镇迪道，驻迪化府。至嘉庆二年转甘肃甘凉道。嘉庆四年正月升安徽按察使，嘉庆六年正月进安徽布政使。嘉庆七年九月，晋升贵州巡抚、兵部侍郎兼都察院右副都御史。嘉庆十四年三月补授满洲总督仓场户部右侍郎，五月迁理藩院左侍郎，六月兼任镶黄旗蒙古副都统，寻转工部右侍郎；十一月改兼正黄旗满洲副都统，十二月转工部左侍郎。

嘉庆十五年九月升礼部尚书。嘉庆十六年正月兼任正白旗蒙古都统，四月改兼正黄旗汉军都统，六月兼署工部尚书。嘉庆十七年十月署理藩院尚书，改任兵部尚书。

嘉庆十八年六月兼署镶红旗满洲都统，七月以兵部尚书"留京办事"。九月十五日，"贼匪擅入紫禁城"，"经王大臣侍卫官员等奋力搜捕，擒奸净尽"，"正黄旗汉军兵丁曹幅昌，从习邪教与知逆谋"，"曹幅昌之父曹纶听从林清入教，经刘四等告知逆谋，允为收众接应。曹纶身为都司，以四品职官习教从逆，实属猪狗不如，罪大恶极。该管都统、副都统漫无觉察，其咎尤重。"十月二十九日，"兵部议奏：兵部尚书福庆等前任都统失察曹纶谋逆，请照例革职。"嘉庆皇帝朱批："福庆在正黄旗汉军都统任内，失察曹纶与林清商同谋逆，计两年零一个月"，"福庆此次留京办事，遇九月十五日之事，毫无展布。朕回京召见数次，辞色之间，不知愧愤，实属无能无用，著革职。姑念未任步军统领，非弃录用之人，暂勉发遣。"嘉庆二十三年九月，命在刑部郎中上行走。嘉庆二十四年卒，年七十。

谭廷襄

谭廷襄（？—1870年），字竹厓，浙江山阴人。道光十三年进士，选翰林院庶吉士，道光二十三年授刑部福建司主事，道光二十四年升山西司员外郎，迁郎中。道光二十七年出为直隶永平府知府，旋调保定府知府兼通永道。道光三十年调清河道，署直隶按察使。咸丰三年调两淮盐运使。咸丰四年三月升山东按察使，暂留直隶，办理天津海运事宜，六月升顺天府尹。咸丰五年五月任刑部左侍郎。咸丰六年六月署兼管顺天府尹事，八月擢为陕西巡抚，十二月以二品顶戴署直隶总督。

咸丰八年三月实授直隶总督，四月第二次鸦片战争爆发，英、法军舰攻占大沽炮台，谭廷襄弃城西逃，天津失陷。中英签订《天津条约》，因钦差大臣僧格林沁参劾，因"督办防务、调度无方"，谭廷襄被革职留任，遣戍军台。

咸丰九年，以三品顶戴署陕西巡抚。时值英法联军进攻北京，款议未定，恭亲王奕䜣、文祥等奏请咸丰皇帝西巡，遭谭廷襄与陕甘总督乐斌上疏反对。咸丰十一年正月，以二品顶戴授山东巡抚，督办团练。山东诸郡县群盗蜂起，捻军自安徽入山东，幅军、长枪会、白莲教等同时反清。僧格林沁大军驻山东督剿，谭廷襄率兵出省协助，并督各郡县团练防剿。

同治元年七月，以山东巡抚暂署河东河道总督。同治三年七月，入为刑部左侍郎。同治四年十一月，以刑部右侍郎在总理各国事务衙门行走，寻转工部右侍郎兼管钱法堂事务。同治五年三月转户部左侍郎，管理户部三库事务，十一月署湖广总督。同治六年八月，回京，以户部右侍郎兼署吏部侍郎，十一月晋都察院左都御史，十二月升刑部尚书。同治七年三月兼署吏部尚书，八月以刑部尚书兼都察院左都御史。同治九年四月，卒，追赠太子少保，赐祭葬，谥端恪。

孙洙

孙洙（1711—1778 年），字临西，号蘅塘，晚号退士，无锡县人。乾隆二十一年（1756），任直隶卢龙知县。孙万登三十四世孙，康熙五十年出生于江苏无锡市崇安区小娄巷街区。

孙洙少时家贫好学。清末民初无锡人窦镇《名儒言行录》称其"性颖敏，家贫，隆冬读书，恒以一木握掌中，谓木生火，可御寒。"早年入京师国子监学习。考中乾隆九年（1744）甲子科顺天乡试举人，考授景山官学教习。乾隆十一年（1746）任江苏上元县（今江宁）教谕。乾隆十六年辛未科殿试第二甲第十七名进士（与大学士刘墉第二甲第二名进士）。《清高宗实录》记载："乾隆十六年辛未闰五月丙寅朔。壬申，内阁、翰林院带领新进士引见。得旨：新科进士王应元、孙洙……成文，俱著以知县即用。"授顺天府大城县知县。光绪二十四年《大城县志》却记载："乾隆四十五年：山东诸城人，进士。"查乾隆二十九年《诸城县志》，乾隆十六年诸城进士为"刘墉"，亦无"孙洙"其人。且孙洙卒于乾隆四十三年，故《大城县志》所在任职时间和籍贯皆有误。

清嘉庆元年修、道光十年刊《新安孙氏家乘》（含迁无锡一支）中孙洙传记："洙，字临西，一字苓西，号蘅塘，晚号退士，金匮县庠生，例入国学。中乾隆甲子科顺天举人，考授景山教习。乙丑会试，明通榜，除江苏上元县教谕。辛未会试成进士，任直隶大城县知县，调卢龙县。挂误起复，补山东邹平县，敕授文林郎。庚辰、壬午，山东乡试同考官，改教授。致仕，举乡饮大宾。公天资英敏，通籍后未尝一日废学，诗学少陵，有《蘅塘漫稿》。书法宗欧阳，晚益苍劲。生康熙辛卯（五十年，1711）七月初十日，卒乾隆戊戌（四十三年，1778）十二月初七，享年六十八。"

民国七年（1918），无锡人钱基厚撰《先生洙事略》载："孙洙，字临西，号蘅塘，晚号退士。性颖敏，家贫，冬日读书，恒以一木握掌中，谓木能生火，藉可御寒。以金匮庠生中乾隆甲子顺天举人，登乙丑明通榜，上元县教谕；辛未进士，历知直隶卢龙、大城县事。所至必咨访民间疾苦，平时与民谆谆讲叙，如家人父子，或遇事须笞责者，辄先自流涕，故民多感泣悔过。宰大城时，捐廉浚河道，民食其利。公馀之暇，颂读不辍，恂恂如书生。后罣误起复，知山东邹平县事。庚辰（乾隆二十五年，1760）、壬午（二十七年，1761），两校省闱，所得皆知名士。改教授。三握邑篆，囊橐萧然，淡若寒素。每去任，民皆攀辕泣送。归，举乡饮大宾。著有《蘅塘漫稿》，诗入《梁溪诗钞》，辑《唐诗三百首》，通行海内。"乾隆二十一年（1756），任直隶卢龙知县。乾隆三十九年和光绪五年《永平府志·官师志·卢龙县知县》中仅载："孙洙，江南金匮人，（乾隆）二十一年任。"同年还有"四川会理人何大璋"和"福建清流人李文耀"继任知县。民国二十年《卢龙县志·职官志》仅载"孙洙，江南金匮进士，（乾隆）二十一年任。"但又载："何大璋，四川会理拔贡，二十一年任。李文耀，福建清流拔贡，二十一年任。"《名宦传》中也没有其传记，说明孙洙任职时间不长。至于孙洙因何"违误"而去职，县志中无记载。光绪二十四年《大城县志·艺文志·诗》篇目中有"山东诸城人进士"。"孙洙"所作《花马诗有序》中说："余任大城时畜花马一匹，性驯善走，缓急由人，乘之四五年矣。调卢龙复携之去。罢官之日，共有马十六匹，力不能养，将尽散之。前一夕，花马忽不食死。余感而埋之，作《花马行》。"可能与养马有关。

乾隆二十五年、二十七年，两任山东乡试同考官，"所得皆知名士。"乾隆二十八年，调补山东邹平县令。乾隆三十一年坐事左迁教授。光绪七年《无锡金匮县志》记载："乾隆十六年辛未吴鸿榜（进士）：孙洙，（无）锡，邹平知县。"道光十六年《邹平县志·宦绩考》载："孙洙，江南进士，乾隆二十八年知县事。性慈惠，博学能文，尤工书法。后因公左迁调补教授。侯曰：'读书最乐，此获我素心矣！'欢然而去。"民国三年《邹平县志》载："孙洙，乾隆二十八年任，江南进士。"继任者"范朝纲，三十一年任，湖北进士。"

嘉庆十六年《重修江宁府志·秩官表·教授》仅有"乾隆：孙洙，金匮人，进士"记载。

晚年辞官归里，"举乡饮大宾，至老不废"。乾隆四十三年（1778）卒于无锡，享年67岁，葬于城南陈湾里。

乾隆二十八年春，孙洙因蒙学读物《千家诗》编选不甚完美，"随手掇拾，工拙莫辨，且止五、七律、绝二体，而唐宋人又杂出其间，殊乖体制"，"因专就唐诗中脍炙人口之作，举其尤要者"，与继室徐兰英合编《唐诗三百首》，共选唐代七十七位诗人所作唐诗三百一十三首，于乾隆二十九年完成，署名"蘅塘退士"。因其裁体完备，风格各异，代表性强，通俗易懂，广为流传，至今依然兴盛不衰。清咸丰二年（1852）小石山房刻本问世。上元女史陈婉俊题称《唐诗三百首》"为蘅塘退士定本，风行海内，几至家置一编。"

卢见曾

卢见曾（1690—1768 年），字抱孙，山东德州人，康熙六十年进士，曾任两淮盐运使，后被贬，1745 年任永平府。卢见曾不仅勤于吏治，且擅长诗文，"主东南文坛，一时称为海内宗匠"，是清代有影响的文学家。卢见曾非常重视教育，在任永平知府期间，建成敬胜书院，并亲自撰写碑文《敬胜书院创建碑记》，为京东一带的教育与人才培养做出突出贡献。

书院毕竟与私塾不同，进入书院的学生一般都已中过秀才，有较好的儒学基础，有的在本州、县已小有名气。由于他们都已具备了自学条件，所以进入书院后以自学为主，"朝讨论，夜复习"，并在先生的指导下进行一些研究、著述。学习科目也不以儒家经典为主，可以进行一些自由选择。参加科举考试，入仕，历来是中国知识分子学习的第一选择，他们有兼济天下的责任感、使命感，他们走上仕途以后，经常把自己的政治理想付诸实行，而兴办教育事业，往往是他们的首选。卢见曾热心地方教育、注重培养人才。从碑文看，卢见曾创办的敬胜书院，是永平府直辖的地方官办书院，其影响不可低估；而其全面发展的教育思想更是颇有远见。其实，卢见曾对科举制度的弊端也十分了解，他支持吴敬梓著述《儒林外史》并出版就是一个见证，所以能在办学上有所创新。

为了体现敬胜书院的办学宗旨，书院山长（即校长）和讲师（教员）的聘任至关重要，都是品行方正、学问精深之人担任，也有州县行政长官自任山长者。任永平府敬胜书院山长共四人：张元、王金英、章学诚、令涝，四位均为清末知名人士。

自清乾隆十二年（1747 年），永平府知府卢见曾始建敬胜书院，到光绪二十七年（公元 1901 年）改为校士馆，敬胜书院存在 154 年，不仅为京东地区培养了大批人才，还给这里输送了清新的教育之风，贡献很大。从卢见曾撰写的《敬胜书院创建碑记》和游智开《重修敬胜书院碑记》中，我们不难看出创建者和后继者的办学思想和理念，都体现了"先德行，次文章，作人雅化，为国储才"的宗旨。

张琴

张琴（生卒不详），字绎桐，号韵斋，卢龙人。乾隆四十四年（1779）举人，授官眷录，后补任湖北云梦知县，未及赴任，调任钟祥（今属湖北）知县。任内，勤于政事，励精图治，因功被提拔为随州（治今湖北随州）知州，代理荆门（治今湖北荆门）知州。

嘉庆元年（1796），白莲教教民刘之协等发动起义，张琴听到战报，昼夜兼程驰往当阳（今属湖北），还未进入当阳境内，当阳已被攻陷。张琴迅速返回荆门，筹备谋划防守。当时城内守兵已调往湖南，张琴于是招集五百乡民，沿途设卡，严密盘查，警备森严。官兵攻入当阳，义军溃败，张琴跟踪追击，擒杀义军无数。三年四月，义军又大举向荆门进攻，张琴将军队调往城外攻击，俘虏义军百余人，斩首千余人。不久，义军重整旗鼓，再次图谋攻城。张琴防范森严，无机可乘，义军于是退却。

嘉庆六年，因南粮事被降职，不久又官复原职。八年，多次升迁任署湖北安陆（治今湖北安陆）知府，补任德安（治今湖北安陆）同知。因母亲逝世，回家守丧。服丧期满后任宜昌府（治今湖北宜昌）知府，补任荆州（治今湖北江陵）同知，代理襄阳、武昌等府县。武昌为湖北省会，处于要冲之地，政事繁多复杂。张琴在任三个月，结案百余起，监狱都没有了被关押的犯人。

道光三年（1823），荆州洪水泛滥，堤坝溃决，张琴借来资金以工代赈（让百姓参加工作，付以一定的报酬，来代替国家的救济），修筑大堤，百姓安居乐业，建立祠庙来纪念他。五年，荆江骤然上涨，洪水漫上林坳，当时张琴已因为疾病等待任职，灾情当前，慷慨地组织堤坝工程，筑堤五百四十余丈，数日之后竣工，洪水消退，百姓欢欣鼓舞。

阎廷珮

阎廷珮（生卒不详），字均堂，卢龙人。道光二十三年（1843）中举人，第二年中进士。多次升官任户部主事，任过郎中。咸丰（1851—1861）年间，出任山东青州府（治今山东益都）知府，恰逢黄厓山百姓聚众反清，廷珮探听到有关消息，连夜请调动军队围剿，事情得以平定，以战功晋升官级。

同治六年（1867），捻军进入山东活动，廷珮令百姓每户出一人，全天进行训练。后捻军攻至城下，廷珮率众守御十余日城池没有失守。后母亲去世，辞官归乡，不再出来做官。

游智开

游智开（1816—1899 年）字子岱，嘉庆二十一年出生，咸丰元年考中举人，挑选知县。湖南新化县城厢南门（今县城迎宾路）人。曾任清末永平府知府、四川总督、广西布政使。

同治初，李续宜为安徽巡抚，调游智开司厘榷，以廉平称。同治四年署和州（今安徽和县）知州。出巡四境察访，考核诸生，关心教育；筑濒江堤防，预防水患；改革征粮制度，减少胥吏勒索。

乾隆三十九年，著名学者章学诚编纂《和州志》四十二篇。道光九年，邑人、奉天府丞兼督学政陈廷桂致仕归里，对各个版本《和州志》进行"删谬补要"，并"以和人纪和事"为主，凡历阳"碎金片羽"皆不肯遗漏，编成《历阳典录》三十四卷。同治六年八月，知州游智开整理《历阳典录》三十四卷，并增补六卷合为四十卷，印书刊行。同治八年，晓喻各州县修志。

旋补无为州，署泗州。两江总督曾国藩称其治行为"江南第一"。《清史稿·游智开传》记载："四年，署和州知州，日坐堂皇决事。又时出巡四境，延见父老，问其疾苦。亲为诸生考校文艺，剖析经旨，教以孝弟廉让。期年，治化大行。州旧由胥吏垫完粮赋，最为民病，禁绝之。筑濒江堤防，自督工役，费节而堤坚，免水患。补无为州，署泗州，治盗尤严。曾国藩称其治行为江南第一，移督直隶，调智开署深州。兴义学，减浮征，民大悦。"曾国藩为直隶总督后，调其署深州。曾国藩为直隶总督，推荐方宗诚为枣强县令。李鸿章继任总督，与方宗诚亦交往甚密。方宗诚知枣强县十年，办乡塾，兴书院，整顿祀典，刻印当地前贤遗著，编修地方志，兴办义仓，储粮备荒。每遇灾害，及时勘察灾情，兼及邻县受灾情况，如实上报，不避忌嫌。多次请求李鸿章奏免全国钱粮积欠。虽为政一县，谋虑所言皆宏远大计，事关全局，李鸿章多采纳施行。时深州知州游智开，兴义学，减浮征，政绩颇著。时人将游、方并誉为"深州游牧枣强方令"，以表尊敬之情。

同治十年，再补滦州。游智开到任后，访风问俗，体恤民情，整修书院，不为鬼惑，惩治贪腐，剔除时弊，多有建树，口碑极好。尤为注重下属管教。一年治理奏效，当他离开滦州时，吏民难舍难分，遮道攀辕者多达万人。

同治十一年，擢永平府知府。重视教育，振兴科举。到敬胜书院视察，见房屋倒塌，荒草遍地，于是下令修葺。亲自请教师，购置经史，广泛收集宋、元、明名著及畿辅贤人文集4000多册，供学生阅读。敬胜书院学生中举者很多。还下令修缮永平府儒学。光绪元年，见太公庙内府义学房屋倾倒，将义学移建于书院之前，建校舍6间，教室明亮，校院宽敞。光绪三年，命卢龙知县在文昌宫接官厅又建两所义学。时人无不称赞。实施惠政，泽及百姓。建牛痘局，集资一千两，发商生息，于每年二月十日开局至六月十日，为幼儿种牛痘。

明察秋毫，平反冤狱。尝巡阅迁安狱，见狱吏私系囚犯勒索贿赂，即拘狱吏至县惩处，县令始惊觉。在永平府八年，葺书院，筑城垣，修郡志，均著成效。永平濒海产盐，贫民多赖以为生。时部令禁私贩，改行官引。上书："民间少一私贩，即地方多一马贼。盐本宜行官引，永平则仍旧不便。"改官引事遂不果行。编修史志，流传后世。光绪二年开始，聘请乐亭大儒史梦兰编纂《永平府志》，五年刊刻；又为光绪三年《乐亭县志》、光绪四年《临榆县志》作序。此外，在他的主持下，光绪三年《抚宁县志》《迁安县志》等相继修成。

永平府是伯夷叔齐故里，卢龙县石门镇东北约3公里处六音山有夷齐读书处遗址。知府游智开曾游览此地，并题写"夷齐故里"石碑一座，现已无存。还写有《夷齐庙》诗："停车孤竹城，风物近醇古。拥贩息喧竞，童稚欢且舞。缅怀遗民贤，遗像肃祠宇。亭亭双长松，夹道枝交附。循阶步层台，清风动遐举。云山郁苍茫，飞鸿渺何许。谁见滦河流，湛然汇州渚。愿言濯尘缨，虞夏兹焉处。"和《登清风台》诗："扁舟泛滦河，湛湛清见底。临流崎层台，影落清波里。凭高纵远怀，今古长如此。双鹄翩翱翔，邈矣谁能企？感兹发遥音，松壑涛声起。"

游智开清正廉明，为民所称道。据民国徐珂编《清稗类钞·游智开为胥吏所愚》记载："光绪朝，游智开为永平知府时，好以察察为明。一日，微服私行，入一茶肆。时肆中人满，内有府中胥吏，伪不识游者，相与誉游清廉，天下无两。游故曰：'此官虽好，然自某观之，亦尚未尽善。'忽有一胥吏起批其颊，曰：'游公青天，汝一小民，敢谤清官耶！'游以为部民中心说而诚服也，不知其侮，转而大喜。"

在官以循吏著称。初官永平时，朝鲜使臣卞吉云道经其地，与之酬唱，乞其诗稿归，为序而刻之。

清末滦州人马步云《游公颂辞》称赞道："游公莅任，民物一新。风移世变，道厚俗淳。朔讲圣谕，日查镇村。柄由自操，不惮势勋。肃责书役，严惩豪绅。重斥刁旗，矜恤农民。究办讼棍，缉拿匪人。……文明田治，工贾良平。百稔以来，仅见稀闻。刚肠锐志，义胆赤心。恩洽百姓，德被生民。闻蒲邑之政声，听单父之弦音。咸颂民之父母，洵称国之忠贞。"

光绪六年，擢永定河道。亲临指挥抢护险工，后两次以三汛安澜获优奖。《清史稿·游智开传》记载："光绪六年，擢永定河道。河患夙称难治，智开每当抢护险工，立河干亲指挥，日周巡两岸以为常，员弁无敢离工次者。左宗棠议将永定河南岸改北岸以纾水患。智开以上下游数百里，城市庐墓，迁徙不便，力争而止。两以三汛安澜邀优奖。"《固安县志》记载："游智开，字子代，湖南新化人。咸丰元年举人。光绪六年任永定河道。廉洁自律，勤政爱民。捐资修葺文庙，购置祭器。与学官一起勉励学生端正品行，陶冶情操。生活节俭，布衣粗食，教育子弟自行动手操持家务。对僚属亦以节约。"

光绪十一年，擢四川按察使。简装入蜀，密访吏治得失，世情民隐，督率属吏清厘积案。不久，两权布政使。次年，护理总督。峨眉山历来"不予祀典"，一直至清末。据署建昌道黄锡焘在《峨山图说》序称："光绪乙酉（十一年，1885），总督丁公（四川总督丁宝桢）疏请春秋致祭，奉旨俞允。明年，护理总督游公（游智开）乃遣候补道君绶芙有事于峨。至则坛场寺观，皆奉佛像，而山神之庙阙然。搜取旧志，则缺略特多。于是游公筹款建庙山麓，以供望祀。而君毅然以纂修山志为己任。"随之祀峨眉山神之"峨神庙"建于县城南门外学堂山，庙内只供峨神牌位，每年由地方大员主祭。

光绪十二年，美英两国传教士强行占用重庆城外险要地带修建教堂，遭到民众反对。五月底，商人罢市，武生罢考，连续焚毁美国教堂和英、法洋房三处，并围攻恃教欺民的教民罗元义住宅。罗竟雇人逞凶，打死民众十一人，打伤二十二人，激起民愤。六月下旬，数千人奋起焚毁城内英、法教堂和英国领事馆，并捣毁白果树法国天主教教会书院，引发"重庆教案"。英、美、法公使向清政府大肆要挟惩办元凶。光绪皇帝深知洋人惹不起，责令刚到任的四川总督刘秉璋查办此事，颁旨："著刘秉璋饬查，教民被毁房屋数目，并严拏首犯王明堂等，按律惩治，务将此案秉公办结，毋稍偏袒外务。"于是游智开奉命调查起衅缘由，持平办理，上奏称："是案当以根究起衅之由，先收险要，及预定款目为关键。非赎回险要，无以服渝民之心；非严诛首犯，无以制洋人之口；非议赔银两，元以为结案之具。"下令拘捕肇事教首罗元义。又以罗身虽入教，仍属中国人，自应治以中国法律，请敕总理衙门据理力争，勿许各国公使干预。最后，四川总督刘秉璋以处死凶手罗元义，又处死民众首领石汇，赔款二十三万五千两结案。英、美、法公使要挟清政府惩办刘秉璋，腐败无能的清政府只好将刘秉璋革职，由游智开代理总督一职。

光绪十四年，迁广东布政使，署理巡抚。劾贪吏，严赌禁，却巨贿三十万金。十六年以老乞休。《清史稿·游智开传》记载："十四年，迁广东布政使，署理巡抚。劾贪墨吏，不避权要，严赌禁，却闱姓例馈三十万金。僧寺匿匪，废改义塾。十六年，以老乞休。"

光绪二十年，礼部侍郎、经筵讲官李文田向朝廷推荐，起用游智开。《清史稿·李文田传》记载："二十年，疏请起用恭亲王奕及前布政使游智开，依行。"

二十一年，复起任广西布政使。适灵川发生闹粮风潮，省令发兵剿办。他以事变乃县令办理不善所激，止之。又念粤西地瘠，捐廉储粮石，通饬各属积谷备荒。二十四年因病罢归，二十六年卒于家。

《清史稿·游智开传》记载："二十一年，起广西布政使。为政务持大体，事有不可行，力持不变。痛除官场积习，僚属化之。灵川闹粮，省令发兵剿办。智开以事由激变，办理不善，责归县令，民获保全。又念粤西地瘠，向鲜盖藏，捐廉储粮石，通饬各属积毂备荒。凡廉俸所入，悉以办公益，无自私。阅三年，因病罢归，卒於家。所至各省俱请祀名宦祠。"

游子代墓，在娄底燎原乡新田村。位于县水泥厂西的小丘上。封土堆高 0.5 米，底径 4 米，墓碑麻石质，雕镂空蛟龙。墓前立石柱一对。阴、阳花刻长联。严重破坏。

游智开工诗好文，题彭城项王庙联："天地低昂龙虎气，雌雄争战帝王才。"斫"神"树拆庙题联 122 字："老树何神！看臃肿桠权，形同光棍土豪，定非佳种。恶根宜急去，斧斤快斫，勿使夺地气而翳天阳。乃刺史殊觉过情，建之庙，立之坊，下拜焚香，枝枯干朽尤敬护；公堂无枉！念株连瓜蔓，身受鞭箠杖楚，几少完肤。大德本好生，刀锯缓加，胡弗被棠荫而膏黍雨。况小民何尝梗化，条而桑，艺而谷，安居乐业，风行草偃共升平。"

游智开撰有《藏园诗钞》，光绪九年刻印。曾俊甫按语：游智开于同治十一年官永平时，朝鲜使臣卞元圭道经其地，与相酬唱，光绪九年乞其稿归，以活字版印刷并为之序。除此外，尚有其它版本如光绪十二年刻本（北图、上图、鲁图、赣图、豫图、乌海、韩国汉城大学、延世大学、启明大学、中央图书馆），光绪十六年刻本（湘图、皖图、华南师大），光绪二十年刻本（南图、湘图），光绪二十五年刻本（粤图、川图、中科院）。集中有《双剑奉答朝鲜国王》，并与朝鲜使臣姜海苍、李桔山、卞元圭唱和多首。《宿北塔寺》《六安贡茶》《碣石篇》《滦水吟》《深州杂咏》《丐将行》《独游白石垞》《过永平作》《饭夫叹》《采榆妇》《力子来》，皆留心民瘼，采掇风谣，颇有古廉吏之风。《叵罗词》小序云："固安县城南柳市，每越五日，贩竖麇集，皆柳器也。叵罗尤工致。日中一阅，千万立尽，贫家夫妇多昼夜编造，苦资糊口。"盖纪实也。民国徐世昌《晚晴簃诗汇》收录游智开诗多首。

管廷献

管廷献（1846—1914 年），字士修，山东莒县（今五莲县）小窑村人。1883 年（光绪九年）考中进士一甲第三名，也就是探花。

管廷献出仕后，历任翰林院编修、国史馆协修，充己丑、癸巳顺天乡试副考官，补江南道监察御史，兵、刑、工三科给事中，补御史。1896 年管廷献在京都巡察时，获悉奸民勾结外资洋人设"骨局"，祸及业家，遂会同五城区的同官封禁。此案英国使馆插手盘查，数年后管廷献亲启停枢验之，赴局对勘，奸民乃服罪，终结五十年尸骨疑案。

管廷献在任监察御史的 6 年间，数十次上疏，直言谏诤，弹劾不避权贵，为人称道。如在甲午战争后，他见清朝廷在枉赔巨款的情境中仍侈汰无节，便上书千言，直陈种种弊端，建议裁减机构，下放闲员，节约开支，并逐一提出施行措施，请求光绪皇帝准奏颁行。同时指出"有掣肘而阻扰者，便是祖宗之罪人，国家之蟊贼，立予严谴"。肃王勤隆见此奏折后，带病入朝，奏请亟行管廷献的主张。

1900 年管廷献因弹劾李鸿章被贬至永平任知府，创建永平府中学堂即任上所为。

清末推行"新政"，1902 年光绪皇帝颁发《直隶中学堂暂行章程》，通令各府州及书院改设学堂。同年 10 月，时任直隶省永平府知府的管廷献为总办，就将永平府治所卢龙县城内敬胜书院改为永平府立中学堂，由府学教官（学官）范文号任监督，负责监察学堂中一切政务。当年招考第一届学生 60 人，分为两班。翌年二月开学上课，由此实行春季始业。

永平府中学堂于开学之日即颁行各项规章制度，对礼仪、考勤、作息和学业考核等都做了严格规定。学生入学后必须按期进行复试，成绩不及格者取消学籍，学生各学期考试成绩均须报省署备查。所授课程分为中西两学。"中学"四科：经学、文学、史学和政治学。"西学"七科：英文、算学、地学、外国史、格致学、外国浅近政治学和体操。学堂建立初期，仅有校舍三所，分作讲堂、监督室、教习室、账房、伙房和学生宿舍。经费开支从府署随用随领，实报实销。当时在学堂读书完全是官费，学生全部在校食宿，所需书籍纸笔、伙食操衣等项一律免费，而且每人每月尚有一定银两的生活津贴。

永平府中学堂严格聘用有真才实学的学者来学堂任教，中文教员多为举人（师范科居多），也有贡生；西文教员多为大学堂毕业生，建堂初期的西文教员中北洋大学堂的毕业生居多。学堂也曾延聘社会贤达人士任教，邓颖超的老师白眉初先生就曾任过史地教员。1905 年，招考第二届学生，中国共产主义运动的伟大先驱李大钊（在校名李耆年），即为该届校友。

管廷献一生为官清廉，勤政爱民，时时刻刻以"非其道则一箪食不可受于人"为"细行"与"大德"。他作监察御史出巡时，不受财礼，怒却贿赂。任永平知府时，对百姓尽力抚援，严格查禁下级官吏贪占民财。所属迁安县人民因不堪教会压迫，聚众反抗，县令要求出兵镇压。管廷献为使百姓免遭杀戮，就派人前往调解，使得事件平息，化干戈为玉帛。他在永平离任时，人们卧辙攀辕，惜别相送。赞曰：管御史统天下而贤之。在承德府任上，他创行新政，整顿公款，核实动支，听断明敏，慎于庶狱，多年滞案，数语立结，曾释放七个因受盗案牵连的无辜入狱者。当调离时，见山上有七人向署跪拜，询之，是平反释出者，发愿叩头满百日乃去，急派人劝归。此事在承德广为流传，曰"管公来无冤狱也"。此事被承德人多年传为美谈。

管廷献任直隶永平府知府时，因其刚直不阿，为直隶总督袁世凯所忌，压抑多年。清光绪三十三年（1907年），经热河都统奏请，调入道班加二品顶戴。1912年由津归养老家闲居，1914年病卒于里，终年69岁。诰授中议大夫（从三品），以子管象颐晋赠荣禄大夫（从一品）。管廷献素负文望，书法、文章名重当时，著有《莒州志稿》《梅园奏议》《梅园诗文集》，并有大量书法墨迹、手稿传世。

李秉衡

李秉衡（1830—1900年），字鉴堂，奉天岫岩厅庄河人。初捐资县丞，同治元年署完县知县，历任直隶枣强县知县、蔚州知州。光绪三年署宁津县知县，光绪三年冬升任冀州知州。"时连岁歉收，米价腾贵，民多饿殍，盗贼滋炽"，李秉衡"巡行四境，询疾苦及民间利弊，剿捕苻崔，严惩草窃，盗用屏息；出仓谷赈饥民，重资买民间布匹，使民有所业；请缓征，请赈恤，委曲调济；听讼岁时断结，无旦夕留滞；摘奸发覆，众称神明。"冀州城西瓮城有《李公德政碑记》（民国《冀县志》）。

光绪六年擢永平府知府。为官廉正，兴利除弊，赈灾救恤，"治绩著闻，才能定变"，"时鲍春霆师驻永平，值遣散防营，几变，秉衡随机因应，幸免哗扰。"（民国二十六年《海城县志》）"时称北直隶廉吏第一"（《清史稿·李秉衡传》）。光绪七年调任山西平阳府知府。

光绪九年七月调广东高廉钦道，十一月升浙江按察使，十二月移任广西按察使。法军侵越犯边时，李衡主持龙州西运局。翌年与冯子材分任战守，取得谅山大捷。光绪十一年，钦命督办广西后路军务和会办广西前敌军务，光绪十一年二月以按察使护理（代理）广西巡抚，六月晋秩广西布政使，仍摄抚篆。光绪十二年五月，以布政使护理广西巡抚。光绪十三年七月，因划定中越边界与廷议"不合"被革职，闲居直隶满城县。

光绪二十年四月，授安徽巡抚；七月，调任山东巡抚。光绪二十三年九月，擢四川总督；十一月，山东巨野县大刀会杀害德国传教士，李秉衡因"事先未能防范"被解职，降二级调用，隐居河南安阳。光绪二十五年，钦差查办奉天事件和巡阅长江水师。

光绪二十六年二月，加恩赏给头品顶戴；五月，八国联军入侵，李秉衡主战，"星夜驰赴京师"。七月，天津失陷后，进京谒见慈禧太后，奉命帮办军务，领兵出战，在天津武清县杨村清军兵败溃退，李秉衡退守通州，服毒自尽。"事闻，优诏赐恤，谥忠节。"《辛丑条约》签订后，"联军索罪魁，请重治，以先死免议，诏褫职，夺恤典"。

明清时期永平府知府一览表

明代（1368—1644）永平府知府一览表

序号	姓名	籍贯	学历	任职时间	备注
太祖（朱元璋）洪武（31）戊申 1368					
01	崔文耀		元行省参政	元年九月	以城降命署永平府事
02	董矗	山西太原人		四年任	
03	胡伯辉	浙江东阳人		五年任	
04	马负图	山西临汾人		十年任	有传
05	张从道	湖广京山人		二十年任	
惠帝（朱允炆）建文（4）* 己卯 1399					史料无记载原因不详
成祖（朱棣）永乐（22）癸未 1403					史料无记载原因不详
仁宗（朱高炽）洪熙（1）乙巳 1425					史料无记载原因不详
宣宗（朱瞻基）宣德（10）丙午 1426					史料无记载原因不详
英宗（朱祁镇）正统（14）丙辰 1436					史料无记载原因不详
06	李文定	浙江临海	进士	正统年任	有传
代宗（朱祁钰）（景帝）景泰（8）庚午 1450					
07	张茂	陕西咸宁人			
08	米瑾	浙江山阴人			
英宗（朱祁镇）天顺（8）丁丑一 1457					
09	周晟	河南安阳人			
宪宗（朱见深）成化（23）乙酉 1465					
10	王玺	陕西直至人	进士	四年任	有传
11	郑岑	浙江慈溪人	进士		
12	刘杰	陕西高龄人	进士		
13	姜琏	浙江兰溪人	进士		
14	陈谊	山东德州	进士		
15	王问	山东武城	进士		

续表

序号	姓名	籍贯	学历	任职时间	备注
孝宗（朱祐樘） 弘治（18） 戊申 1488					
16	吴 杰	南直隶江都	进士	有传	
17	张 桢	山东平度州	进士		
18	惠 隆	浙江钱塘	进士		
武宗（朱厚燳） 正德（16） 丙寅 1506					
19	何 诏	浙江山阴	进士		有传
20	唐 夔	广西柳州	进士		
21	毛思义	山东信阳	进士		有传
22	王 光	河南	进士		有传
23	郭九皋	锦衣卫	进士		
世宗（朱厚熜） 嘉靖（45） 壬午 1522					
24	陆 俸	南直隶吴县	进士	二年任	
25	曹 怀	南直隶无锡	进士	六年任	
26	黎 良	河南洛阳	进士		
27	胡体乾	山西交城	进士		
28	王 旈	山东济阳	进士		
29	刘 隅	山东东阿	进士		
30	毛炳铎	福建福清	进士	十七年任	
31	周汝范	南直隶安福	进士	二十年任	
32	孙应辰	河南考城	进士	二十二年任	
33	张 批	山西石州人	进士	二十五年任	
34	郭 监	山西高平人	进士	二十九年任	
35	宋大武	浙江余姚	进士	三十二年任	
36	李 逊	江西新建	进士	三十五年任	
37	孟 官	陕西咸宁	进士	三十五年任	
38	纪公巡	山东思县	进士	三十六年任	
39	闫光潜	山东东平州	进士	三十九年任	
40	廖逢节	河南固始	进士	四十二年任	原姓杨，有传

序号	姓名	籍贯	学历	任职时间	备注
	穆宗（朱载垕）	隆庆（6）	丁卯	1567	
41	刘庠	河南钟祥	进士	元年任	
42	席上珍	陕西南郑	进士		
	神宗（朱翊钧）	万历（48）	癸酉	1573	
43	辛应乾	河南安丘	进士	五年任	
44	顾褒	浙江余姚	进士	二年任	有传
45	任恺	山西平定州	举人		有传
46	张世烈	陕西延安	进士	十一年任	
47	陈维城	山东邱县	进士	十五年任	有传题名记作姓孙
48	马崇谦	河南安邑	进士	二十年任	
49	徐准	山东新城	进士	二十四年任	有传
50	曹代萧	山东	进士	二十七年任	
51	程朝京	南直隶休宁	进士		
52	高邦佐	山西孟县			有传
53	史文焕		进士		
54	刘泽深	河南扶沟	进士		
55	项良梓	浙江瑾县	进士		
56	陶珽				见前
	光宗（朱常洛）	泰昌（1）	庚申八	1620	
	熹宗（朱由校）	天启（7）	辛酉	1621	
57	徐廷松	山东掖县	举人		
58	药济众	山西和县	举人		
59	陈所立	福建长乐	举人		有传
60	张凤奇	山西阳曲	举人	有传	
61	黄运昌	平坝卫	举人		
62	王四聪	山东鱼台	进士		
63	雷一凤	山西蒲州	进士		
64	唐世熊	陕西灌阳	举人		

序号	姓名	籍贯	学历	任职时间	备注
熹宗（朱由校） 天启（7） 辛酉 1621					
65	石声和	平坝卫	举人		
66	彭　份	江西南昌	举人		有传

注释：＊建文 4 年时成祖废除建文年号，改为洪武 35 年。

清代（1616—1912）永平府知府一览表

前后120任知府，其中有9位涉及再任，所以实际知府只有111名。

序号	姓名	籍贯	学历	任职时间	备注
	太祖（努尔哈赤） 天命（11） 丙辰 1616				史料无记载
	太宗（皇太极） 天聪（10） 丁卯 1627				史料无记载
	崇德（8） 丙子 1636				史料无记载
	世宗（福临） 顺治（18） 甲申 1644				
001	冯如京			元年任	
002	李曰芃			二年任	
003	李中梧			三年任	
004	林起凤	奉天人旗籍			
005	张懋忠	奉天人旗籍			
006	朱衣助	奉天人旗籍			
007	罗廷璓	江西新建人	官生		
008	杨呈彩	河南林县	举人		
009	路遴	江南宜兴	进士		
	010 圣宗（玄烨）康熙（61） 壬寅 1662				
010	彭士圣	奉天辽阳	举人	元年任	
011	李兴元	直隶遵化人	贡生	五年任	
012	陈丹			七年任	有传
013	蔡兴周			八年任	
014	唐敬一			十年任	
015	常文魁			十五年任	
016	佟世锡	抚顺人	荫生	十九年任	
017	卢腾龙	奉天	贡生	二十五年任	
018	梁世勋			二十九年任	
019	蔡维寅			四十年任	
020	华黄			四十三年任	
021	白为玑				有传
022	张朝宗	浙江萧山人	监生	四十六年任	

续表

序号	姓名	籍贯	学历	任职时间	备注
010 圣宗（玄烨）康熙（61）　壬寅　1662					
023	张道源	江南	岁贡	五十二年任	
024	谢赐履	广西全州	举人	五十四年任	
025	郎文烈	奉天	岁贡生	五十九年任	
026	王 鸾	陕西	监生	六十年任	
世宗（胤禛）雍正（13）　癸卯　1723					
027	金熊飞	奉天人	官生	元年任	
028	赵国麟	山东泰安州	监生	二年任	
029	胡开京	浙江	监生	二年任	
030	王麟瑞	福建人	荐举	三年任	
031	满云鹏	奉天	举人	四年任	
032	吴士端	江南长洲	岁贡	四年任	
033	马 益	陕西绥德	进士	十一年任	
034	梁锡范	山西介休	监生	十二年任	
高宗（弘历）　乾隆（60）　丙辰　1736					
035	徐景曾	江苏武进	进士	七年任	
036	永 宁	正红旗满洲人	缮译举人	七年任	
037	卢见曾			十年任	
038	屠用中	湖北孝感	举人	十六年任	
039	赵屏晋	陕西潼关	进士	十六年任	
040	七十四	镶黄旗满洲	进士	十八年任	
041	吴兆基	浙江钱塘	举人	三十年任	
042	谢昌言	江西宁都	进士	三十二年任	
043	明 兴			三十五年署任	
044	穆靖安			三十六年署任	本府同知
045	李文耀	福建清流	拔贡	三十五年任	
046	刘 峨	山东单县	贡生	三十六年任	
047	穆靖安			三十七年再署	

序号	姓名	籍贯	学历	任职时间	备注
高宗（弘历） 乾隆（60） 丙辰 1736					
048	李奉翰	正蓝旗汉军		三十七年任	
049	顾学潮			三十八年任	有传
050	孔继炘	山东曲阜人		五十六年任	有传
051	舒 明			五十九年任	
052	陈文骏			六十年任	
仁宗（颙琰） 嘉庆（25） 丙辰 1796					
053	申允恭			元年二月任	
054	和 纶			五年十二月任	
055	陈风翔			六年三月任	
056	承 恩			六年七月任	
057	屈承恩			六年七月任	
058	祝庆承	河南固始	进士	八年十月任	
059	郑光圻			十二年任	
060	祝庆承			十三年再任	
061	周 景			十四年任	
062	任 烜			十六年任	
063	薛学诗			十七年任	
064	任 烜			十七年再任	
065	韩文绮			十七年任	
066	景 庆			十九年任	
067	沈华旭			二十一年任	
068	陈世相			二十二年任	
069	陶 梁	江苏长州	进士	二十二年任	
070	任衔蕙			二十三年任	
071	陈世相			二十三年再任	
072	张运旭			二十三年任	
073	姚景枢			二十五年任	

续表

序号	姓名	籍贯	学历	任职时间	备注
	仁宗（颙琰） 嘉庆（25） 丙辰 1796				
074	克兴额			二十五年任	
075	苏兆登			二十五年任	
	宣宗（旻宁） 道光（30） 辛巳 1821				
076	克兴额			元年再任	
077	秦 杭	江苏金匮人	监生	元年任	
078	陈 健	浙江会稽	监生	元年任	
079	秦 杭			二年二月再任	
080	王开云	贵州玉屏	荫生	二年任	
081	沈 涛	浙江嘉兴	举人	八年任	
082	阮常生			十年任	
083	陶 梁	江苏常州进士		十二年署	
084	朱士林	浙江嘉兴平湖	进士	十二年任	
085	李 简	河南卫辉	监生	十八年署	
086	窦荣昌	安徽霍邱	监生	十八年任	
087	徐云瑞	江苏甘泉	进士	十八年任	
088	窦荣昌			十九年再任	
089	朱鸾廷	浙江乌程	进士	十九年任	
090	张起鹮	甘肃古浪	监生	二十一年任	
091	瑞 玉	满洲人		二十一年任	
092	彭玉雯	江西宁都	举人	二十一年任	
093	陈之骥	江苏上元	进士	二十二年任	
094	冯季曾	山西屯留	监生	二十三年任	
095	陈耀庚	浙江仁和	进士	二十三年任	
096	崇 祥			二十四年任	
097	周郁文	山西闻喜	附贡生	二十七年任	
098	谭廷襄	浙江山阴	进士	二十七年任	
099	张光第	河南祥符人		二十七年署	

续表

序号	姓名	籍贯	学历	任职时间	备注
宣宗（旻宁）　道光（30）　辛巳　1821					
100	史佩珍	湖北汉阳	进士	二十七年任	
101	高午	陕西鄜州	副榜进士	三十年任	
文宗（奕詝）咸丰(11) 辛亥　1851					
102	洪观	浙江慈溪	进士	元年任	
103	锡林	蒙古人		四年七月任	
104	博多洪武	蒙古人		九年任	
105	范梁	浙江钱塘	进士	十一年任	
穆宗（载淳）　同治（13）　壬戌　1862					
106	汪鸣和	江苏吴县	监生	元年署任	
107	延福	满洲人		元年十二月任	
108	福俊	满洲人		五年十二月署任	
109	桐泽	满洲人		六年四月任	
110	恭钧	满洲人		十一年三月任	
111	游智开	湖南新化	举人	十一年任	
德宗（载湉）　光绪（34）　乙亥　1875					
112	桐荫	顺天旗人		六年任	
113	陈庆滋			七年任	
114	李秉衡			九年任	
115	福谦	旗籍		十年任	
116	重煥	旗籍		二十年任	
117	管廷宪			二十八年任	
118	杨亦熹			三十一年任	
119	恩佑	旗籍		三十三年任	
120	陆荣启				寻改县
恭宗（溥仪）　宣统（3）　己酉　1909					

沙场英豪

卢龙，远古时期为孤竹瀚海，秦汉、辽金时期为边关古塞，明清时期为京畿要地，军事、地理位置十分重要。各个历史时期，这里发生了许多战事，也涌现了许多浴血奋战的沙场英豪。他们可歌可泣，他们是名垂青史的优秀孤竹儿女。

李广

李广（？—前119年），华夏族，陇西成纪（今甘肃天水秦安县）人，中国西汉时期的名将，先祖为秦朝名将李信。汉文帝十四年（前166年）从军击匈奴因功为中郎。景帝时，先后任北部边域七郡太守。武帝即位，召为未央宫卫

尉。元光六年（前129年），任骁骑将军，领万余骑出雁门（今山西右玉南）击匈奴，因众寡悬殊负伤被俘。匈奴兵将其置卧于两马间，李广佯死，于途中趁隙跃起，奔马返回。后任右北平郡太守。匈奴畏服，称之为飞将军。元狩四年（前119年），漠北之战中，李广任前将军，因迷失道路，未能参战，愤愧自杀。司马迁评价他是桃李不言，下自成蹊。

李广任右北平太守期间，匈奴畏服，称之为飞将军，数年不敢来犯。那时，卢龙属右北平郡，正归李广管辖。李广一生喜欢狩猎。一次来到卢龙出猎，看到草丛中有一庞然大物，其状如虎。李广以为是老虎，一箭射去，正中老虎。手下人跑近一看，被射中的不是老虎。而是一块其状如虎的巨石。仔细看去，整个箭头都射进了石头里。李广不相信自己射的箭能穿石，于是又回到原来的地方，张弓再射，连射几箭，一只也没有射进去。唐代诗人卢纶有一首《塞下曲》，描述的就是李广射虎："林暗草惊风，将军夜引弓。平明寻白羽，没在石棱中。""精诚所至，金石为开"成语典故也是由此而来。后来，被李广射中的石虎，人称虎头石，附近有个山村，就叫虎头石村。现仍因袭，隶属卢龙县卢

龙镇。唐代诗人王昌龄在《出塞》中写道："秦时明月汉时关，万里长征人未还。但使龙城飞将在，不教胡马度阴山。"其中"龙城飞将"即指"飞将军"李广。龙城，又作卢城，即卢龙。

汉景帝即位后，李广任陇西都尉，又改任骑郎将。吴楚七国之乱，李广时任骁骑都尉，随太尉周亚夫反击吴楚叛军。在昌邑城下，夺取叛军军旗，立了大功，以此名声显扬。但因梁王私下授给他将军印，还师后，没有给予封赏，调为上谷太守，天天与匈奴交战。典属国公孙昆邪哭着对汉景帝说："李广的才气，天下无双，他自负，屡次与敌肉搏，恐怕会失去他。"于是调他为上郡太守。匈奴大举入侵上郡时，汉景帝派亲近的宦官跟随李广整训士兵，抗击匈奴。一次，这位宦官带了几十名骑兵，纵马驰骋，遇到三个匈奴人，与他们交战。那三个人转身射箭，伤了宦官，那几十名骑兵也被射杀将尽。宦官跑到李广跟前，李广说："这一定是射雕的人。"李广于是带一百名骑兵，急追这三个人。那三个人没有马，徒步行走，走了几十里。李广命令骑兵散开，从左右两面包抄，并亲自射击那三人，结果射死二人，活捉一人，果然是匈奴射雕的人。待捆绑好俘虏上马，望见匈奴有数千骑兵。他们看见李广，以为是诱敌的骑兵，都吃一惊，上山布阵。李广的一百骑兵也非常恐慌，想奔驰转回。

李广说："我们离大军几十里，现在以一百骑兵这样逃跑，匈奴一追赶射击马上就全完了。现在我们若留下，匈奴一定以为我们是为大军来诱敌，必然不敢来袭击我们。"李广命令骑兵说："前进！"进到约离匈奴阵地二里许停了下来，又下令说："都下马解鞍！"他的骑兵说："敌人多而且离得近，如果有紧急情况，怎么办？"李广说："那些敌人以为我们会走，现在都解鞍就表示不走，可以使敌人更加坚持认为我们是来诱敌的错误判断。"于是匈奴骑兵就没敢袭击。有个骑白马的匈奴将军出阵监护他的兵卒，李广上马与十几名骑兵奔驰前去射杀了这个匈奴白马将军，然后又返回到他的骑兵中间，解下马鞍，命令士兵把马放开，随便躺卧。这时刚好天黑，匈奴兵始终觉得很奇怪，不敢出击。夜半时，匈奴兵还以为汉军有伏兵在旁边准备夜间袭击他们，而全部撤走了。天亮，李广回到大军驻地。大军不知李广在哪里，所以没有派兵去接应。

后来李广转任边郡太守，曾为陵西、雁门、代郡、云中太守，都因奋力作战而出名。

公元前 141 年（汉景帝后元三年），汉景帝驾崩，武帝即位。经众臣保举，李广由上郡太守调任未央宫禁卫军长官，程不识也来任长乐宫禁卫军长官。程不识和李广从前都任边郡太守并兼管军队驻防，到出兵攻打匈奴的时候，李广行军无严格队列、阵势，靠近水草丰盛的地方驻扎军队，停宿的地方人人都感到便利，晚上也不打更自卫，幕府简化各种文书簿册，但他远远地布置了哨兵，所以不曾遭到过危险。程不识对队伍编制、行军队列驻营阵势要求很严格，夜里打更，文书军吏处理考绩等公文簿册毫不含糊，甚至通宵达旦，军队得不到休息，但也不曾遇到危险。

程不识说："李广治军简便易行，然而敌人如果突然进犯，他就无法阻挡了。而他的士卒倒也安逸快乐，都甘心为他拼命。我的军队虽军务繁忙，但敌人也不敢侵犯我。"那时，李广、程不识都是汉朝边郡名将，但匈奴害怕李广的谋略，士兵也大多愿跟随李广，而以跟随程不识为苦。

公元前 133 年（汉武帝元光二年），汉武帝听从王恢之言，在马邑伏重兵意图围歼匈奴，但因单于生疑退兵而作罢。李广马邑之战时是骁骑将军，属护军将军，因此无功而返。

元光六年（前 129 年），任骁骑将军，领万余骑出雁门（今山西右玉南）击匈奴，因众寡悬殊负伤被俘。匈奴兵将其置卧于两马间，李广佯死，于途中趁隙跃起，奔马返回。李广回到汉朝，朝廷将李广交给官吏处置。官吏认为李广损失重大，又被敌人活捉，应当斩首，后来李广赎为庶人。后任右北平郡太守。匈奴畏服，称之为飞将军，数年不敢来犯。

李广曾先后历任七个郡的太守，前后四十多年，得到赏赐立即分给部下，饮食与士兵一起。家里没有多余财物，一生不谈购买产业的事。李广身材高大，长臂，具有善射箭的天赋，就是子孙和其他人向他学习射箭，也都赶不上他。李广寡言，不与人多说话，和别人在一起住，就在地上画作战阵图，射箭比射的面宽窄，输了罚酒喝。专门以射箭做游戏。带兵行军，遇到断粮缺水时，见了水，士兵不全喝到水，他不近水边；士兵不全吃上饭，他不尝一口饭。对待士兵宽厚不苛，士兵因此喜欢替他办事效力。

李广曾和星象家王朔私下闲谈说："自汉朝攻匈奴以来，我没一次不参加，可各部队校尉以下军官，才能还不如中等人，然因攻打匈奴有军功几十人被封侯。我不比别人差，但没有一点功劳用来得到封地，这是什么原因，难道是我的骨相不该封侯吗？还是本命如此呢？"王朔说："将军回想一下，曾有过悔恨的事吗？"李广说："我任陇西太守时，羌人反叛，我诱骗他们投降有八百多人，我用欺诈手段一天把他们杀光了。直到今天我最大的悔恨只有这件事。"王朔说："能使人受祸的事，没有比杀死已投降的人更大的了，这也就是将军不能封侯的原因。

公元前119年（元狩四年），汉武帝发动漠北之战，由卫青、霍去病各率五万骑兵由定襄、代郡出击跨大漠远征匈奴本部，李广几次请求随行，汉武帝起初以他年老没有答应，后来经不起李广请求，同意他出任前将军。

汉军出塞后，卫青捉到匈奴兵，知道了单于驻地，就自带精兵追逐单于，而命令李广和右将军队伍合并，从东路出击。东路迂回绕远，而且缺乏水草，势必不能并队行进。

李广就请求说："我的职务是前将军，大将军却命令我从东路出兵，况且我从少年时就与匈奴作战，至今才得到与匈奴对阵的一次机会，我愿做前锋，先与单于决战。"卫青曾暗中受到汉武帝警告，认为李广年老，命运不好，不让他与单于对阵，恐不能实现俘获单于的愿望。当时公孙敖刚刚丢掉了侯爵任中将军，随卫青出征，卫青也想让公孙敖跟自己一起与单于对敌，故意把李广调开，李广也知道内情，所以坚决要求卫青改调令，卫青不答应，命令长史写文书发到李广的幕府，对他说："赶快到右将军部队中去，照文书上写的办。"李广不向卫青告辞就启程了，心中非常恼怒地前往军部，领兵与赵食其合兵后从东路出发。军队没有向导，有时迷路，结果落在卫青之后，卫青与单于交战，单于逃跑，卫青没能活捉单于只好收兵。卫青南行渡过沙漠，才遇到李广与赵食其的军队。李广谒见大将军后回自己军中。

卫青派长史送给李广干粮和酒，顺便向李广、赵食其询问迷路情况，卫青要给汉武帝上书报告军情。李广没有回答。卫青派长史急令李广幕府人员前去受审对质。

李广说："校尉们无罪，是我迷失道路，我现亲自到大将军幕府去受审对质。"到大将军幕府，李广对他的部下说："我从少年起与匈奴作战七十多次，如今有幸随大将军出征同单于军队交战，可是大将军又调我的部队走迂回绕远的路，偏偏迷路，难道不是天意吗？况且我已六十多岁，毕竟不能再受那些刀笔吏的污辱。"于是就拔刀自刎了。李广军中将士都为之痛哭。百姓听到这个消息，不论认识李广否，不论老少都为之落泪。

阴寿

阴寿，字罗云，武威姑臧人。父阴嵩，北周夏州刺史。阴寿少时性格刚烈，武艺超群，性格严谨敦厚。后周时屡以军功，拜仪同。从北周武帝平叛北齐，进位开府，赐物千段，奴婢百口，女乐二十人。隋高祖时拜阴寿为丞相，以寿为掾吏。尉迟迥作乱，高祖以韦孝宽为元帅击之，令阴寿监军。当时韦孝宽有疾，不能亲总戎事，每卧帐中，遣妇人传教命。三军纲纪，皆取决于阴寿。以功进位上柱国。寻以行军总管镇幽州，即拜幽州总管，封赵国公。

当时有高宝宁，北齐后裔，为人狡猾，在北齐时久镇黄龙。及灭北齐，周武帝拜为营州刺史，甚得华夷之心。隋高祖时拜为丞相，遂连结契丹、靺鞨举兵反隋。隋高祖以中原多故，未遑进讨，以书喻之而不得。隋开皇二年（582），高保宁犯平州，引突厥40万人攻入长城。隋开皇三年（583）四月，朝廷令阴寿率步骑数万，出卢龙塞讨伐高保宁。高宝宁兵败求救于突厥。当时卫王杨爽等诸将数道北征，突厥不能救援。高宝宁被迫弃城奔于碛北。阴寿班师还朝，留开府成道昂镇之。高宝宁遣其子高僧伽率轻骑掠城下而去。不久又引契丹、靺鞨之众来攻，成道昂苦战连日，高保宁乃退。为防高保宁再犯长城边境，阴寿决定重新攻打高保宁。他遣人散布谣言，离间其所亲任者赵世模、王威等。月余，赵世模率其手下来降。高宝宁闻之，惶恐之下复走契丹，途中被其麾下赵修罗所杀，于是北边遂长城沿线安定下来。朝廷嘉奖，赐物千段。未过多久，阴寿因病卒于任上，朝廷追赠司空。

田布

田布（784—821年），字敦礼，平州（治今卢龙县城）人。魏博（治今大名东北）节度使田弘正之子。田布从小有胆识谋略，跟随父亲镇守临清，私下劝父归顺朝廷。等到父亲做了节度使，执掌亲兵。跟从父新衣讨伐淮西吴元济，前后十八次战斗均有战功。宣慰使裴度在沱口观战，贼将董重质率骁勇的骑兵突然来到，田布率二百骑兵飞驰出战截击，正遇到大军随后赶来，贼兵被迫退去。淮西平定后，拜官为左金吾大将军。元和十五年（820年），弘正调任镇守成德（治今正定），田布任河阳三城节度使，父子同一天被授予官职。第二年，调任镇守泾原。这一年秋天，其父被害，魏博节度使李病危，不能出军平定叛乱。朝廷紧急下诏田布速回魏博任节帅。田布厌恶河朔藩镇父子官位相继的弊俗，坚决推辞，朝廷不同意。自己考虑有去无回，只得与妻子宾客诀别，帅旗和随从没有带就出发了。临近魏州时，披散头发光着脚，号哭入城，居于灵堂，拿出所有的禄俸家产赏赐军士，以旧部牙将史宪诚为先锋兵马使，统率所有的精兵，亲自率兵三万七千进评论讨伐成德，驻所军队于南宫。当时幽州（治今北京西南）朱克融已反叛，与成德互为依靠。又赶上天降大雪，天寒地冻，粮食和军饷跟不上，魏兵素来骄傲，更加没有斗志。宪诚私愤下怀有反叛之心，乘机煽动，大军溃败而还。田布只得率余下部众数千人撤回。次日，召集众将再次商议出兵，骄兵不听从命令，并逼迫他恢复实行割据的旧制，与朝廷对抗。田布无奈，密写军情表并附遗书上报朝廷，请求朝廷速派援兵救前线大将李光颜与被困深洲的牛元翼，捧表号泣，拜托从事李石急速送至京师。然后告慰父灵，拔刀自杀，大呼道：向上谢罪君父，向下以示三军。言讫而死。唐穆宗得知，骇叹不已，停止上朝三天，下诏追封为右仆射，谥号孝，以彰显燕赵古风。兄田群多次升迁官至安南都护，兄田牟历任天德军使及武宁、兖海、天平三镇节度使，均因忠义被时任称赞。

张仲武

张仲武（？—849年），范阳（今北京西南）人，祖籍清河。唐朝中晚期藩镇将领。

张仲武的家族自祖辈起世代于幽州军中任职。张仲武自幼博览群书，尤精《左氏春秋》，后投笔从戎，官至蓟北雄武军使。

会昌元年（841年）九月，卢龙军乱，牙将陈行泰发动兵变，杀节度使史元忠自立，但时隔仅一月就被牙将张绛诛杀。张绛慑于张仲武威名，一度请其主持军务，但后来又改变主意，上书自请为节度使。张仲武大怒，起兵进攻幽州（今北京）。为了出师有名，张仲武于十月特派长史吴仲舒到京师长安，请求率本部兵马征伐张绛。吴仲舒说服了宰相李德裕，经过权衡考虑，唐武宗李炎拜张仲武为卢龙军兵马留后，并命抚王李纮遥领卢龙节度使，允许张仲武率军平乱。张仲武以精兵八百人、土团五百人一举攻破幽州，诛杀张绛，平定了暴乱。武宗旋即授张仲武为卢龙节度副大使、知节度事、检校工部尚书、幽州大都督府长史、兼御史大夫，封兰陵郡王，时年五十岁。

会昌二年（842年）正月，李炎正式任命张仲武为卢龙节度使。张仲武就任后，其兄弟也布列要地。他将幽州重镇静塞军、永泰军分授于其兄张仲斌、其弟张仲至，以稳固自己的统治。

张仲武担任卢龙节度使不久，回鹘大将那颉啜便统兵南犯掠边，张仲武在增强边地各城守备的同时，命其弟张仲至及裨将游奉寰、王如清等率军三万予以反击。此役，卢龙军一举击破回鹘骑兵，斩获不计其数，收降其部落七千帐，分配到各道安置，"杀戮收擒老小近九万人"。那颉啜中箭而逃，只身北窜，为乌介可汗所杀。挟战胜余威，张仲武又派大将石公绪兵进契丹、奚族两部，尽杀回鹘监使八百余人，从而恢复了唐王朝对两个部落民族的管辖。此后，张仲武又探知回鹘"欲入五原，掠保塞杂虏"的阴谋，于是将其派来假意结好的宣门将军等四十七人留下，使其计划不得实现，回鹘的人马大都病死，自此不敢再侵犯五原塞。

会昌二年（842 年）八月，唐廷发兵三路，北伐回鹘（唐击回鹘乌介可汗之战），张仲武加官检校兵部尚书，充任东面回鹘招抚使，指挥卢龙行营军及奚族、契丹族、室韦族的军队。在历时数月的征战中，张仲武与其他两路兵马紧密配合，至会昌三年（843 年）二月，石雄大败回鹘于杀胡山（今内蒙古巴林右旗子罕山），唐军大胜。回鹘兵被斩首万人，收降二万余人，乌介可汗负伤，被迫远遁西域，归附黑车子族，其溃散部队多向卢龙军投降。李炎论功，加张仲武检校尚书右仆射衔。

此役后，张仲武请求于蓟北立《纪圣功铭》。李炎同意，并命李德裕亲自撰文，以昭示后世。

大中元年（847 年）二月，唐宣宗加张仲武同平章事衔，以奖赏他击破回鹘的功劳。五月，张仲武出兵深入，大破北部诸山奚，禽酋渠，烧帐落二十万，取其刺史以下面耳三百，羊牛七万，辎贮五百乘，献京师。

大中二年（848 年），张仲武加官检校司空。其后累加至检校司徒、同中书门下平章事。大中三年（849 年）五月，张仲武在任上去世，时年六十岁。朝廷追赠太尉，谥号"庄"，军中拥立其子张直方继位。

张仲武的数次作战，为唐朝边境的安定做出了贡献。曾任幽州节度使掌书记李俭对有"破獯鬻之众，帐盈七千；拓鲜卑之疆，地开千里。万狄稽颡，百蛮投诚"的高度评价。

奚氏

奚氏（650—704）平州刺史邹保英之妻，抗契丹英雄。武则天万岁通天元年（696）农历七月，春官尚书武三思为渝关道安抚大使，八月丁酉日，鹰扬将军曹仁师、右金吾大将军张玄遇、右武威大将军李多祚、司农少卿麻仁节等28名将领讨伐契丹，大战于石黄遍野谷，惨败。玄遇、仁节被俘。契丹统帅李尽忠执玄遇、仁节为人质，进攻平州城，邹保英领兵应战，终因城孤援寡，势将陷落。奚氏率家童及城内女丁相助固守，并高坐州城北门楼与踞菊花台契丹之酋对峙，临危不惧，大义凛然。终于迫使契丹退兵，使池安然无恙。后为所司得知，报与皇室，破格诰封为诚节夫人。

张信

张信（？—1442年），临淮（安徽寿县）人。张信家有世代承袭的官职，早期张信袭职后移守普定、平越两地，因功劳升至都指挥佥事。建文元年（1399年），朱允炆即位，朝中大臣推荐张信，说他有勇有谋，因而张信被调为北平都司。张信接受密诏，奉命与张昺、谢贵一起去谋取燕王朱棣。张信三次造访燕邸，俱实以告。朱棣十分感激，称为"恩张"，遂起兵反抗。待天下已定，朱棣定都京城，论功行赏，张信晋升为都督佥事，封为隆平侯，食禄千石，世代承袭，镇守蓟镇一带长城，总兵府设在桃林口。洪熙元年（1425年），明仁宗朱高炽即位后，张信被加封为少师，同时支取二份俸禄，并给予世袭凭证。宣德元年（1426），张信随军征讨乐安；三年（1428年），皇上巡边，征讨兀良哈，张信受命居守；四年（1429年），张信督军一万五千人前去疏通河西务河道。正统七年（1442年）五月，张信死于南京。追赠郧国公，谥号恭僖。

戚继光

戚继光（1528—1588年），字元敬，号南塘，晚号孟诸，山东登州（今蓬莱）人，中国历史上杰出的军事家，伟大的民族英雄。他在永平府练兵御边十六载，使蓟门安然，誉满华夏，名震域外，举朝武将无出其右者，被誉为我国"古来少有的一位常胜将军"。

戚继光出身将门，自幼博览群书，深明经史大义；生性爱好习武，练就一身本领。17岁时，戚继光袭父职任登州卫指挥佥事，投身军旅，从此金戈铁

马，转战南北，奋战在抗倭、戍边第一线。

为了防御鞑靼诸部犯边，明朝政府命令河南、山东等地，每年必须派遣军官率领士兵轮番守边。从嘉靖二十七年（1548）戚继光21岁时开始，连续五年，他都被推为中军指挥官，率山东六郡卫所戍卒在永平府长城沿线戍守，初春来秋末返。这对青年戚继光来讲，不仅是报国心愿的初步实现，也是他日后指挥千军万马的预习锻炼。据《戚继光诗稿》介绍，第一次巡边，戚继光就作诗一首："叱马过幽州，横行北海头，朔风喧露鼓，飞电激蛇矛。奋臂千山振，英声百战留。天威扬万里，不必侈封侯"，表达了要建功立业的豪情壮志和远大抱负。

戚继光巡边学习兵法之余，还注重研究实事。他调查了永平府一带的防务状况后，心想：保卫疆土，是武臣的天职。永平府作为京东首府，依山傍海，地理位置极其重要，但却缺少精兵驻防，一旦有事，无以应对。应趁现在边境暂时安宁，预先做好应敌准备。戚继光考虑成熟以后，决定把自己的看法写出来。他运笔疾书，文才飞扬，下笔千言，很快草就了《备俺答策》。《备俺答策》写成之后，戚继光便立即上奏朝廷，当政大臣虽没有采纳他的献策，但对他在策文中显示出的军事才能十分欣赏。

1550年秋，鞑靼首领俺答汗率领10万蒙古铁骑突破明军长城防线，越过古北口、攻进密云、顺义、通州等地，兵临北京城郊。朝廷调集大同、河南、山东等地兵马火速入援，并命令会试武举也参加守城。当时，戚继光正以山东武举人的身份赴北京参加会试。戚继光当即向朝廷上书，陈述御敌策略，反对消极防守，主张积极抵抗，提出了统一指挥、明确分工合作、抓紧训练士卒、严格部队纪律等十几项措施，得到兵部官员的赞同采纳，被任命为传令总旗牌，负责监督京城九门的防卫工作。由于各路援军纷至沓来，京城防守严密，无懈可击，俺答汗无奈退兵。这次战争，虽然时间不长，但在明朝历史上却影响很大，史称"庚戌之变"。戚继光在"庚戌之变"中的突出表现，赢得了许多官员的赞誉，被时人誉为"国士"，由朝廷纪录为"将才"。许多朝臣上疏推荐戚继光，称赞他"才猷出众，骑射兼人""韬略素明""志向坚定"，可当国家"干城之寄"。

初露锋芒的戚继光没有感到骄傲，反而感觉到肩负责任的重大。1551年，戚继光再戍永平，率军巡守迁西太平寨南山，登高遥望，北山古刹，一片青翠。面对眼前一派宁静悠远的幽谧景色，有人劝戚继光访求长生之术。年轻的戚继光断然拒绝说："我身为武将，理应战死沙场，舍身殉国，以鼓舞士兵斗志，怎么能跟人学习长生道术呢？倘若能鞠躬尽瘁，捐躯报国，我死而无憾！为国家而死的人是永生的，这就是我的长生之术。"

五年的蓟门戍防，使戚继光洞悉了边疆的形势，了解了边关地形激励了保卫国家疆土的责任感。"结束远从征，辞家已百程。欲疲东海骑，渐老朔方兵。并邑财应竭，藩篱势未成。每经霜露候，报国眼常明。"（戚继光诗稿），表达了对国家边防虚弱、藩篱未就的忧思。戚继光的报国忠心和军事才能得到了朝廷的重视，1553 年，戚继光被任命为都指挥佥事，总督山东沿海备倭事务。此后，戚继光先后在山东、浙江、福建沿海抗倭十四年，练就了一只攻无不取战无不胜的"戚家军"，历经大小八十余战，歼灭倭寇三万余人，使得危害东南沿海危害沿海民众三百多年的倭患完全解除，被誉为民族英雄。

明朝时期的边患主要是"南倭北虏"，南方倭患肃清后，"北虏"问题摆在面前。蒙古兵时常越过长城，骚扰边境。蒙古骑兵部队的特点在于快速的流动性和迅猛的冲击力量，集中来犯时，一次可以动员几万乃至十几万名骑兵，甚至各部落联合成一个大同盟，东西绵亘两千里，使明边防官兵束手无策。明朝因边防不利，在永平府、蓟州一线连撤十员大将。明穆宗即位后，决心采取策略，加强北方防御力量。

隆庆二年（1568）五月，戚继光被任命为都督同知，总理蓟州、昌平、保定练兵事务军务，地位相当于总督，领兵镇守北部边关。时隔不久，又兼任蓟州总兵，驻守迁西三屯营。自此，戚继光开始了抵御蒙古部落内犯、保卫京师的十六年军事生涯。

蓟州镇是明代有名的北方九镇之一，负责防守从山海关到居庸关附近的永平府、顺天府长城沿线地区，拱卫着京师。戚继光到任后，不辞辛劳，巡视防务，深入了解地形地貌，根据敌情，他制定了"驻重兵以当其长驱，而又乘边墙以防其出没"（戚少保奏议）防御战略，积极备战。为此，他主要采取了两项主要措施。

第一，整修长城边墙，把原有边墙增厚、加高、补休，明确施工标准，增设敌台、墙台、烽火台、关城，构建长城防御阵地体系。

据《永平府志》《卢龙塞略》和《山海关志》记载，他先后上书建议修筑角山、九门口、大毛山、董家口、桃林口、冷口等地的边墙，扩建台头营城、建昌营、修建刘家口关、青山口关城、山海关威远城、老龙头入海石城、燕河营城，一改"先时沿边皆空墙圮坏，虽有石砌小墩，无器械，不能守御。自世庙十余年来，每岁终修饬，徒滋劳费而迄无成绩"的面貌，"东起山海，西抵石塘，延袤二千余里，平满处建高厚砖城，陡峻处建马镫钩墙，制与三屯城同"（《明史·戚继光传》），进而把明代长城建筑推至巅峰，建立了以关城为重点，以长城城墙为连接，镇城、路城、卫城、关城、堡城、营城，城墙、敌台、烟墩等点线结合、以点护线的完整防御体系。

戚继光修缮长城的最大贡献是创建了空心敌台，完善了烽燧报警体系。这种敌台骑墙而立，一般台基上一层是空的，以便贮存武器和粮食；四面有箭窗，以便发射火器、弓箭；上层建小楼，四周有垛口，也可以打击敌人。一座敌台可以驻守士兵三五十人。敌台都是用永久性材料，如砖、条石、白灰建造，十分坚固，台与台之间可以火力相交，互相支援。在长城上建筑储有粮草，武器和可供戍守长城的兵士居住的敌台，使长城的建筑构造得到了最后的完善，永平府长城沿线的空心敌台，绝大部分是戚继光在任之时修筑的，是戚继光守蓟的重要功绩，是其长城防务生涯中一个值得大书特书的突出杰作。

在修墙、筑台工程中，戚继光亲自监工，对工程质量要求极为严格，每修一段长城，每造一个空心敌台，都要立"鼎建碑"。碑上刻有建造人员姓名，以明确责任。他将城墙分为一、二、三等，双侧包砖城墙为一等边墙，单侧包砖城墙为二等边墙，石城为三等边墙，要冲地段一律包砖，严禁任何偷工减料现象。在城墙砖上，时时发现带有地名的文字砖，在山海关东罗城城墙上有用字模压印的纪年和责任单位的地名番号多达 11 种，如"万历十二年真定营造""万历十二年滦州造""万历十二年燕河营造"等。戚继光在任期间，重修了山海关及附近的长城段——角山长城。在关城以北修筑了北翼城，以东的欢喜岭上修筑了威远城，特别是针对蒙古等少数民族骑兵沿浅海涉水进犯而修筑的老龙头入海石城，完善了山海关防务。

入海石城北接靖卤一号敌台，构成了封锁海面的制高点，形成了一道雄奇险要的海上长城奇观。修筑于万历七年的结构独特，墙体全部由巨大的花岗岩条石砌筑，今见筑城石料主要有两种规格：一种是条状，规格为：1 米×0.3 米×0.4 米；另一种近方形的，规格为：1 米×0.7 米×0.6 米。石城入海的端头部分使用的是异形石块，这种石块一般重达 2 ~ 3 吨，石上三面凿有与相邻石块对应的银锭槽，筑城时槽内浇灌熔化的铁水，铁水凝固后形成银锭铆，将相邻石块嵌接在一起。在石城尽端异形石或边缘部门使用的石块上，还凿有直径约12 厘米的圆形透孔，其孔也出于榫卯或连接之用。以上办法有效地解决了入海石城被海浪冲击容易圮毁的问题。

入海石城的构筑还巧妙地利用了伸入海中、在海平面时隐时现的老龙岗脉岩为基，筑城石块夹砌在水下原生石之间，找平后，上面再起石墙。这种将自然岩礁石与人工砌体合二为一的构筑方法，起到了使这座建筑在浅海滩涂上的建筑物根基牢固，有效地抵御住海浪冲击和淘刷。入海石城的修筑，使整个山海关长城南襟渤海、北倚燕山，从而做到有效封锁海面，控扼要塞，使长城宛如一条巨大的锁链，将山、海、关联成一体，构成极为险要的地理形势。

第二，边镇练兵，整训军队，合理设置防区，调整战略战术，提高部队战斗力。

明朝的兵制本来是比较完善、比较合理的，对平时练兵、战时用兵都有明确的规定。但中后期，兵制几乎成了空文，守边官兵纪律松散，战斗力很弱。为此，戚继光指出了长城沿线守兵虽多亦少，其原有七，营军不习戎事，而好末技，壮者役将门，老弱仅充伍，一也。边塞逶迤，绝鲜邮置，使客络绎，日事将迎，参游为驿使，营垒皆传舍，二也。寇至，则调遣无法，远道赴期，卒毙马僵，三也。守塞之卒约束不明，行伍不整，四也。临阵马军不用马而反用步，五也。家丁盛而军心离，六也。乘障卒不择卫缓备多力分，七也"（《明史·戚继光传》）。通俗地讲就是：一是军营士足不操练战术，而热衷于练花架子；二是边塞邮传不畅，下级官吏充当驿使；三是敌兵来时调遣士兵困难，远道驰援，卒疲马僵；四是军队约束不严，行伍不整；五是作战时，马兵不会骑马，反而使用步兵；六是家兵多而军心离；七是部队守卫不分轻重缓急，兵力分散，力量不强。戚继光认为"七害不除，边备曷修"。在此基础上，他又提出了明军"不练之失六、虽练无益之弊四"，为此，戚继光提出募新兵、专事权等对策。他的建议得到了谭纶的赞同和高拱、张居正的支持，也得到了神宗的批准。

为了提高练兵效果，在较短时间内解决"将骄卒惰"、军纪律涣散的问题，戚继光从浙江调来了他原来在沿海抗倭时招募的训练有素的将士三千人，作为练兵的骨干和典范。当这支部队到达时，正赶上天降大雨，将士们站在雨中一动不动，军容非常严整，"浙兵三千至，陈郊外。天大雨，自朝至日昃，植立不动。边军大骇，自是始知军令。"（《戚少保年谱耆编》），使得边防的将士们深受教育。在练兵过程中，戚继光制定了具体条款，发到士兵手中，使得每个士兵都熟悉这些条款，严格按照条款进行训练，他把这些条款汇集成书，就是《练兵实纪》。经过戚继光的训练，蓟镇的明军确实成了有纪律、听指挥、技术精、战术强的威武之师。

戚继光从实际出发，重新调整防区，将蓟州一带的防区划分为东、中、西协三个防区，各设副总兵，其中东协驻守永平府建昌营，管辖燕河、台营、石门寨、山海关四路，路辖关口、堡城、墩台等。如山海关隶属山海路，领6个关城：包括本关（山海关）、南海口关、角山关、三道关堡、寺儿谷堡、东罗城。山海路往西是石门路，石门路领管3个提调（提调是镇守地方的武官称谓，在守备下）：黄土岭提调、大毛山提调和义院口提调。其中黄土岭提调管7个关营城堡：黄土岭营、黄土岭关、一片石关、大青山口关、庙山口堡、西阳口堡、炕儿峪堡。而中协四路：马兰峪、太平路、喜峰路和松棚路。其中松棚路领管2个提调：潘家口提调和洪山口提调，其中洪山口提调管4个关营城堡：洪山口关、白枣峪寨、西安峪寨、松棚营。规定官兵就近策应边防。

同时，他还注重战术训练，针对敌军逼近边墙、进攻边墙、溃墙而入、惰归退兵和扎营塞外等5种情形，分别制定了相应的作战方法和用兵原则。他认为，用兵时必须根据地形的不同而采纳不同的战略战术，不能千篇一律，不顾客观条件。"兵形象水，水因地而制流，兵因地而制胜"（《明史·戚继光传》）。他把蓟镇地形分为三种：一为平原，内地百里以南之地；二为半险半易，近边之地；三为山谷仄隘，边外之地。平原广陌利车战，半险半易之地利马战，山谷之地则利步战。据此，根据防御蒙古骑兵进攻的要求，制定了车、步、骑兵配合作战的战术。戚继光建立七座车营，其中驻守永平府的有建昌、三屯营两营。每营有重车一百五十六辆，轻车二百五十六辆，步兵四千人，骑兵三千人；每车配备士兵二人，佛朗机炮两门。这种战车有八片可以折叠的屏风，平时平放在车辕上，战时打开树立在一边，最边的两扇可以活动，供步兵出入。作战时，骑兵在前面阻挡敌人，战车在后面排成战斗队形；敌军逼近时，骑兵退入战车阵内，车上的士兵施放火器；火器的威力发出后，步兵从车后冲出；敌人攻势被挫后，骑兵又从车后出击。"车一辆用四人推挽，战则结方阵，而马步军处其中。又制拒马器，体轻便利，遏寇骑冲突。寇至，火器先发，稍近则步军持拒马器排列面前，间以长枪、筤筅。节制精明，器械犀利"（《练兵实纪》）。另外，他还建立3个辎重营，其中迁安建昌营就占一席，作为粮草、器械等军用物资的基地。军中武器以火绳枪炮为主，使得步兵营、骑兵营、车营和辎重营，成为能在统一指挥下进行协同作战的合成军。

隆庆六年（1572年），明政府派兵部尚书汪道昆等一大批官员视察蓟镇，戚继光借这个机会组织了一次盛大的演习，集结了10万大军于遵化汤泉，演习进行了20天。演习一开始，扮作敌人的骑兵突然由长城口攻入，顿时警号齐鸣，烽火大举，全身戎装的士兵迅速登台防守，各支防军按计划，有的迎击于前，有的夹击于侧，有的包抄于后，有的埋伏隐蔽，有的扼守阵地。在敌骑兵面前，战车突然变成一道城墙。在火器和战车的掩护下，步兵神速出击，入犯的"敌人"溃不成军，有的仓惶逃命，有的下马投降，守军大胜。这次演习是我国古代练兵史上的一次壮举。

第三，戚继光为便于军队的长期防守，还大力整顿军队屯田工作。它不仅下令豁免屯田军士欠下的公粮；凡开种抛荒田地，发给耕牛、农具和籽种，三年免交公粮。为鼓励军人以台为家，戚继光还下令在长城敌台台下空便之处，酌情建筑民房数间，供随军家属移居。"其附近内外荒熟堪种地土，尽其力量给牛种，以为本业，永不起科，只造开种过数目类册，送道查考，一应杂差，不可派拨"（《戚少保奏议》）。值得一提的是以义乌兵为主的南军开始只调来三千人，后增到九千，最后增至二万三千多人，成为东段长城守边的主力。这些人在长城沿线定居，繁衍不息，逐渐演化成村，成为唐秦地区人口和村落的重要组成部分，譬如抚宁董家口、九门口、卢龙桃林口等。秦皇岛境内374.5公里明长城沿线，158个自然村有长城后裔聚居。

万历初年，为缅怀为国捐躯的戍边将士，戚继光下令在景忠山顶建立忠烈庙（亦称死事祠），将阵亡之将士的姓名、封号、籍贯等均写在灵牌之上，分置于死事祠之内，以志永垂不朽。死事祠建成之日，戚继光在景忠山举行了隆重的祭奠仪式。他在祭奠仪式上，宣读了亲笔撰写的《景忠山死事祠奠文》，并规定：每月逢初一、十五日，镇帅要带所属官兵参拜。每年春秋，镇帅要亲自祭酒，向诸位烈士奉献礼品。官兵受此教育，每遇战事，无不奋力杀敌，效命疆场。

修建长城，边镇练兵，使蓟镇一带长城防务迅速加强，蒙古族骑兵的入侵一次又一次被击退。据《明史》《永平府志》等史料记载的战事就有：

隆庆二年十二月，蒙古朵颜部酋长董狐狸聚众攻喜峰口，戚继光率兵出青山口御敌，败却之。

万历元年二月初十日，虏众乘夜攻墙，偷袭拿子谷（即抚宁县石门寨镇拿子峪）。戚继光督率官军拒堵，斩获酋首三级，余虏负伤而逃。

万历元年四、五月，朵颜部董狐狸及其兄子长昂勾结土蛮部复犯桃林口、界岭口。戚继光令游击王轸领兵痛击，几乎活捉董狐狸。六七月间，长昂率众进犯抚宁义院口、大毛山、小河口诸处。

万历三年正月，长昂复窥诸口不得入，则与董狐狸共逼长秃入侵迁西董家口。戚继光逐，得之以归。于是二寇率部长亲族三百人叩关请死罪，狐狸服素衣叩头乞赦长秃。继光及总督刘应节等议，遣副将史宸、罗端诣喜峰口受其降。皆罗拜，献还所掠边人，攒刀设誓。乃释长秃，请通贡如故。

万历七年冬，土蛮部见蓟门无隙可击，便派兵入侵锦州。辽东总兵官李成梁向继光求援。戚继光于狗儿河、石河等地败却土蛮。

万历十二年秋，土蛮部复以千骑犯刘家口，官军御之，杀伤相当。

从这些战事中我们可以看到，朵颜、土蛮等蒙古部族对戚继光闻风丧胆。更值得提到的是，戚继光在退敌战略上虽然以防守为主，但是他不是被动的防御，而是把守与战结合起来，改变了长期以来"虏"入内必变客为主，而明军则以主为客的被动局面。在他坐镇蓟州的十几年里，游牧部族不敢窜扰，永平府全境"一矢不惊，军民安堵"，保证了塞内人民的生产和生活，甚至可以说在明朝日益衰落的时期，戚继光以他的能力，部分地扭转了长城防务的消极防御。明史称"继光在镇十六年，边备修饬，蓟门宴然。继之者，踵其成法，数十年得无事。"

戚继光戎马一生，精忠报国，但没有脱离政治斗争的漩涡。戚继光驻守永平府16年，是他大展才华的16年，达到了事业的顶峰。这与当时朝廷实权人物张居正的鼎力支持分不开的。《明史·戚继光传》载："亦赖当国大臣徐阶、高拱、张居正先后倚任之。居正尤事与商榷，欲为继光难者，辄徙之去。诸督抚大臣如谭纶、刘应节、梁梦龙辈咸与善，动无掣肘，故继光益发舒。"张居正死后，戚继光即刻遭到政敌的诬陷和排挤。万历皇帝听信谗言，把戚继光调离蓟镇，调往广东。戚继光离开蓟镇时，人们登府挽留，出境外几十里为其送行，依依不舍，挥泪送别。戚继光的老部下参将陈第在诗中描写了当时送别的情景："谁将旌麾移岭表，黄童白叟哭天边。"戚继光也是老泪纵横，题诗一首："南北驱驰海色寒，孤臣与此望臣銮。凡霜尽是心头血，洒向千峰秋叶丹。"表达了自己对这片大好河山的无限眷恋之情。戚继光调任广东后，仍不断受到政敌的攻击，先削职后夺俸，晚年非常凄惨。万历十五年（1587年）12月，戚继光病逝。

作为杰出的军事家，戚继光镇守永平府期间，写出了一部军事名著——《练兵实纪》。正文是根据练兵次序而编成的训练方法，计有练伍法、练胆气、练耳目、练手足、练营阵等八卷。另有杂集六卷。这书是戚继光训练士兵、守卫蓟镇的经验总结，无论是对付北虏的战术、武器的制造和运用、行阵的布置与变化，还是对士兵具体的训练方法，都有很大的实用性，此书集中反映了戚继光的军事思想和军事才能，因此《四库全书总目》作者说："今以此书考相守边事迹，无不相符，非泛摭韬略常谈者比。"这部著作与其另一部著作《纪效新书》被列为中国古代二十部兵书，为历世兵家所推崇，"谈兵者遵用焉。"

戚继光一生文采卓然，据《登州府志》记载，在繁忙的军务和紧张的战斗之余，戚继光常常"军中篝灯读书，每至夜分，戎事少闲，登山临海，缓带赋诗"。作为一位诗人，戚继光的诗沉郁厚重，格律严谨，格调清新，充满了爱国人情，"伉健近燕赵之音"（《四库全书·总目提要》），在明诗中独树一帜、别具雄姿。戚继光在军务操劳之余，经常登临景忠山，游山览胜，赋诗抒怀。一次登临景忠山，他见秋山如画，云淡天高，联想到自己戎马倥偬的军旅生涯，不尽心潮澎湃，赋诗一首《秋日登三屯营之阴山祠》：秋入千山静，东来紫气多。德星高可摘，碣石醉堪磨。九塞劳平马，孤辰傍薜萝。偶闯击柝者，回首愧烟波。在拜谒三忠词时，他挥毫作诗一首《景忠山景忠庙》：冰霜谁识抱关情，三辅河流一洗兵。楼阁晴悬新气象，桑麻色起旧屯营。龙回地轴开戎幕，水合天门驻汉旌。天下奇才今不见，原留方略佐金城。表达了诗人对大好河山的讴歌赞美和精忠报国的壮志雄心。山海关也是留有戚继光足迹最多的地方，晚年他即将调离蓟州，他登上老龙头，极目远眺作诗《观海亭》：曾经泽国鲸鲵息，更倚边城氛祲消。春入汉关三月雨，风吹秦岛五更潮。但从使者传封事，莫向将军问赐貂。故里苍茫看不极，松楸何处梦魂遥。诗中戚继光书写了自己在晨雨中登上老龙头观海亭，面对滔滔大海和自己任上整饬长城防务的得意佳作——入海石城，追忆过去平息倭寇，威震南方，驰骋幽燕，令敌人胆寒的疆场经历。进而联想到朝内奸党当道，内忧大于外患，国家前途渺茫，深为国家担忧，雄壮中透着一股苍凉。据统计，在其《止止堂集》收录的240多首诗文中，与永平府相关的就接近140首。

戚继光报国安民的丰功伟绩不仅名垂青史，而且享誉民间。戚继光亲笔撰写的《重建三屯营镇府记》石碑现存于三屯营原镇府旧址，为省级文保单位；抚宁天马山玄真观山门石壁戚继光题写的"天马山"摩崖石刻至今完好，梁家湾香山纪寿石刻字"山川可与少保争奇，少保可与山川敌寿"仍清晰可辨。四百多年来，在他曾经涉足的永平府等地，人们纷纷以各种形式纪念他。祀祠、塑像、碑刻、景物命名、地方风俗、方言以及民间文学、戏剧、舞蹈等，民间纪念形式之多、数量之大、范围之广、影响之深远，是许多著名历史人物所不及的。关于戚继光的轶事和传说，至今仍在群众中广为流传。景忠山每年有四月十八和十月十五两次庙会中的武会就是在戚继光倡导下发展兴起的，相沿至今。二十世纪八十年代初，迁西县河北梆子剧团曾编了《戚继光》这出戏，多次演唱。这些纪念形式几乎涵盖了百姓生活的各个层面，虽历经数百年人世变迁，依然留存至今。

刘广

刘广（生卒不详），明朝湖广罗田人。自小有胆识。洪武年间，以军功升为指挥金事，戍守永平。明洪武十三年（1380 年）十一月，元平章完者不花、乃儿不花率数千骑兵，经桃林口入寇永平府城。刘广率十余骑于永平府城北仓促应战对敌，被敌人射中战马，力战而死。

张凤奇

张凤奇（生卒不详），山西阳曲人，举人。崇祯元年，任永平知府。上任之初，正值军情紧急，张凤奇主持修补城墙，囤积粮草，以应对突变。崇祯二年冬，永平戒严。张凤奇积极募捐，招收乡勇，安抚将士。同时，拿出库银，犒赏乡勇。崇祯三年，清军攻入永平。张凤奇拿出积蓄，散尽家财，自己与妻子喝药自尽。事平，朝廷追赠光禄寺卿，从祀名宦，入列武庙表忠祠。

郑国昌

郑国昌，号天符，陕西邠州人。明万历三十五年进士。曾任山西参政。崇祯元年，任按察使治永平，后迁山西布政使，上级启奏朝廷仍继续留任。崇祯三年正月一日（农历）夜，清兵进抵宋庄，此地距府城仅剩五里。此时永平戒严，张知县又悉心捐募，鼓励军士，出库银陴头，以饷乡勇。城内军民做好了战斗准备。清军诱降了永平守将杨春。在杨春的帮助下，部分清兵潜入城内，埋伏在文庙棚顶的承尘之上。四日黎明，清兵开始登城。杨春的诡异举动被郑国昌及时发现，郑国昌急令诸生将杨春锤杀，并率部拼死抵抗。但为时已晚，须臾，北楼火起，城遂破。郑国昌犹策马亲冒矢石，力战不止。见事已无济，手下部将劝其出逃，郑公厉叱之。去意已绝的郑国昌撤回公署，穿戴整齐西向再拜曰："臣力竭，臣罪不可赎矣。"亲见夫人子女阖门缢死，郑公乃从容自尽，并命下人举火焚之。事平，朝廷追赠郑国昌太仆寺卿，从祀武庙表忠祠。

焦庆延

焦庆延，卢龙卫人。世袭居庸关参将。平时廉洁自律，家无积蓄，为了生计，曾经卖田度日，而且孝心可嘉，对母亲非常孝顺，口碑甚好。兵备道张春恒称赞焦延庆："武将若庆延，何愁不得将士心耶？"焦庆延历任三屯副总兵，时称廉孝将军。崇祯三年正月，清兵攻入永平，恰逢庆延在永平闲住，焦庆延与敌军激战而死。死后朝廷赠光禄大夫、骠骑将军，祀庙表忠祠。焦庆延死后，尸骨不存，其妻韩氏即欲同死，家人力劝止之。后来韩氏搬出城外，远匿山庄独居，守节二十余年后故去，终与丈夫的木牌位合葬一处。

韩原洞

韩原洞，字开之，少为诸生，诗文有奇，当郊圉多故，尝慷慨悲歌，慕古人以身殉国之义。崇祯二年冬十月戊寅，清兵以数万骑入大安口。十一月壬午朔，督师袁崇焕自宁远进山海关，全权调度指挥各镇援兵。袁崇焕在蓟州、抚宁、永平、迁安、丰润、玉田各城，都分兵留守，自己则带兵直接到京城护卫，不久，遵化、三屯营失守，清兵直逼京城，袁崇焕浴血奋战，击退清军，可他却以放清军入关，通敌叛国之罪下狱。崇祯三年正月，清兵攻入永平。身捍危城，韩原洞出金犒师，知不可敌，乃作《忠国论》一篇放置怀中，赴斗而死。事闻，奉旨旌表建祠。

韩原性

韩原性，卢龙人，禀生。有学行，喜奖拔进。千里之内负笈从游者甚众。崇祯三年正月，清兵攻入永平。韩原性死守榛子镇，宁死不降，战死。

冯继京

冯继京，永平卫人，庠生。厚重端方，能诗文，善骑射，文武全才。庚午城陷，自缢而死，有人救他。他痛斥道：偷生吾不忍为！当夜，重新自缢而死。弟冯联京，短小精悍，守城有胆气，告戒众人勿退，手持方天画戟冲锋陷阵，连刺三人。由于敌军已攻入城中，终于寡不敌众，死于陴间。兄弟并祀表忠祠。

张国翰

张国翰，卢龙人，历任左卫指挥佥事，口碑极好。崇祯三年正月，清兵攻入永平。张国翰知道大势已去，命令儿子从小巷逃走，自己依然从容饮酒过后，宁死不降，与妻韩氏上吊而死。死后，朝廷下诏建祠旌表。

陈靖华

陈靖华，东胜左卫指指使，掌永平卫印。兴屯利国，抚绥有方。崇祯三年正月，清兵进攻永平。当时陈靖华正守东城，由于寡不敌众，战死城上。陈靖华有二子，长子君锡，贡生，曾任淮安府睢宁县知县，次子君任，曾任陕西总督内司游击。

牛星耀

牛星耀，卢龙人。英勇过人，弓马娴熟。崇祯三年正月，清兵攻入永平。牛星耀时任忠武营千总，率领守城将士奋勇杀敌，终因寡不敌众阵亡。

赵允植

赵允植。辽阳人。崇祯二年，任卢龙教谕。品行端方，勤于训士。凡其诱诲启迪，必以忠孝行谊为先。崇祯三年正月，清兵攻入永平。赵允植与妻子钦氏宁死不降，被朝廷嘉奖，祀名宦。

廖汝钦

廖汝钦，字寅所，中书舍人。崇祯三年正月，清兵攻入永平。廖汝钦守城内奎楼战死。朝廷嘉奖，入祀表忠祠。

梁仕威

梁仕威，品格豪迈开朗，膂力过人，精于骑射，曾任永平府城千总。崇祯三年正月，清兵攻入永平。下属劝其逃跑。梁仕威曰："吾守死于此，吾事也，何去？"率领部下奋勇杀敌，箭不虚发。箭弩射尽，又与清兵短兵相战，终于力竭而死。朝廷嘉奖，入祀表忠祠。

胡登龙

胡登龙，卢龙人。崇祯三年正月，清兵攻入永平。胡登龙誓死不降，携子胡光奎等满门俱投火中而死。

唐之靖

唐之靖（？—1630年），明代浙江山阴人。崇祯元年（1628年）始任县武学科正。三年，后金兵强占卢龙县城。唐之靖誓不降敌。令阖家俱焚。并责告左右，我死以后，务必将尸体烧毁。于是面西朝京师遥拜，再拜后自缢而亡，从容就义。奉旨于武庙设忠烈祭祀。

陶洛武

陶洛武，清末卢龙县四各庄人，县境义和团领袖。光绪二十六年（1900年）年义和团传入，县城西迷谷张鸿聚众数百人，于洞山寺立坛，打出扶清灭洋旗帜。被义军拥为大师兄。发动民众数千人于县城钟鼓楼立坛，义民拥其为二师兄。农历六月初一，二人会于府城惺庙，邀期起事，焚教堂，杀教民。至八月十四日，俄兵入城扼守天主教堂，义和团与其血战，终因府县衙署妥协投降，与敌勾结，战斗失利，神坛被焚，首领张鸿转移他方，莫知所终，陶洛武于府城就义。

孤竹儿女 · 下卷

革命先驱

卢龙，是红色革命的摇篮。这里，培育出了中国共产党创始人，中国共产主义的先驱，中国无产阶级革命家。他们是顶天立地的孤竹儿女。

李大钊

李大钊，字守常，是中国共产主义的先驱，伟大的马克思主义者、杰出的无产阶级革命家、中国共产党的主要创始人之一，他不仅是我党早期卓越的领导人，而且是学识渊博、勇于开拓的著名学者，在中国共产主义运动和民族解放事业中，占有崇高的历史地位。

在永平府求学时期的李大钊

1889年10月29日，李大钊出生在河北省永平府乐亭大黑坨村一个比较富裕的农民家庭里，战乱动荡的年代，使李大钊从小养成了忧国忧民的情怀和沉稳坚强的性格。16岁进入永平府中学堂学习。虽然在卢龙城度过两载读书光阴，却对他最终走上寻求革命的道路起到了重要的奠基作用。1907年夏，他感于国势之危迫，急思深研政理，求得挽救民族、振奋国群之良策，毅然考入天津北洋法政专门学校。1913年又东渡日本，入东京早稻田大学政治本科学习。1915年，日本帝国主义提出灭亡中国的"二十一条"，李大钊积极参加留日学生的抗议斗争。他起草的通电《警告全国父老书》传遍全国。1916年李大钊回国后，到北京大学任图书馆主任兼经济学教授，积极投身于正在兴起的新文化运动，成为新文化运动的一员主将。

十月革命一声炮响，给中国送来了马克思列宁主义。俄国社会主义革命的胜利极大地鼓舞和启发了李大钊，他以《新青年》和《每周评论》等为阵地，相继发表了《法俄革命之比较观》《庶民的胜利》《布尔什维主义的胜利》《我的马克思主义观》《再论问题与主义》等大量宣传十月革命和马克思列宁主义的文章，成为我国最早传播马克思主义的人。

　　1920年初，李大钊与陈独秀相约，分别在北京和上海筹建中国共产党。同年3月，李大钊在北京大学组织中国第一个马克思学说研究会，聚集了邓中夏、高君宇、张国焘、黄日葵、何孟雄、罗章龙等一批具有共产主义思想的青年知识分子，为建党做准备。1921年7月，中国共产党第一次全国代表大会召开，宣告中国共产党成立，从此中国革命的面貌为之一新。李大钊和陈独秀成为中国共产党的主要创始人。

　　中国共产党成立后，李大钊负责党在北方的全面工作，并任中国劳动组合书记部北方区分部主任。在党的三大和四大上，李大钊都当选为中央委员。多次代表共产党与孙中山会谈，为建立革命统一战线呕心沥血地做了大量工作，积极领导并亲自参加了北京反对帝国主义和北洋军阀的"三一八"运动，号召人们用"五四"的精神、"五卅"的热血，不分界限地联合起来，反抗帝国主义的联合进攻，反对军阀的卖国行为。李大钊的革命活动，遭到北洋军阀的仇视，他们下令通缉李大钊。1927年4月6日，奉系军阀张作霖在北京逮捕李大钊等80余人。4月28日，北洋军阀政府不顾社会舆论的强烈反对和谴责，将李大钊等20位革命者在西交民巷京师看守所内绞杀。临刑前，李大钊慷慨激昂："不能因为反动派今天绞死了我，就绞死了伟大的共产主义，共产主义在中国必然得到光辉的胜利"。他高呼"共产党万岁！"英勇就义，时年38岁。

　　李大钊一生俭朴清廉，淡泊名利，视革命信仰高于一切，是青年人的良师益友。在他的影响下，许多先进青年很快成为马克思主义者，其中就包括毛泽东主席。1918年9月毛泽东到北京寻求革命道路，李大钊为他谋了个图书馆书记的差事，此间，李大钊为毛泽东早期思想的变化与发展，创造了必要的条件，

李大钊求学的永平府中学堂

为毛泽东一生的革命征程奠定了基础，被毛泽东称为"真正的老师"。李大钊为中国革命事业贡献了一生，他的伟大人格和崇高风范，将永载中国共产党和中国人民革命斗争的史册。

李大钊在永平中学堂和老师同学合影留念

蒋卫平

蒋卫平是李大钊的同学，也是挚友，曾与陈明侯、商震一起号称"关东三杰"。

1882年12月12日蒋卫平生于河北省卢龙县石门蒋家庄，少年立志，因仰慕"戊戌变法"中的谭嗣同自号慕谭。其祖父蒋天性，通古晓今、博学多才，是位武监生。从蒋卫平懂事起，祖父就对他进行了正统教育，还常常给他讲岳飞、文天祥、于谦等英雄故事，在蒋卫平幼小的心灵播下了爱国的种子。随着年龄的增长，蒋卫平对新学的兴趣更加浓厚，1905年考入永平府中学堂，在此结识了同年入学的李大钊。当时蒋卫平22岁，李大钊16岁，年龄的差距并未妨碍两人之间的交往。学业之余，两人常常到城西青龙河滩散步，谈理想抱负，成为挚友。

李大钊家住乐亭大黑坨，每次回家和返校，均从蒋家庄经过。李大钊自幼失去双亲，由祖父李汝珍抚养成人，蒋卫平总是让其父母留李大钊在家住几日。1905年夏，经过北洋新军山永协统王占元的举荐，蒋卫平弃文从武，惜别李大钊，进入保定陆军速成学堂（保定陆军军官学校前身）学习，"成绩斐然，同校五百人无出其右"，深得督办冯国璋赏识。故在抗议美国限制、虐待华侨的抵制美货运动中，蒋卫平成为学界代表。在清廷外务部移文学校要求逮捕蒋卫平时，冯国璋曾冒险密令蒋卫平去东北投奔盛京将军赵尔巽。蒋卫平返家时，正值永平府中学堂放假。因春节将至，村里找蒋卫平写春联的人甚多。当时，李大钊正住在蒋家，两人各自挥毫泼墨，人们至今还记得蒋卫平写的一副对联："旧世界几千千腐魔出洞；新中华成万万大梦方醒"，横批为："世界大同"；李大钊写的对联为："四万万同胞大梦方醒"，横批为："天下太平"，可惜人们已不记得上联。

1906年春，蒋卫平化名蒋健、更字为"大同"，来到奉天。在赵尔巽支持下，创办"官话字母总熟"，推广、普及普通话，注音识字，扫除文盲，深得民众欢迎。1907年蒋卫平与商震、陈明侯秘密加入宋教仁、吴禄贞等人创办的同盟会辽东支部，在辽阳创办了"奉天陆军小学"、在奉天创办了"奉天商业专门学校"，被誉为"关东三杰"。他们在发展文化教育的同时，秘密宣传革命思想，鼓励学生积极参加新军。其弟子学生中，不乏民国时期的声名显赫人物，如林家训、温殿芳、石友三等；而后来参加辛亥滦州起义、为资产阶级民主革命捐躯的先烈，有一半左右为其朋友与同事。蒋卫平的行迹，逐渐引起东三省总督徐世昌、奉天巡抚唐绍仪的猜忌与怀疑。蒋卫平闻讯后，审时度势，毅然辞去教职，专以贩书卖报为业，一方面潜心学习俄语，一方面遍历关外、蒙古各地，调查风土人情、地形地貌，在继续从事革命宣传工作的同时，积极投身抗俄运动。

1908年春，蒋卫平到瑷珲、黑河一带考察，发现俄侵占我国领土数万方里，为探详情，亲自绘制边界山川地形图，不料突被沙俄警察抓走，以间谍罪投入西伯利亚监狱。当时，狱中关押的多为1905年俄国12月革命失败后的政治犯，还有不少为中国的绿林豪杰。在狱中，蒋卫平向中国难友讲解国事，揭露沙俄的侵略野心和罪恶活动，宣传孙中山的革命思想，并辅导他们学习文化、练武强身。由于他文武全才，平素桀骜不驯的"绿林大盗"逐渐被其感化。沙俄的政治犯了解到蒋卫平是中国革命志士后，便请他介绍中国的传统文化与中国革命的发展情况；在宣讲中，他那渊博的知识，坚定的革命信念，赢得了异国同行的尊敬，难友们称他是"东方圣人"。

在俄狱时，妻崔氏（大樊各庄人，今属昌黎）病故于家，祖父念其流离外乡，境遇坎坷，出狱后便函电屡召返乡续弦立嗣。蒋卫平1909年2月归家，被禁锢家中，不令外出。值当年10月15日，以东鼎庙会（在武山阁黎洞）进香，始得走出家门。道长因其剪掉辫子而识出："施主蒋庄秀才慕谭也！"并谓："遭逢乱世，尔大志革命，不成功则成仁，功者治天下，仁者垂青史。"蒋卫平于是请求道长帮助甩开家人监视。道长会意，便助其在阇黎洞内洞藏身，躲避了家人监护，于是蒋卫平再走中俄边界。父母知续弦无望，于是将弟文龙之子过继之，卫平为其取名"继志"。

1909 年 4 月，蒋卫平根据同盟会扩张党务的精神，奔赴长春，与商震、徐竹平等人创办了《长春日报》，以通俗易懂的文章、活泼流畅的风格，积极宣传资产阶级民主革命思想，尤其是在号召国人保卫国权，抗御外侮，抵制日、俄侵略方面，发挥了巨大作用，从而成为"吉林地方新闻宣传战线上反帝斗争的一个重大据点"。同时，他罄尽家产，与熊成基等人在蜜蜂山招兵买马，训练武装，密谋武装起义。后因熊成基在哈尔滨车站谋刺清海军事务大臣载洵遭奸人臧冠三出卖事发，《长春日报》遂被查封，商震等人被通缉，当时蒋卫平因在榆关幸免于难，乃化名蒋俊北走黑河。此时，黑河道台宋小濂正与俄方交涉四十八旗屯与红梦河金矿归属事宜，苦于缺少谈判人才，得知蒋卫平到来后，喜出望外，于是请其协助办理外交事务。激于爱国热情，蒋卫平慨然应允，担任中方主要代表。在中俄交涉中，由于他事先掌握了大量第一手资料，故占尽上风；俄国西伯利亚总督戈毕莎尔认出蒋卫平是"东方圣人"，认为若不除之，后患无穷，遂在他赴俄谈判归国登船时，在黑河左岸密令士兵开枪杀害了蒋卫平，时间为 8 月 5 日。年仅 28 岁的蒋卫平，为了维护中国主权，将一腔热血洒在了黑龙江上。经瑷珲兵备道衙门和陈明侯与俄方多次交涉，才将遗体移回，葬于黑河岸边。

蒋卫平惨遭杀害的消息，传到北洋法政专门学堂，正在那里读书的李大钊极为悲痛，他怀着哀婉的心情，蘸泪写就《哭蒋卫平》诗两首：国殇满地都堪哭，泪眼乾坤涕未收。半世英灵沉漠北，经年骸骨冷江头。辽东化鹤归来日，燕市屠牛漂泊秋。万里招魂竟何处，断肠风雨上高楼。龙沙旧是伤心地，凭吊经秋只劫灰。我入平山迟一步，君征绝塞未曾回。玉门魂返关山黑，华表入归猿鹤哀。千载胥灵应有恨，不教胡马度江来。

1913 年 6 月，激于对辛亥革命的不彻底性与对封建主义、帝国主义的妥协不满，李大钊又写了《题蒋卫平遗像》一诗，其文为：斯人气尚雄，江流自千古。碧血几春花，零泪一抔土。不闻叱咤声，但听呜咽水。夜夜空江头，似有蛟龙起。

国民政府总统府国策顾问冯自由著《革命逸史》中以《关外大侠蒋大同》为题，详述其生平事迹。至今，在台湾高雄市忠烈祠，于东龛供奉有蒋卫平神位。题为：中国国民党开国战役烈士蒋大同。

烽火军魂

抗日战争时期，卢龙是冀东抗战的主要战场之一，冀东抗日根据地。解放战争时期，卢龙人民站在解放战争的前列，积极投身革命，奔赴战场，迎着炮火硝烟，走出一队队英勇奋战的英雄儿女，展现了孤竹儿女战争年代奋勇杀敌、不怕牺牲的光辉形象。

李运昌

李运昌（生卒不详），乐亭县人，与李大钊是同乡好友，黄埔军校四期毕业。抗日战争爆发后，李运昌按照中央的安排，从延安回到冀东，先后担任河北省委书记，冀热辽军区司令员、冀东军区司令员。李运昌亮剑冀东，带领冀东军民，与日本侵略者展开了你死我活的较量。李运昌组织和发动了遍及冀东22个县，轰动全国的冀东抗日大暴动，亲自指挥了整个冀东地区的抗日战争。卢龙县柳河北山抗日根据地成立后，李运昌在这里指挥冀东抗战。日本投降后，李运昌率部挺进东北，为东北的全面解放奠定了基础。

用毛泽东的话说，全国解放，没有冀东不行，冀东没有李运昌不行。

曾克林

曾克林（1913—2007年），江西省赣州市兴国县东村乡齐心村人。1929年参加中国工农红军。1931年加入中国共产党，曾任第一方面军连指导员。1934年入瑞金红军大学学习。后在第二十八军任团参谋长。参加了中央苏区反"围剿"、长征和直罗镇战役。1937年入延安抗大学习。1941年率军分区第十二团攻克宽城、喜峰口，打通五龙山到滦河的交通要道，开辟了都山到滦河间抗日游击区。1942年，曾克林兼任军分区十二团团长。冀东十二团开辟滦东，常年活动在卢龙、昌黎、抚宁一带，与日本鬼子进行你死我活的斗争。在卢龙，曾

克林亲自指挥了白家窝伏击战、后官地伏击战、常各庄伏击战等漂亮战斗，给日本鬼子以毁灭性的打击。卢龙柳河北山抗日根据地设有曾克林指挥部，曾克林在这里指挥抗战。1945 年日本宣告投降后，曾克林从柳河北山集结队伍，率军出关，进驻沈阳，为东北的全线胜利奠定了基础。曾克林先后参加了反"扫荡"作战、东北大剿匪、本溪保卫战、四平保卫战、临江保卫战以及辽沈战役、平津战役等。1949 年 10 月 1 日，中华人民共和国成立后，曾克林历任中国人民解放军海军航空兵副司令员、海军后勤部副部长、海军顾问、海军航空兵司令员。1952 年毕业于空军航空学校。后历任海军航空部副司令员兼师长、海军后勤部副部长、海军航空兵部司令员，成为陆海空"全能将军"。1955 年被授予少将军衔，是中共第十二次全国代表大会代表，也是中国人民政治协商会议第五、第六届全国委员会委员。1955 年被授予空军少将军衔，曾荣获二级八一勋章、一级独立自由勋章、一级解放勋章和一级红星功勋荣誉章。著作有《戎马生涯的回忆》《曾克林将军自述》。2007 年 3 月 12 日因病在北京逝世，终年 94 岁。

高敬之

高敬之（1903.2—1997.5），原名高文祥，字奎圃，卢龙县沈官营（今属滦县）人。曾任国民党卢龙县临时登记处干事、卢龙县教育局局长、内蒙古五原县政府禁烟委员，1936 年任卢龙师范学校校长。

1938 年 7 月 13 日，高敬之在卢龙县无税庄（今属滦县）率 300 余人举行抗日暴动。8 月 8 日，高敬之率暴动队伍包围卢龙县城。他站在城门外，面对城墙上的日伪军，怒斥痛骂伪县长，历数伪县长和日本侵略军的种种罪行。慑于高敬之的社会声望和暴动队伍的声势，伪县长跳墙逃跑，城内伪军缴械投降。暴动队伍兵不血刃，占领卢龙县城，俘虏日、伪军 500 余人。后，高敬之暴动队伍被编为

冀东抗日联军第 23 总队，高敬之任总队长。是月上旬，该部配合冀东抗日联军第 5 总队李润民部攻克双望镇。9 月 17 日，高敬之率部在抚宁区平坊店歼灭伪治安军一个营，队伍发展到 3000 余人。之后，高敬之率部进入长城以北，到青龙县建立抗日根据地。不久，又配合兄弟部队攻克乐亭县城。1939 年 10 月，加入中国共产党，并到晋察冀党校学习。1940 年—1949 年，高敬之历任丰（润）

滦（县）迁（安）联合县县长，中共迁滦卢工作委员会书记、中共迁滦卢联合县委书记，迁卢抚昌联合县办事处主任、迁卢抚昌联合县工作委员会书记，中共冀热边特委第 3 地区区委常委，冀热边第 3 地区行政公署督察专员兼 12 军分区司令员，冀察热辽禁烟局局长。

中华人民共和国成立后，高敬之历任冀东行政公署民政科长兼教育科长，冀东长卢区盐务总局副局长，民政厅副厅长，湖南省民政厅副厅长，中央交通部航务总局副局长，中央交通部航道工程总局副局长，交通部航务局副局长，吉林省人民政府交通厅副厅长、党组成员。为吉林省第五届人民代表大会代表、常务委员会委员。1982 年 7 月离休。1997 年病逝。

高敬之从小胆大顽皮，喜欢冒险，好打抱不平。面对日本铁蹄对中国人民的践踏，他十分痛恨。他领着小伙伴砸过日本人开的吗啡馆，带着师范同学闹过学潮、罢过课。高敬之任教育局局长时，有一次大白天打着灯笼去县衙，有人问他为什么白天打灯笼，他随口答道："衙门口太黑，不打灯笼进了衙门啥也看不见。""高局长白日挑灯进县衙"的故事随即流传开来。正是由于他敢与权贵对着干，经常触犯土豪劣绅的利益，所以，教育局局长、师范校长都没干多久就被罢了官。不过，他在老百姓的心底却深深扎下了根，为日后发动暴动打下了坚实的群众基础。

高敬之罢官在家非常烦闷。他几次听说共产党的队伍张贴"打倒贪官污吏，打倒土豪劣绅！"的标语，唱着同样的歌曲，而且公买公卖，从不打骂群众，与旧军阀部队有天壤之别，他便先后多次秘密甚至公开寻找共产党，只是一直没有结果。1938 年春，他通过同事的弟弟终于在滦县见到了共产党员阮务德。阮务德给高敬之讲了许多团结抗日的道理，并告诉他，抗日光有热情还不够，必须学会团结人，练本事，做好准备，等待时机。但阮务德当时没有接收他。高敬之回来不久，又听说河北省中部有不少群众起义抗日的消息，便下定决心，一不做二不休，干脆挑头抗日。他寻思，一旦闹起来，共产党准来找自己。几天工夫，就组织起了 400 多人，而且多数都带有土枪土炮。队伍拉起之后的第一仗打的便是马各庄联庄会。他们三下五除二拿下联庄会后，就开仓济贫，把村中姓任的大地主三间粮库的粮食全部分给穷苦百姓。从此，他们正式打起了"华北人民抗日军司令部"的大旗，并专门刻了大印。初战告捷之后，他们又乘胜追击镇压了油榨镇附近的大土匪头子邵某。到此，高敬之名声大振，队伍壮大到 1000 多人。他准备攻打卢龙县城。

听说高敬之带头暴动，卢龙县伪政府的头头们惊慌失措，忙把全县的军警调进城内，随时准备应战。高敬之的部队到达卢龙城外时，军警和保卫团早已荷枪实弹站在了城墙上。高敬之首先命人把县城周围的电话线全部割断，然后冲着墙上的军警高喊："弟兄们，咱们都是中国人，都不想当亡国奴，我们起义是为了抗日！我们只想进城捉拿日本顾问和狗汉奸'牛犊子'！"（当时的伪县长姓牛，老百姓给起的外号叫牛犊子）当时正值秋收前夕，城外是一眼望不到边的青纱帐，城里根本摸不透高敬之的底细。伪县长战战兢兢爬到城墙上，先是点头哈腰地向高敬之说软话，什么高校长辛苦了，缺钱缺粮他给等，后又用绳子从城墙系下6个与高敬之熟识的人进行谈判。高敬之的态度非常坚决："我们啥也不缺，啥也不要，就是要进城，这城不能让日本鬼子、汉奸占着！"慢慢地，城上黑压压站满了人，其中有不少是高敬之的朋友、同事及学生。高敬之一面向他们宣讲抗日救国的道理，一面命令部下在太阳落山前从东南角集中火力攻城。然后，他带着一个护兵从东南角开始围着城墙边走边骂："'牛犊子'是吃里爬外的狗汉奸，不是黄帝的子孙，不是中国种，是我们共同的仇人，有种得起来抗日，打死日本鬼子，活捉'牛犊子'。我高某要是干过缺德事，你们就冲我开枪……"就这样，高敬之从东门一直骂到北门。城上的人见他口干舌燥，有的扔人丹，有的扔西瓜。太阳落山时，东边的枪声准时响了，高敬之来个"兵不厌诈"，冲着城西的青纱帐喊："传我的命令，不准开炮，不准打机关枪，城里都是自家兄弟，别伤了老百姓！"然后又冲城上喊："东门已经打开了，立了头功。你们还不立第二功，立功者有赏！"很快，哗啦啦从墙上扔下许多枪支和帽子，不少军警保安缴械投降，并搬开堵城门的沙袋子，打开了大门。高敬之便把队伍大摇大摆地开进卢龙城。这就是著名的"高敬之骂城"。

高敬之赶走"伪政府"后，成立了"卢龙县抗日政府"，但由于缺乏广泛

高敬之骂城

的群众基础，加之日本飞机的轰炸，"卢龙县抗日政府"仅仅存在 3 天时间。然而，这个政府毕竟产生在声势浩大的农民暴动之中，打的是抗日的旗帜，是卢龙人民外患当前奋起抗战的一次壮举。这一事件轰动了整个冀东，"冀东抗日联军"主动与高敬之取得联系，把他们编入"冀东抗日联军"第二十三总队，命高敬之为总队长，派阮务德任政治部主任。之后，他们又参加了攻打双望、抚宁、乐亭等许多大大小小的战斗，随部队东征西战，为民族的解放屡立战功。

高恒

高恒，男，1921 年，出生于卢龙县沈官营（今属滦县）一个普普通通的农民家庭里，他从小就非常聪明伶俐，系高家的独生子，因而倍受父母疼爱。但因家里较穷，致使他很小就务农，未能上过多少学，所以文化水平不高。俗语说得好：穷人孩子早当家。他十五六岁就已经长大成人，更因其机智勇敢，胆略过人赢得相亲交口称赞。他中等个头，瘦瘦的身材，从小就喜欢在腿上绑沙袋走路，喜欢舞棒弄枪，后来有缘得到一位武林高手指点，小小年纪便练就一身好本领。

1938 年，年仅 17 岁的高恒，为了抗日救亡，毅然参加了高敬之领导的卢龙县抗日暴动队伍。暴动队伍西进受挫后，随军转战到平西，并在平山县入抗大二分校随营学校学习。1940 年 6 月返回冀东，任丰滦迁联合县游击队小队长，活动于青龙山一带。1942 年夏，任迁卢抚昌联合县办事处一总区游击队指导员。1943 年春，受组织派遣东渡滦河到滦东开辟新区，在卢龙县木井一带活动。初始工作队只有 7 个人，5 支枪，工作队先后袭击日伪军迁安柏店子据点和昌黎后封台车站，缴获一批武器，队伍很快发展到 40 多人。当年夏，高恒任迁卢抚昌联合县基干队队长。是年，该队改编为晋察冀军区第 13 军分区第 8 地区队第 4 连，高恒任连长。1944 年夏，高恒从第 8 地区队调出，奉命组建滦山（滦县—山海关）游击队，并任队长。他率领的抗日游击队活动于燕山脚下，滦河两岸，北宁铁路两侧，创造了许多可歌可泣的英雄业绩，被当地群众赞为"高恒队"。由于他机智勇敢，神出鬼没，敌人一听他的名字就失魂落魄，而当地百姓都很爱戴和拥护他，青壮年争相参加他的"高恒队"，为冀东地方主力部队输送了大批的武器和兵源，1945 年，冀热辽军区授予他三级战斗英雄的称号。

高恒队东渡滦河后，总想打一场漂亮仗作为对滦东人民的见面礼，以鼓舞八路军的士气，从而震慑敌人。一九四三年旧历七月初五，根据我方可靠情报，位于安山车站南侧的万益栈正驻有一个中队伪军。他们武器精良，除了三八枪就是马四环，子弹也很充足。为了武装自己，高恒决定当晚去袭击安山据点。这天高恒的队伍在新房子村，距安山仅八里。晚饭后，高恒召开会议分析敌情，并做了周密部署，他们事先还准备了十架木梯，为了避免打误会，不仅商定了口令，每人还左臂扎了一条毛巾。晚上十点左右，高恒作了简短的战斗动员，队伍就出发了。他们四十人借着青纱帐的掩护，沿京山公路右侧，向安山搜索前进。不到一个小时，队伍便已进入车站西端，然后逐步向万益栈迂回。这时，除了车站两端旗杆上的红绿讯号灯闪着灯光，整个车站和据点漆黑一片，死一般宁静。队伍在夜幕中鹿伏鹤行，绕过敌军岗哨，避开他们的视线，悄悄接近万益栈的围墙。一切按预定计划顺利进行。袭击开始了，一中队战士分头从西、南两面搭上梯子，队长马宝山带领一班战士首先从西面上墙头。有两名战士在墙上匍匐前进，直向西北角伪军岗楼的哨兵爬去，距哨兵只有几米远了，突然被哨兵发觉。他在张皇之中匆匆打了一枪。两名战士见状不好，顿时一跃而起，向他扑去。还没等敌人退出弹壳，就把他按在那里，成了俘虏。枪声惊醒了昏睡的敌人，透过夜幕，高队长发现，原来敌人横七竖八地睡在院内的苇席上，一旁架着两排大枪。事后得知，原来驻守在这儿的伪军是傍晚刚从靖安赶来的，有一百人。他们的中队长被我八区队二连打死。这伙伪军失去了头目，在靖安呆不下去才来到了这里。事先没有料到，敌军两个中队加在一起相当于我方的五倍之多。力量尽管相差悬殊，但是高恒当机立断，原来的作战方案不变。胆大心细的高恒决定利用敌人慌乱之机打个措手不及。高恒一声令下，班长祁易祥带头从一丈多高的墙头跳入院内，战士们也纷纷从空而降。一声缴枪不杀的声音吓得敌人魂不附体，到处乱窜，像一群惊弓之鸟。为了迷惑敌人，高队长一边指挥战斗，一边虚张声势，一边大声吓唬敌人："二营从南面上，三营从西面上，一营从大门冲，机枪连先不要开炮，准备对付鬼子！"然后又展开政治政势："伪军弟兄们，投降吧，我是高恒，不要给鬼子卖命了，我军优待俘虏！"这几张果然奏效，或许是早知道高恒的大名，或许是本身就不愿给鬼子卖命，伪军们纷纷鬼缩在一起，没有还击。没想到屋里有伪军向外射击，高恒一不做，二不休，当即飞身上房，连向屋子里投了几颗手榴弹，里面的敌人立刻乱了营，原来中队长受了伤率先逃跑了，没有了指挥，伪军们也无心恋战，乖乖地投了降。经打扫战场，俘虏敌人近二百名，武器弹药无数。伪军们除了一部分参加了八路军，其余都就地解散。整个战斗高恒队无一伤亡，随后游击队立即撤出战场。在车站上的日本鬼子感到情况不妙，用歪把子疯狂扫射乱放枪，可是我们的英雄游击队早以离开了万益栈，带着战利品行进在归途上。

高恒带领队伍夜袭安山，打出了八路军游击队的威风，对附近车站的敌人震动很大。1943年农历九月二十一日夜晚，八区队队部随驻李贯各庄，高恒此时已经被改编为八区队四连驻朱贯各庄。

当时在蛤泊镇驻有鬼子一个分队，伪军一个大队。这伙敌人像野兽一般作恶多端，经常残害我干部家属及无辜群众。伪军大队长张国福是土匪出身，为虎作伥，经常指使手下的便衣特务在当地横行霸道，却无人敢惹。对这伙敌人，战士们早已恨之入骨，只是没有命令，谁也不敢轻举妄动。这天，八区队命令一连、四连攻打蛤泊据点，部队在东西洼里待命。高恒正准备领命攻打蛤泊据点，没想到却接到了袁士新保长从蛤泊传来的新情报，说伪军副大队长王延明带了一个中队去木井"赶集"，目的一是收税，二是操纵木井街选举伪保长。这一情报很重要，高恒立即把情报向区队长田川做了汇报。真是天赐良机，田川果断下令，命高恒四连在龙凤河畔设伏，断敌回路，吃掉这股敌人。

高恒得到命令后，立刻命一排迅速抢占龙凤河有利地形。一排长马保山带领战士，跑步前进很快进入了阵地。工夫不大，由三名敌人组成的尖兵，步入了埋伏圈。还没等三个伪军清醒过来，便做了八区队的俘虏。与此同时，区队长田川率先开枪，向敌人射去。枪声就是命令，一连六挺机枪像老虎一样吼了起来，边打边从正面向敌冲锋。高恒率四连机枪班从左翼冲锋，一排从后面包抄。顿时，步枪、机枪、手榴弹的爆炸声与缴枪不杀的喊杀声交织在一起，惊天动地。

开始，副大队长王延明还想下令抵抗，被高恒一枪击中手臂。伪军本来就没有什么战斗力，一见指挥官负伤，顿时像没头的苍蝇乱作一团。王延明认识高恒，见高恒冲了过来，慌忙举起手来投了降。战斗没有持续十几分钟，就缴械投降了。整个伏击战，解决了伪军一个中队，缴获几支短枪，一挺轻机枪，九十多支步枪。

1944年春，高恒率游击队在昌黎县后封台车站以西设伏，截击日军从东北发往滦西的一军用专列，缴获30马车的军需物资。是年夏，高恒队又在滦河大桥伏击一从北平开往东北的日军顾问专列，炸毁列车，车上数十名日军顾问大部毙命。高恒队截火车、炸铁道、打鬼子、歼伪军、抓汉奸，威震滦东。

1944年4月，高恒奇袭滦县车站铁路警察所，当场击毙日军两名，缴获长、短枪24支，轻机枪1挺，掷弹筒1个，弹药数箱。自此滦山铁道游击队声威日振，高恒的名字也在民众中广为传扬。青壮年，争相参加高恒的游击队。队伍日益壮大，不断向主力部队输送兵源，为抗日战线增添了力量。冀、热、辽军区，为表彰高恒和滦山游击队的功绩，授予高恒三级战斗英雄的光荣称号。

1945 年，日寇投降后，高恒受上级指派，随曾克林同志挺进东北，任冀、热、辽军区 24 旅 71 团团长，驻辽宁省开原县。在为接收与开辟开原县革命根据地的斗争中，他率队追剿土匪，打击敌伪残余势力，保卫新生的民主政权，不遗余力地日夜奔忙。在开原工作期间，他曾奉命侦破国民党特务破坏停战协定一案。他率领一支 10 多人的小分队，经 20 余天的跟踪侦察与追剿，先后擒获国民党特务 70 余人，为民除了害，也为稳定社会和开辟新区打下了政治基础。

1946 年春，高恒同志在完成剿灭辽北地区几股匪徒后，于当年 3 月奉命任昌北县大队队长。昌北县是四平北部的门户，国民党军队把占据八面城（昌北县城）作为主要攻击目标，当时该城在敌人连续攻击下，已陷入敌人包围之中。为改变这种被动局面，阻止和牵制国民党北进及消灭其地方反动武装，高恒与县委书记李滔带领县大队来到八面城附近，寻机解围。他们搞清敌地方武装的活动规律后，以跟踪引诱，两面夹击的战术，一举歼敌两股，使昌北的被动形势有所好转。

1946 年夏初，我军在泉头阻击战后，又发动了东北战场上有名的金山堡战役。在此战役中，高恒率领县大队，组织支前工作，运送伤员和收剿流散的残匪并打扫战场，配合主力部队，顺利地完成了战斗任务。

金山堡战役后，昌北县大队及县区干部，根据"让开大路，占领两厢"和以农村包围城市的方针，转入敌后广大农村，展开了"区不离区，县不离县"的游击战争。县大队在高恒率领下，活动在前沿地区，打击敌人，保卫后方的反奸清算和民主建政工作。为拔掉对我威胁较大的钉子——七家子守敌，1946 年 8 月，高恒队长与李滔政委，率领县大队和部分区村干部配合行动，奇袭了敌七家子村公所，俘虏了村公所全部人员，缴获了他们的武器，惩处了首要分子，教育了一般人员，警告他们今后不准再为国民党办事，不准再为国民党抓兵、要粮，致使该村公所长期瘫痪。

1946 年 9 月末，国民党军队全线向北推进，昌北县处在敌人四面包围之中，这时境内各村清剿队，也随敌主力之后进占各村。为阻止敌人的进犯，根据县委决定，高恒率两个连，配合吴尔熙五区区中队的 40 余名战士，在谢家屯集结。准备炸毁双庙子南的铁路桥，以配合正面战场的作战和阻止敌军北进。后因其行动被敌人发觉，双方进行了激烈的战斗，终因敌众我寡，无法取胜，不得不突围撤退，这次行动未能成功。

1946 年 10 月以后，昌北县城已被敌人占领，县区干部及县大队已面临严峻时刻。县委根据省委书记陶铸的指示精神，决定撤出昌北。撤退时，高恒率县大队为先导，李滔带领县、区干部为后队。当队伍行进到榆树林村附近时，和敌人71军的88师一部遭遇，高恒率县大队领先与敌人激战，掩护县、区干部突围。大队人马突围后，高恒与李滔的队伍走散，数次找寻大队不见踪影，就和余下的刘哲（副大队长）、孙指导员等五人，按原计划向北转移。当他们来到长岭、双辽和梨树三县交界的三不管屯时，不料遭到追击我方队伍的反动武装——"降队"的包围。接火后，5人奋力还击。然而敌众我寡，高恒的四位战友先后阵亡。高恒在子弹打光后，被敌人俘获。他立于群匪面前，大义凛然，严斥怒骂。敌人穷凶极恶地扒掉高恒的外衣，反捆双手，拖在马脖子上奔跑，活活被拖死于辽宁省昌北县。英雄的鲜血染红了一簇簇荒草，染红了昌北大地。高恒为革命献出了宝贵的生命，当时年仅25岁。

李洗凡

李洗凡，原名李春华，1922年出生于卢龙二街的一个工匠家庭。幼年边劳动边读书。后考入卢龙师范学校。1938年毕业后任卢龙师范附属小学教员。1942年春，被派往虎头石任教员。她利用一切机会给学生宣讲抗日救亡道理。1943年初，以教学职业为掩护，开始从事党的情报工作，为八路军提供了许多重要情报，有力地打击了敌人。同年3月，加入中国共产党。同时将名字春华改为洗凡。表明自己脱离一切旧的意识，走上一条崭新的道路，把一切献给党。

后被捕，敌人威胁利诱，她镇定自若，从容不迫，挫败敌人的图谋。获释后，脱离教学，由党组织分配到妇女救国会工作。1944年6月，前往四区协助开展妇救会工作，建立了燕河营等村的妇救会。后在花台村召开妇救会成立大会时被捕。敌人严刑拷打，她几次昏迷过去，但始终严守党的秘密，坚强不屈。敌人无计可施，将她绑在树上。她挣扎着高喊："鬼子快完蛋了""最后胜利是我们的""共产党万岁"等口

日本鬼子在威逼、审讯李洗凡

号壮烈牺牲于卢龙县城角庄。

秦永志

秦永志（1904—1944.1），卢龙县木井乡人。1942 年 6 月，他结识滦县抗日工作人员周吉。周吉见他忠厚老实，倾向革命，便与他商定，每月在滦县接头提供滦东敌情。从此，秦永志家成为抗日"堡垒户"。1943 年，抗日游击队长高恒带队来铁路沿线活动，常在他家落脚。其间，他加入中国共产党。秦永智把盘踞在安山的伪军中队的情况向高恒做了汇报。4 月 15 日，高恒带人乔装到安山赶集，顺利地劫获步枪 15 支、子弹 300 余发。秦永志按照组织的安排，任伪保长。在日、伪军大"扫荡"的时候，他机智地掩护了中共迁卢抚昌联合县工委书记高敬之的女儿和高恒、马宝玉的妻子，还亲自把八路军十二团身负重伤的马宝玉排长背回家，精心护理。敌人封锁解放区，物资紧缺，他经常为解放区采购军需品。1944 年 1 月 10 日，他身带 5000 万元（旧币）到北平采购军需，因内奸告密而遭特务跟踪。他巧妙地摆脱敌人，保证了党的财产免受损失。19 日夜，特务闯进他家，他见势不好，急忙鸣枪通知住在他家的工作人员迅速转移，而后与敌人展开搏斗，他的妻子尤氏也操起菜刀与敌人拼杀。秦永智和他的妻子尤氏为保护抗日干部及其亲属献出了生命。

刘月英

刘月英（1898—1979 年），女，河北卢龙县东吴庄人。1942 年，八路军来到东吴庄，发动群众抗日。从此，刘月英家成为抗日"堡垒户"。她与长子吴祥久为八路军烧水做饭、站岗放哨、传递情报，千方百计地掩护抗日工作人员。为掩护抗日干部及八路军伤病员，刘月英曾惨遭敌人毒打、狼狗扑咬，但她机智勇敢，不畏牺牲，被誉为"拖不垮、摧不烂的山区老交通"和"革命母亲"，她家被称为"铁堡垒"。1943 年 8 月她加入中国共产党，担任东吴庄中心村妇救会主任。她家是支前物资的集中地，每次都按时保质地完成任务。刘月英不仅和长子吴祥久在村里坚持抗日，还将二子吴瑞凤、三子吴瑞泉送到部队。抗日战争时期，她全家有 8 人加入中国共产党，为民族解放事业做出了贡献。1945 年 8 月，卢抚昌联合县委授予刘月英"抗日支前模范"称号；翌年 5 月，冀东区党委授予她家"革命之家"称号。1950 年春，被省政府授予"优秀军属""民主之家"称号。

张木林

张木林（1898—1983 年），陈官屯乡宋家坟村人。抗日根据地兵工厂木工，中共党员。1944 年农历二十三日夜，为了坚守党的秘密，受尽敌人酷刑，后经党组织营救出狱。1946 年荣获十二军分区、冀东军区"特等劳动模范"称号，多次受到奖励，事迹在冀东地区广泛流传。

尹凤来

尹凤来（1918—1944 年），马台子乡范家峪人，抗日战争时期烈士。受革命影响，1942 年回家，担任村粮秣股长。1944 年，为了保护同志，保护军用物资，献出生命，时年 26 岁。

龙佩云

龙佩云（？—2001 年），卢龙县蛤泊乡马深港村人，从小聪明、果敢大胆。1948 年，龙佩云作为一名战士参加了辽沈战役。辽沈战役是决定中国命运的大决战。能否顺利拿下锦州，是辽沈战役能否取得胜利的关键。而能否顺利拿下并牢牢控制住帽山，又是能否拿下锦州的关键。龙佩云所在团队，担当了拿下帽山这个光荣而又艰巨的任务。

9 月 26 日凌晨，战斗打响。起初很顺利，由于敌人疏于防范，我军很快夺取了大半工事。敌人很快清醒过来，依仗有利地形负隅顽抗。龙佩云和战士们正和敌人搏斗，附近一个暗堡突然喷出火舌，狠狠咬了战士们一口，许多战士（也包括正在搏斗的敌人）中弹倒了下来。龙佩云被身边跌倒的战友压倒在地，躲过了敌人的枪弹。他趴在地上，四周漆黑一片，只听到枪声大作，子弹在头顶划过。推开压在身上的尸体，喊战友的名字，可没人答应，用手一摸却摸到黏糊糊的血，身旁的战友的尸体还在发热。黑暗中，他听到一阵喘息声，竟有一个人活着。他大喜，急忙顺声音爬过去，去拉，忽然听到那个人喃喃道："长官，快救我。"是个敌人！龙佩云一把揪住此人，低声道："不许动，动一动我杀了你！"那个敌人刚才被乱枪打伤，跌倒在尸体堆里，听到龙佩云的话连忙说："别误会，自己人。"龙佩云低声说："没误会，我是解放军！"那家伙本以为侥幸得了条命，不想又落入解放军手中，登时呆住了，连连求饶。龙佩云低声说："想活命，讲实话。上面的地堡子里有多少人？"那家伙连忙回答："12 个。"龙佩云又问："有没有路？从旁边能绕上去吗？"那个家伙连忙说："旁边有条沟能绕上去。"于是，龙佩云命他带路。那家伙起初不肯，龙佩云拿起手榴弹在他脑袋上一敲，吓得这个家伙直哆嗦，连忙答应带路。那家伙在前面爬，龙佩云在后猫着腰用枪逼着他，一步一步向上攀登。那个家伙果然路熟，不一会就找到了一条沟，顺着这条沟竟能避过子弹，绕上了山头。他发现碉堡就在左侧。龙佩云抡起手榴弹将这个敌兵打昏，然后匍匐到碉堡的后面。这个碉堡三分之一在地面以下，射孔朝向山下，背面是坑道和门。此时，门虚掩着，透过若明若暗的光，可以看到敌人正全神贯注地朝山下射击。他们做梦也没想到，有人会爬到背后。

龙佩云蹑手蹑脚来到坑道内，摸到门口，听听里面声音，敌人没有察觉，于是把手榴弹环一拉，同时一脚把门踹开，把手榴弹甩了进去，然后身子扑倒在地……"轰！"等硝烟散尽，龙佩云举枪冲了进去，只见碉堡内尸体横七竖八，几个残存的敌人正在挣扎，都成了龙佩云的俘虏。部队冲了上来，占领了山头，迅速拿下了帽山。

龙佩云的勇敢行为为部队攻取帽山赢得了时间，后来受到了上级的嘉奖。

帽山被我军拿下后，敌人意识到失去帽山的危险性，进行了疯狂反扑，妄图夺回帽山。我军战士牢牢地钉在帽山山头，坚守阵地，决不让敌人得手。

龙佩云带六班战士坚守一块阵地。从 9 月 26 日上午 10 点开始，直到晚上，敌人的反扑一浪胜似一浪，大批的敌人在炮火的掩护下疯狂地冲向龙佩云他们的阵地。帽山阵地，硝烟弥漫，枪声响成一片，尸横遍野。

龙佩云的枪管都打得烫手，不知打光了多少发子弹。一天下来，未进一粒米，未喝一滴水。直到深夜，敌人的进攻才略渐减弱。和龙佩云一起坚守阵地的战友多数都牺牲了，只剩下龙佩云和六班的几名战士还在战斗。晚上 10 点左右，几百名敌人又吼叫着冲了上来，敌众我寡，龙佩云和战友们打得弹药已经不多了，而人数又少得可怜，他们抓起手榴弹，准备随时同冲上来的敌人同归于尽。突然，几发炮弹落入敌人人群中开了花，一阵鬼哭狼嚎，只听敌人喊："炮弹没长眼睛，怎么连自己人都炸！"又有敌人喊："不好，长官给炸死了。"原来敌人的炮火误打误撞，炸了自己人，而且还炸死了敌群的指挥官。敌人群龙无首，加上天黑，一时混作一团，不知所措。

龙佩云和阵地上的战士，从敌人的呼喊和敌人的混乱中，判断出面前的敌人已失去了指挥。这是一个绝好的机会，决不能让敌人重新组织起来，给他们以喘息调整之机。机会稍纵即逝，怎么办？是固守阵地还是主动出击？二者必须在瞬间做出选择。此时已和上级联络不上，容不得再去报告情况。作为班长的龙佩云和战友一商量，做出一个大胆的决定，冲下阵地，打敌人一个措手不及。

可下面的敌人有好几百人，我方只剩下几名战士，力量对比相差悬殊，但龙佩云已无时间考虑个人安危，他和战友们一手拿起枪，一手抓起已开盖的手榴弹，用嘴扯开拉环，一起把手榴弹投入敌群。一阵爆炸，登时一些敌人飞上了天。接着他们大喊"冲啊"，跳下阵地，杀向敌人。此时天黑得伸手不见五指，敌人搞不清我军有多少人，另外敌人指挥官刚刚被炸死，缺乏统一指挥，也没料到防御作战的我军会主动出击，所以竟忘记了抵抗，抱头鼠窜。龙佩云和战友们猛冲猛打，一路手榴弹开路，一面捡起敌人的武器向敌人扫射，打得敌人人仰马翻，落花流水。一个敌人正在拉枪栓，可没等他举起枪来，龙佩云已冲了过去，左手抓起枪管向空中一甩，同时右手枪开火，把这个敌人打死。敌人已没了斗志，认为是我军大举进攻，纷纷向山下逃命。龙佩云见敌人已是丧家之犬，便和战友跑到敌人前面，截断敌人的退路。龙佩云他们一阵猛烈的扫射，使逃窜的敌人顿时停住了脚步，慌乱作一团。龙佩云指挥战友占领有利地形。形成对敌人的包围，同时向敌人喊话："不许动，你们被包围了！"为了迷惑敌人，龙佩云机智地喊道："一连从左，二连从右，把他们包围起来！谁不老实打死谁！"其实，此时龙佩云他们，一共只有6人。黑暗中，敌人辨不清真伪，以为落入我军的天罗地网，顿时魂飞魄散，吓得纷纷喊："别开枪，我们投降！"一个个双手高举，投了降。后来清点俘虏人数，竟有600人。就这样，龙佩云等6战士以令人难以置信的勇气，取得了难以置信的战绩，创造了一个真实的神话。龙佩云再次受到上级嘉奖，荣获勇敢奖章。

锦州被我军攻克后，守敌仓皇四处逃窜，龙佩云所在的连队又担任了追击的任务。龙佩云带领他的六班战士，狠狠地咬住了一股向营口方向逃窜的敌人。他冲在队伍最前面，生怕慢一步，跑掉了敌人。敌人早已成惊弓之鸟，溃不成军，疯狂地逃命。龙佩云边追边开枪，一路打死了几个试图顽抗的敌人。龙佩云天生的奔跑能力发挥了作用，他离敌人越来越近，甚至可以看清敌人的后脑勺。

可是这时他发现，自己把队友远远地抛在了后边，而且不见了队友的身影，而前面的敌人竟有300多人……用手一摸，枪膛里的子弹早已打光。一摸腰间，手榴弹也用完了。怎么办？前面的敌人都背着枪，而且人多势众，如果他们反咬一口，狗急跳墙……可是，片刻犹豫只会让敌人逃之夭夭，没有别的选择，龙佩云已顾不得个人生死，只剩一个念头：拦住他们，俘虏他们！

此时敌人已无斗志，只顾逃命，哪还顾得上回头还击！龙佩云紧赶几步，赶上了一个落在后面的敌人，他一拳打过去，打得那个敌人滚倒在地，龙佩云上前一脚踏住此人的前胸，举起枪对准了敌人的头，吼道："不许动！"那敌人望着黑洞洞的枪口，魂飞魄散，乖乖举起了双手（殊不知，这枪中已没一粒子弹！）龙佩云劈手夺过冲锋枪，顺手摘下这个敌人的手榴弹，他喊道："别动，老实在这站着！动一动要你的命！"然后，大踏步冲向前面的一伙敌人。此时敌人分寸全无，像无头苍蝇一样乱窜，结果在一个地方乱兜圈子。龙佩云对这个地方非常熟悉，飞步从旁抄近路绕到敌人的前面，奇迹般地出现在敌人的前头。一扭身，一手手持冲锋枪，一手高举手榴弹，像一根石柱一样钉在了路中央，大吼一声："不许动！举起手来！"300多名敌人被龙佩云一个人拦住了，他们用疑惑的目光，打量龙佩云，想象不出一个人为何如此大胆。有个敌人想掏枪，龙佩云喝道："不许动！我盯着你呢！"那个敌人吓得又把手缩了回去。也许是慑于龙佩云的威严，也许是早就厌战，前面的敌军军官带头举起了手，接着所有的敌人都举起了手。后面的战士赶到，把他们缴了械。

龙佩云一人俘虏了300余敌的事迹，顿时成了新闻。从此，战友们就敬佩地称他"孤胆英雄"。战后上级根据龙佩云的突出表现，评定他为一等功臣。

1948年10月，在营口战斗中龙佩云冲锋负伤住院。伤愈后，他离开了部队，回到了家乡务农，过起了默默无闻的普通人的生活，直至2001年去世。由于一些历史原因，多年以来龙佩云的英雄事迹像一颗珍珠被埋没了。但历史不会忘记这位以一当百的孤胆英雄，龙佩云的名字将永远刻在家乡人民的心中。

邵洪生

邵洪生（1913—1948年），1913年出生于河北省卢龙县邵黑石村。抗日战争时期参加村里民兵，1946年入党。1948年1月入伍，分配到冀东军区独立第四师十团一营一排二班。1948年，冀东军区为了配合东北民主联军发动"春季攻势"，从而牵制关内和热河敌人，组织了十四、十五两个军分区部队的直属四、五两个独立师，共八个团，从3月16日开始，到4月12日结束，展开了一次"西线破击战役"。冀东军区把强攻夏垫的任务交给了独立第四师，邵洪生所在的第十团受命担任主攻任务。在攻打夏垫的战斗中，邵洪生为了给队伍  扫清障碍，勇炸地堡，不幸中弹，肠中流了出来，但是他忍着伤痛，盘肠大战，终于完成了组织交给的任务。在送往军区医院的路上，邵洪生因失血过多，时间过长，而壮烈牺牲，年仅35岁。冀东军区党委追任邵洪生为党员，并号召全军战士党员和指战员向他学习，学习邵洪生完成任务的顽强性、确切性，以及忠于无产阶级革命事业的精神。《冀东子弟兵》报发表了题为《学习邵洪生完成任务的顽强性确切性》的社论和《爆炸英雄邵洪生》的长篇通讯。军区文工团创作了歌曲《歌唱邵洪生》。学习邵洪生，歌唱邵洪生，向邵洪生那样战斗和学习的热潮，迅速在冀东全军中开展起来。冀东军区政治部根据《东北军区立功条例》为他追立三大功，并授予全军最高奖励——"毛泽东奖章"和写有"爆炸英雄"字样的光荣匾，送到邵洪生烈士家中。如今，邵洪生烈士的遗体安葬在冀东烈士陵园圣洁肃穆的墓区中，他的"爆炸英雄"光荣匾，高悬在冀东烈士陵园，向后人昭示着烈士舍生忘死，一往无前的革命英雄主义精神，也接受着无数后来者发自内心的崇高敬意。邵洪生是无数为冀东解放而献身的普通战士的杰出代表，他的英名将永远铭刻在共和国的史册上。

邵洪生舍身炸碉堡

张振岐

张振岐，1928 年生，卢龙县燕河营镇燕窝庄村人。1946 年 12 月结婚，1947 年 6 月，在妻子鼓励下参军，曾任东北 46 军 136 师独立工兵营三连二排排长。曾参加过渡江战役、锦州战役、平津战役，多次立功受奖，在攻打天津战斗中，因炸毁敌人碉堡而壮烈牺牲。1948 年 12 月 8 日，十二军分区教导团及燕窝庄群众 2000 多人在燕窝庄集会，庆祝张振岐荣立一等功并荣获爆炸英雄称号，为其家属送光荣匾。匾文是：一人立功，全家光荣。

毛国

毛国，卢龙县潘庄镇毛各庄村人，全国独胆战斗英雄。1928年生，1945年8月在冀东军区十二团入伍，后编入东北野战军第九纵队27师81团7连，1946年3月入党，后转入14旅61团1连。曾历任班长、排长、连长等职，后任136师、临沂军分区副参谋长。在解放战争中，他身经80余次战斗，每次都是冲锋在前，退却在后。先后七次负伤。据不完全统计，他自己亲手歼灭的敌人足有一个营，缴获得轻重武器也能装备一个营。获得过"战斗模范""爱民模范""爱兵模范"的称号，立两大功、两小功。1950年出席了全国第一届英模代表大会，被授予"全国战斗英雄"光荣称号。1952年，组织上送毛国同志入南昌速成学校学习文化。1953年入武汉步兵学校学习，1962年入南京军事学院学习，结业后被分配在46军136师任营长。1968年，升任副团长的毛国受到了毛泽东、朱德、周恩来、刘少奇等国家领导人的亲切接见。1970年，任46军136师408团团长。1980年，毛国从临沂军分区副参谋长的职位上离休，在青岛警备区第四干休所安家。2012年春节，毛国回卢龙家乡探亲，不幸心脏病突发，在家中病逝，终年84岁。遗体火化后，骨灰中还残存有一块花生豆大小的弹片。

霍树祥

霍树祥，男，1928年生，卢龙县石门镇霍家沟村人。1945年参军，共产党员。解放战争时期，他作战勇敢，胆大心细，曾参加过著名的辽沈战役、平津战役。在锦州战役中，亲手抓住国民党高级将领范汉杰，因功被评为甲等功臣，部队团长曾广珍、副政治委员周志先亲自颁发立功证书与锦旗，家乡领导敲锣打鼓，为家里送来"光荣军属、战斗英雄、模范功臣"牌匾。1949年，在热河杨杖子阻击战中，被敌军炮弹炸伤头部，留下了耳聋和脑震荡后遗症，后被评为三等乙级伤残。

刘振玺

刘振玺，1927 年 9 月生，大尉军衔。1947 年 10 月参加中国人民解放军。1948 年 2 月被编入第四野战军第九纵队 138 师 414 团 3 营 7 连 2 排 4 班，1948 年 10 月 1 日加入中国共产党。1948 年 11 月，在攻打天津战役中荣立大功一次，1949 年 1 月提升为班长，1951 年 7 月任 138 师 414 团八二迫击炮连任政治副指导员兼党支部委员。1949 年至 1952 年期间，在湘西剿匪战争中共荣获三次大功，曾五次受到上级通令嘉奖。1954 年任 41 军 121 师 363 团一营 2 连任政治指导员兼党支部书记，授上尉军衔。1955 年 3 月定为十七级。1958 年 10 月调 363 团

司令部任政治协理员兼党总支书记。1960 年 1 月调 363 团政治处组织股任股长，团党委委员。1960 年 10 月调到 363 团 3 营任营政治教导员兼党委书记。1965 年 5 月调任 121 师政治部任政工科长兼任营建指挥部党委书记。1967 年 11 月调广东省汕头市"支左"，负责财贸战线工作，1968 年 5 月任汕头市红阳区革命委员会主任。1968 年 8 月调到 41 军"五七"部队小学任政治协理员兼校长，党支部书记，并在人民大会堂荣幸地受到了毛主席的接见。1970 年 1 月调到 41 军后勤部任政治处主任兼后勤部党委委员。1976 年 3 月转业到卢龙县革命委员会任副主任。1982 年 3 月任卢龙县人民政府副县长。1985 年 3 月任卢龙县人大常委会副主任，党组成员，1988 年任卢龙县人大党组顾问，同年 10 月离休。

邵习和

邵习和（1943—1968 年），卢龙县马台子乡邵家峪村人，中共党员。1963 年参加中国人民解放军，为驻黑龙江三〇二八部队后勤运输排战士、班长。

1968 年 5 月 17 日，于执行任务中惊车，为保护路边玩耍幼儿七人，勇拦惊马，以身殉职，部队为其追记一等功，原沈阳军区授予"刘英俊式英雄"称号。

三军将校

　　军营是一所培养人才的大学校，是一座锻炼人才的大熔炉。新中国成立以来，卢龙县广大适龄青年树立远大志向，不负光荣使命，积极响应祖国召唤，自觉履行兵役义务，踊跃到绿色军营中施展聪明才智，为实现强国梦强军梦贡献自己的力量。

　　在军旅生涯中，卢龙县军人怀着爱党爱国满腔热情和保家卫国的坚强决心，始终牢记全心全意为人民服务的宗旨，正确树立革命人生观、价值观、世界观，忠实履行军人的职责和神圣使命，把自己最美好的青春年华无私地献给了国防事业。在艰苦的训练场上，他们摸爬滚打，刻苦训练，练就一身过硬的杀敌本领；在风雪弥漫的边防哨所，他们不畏严寒酷暑，放哨巡逻，守疆卫土；在大兴安岭肆虐的大火面前，他们拼杀搏斗，用青春、汗水和热血保卫着人民的安宁；在抗洪的千里江堤上，他们用血肉之躯筑起的坚强防线抵御了百年不遇的洪水；在抗击冰雪的战场上，他们凭着坚强的革命意志再累也不停下，倒下也成路标；在抗震救灾的关键时刻，他们闻风而动，山石飞滚的险象环生中处处闪动着耀眼的"八一"军徽。

　　卢龙县投身军营的成千上万孤竹儿女中，在解放军这所大熔炉里得到了锻炼和提升，在部队这所大学校得到了学习和成长。他们有的从战斗员提升为指挥员成为部队的中坚和骨干，特别是还有一部分人实现了从士兵到将校的人生梦想。据不完全统计，卢龙县在部队提升至副团以上职务的将校209人，其中副师级以上的106人，正师级以上的56人，副军级以上的5人。他们都是卢龙县的骄子，卢龙人的骄傲。

卢龙籍副师级及其以上军官统计表

姓名	性别	籍贯	原现单位职务	级别	军衔	备注
尤权	男	河北卢龙	中央书记处书记、统战部部长			
赵长伶	男	蛤泊乡梭头湾村	西安第四军医大学院长、政委	副军区	中将	
马炳泰	男	双望镇三分村	武警总部副主任兼北京武警政委	副军区	中将	
孟亚夫	男	石门镇孟石门村	河南省军区司令员	正军	少将	
吴兆太	男	下寨乡半壁山村	南海舰队司令员	正军		
王玉成	男	陈官屯乡年家洼	东海舰队	军级		
赵珍	男	双望镇三分村	解放军某部	军级		
毛俊山	男	潘庄镇毛各庄村	北京军事学院	军级		
韩炳君	男	下寨乡部落岭村	原总政治部	军级		
毛文华	男	潘庄镇大万石山村	云南某部	副军级		
赵廷林	男	燕河营镇小峪村	航天部	副军级		
付海臣	男	下寨乡上屯村	原兰州军区空军副军长	副军级	大校	
顾金才	男	河北卢龙	总参工程兵科研三所研究员	工程院士		
高彦忠	男	河北卢龙	军委石家庄干休所所长	文职3级		
段鹤伶	男	木井镇东李佃子村	南京通信工程学院副院长	正师	大校	
王冰川	男	燕河营镇燕窝庄村	北海舰队92763部队政委	正师	大校	
邢连柱	男	燕河营镇白家坊村	中陆空军参谋长助理	正师	大校	
张和	男	陈官屯乡小刘庄村	解放军某部副部队长	正师		
解宗仁	男	蛤泊乡王吴庄村	长春第二航空学院政委	正师		
秦兴汉	男	燕河营镇西花台村	中国人民革命军事博物馆馆长	正师		
于海洲	男	陈官屯乡桑家岭村	解放军某部政治部主任	正师		
雷云会	男	卢龙镇三里庄村	原广州军区某部	正师		
贾树桐	男	木井乡大道上村	长春某部	正师		
孟宪丰	男	石门镇孟石门村	新疆军区某师政治部	正师		
孙兆瑞	男	木井镇朱贯各庄村	烟台某部政委	正师		
李景良	男	木井镇朱家桥村	原北京军区军医学院后勤部长	正师	大校	
李保	男	卢龙镇三街村	山西省军区预备役83师师长	正师	大校	
王宝万	男	刘田庄镇小王柳河	原北京军区军务部	正师		
宣贺云	男	卢龙镇上枣园村	原沈阳军区某部	正师		
高金利	男	双望镇金黑石村	河北省军区	正师		

续表

姓名	性别	籍贯	原现单位职务	级别	军衔	备注
赵德昆	男	双望镇安里村	海军东海舰队某部	正师		
孟宪勇	男	石门镇孟石门村	总参通信处干部	正师		
刘焕章	男	河北卢龙	北海舰队训练基地政委	正师		
胡 强	男	河北卢龙	原总后勤部指挥学院政委	正师		
陈景坤	男	河北卢龙	南京联勤部物资供应局局长	正师		
张瑞清	男	燕河营镇燕窝庄	装甲兵工程学院政委	正师	大校	
刘志顺	男	双望镇三分村	南京政治学院院务部部长	正师		
柴金利	男	潘庄镇柴家哨村	原总装备部秘书局处长	正师		
高 晖	男	蛤泊乡前坨村	原北京军区某干休所政委	正师		
韩中民	男	陈官屯乡土山村	北京武警医院	正师		
张立明	男	刘家营乡侯各庄村	北京部队空军某部师长	正师	大校	
王士权	男	石门镇高各庄	酒泉卫星发射中心高级工程师	正师	大校	
魏凤祥	男	石门镇西阚各庄	原沈阳军区某部独立师师长	正师	大校	
程永利	男	河北卢龙	浙江武警消防总队政委	正师		
崔金伟	男	下寨乡孟家沟村	原总装备部财务局局长助理	副高6级		
徐少贤	男	潘庄镇秀各庄村	河南省新乡市某部	正师		
吕宝珍	男	下寨乡肖家沟村	四川省军区师长	正师		
李振生	男	木井镇剪庄子村	解放军某部	师级		
郭占清	男	蛤泊乡东街村	北京卫戍区	师级		
万绍德	男	木井镇万贯各庄村	解放军某部	师级		
王 森	男	印庄乡王各庄村	原兰州军区	师级		
王建军	男	印庄乡榆林甸村	总后勤部	师级		
张 柏	男	印庄乡前进村	江西九江部队	师级		
张森林	男	印庄乡小横河	北京后勤部	师级		
赵玉峰	男	双望镇安里村	海军航空兵部队	师级		
王元会	男	刘田各庄镇鸽子洞	首都机场航空保卫队北京部队	师级		
宣岳云	男	石门镇宣庄坨村	张家口二五一医院	师级		
李书连	男	木井镇东李佃子	石家庄陆军学院	师级		
张宝根	男	木井镇张杨庄	原北京军区	师级		
张绍青	男	卢龙镇郑庄村	陕西咸阳市某部	正师		
赵 友	男	下寨乡小莫营村	吉林某部	师级		
梁治国	男	蛤泊乡梁深港村	原广州军区某部政委	正师		

续表

姓名	性别	籍贯	原现单位职务	级别	军衔	备注
毕东金	男	印庄乡毕家窝铺村	空军学院后勤部部长	正师		
陈守忠	男	木井镇陈贯各庄村	兰空司令部领航处处长	师级		
鲍际国	男	潘庄镇	石家庄警备区司令员	正师	大校	
王海明	男	刘田各庄镇	重庆解放军 324 医院副主任技师	副师	大校	
葛彩平	男	刘家营乡水峪村	军委训练管理部副师级专职	副师	大校	
祁录祥	男	陈官屯乡蛮子营村	总参陆航部军代局政治部主任	副师	大校	
张　柱	男	燕河营镇燕窝村	联勤保障部队军需质检总站高工	副师	大校	
崔国富	男	卢龙镇汤池王庄村	原北京军区装备部高工	副师	大校	
夏宝多	男	石门镇付团店村	原北京军区 38 军	副师		
陈　佐	男	陈官屯乡陈官屯村	山西长治航校 38652 部队	副师		
董国林	男	燕河营镇四街村	总参二部	副师		
王　峰	男	刘家营乡薛园村	河北公安边防总队副政委	副师		
陈鼎新	男	燕河营镇大新庄村	原沈阳军区炮兵旅旅长	副师		
赵佐相	男	双望镇安里村	总后广州干休所	副师		
王金栋	男	刘家营乡薛庄村	鞍山消防局政委	副师		
张克兴	男	刘家营乡侯各庄村	石家庄陆军学院	副师		
傅仲侠	男	卢龙镇三街村	南京军事科学院	副师		
王春贵	男	双望镇银洞峪村	河北保定军分区政治部主任	副师		
杨国太	男	燕河营镇燕窝庄村	青岛第一疗养院	副师		
朱树森	男	双望镇	解放军某师干部	副师		
陈振山	男	河北卢龙	原总后勤部北戴河疗养院院长	副师		
常永福	男	河北卢龙	国防大学党史教研室主任	副师		
王宝如	男	河北卢龙	原南京军区飞行基地参谋长	副师		
王文珍	男	河北卢龙	北空某飞行基地副政委	副师		
孟学友	男	卢龙镇大莫营村	原南京军区内长区要塞区	副师		
冯庆玉	男	卢龙镇三街村	原广州军区万山要塞区	副师		
高立中	男	河北卢龙	河北省军区后勤部副部长	副师		
徐孝忠	男	刘家营乡峰山村	原广州军区某炮一师副师长	副师		
郭振兴	男	卢龙镇五街村	原南京军区空军干部	副师		
张国华	男	蛤泊乡	空军装备部干部	副师		
刘国珍	男	潘庄镇毛各庄村	广州珠海市人民武装部政委	副师		
潘成宽	男	下寨乡顾家沟村	总政	副师		

续表

姓名	性别	籍贯	原现单位职务	级别	军衔	备注
刘建全	男	下寨乡下寨村	北京八大处	副师		
董国林	男	燕河镇四街	总参二部	副师		
朱 余	男	陈官屯乡蛮子营	军事院校	副师		
邸福元	男	石门镇高各庄村	总后军需处长	副师	大校	
杜贺权	男	河北卢龙	原总参谋部兵种部	副师		
李爱民	男	河北卢龙	原总装备部房管局局长	副师		
王春贵	男	河北卢龙	保定军分区政治部主任	副师		
李 宝	男	河北卢龙	原北京军区某预备役师参谋长	副师		
李国权	男	河北卢龙	航空部 606 研究所研究员	副师		
秦绍明	男	燕河营镇西花台村	解放军 254 医院主任	副师		
张志权	男	刘田庄镇柳河北山	北京国防研究所研究员	副师		

卢龙籍正团级军官统计表

姓名	性别	籍贯	原现单位职务	级别	军衔	备注
李潮	男	卢龙镇	北京东城公安消防支队处长	正团	上校	
王志永	男	刘家营乡红星村	95860部队工程师（技术正团）	正团	上校	
高树军	男	石门镇东阚村	北京老干部中心医保组主任	正团	上校	
霍长生	男	石门镇霍家铺村	空军飞行安全局检察员	正团	上校	
马晓金	男	石门镇马黄岭村	北京市消防总队特勤支队政委	正团	上校	
李飞	男	木井镇王百户营村	96762总队工程师	正团		
李学生	男	陈官屯宋家坟	原北京军区后勤部管理局	技术七级	上校	
朱瑜	男	陈官屯蛮子营	总后卫生部药检所会计师	正团	上校	
田鹏	男	陈官屯大刘庄	吉林省通化市柳河县人武部长	正团	上校	
张少伶	男	潘庄镇下新庄村	原南京军区繁昌综合仓库政委	正团	上校	
王立国	男	卢龙镇红坡子村	山西省消防总队后勤部副部长	正团	上校	
杜贺权	男	卢龙	原总参谋部兵种部	正团		
李爱民	男	卢龙	原总装备部房管局	局长		
孟宪良	男	石门镇高各庄	原广州军区作战部部长	正团	上校	
王克	男	卢龙	河北武警四支队政委	正团	上校	
秦绍明	男	燕河营镇西花台村	解放军254医院主任	主任医师		
李国权	男	卢龙	航空部606研究所	研究员		
寇永柱	男	燕河营镇富贵庄村	原总后勤部某部	正团		
张志权	男	刘田庄镇柳河北山	北京国防研究所	研究员		
李有全	男	木井乡窦庄子村	通信总站工程师	正团		
贺耀全	男	木井乡大李佃子村	通信总站卫生队长	正团		
王洪斌	男	刘田庄镇下荆子村	大连獐子岛守备助理员	正团		
王洪金	男	刘田庄小王翟坨村	宁波海航某地群丁科长	正团		
孙江	男	陈官屯宋家坟村	滦南军管委	正团		
刘振玺	男	印庄乡相公庄村	41军后勤部政治处	正团		
杨会军	男	刘田庄镇山善庄	天津军事交通学院教授	正团	上校	
侯志祥	男	木井乡侯庄子村	福建省仙游县人民武装部政委	正团	上校	
周士安	男	石门镇高各庄村	空军学院全国政协办政委	正团	上校	
周景海	男	蛤泊乡王深港村	8023部队处长	正团	上校	
张秉武	男	刘家营乡侯各庄	保定市干休所政委	正团		

续表

姓名	性别	籍贯	原现单位职务	级别	军衔	备注
石 军	男	燕河营镇	藁城县武装部政委	正团		
闫 喜	男	下寨乡张木庄	原北京军区汽车训练大队长	正团		
王景忠	男	卢龙镇赵庄子	国家装甲总部	正团		
王 刚	男	卢龙镇田家仙河村	廊坊消防军事学院	正团		
倪贺美	男	印庄乡倪家沟	原沈阳军区某团	正团		
柴 胜	男	卢龙县下寨乡	福空泰和场站86287部队教官	技术八级		
张宏泰	男	蛤泊乡杨家铺	福空泰和场站86287部队	技术八级		
张振奎	男	刘田庄镇冯家山村	原北京军区后勤部	技术八级		
汪洁泉	男	双望镇二分村	天津武警总队军法处处长			

卢龙县退役军人在部队立功情况

总计784人

李　庆　男　一等功　卢龙县潘庄镇大杨各庄村

高玉恒　男　二等功　卢龙县人民法院家属楼

张　攀　男　二等功　卢龙县卢龙镇安居小区

刘庭来　男　二等功　卢龙县交警大队家属楼

李德宝　男　二等功　卢龙县老县医院北楼

吕　良　男　二等功　卢龙县燕河营镇四街村

顾志波　男　二等功　卢龙县卢龙镇城关

陈国勤　男　二等功　卢龙县木井镇陈贯各庄

张兵兵　男　二等功　卢龙县龙湾御景小区

邢广　男　二等功　卢龙县潘庄镇东蔡庄村

李宗良　男　二等功　卢龙县阳光家园小区

路全忠　男　二等功　卢龙县迎宾花苑小区

李立国　男　二等功　卢龙县卢龙镇木井家属楼

陈宝才　男　二等功　卢龙县卢龙镇交通局家属院

张见飞　男　二等功　卢龙县龙湾御景小区

王　军　男　二等功　卢龙县金地龙湾小区

孔庆勇　男　二等功　卢龙县滨河家园小区

张贵义　男　三等功　卢龙县刘田各庄镇东方沟

刘印来　男　三等功　卢龙县劳动人事局家属楼

刘永利　男　三等功　卢龙县工商局家属院

张焕生　男　三等功　卢龙县卫生防疫站家属院

刘良贻　男　三等功　卢龙县下寨乡村

宁　波　男　三等功　卢龙县迎宾花苑小区

乔海森　男　三等功　卢龙县卢龙镇东门外大街

纪树成　男　三等功　卢龙县下寨乡赵弓庄村

王权山　男　三等功　卢龙县经济开发区赵弓庄村

董德贵　男　三等功　卢龙县下寨乡董各庄村

钟红伟　男　三等功　卢龙县经济开发区李家仙河村

李　银　男　三等功　卢龙县经济开发区李家仙河村

董玉金　男　三等功　卢龙县经济开发区董各庄村

解文亮　男　三等功　卢龙县经济开发区张木庄村

王学礼　男　三等功　卢龙县小王庄村

王伟刚　男　三等功　卢龙县卢龙镇阳光水岸小区

李俊新　男　三等功　卢龙县卢龙镇三里庄村

刘　健　男　三等功　卢龙县迎宾花苑小区

田　凯　男　三等功　卢龙县卢龙镇范庄村

张耀海　男　三等功　卢龙县卢龙镇范庄村

胡贵保　男　三等功　卢龙县卢龙镇朱庄子村

张铁山　男　三等功　卢龙县卢龙镇一街村

逯仲良　男　三等功　卢龙县卢龙镇一街村

宋来顺　男　三等功　卢龙县卢龙镇一街村

窦永刚　男　三等功　卢龙县卢龙镇一街村

张志华　男　三等功　卢龙县卢龙镇二街村

刘志宝　男　三等功　卢龙县卢龙镇四街村

刘宝义　男　三等功　卢龙县卢龙镇五街村

冯新满　男　三等功　卢龙县卢龙镇五街村

李文汉　男　三等功　卢龙县卢龙镇三里庄村

孟凡军　男　三等功　卢龙县卢龙镇三里庄村

闫国俊　男　三等功　卢龙县卢龙镇三里庄村

张宝华　男　三等功　卢龙县卢龙镇夹河滩村

田国良　男　三等功　卢龙县卢龙镇小高庄村

高福才　男　三等功　卢龙县卢龙镇倪家庙村

浦　江　男　三等功　卢龙县卢龙镇尹庄子村

马士彬　男　三等功　卢龙县卢龙镇马家峪

许宝存　男　三等功　卢龙县卢龙镇陈庄子村

张忠秋　男　三等功　卢龙县卢龙镇北道村

杨明伟　男　三等功　卢龙县卢龙镇杨家山村

李　平　男　三等功　卢龙县卢龙镇上枣园村

李双喜　男　三等功　卢龙县卢龙镇时家沟村

王志礼　男　三等功　卢龙县卢龙镇时家沟村

孟宝民　男　三等功　卢龙县卢龙镇孟庄村

刘海平　男　三等功　卢龙县卢龙镇孙庄村

徐祥贵　男　三等功　卢龙县卢龙镇孙庄村

马瑞军　男　三等功　卢龙县卢龙镇韩楼村

孙春生　男　三等功　卢龙县卢龙镇韩楼村

赵文庆　男　三等功　卢龙县卢龙镇赵庄子村

王继楼　男　三等功　卢龙县卢龙镇王郎庄子村

杨利保　男　三等功　卢龙县卢龙镇谭家沟村

周虎来　男　三等功　卢龙县卢龙镇张毛庄

张进军　男　三等功　卢龙县卢龙镇张毛庄村

张　星　男　三等功　卢龙县卢龙镇古树村

李建军　男　三等功　卢龙县卢龙镇王永庄村

尹国宝　男　三等功　卢龙县卢龙镇农机局家属院

宋文志　男　三等功　卢龙县印庄乡东水家沟村

刘玉锋　男　三等功　卢龙县卢龙镇阳光水岸小区

李延宝　男　三等功　卢龙县卢龙镇滨河家园

王福民　男　三等功　卢龙县卢龙镇阳光水岸小区

彭志强　男　三等功　卢龙县卢龙镇东方之珠小区

魏忠利　男　三等功　卢龙县工商局家属院

岂和义　男　三等功　卢龙县卢龙镇永兴大街

王洪友　男　三等功　卢龙县卢龙镇东方之珠小区

李小明　男　三等功　卢龙县金御龙湾小区

杨贺明　男　三等功　卢龙县卢龙镇阳光水岸小区

刘　舒　男　三等功　卢龙县东方之珠小区

刘新民　男　三等功　卢龙县卢龙镇交通局家属院

沈会元　男　三等功　卢龙县龙泽城小区

韦　力　男　三等功　卢龙县棉花市街8号

王　飞　男　三等功　卢龙县地矿局家属楼

邹明明　男　三等功　卢龙县龙泽城小区

牛有旺　男　三等功　卢龙县职中家属楼

赵江林　男　三等功　卢龙县滨河家园

张　攀　男　二等功　卢龙县卢龙镇安居小区

乔兴利　男　三等功　卢龙县燕河营镇

张　满　男　三等功　卢龙县卢龙镇金地龙湾

刘金星　男　三等功　卢龙县卢龙镇龙泽城小区

孟　军　男　三等功　卢龙县卢龙镇倪家庙

刘　杰　男　三等功　卢龙县卢龙镇龙湾御景小区

潘海锋　男　三等功　卢龙县卢龙镇财旺小区

杨清江　男　三等功　卢龙县卢龙镇西大街

张　全　男　三等功　卢龙县花溪地小区

王秀平　男　三等功　卢龙县东环新村

刘　国　男　三等功　卢龙县卢龙镇交通局家属楼

胡庆会　男　三等功　卢龙县经济开发区李家仙河村

邢锦华　男　三等功　卢龙县卢龙镇龙泽城小区

张　成　男　三等功　卢龙县东环新村

陈振国　男　三等功　卢龙县印庄乡政府

王　宁　男　三等功　卢龙县花溪地小区

杨　阳　男　三等功　卢龙县卢龙镇龙湾御景小区

双　亮　男　三等功　卢龙县卢龙镇阳光家园小区

王连军　男　三等功　卢龙县下寨乡孟家沟村

于　安　男　三等功　卢龙县卢龙镇花溪地

王文营　男　三等功　卢龙县卢龙镇龙湾御景小区

高文存　男　三等功　卢龙县下寨乡毛家店村

郭玉宝　男　三等功　卢龙县蛤泊镇青龙河村

张伟胜　男　三等功　卢龙县东环新村

陆荣波　男　三等功　卢龙县刘田各庄镇大陆岭村

刘志永　男　三等功　卢龙县卢龙镇滨河家园

张盘存　男　三等功　卢龙县潘庄镇张各庄村

刘　成　男　三等功　卢龙县卢龙镇邮政局家属楼

尹　达　男　三等功　卢龙县金帝龙湾小区

王永福　男　三等功　卢龙县阳光水岸小区

王文壮　男　三等功　卢龙县卢龙镇四街村

董　超　男　三等功　卢龙县卢龙镇金帝龙湾小区

秦文忠　男　三等功　卢龙县石油公司家属楼

沈海军　男　三等功　卢龙县卢龙镇东方之珠小区

乔明贵　男　三等功　卢龙县户部口胡同

高　峰　男　三等功　卢龙县迎宾花苑小区

解亮亮　男　三等功　卢龙县金帝龙湾小区

毕文华　男　三等功　卢龙县东环新村

陈忠启　男　三等功　卢龙县卢龙镇北后街

王维华　男　三等功　卢龙县人民法院家属楼北楼

赵生俊　男　三等功　卢龙县卢龙镇

杨金柱　男　三等功　卢龙县卢龙镇南门外大街

张少军　男　三等功　卢龙县永平大街

程守利　男　三等功　卢龙县卢龙镇环城东路

刘志杰　男　三等功　卢龙县卢龙镇滨河湾小区

潘利民　男　三等功　卢龙县卢龙镇安居小区

杨凤宝　男　三等功　卢龙县卢龙镇东大街

王汉起　男　三等功　卢龙县卢龙镇沙河街

宋玉生　男　三等功　卢龙县卢龙镇东环新村

尤凤川　男　三等功　卢龙县卢龙镇东环新村

徐　胜　男　三等功　卢龙县卢龙镇西大街

田玉柱　男　三等功　卢龙县卢龙镇西大街

王云龙　男　三等功　卢龙县潘庄镇滤马庄村

王　志　男　三等功　卢龙县潘庄镇滤马庄村

王　森　男　三等功　卢龙县潘庄镇滤马庄村

刘建伟　男　三等功　卢龙县潘庄镇西蔡庄村

柴庆平　男　三等功　卢龙县潘庄镇柴家哨村

李　田　男　三等功　卢龙县潘庄镇翁家沟村

王学民　男　三等功　卢龙县潘庄镇大岭村

王振林　男　三等功　卢龙县潘庄镇大岭村

孟祥奇　男　三等功　卢龙县潘庄镇亮甲峪村

孟祥悦　男　三等功　卢龙县潘庄镇亮甲峪村

孙柏林　男　三等功　卢龙县潘庄镇宣家沟村

吕宝田　男　三等功　卢龙县潘庄镇下新庄村

白春华　男　三等功　卢龙县潘庄镇白家窝村

白广林	男	三等功	卢龙县潘庄镇白家窝村
徐东民	男	三等功	卢龙县潘庄镇桃林营村
王永波	男	三等功	卢龙县潘庄镇桃林营村
李万才	男	三等功	卢龙县潘庄镇大杨各庄村
杨建利	男	三等功	卢龙县潘庄镇大杨各庄村
王文东	男	三等功	卢龙县潘庄镇荆子峪村
宁 博	男	三等功	卢龙县潘庄镇荆子峪村
张满全	男	三等功	卢龙县潘庄镇沈庄村
张宏伟	男	三等功	卢龙县潘庄镇沈庄村
陈悦华	男	三等功	卢龙县潘庄镇富申庄村
李殿东	男	三等功	卢龙县潘庄镇卸甲庄村
毛立东	男	三等功	卢龙县潘庄镇毛各庄村
毛文华	男	三等功	卢龙县潘庄镇毛各庄村
毛立军	男	三等功	卢龙县潘庄镇大万石山村
李俊华	男	三等功	卢龙县潘庄镇小万石山村
李连平	男	三等功	卢龙县潘庄镇小万石山村
郎 兴	男	三等功	卢龙县潘庄镇苏家沟村
王玉明	男	三等功	卢龙县潘庄镇商品街
杨国才	男	三等功	卢龙县潘庄镇商品街
秦国乾	男	三等功	卢龙县燕河营镇
董金财	男	三等功	卢龙县燕河营镇四街村
董金友	男	三等功	卢龙县燕河营镇
董金玉	男	三等功	卢龙县燕河营镇四街村
张印田	男	三等功	卢龙县燕河营镇四街村
郑西阁	男	三等功	卢龙县燕河营镇西吴庄村
莫 稳	男	三等功	卢龙县燕河营镇李各庄村
梁成立	男	三等功	卢龙县燕河营镇李各庄村
高振成	男	三等功	卢龙县燕河营镇李各庄村
张子兵	男	三等功	卢龙县燕河营镇李各庄村
梁 华	男	三等功	卢龙县燕河营镇李各庄村
潘奎山	男	三等功	卢龙县燕河营镇大新庄村
胡 满	男	三等功	卢龙县燕河营镇大新庄村

王长河　男　三等功　卢龙县燕河营镇二街村

王　峰　男　三等功　卢龙县燕河营镇二街村

刘树林　男　三等功　卢龙县燕河营镇太平庄村

岂　明　男　三等功　卢龙县燕河营镇太平庄村

岂志文　男　三等功　卢龙县燕河营镇太平庄村

吕　伟　男　三等功　卢龙县燕河营镇耿各庄村

李子臣　男　三等功　卢龙县燕河营镇东吴庄村

赵连华　男　三等功　卢龙县燕河营镇小峪村

顾纯前　男　三等功　卢龙县燕河营镇重峪口村

胡士平　男　三等功　卢龙县燕河营镇上兴隆庄

邢连良　男　三等功　卢龙县燕河营镇白家房村

李春雨　男　三等功　卢龙县燕河营镇燕窝庄村

杨　滨　男　三等功　卢龙县燕河营镇燕窝庄村

董永利　男　三等功　卢龙县燕河营镇城角庄村

刘玉琦　男　三等功　卢龙县燕河营镇城角庄村

朱　荣　男　三等功　卢龙县燕河营镇严山头村

冯　江　男　三等功　卢龙县燕河营镇西花台村

秦怀雨　男　三等功　卢龙县燕河营镇西花台村

张胜民　男　三等功　卢龙县燕河营镇北花台村

盛成武　男　三等功　卢龙县燕河营镇河南庄村

王力强　男　三等功　卢龙县燕河营镇北戴河区育花小区

张　武　男　三等功　卢龙县燕河营镇富贵庄村

闫书友　男　三等功　卢龙县燕河营镇北坎子村

张　华　男　三等功　卢龙县燕河营镇北坎子村

梁庆海　男　三等功　卢龙县燕河营镇栗树港村

杨立伟　男　三等功　卢龙县燕河营镇太平庄村

田建国　男　三等功　卢龙县双望镇三分村

刘　祥　男　三等功　卢龙县双望镇三分村

冯海涛　男　三等功　卢龙县双望镇三分村

杨有全　男　三等功　卢龙县双望镇二分村

田新伟　男　三等功　卢龙县双望镇四分村

李泽文　男　三等功　卢龙县双望镇四分村

姚春山　男　三等功　卢龙县双望镇韩官营

徐宗国　男　三等功　卢龙县双望镇五达营村

李志友　男　三等功　卢龙县双望镇腰站村

赵贺江　男　三等功　卢龙县双望镇范家庄村

王立明　男　三等功　卢龙县双望镇银洞峪村

董　忠　男　三等功　卢龙县陈官屯镇政府

张春民　男　三等功　卢龙县双望镇曹家沟村

李学军　男　三等功　卢龙县双望镇董各庄村

张景满　男　三等功　卢龙县双望镇董各庄村

刘　杰　男　三等功　卢龙县双望镇向阳村

王亚光　男　三等功　秦皇岛市开发区明日新城

王建国　男　三等功　卢龙县双望镇单庄村

张新兵　男　三等功　卢龙县双望镇单庄村

耿海兵　男　三等功　卢龙县双望镇坨上村

张洪民　男　三等功　卢龙县双望镇坨上村

韩春伟　男　三等功　卢龙县双望镇韩江峪村

王俊来　男　三等功　卢龙县双望镇杨山沟村

侯洪文　男　三等功　卢龙县双望镇青龙港村

樊永占　男　三等功　卢龙县双望镇金黑石村

李金华　男　三等功　卢龙县双望镇金黑石村

刘树权　男　三等功　卢龙县双望镇上应各庄村

董自金　男　三等功　卢龙县双望镇黄各庄村

马记秋　男　三等功　卢龙县双望镇马家沟村

俞振义　男　三等功　卢龙县双望镇红花峪村

王铁军　男　三等功　卢龙县双望镇廖黑石村

杨志刚　男　三等功　卢龙县阳光水岸小区

杨　帆　男　三等功　卢龙县统计局

王树国　男　三等功　卢龙县双望镇单庄村

唐　兴　男　三等功　卢龙县卢龙镇下枣园村

解久祥　男　三等功　卢龙县阳光水岸小区

刘海江　男　三等功　卢龙县双望镇一分村

杨　民　男　三等功　卢龙县双望镇三里村

杨全武　男　三等功　卢龙县安居小区

张福民　男　三等功　卢龙县双望镇三分村

张建军　男　三等功　卢龙县双望镇董各庄村

宁　勤　男　三等功　卢龙县双望镇三分村

孙　贵　男　三等功　卢龙县双望镇三分村

李占满　男　三等功　卢龙县双望镇三分村

宁海峰　男　三等功　卢龙县双望镇小彭庄村家

石国民　男　三等功　卢龙县刘田各庄镇南石桥

赵桂生　男　三等功　卢龙县刘田各庄镇六百户村

张彬军　男　三等功　卢龙县蛤泊镇高柳河村

张永利　男　三等功　卢龙县刘田各庄镇前下庄

顾庆伟　男　三等功　卢龙县滨河家园小区

方志国　男　三等功　卢龙县刘田各庄镇东方沟

冯俊杰　男　三等功　卢龙县刘田各庄镇宋翟坨村

李景喜　男　三等功　卢龙县卢龙镇东门外大街

张贺稳　男　三等功　卢龙县下寨乡上屯村

石成贵　男　三等功　卢龙县刘田各庄镇石田庄村

石成瑞　男　三等功　卢龙县安居小区

赵克用　男　三等功　卢龙县刘田各庄镇大寺店村

李艳华　男　三等功　卢龙县刘田各庄镇大寺后

赵贵有　男　三等功　卢龙县刘田各庄镇赵田庄

张志军　男　三等功　卢龙县刘田各庄镇栾家岭村

于连有　男　三等功　卢龙县刘田各庄镇于各庄村

高国胜　男　三等功　卢龙县刘田各庄镇北山村

潘福宾　男　三等功　卢龙县刘田各庄镇潘营村

宋文峰　男　三等功　卢龙县刘田各庄镇温翟坨村

张贺民　男　三等功　卢龙县刘田各庄镇张翟坨村

张殿斌　男　三等功　卢龙县刘田各庄镇张翟坨村

李占军　男　三等功　卢龙县刘田各庄镇冯家山村

于振生　男　三等功　卢龙县刘田各庄镇前下荆子村

刘文江　男　三等功　卢龙县刘田各庄镇后下荆子村

王　敏　男　三等功　卢龙县刘田各庄镇南石桥村

蔡景雨	男	三等功	卢龙县刘田各庄镇南石桥村
周文江	男	三等功	卢龙县刘田各庄镇孙田各庄
陆希坡	男	三等功	卢龙县刘田各庄镇大陆家岭
张兆山	男	三等功	卢龙县刘田各庄后茶芽山村
王喜山	男	三等功	卢龙县刘田各庄后茶芽山村
孙建成	男	三等功	卢龙县刘田各庄镇邵时各庄
庞汉民	男	三等功	卢龙县刘田各庄镇
杨永新	男	三等功	卢龙县刘田各庄镇康时各庄村
李　青	男	三等功	卢龙县刘田各庄镇杜家沟
汪　毅	男	三等功	卢龙县刘田各庄镇王家岭
王　皓	男	三等功	卢龙县刘田各庄镇上房子村
王永利	男	三等功	卢龙县刘田各庄镇赵官庄村
魏振良	男	三等功	卢龙县刘田各庄镇魏官庄村
滕振喜	男	三等功	卢龙县刘田各庄镇张田庄村
刘宝成	男	三等功	卢龙县刘田各庄镇张田庄村
滕玉山	男	三等功	卢龙县刘田各庄镇滕田庄村
滕振谦	男	三等功	卢龙县刘田各庄镇滕田庄村
王贵臣	男	三等功	卢龙县刘田各庄镇六百户村
蒋　伟	男	三等功	卢龙县刘田各庄镇六百户村
孙占新	男	三等功	卢龙县刘田各庄镇大王柳河村
王丑亭	男	三等功	卢龙县刘田各庄镇冯家山村
黄久成	男	三等功	卢龙县刘田各庄镇柳河北山村
杨志远	男	三等功	卢龙县刘田各庄镇柳河北山村
邸宝安	男	三等功	卢龙县木井镇邸柏各庄
郭汝亭	男	三等功	卢龙县刘田各庄镇
马纯兴	男	三等功	卢龙县刘田各庄镇刘田各庄村
景树旺	男	三等功	卢龙县刘田各庄镇泰和家园小区
王政华	男	三等功	卢龙县龙湾御景小区
钟丙青	男	三等功	卢龙县龙湾御景小区
刘旭东	男	三等功	卢龙县刘田各庄镇万田庄付
乔兴学	男	三等功	卢龙县刘田各庄镇刘田各庄村
王　亮	男	三等功	卢龙县刘田各庄镇刘田各庄村

史广利　男　三等功　卢龙县蛤泊镇周柳河村

周立德　男　三等功　卢龙县刘田各庄镇赵官庄村

高义恩　男　三等功　卢龙县刘田各庄镇刘田各庄村

刘跃山　男　三等功　卢龙县刘田各庄镇刘田各庄村

宣玉森　男　三等功　卢龙县石门镇宣庄坨

李乃先　男　三等功　卢龙县石门镇李庄坨

刘振祥　男　三等功　卢龙县石门镇刘庄坨

张　伟　男　三等功　卢龙县石门镇张庄坨

夏臣良　男　三等功　卢龙县石门镇东阚村

魏志有　男　三等功　卢龙县石门镇西阚各庄

魏宝坤　男　三等功　卢龙县石门镇贾背口村

魏树进　男　三等功　卢龙县石门镇贾背口村

顾凤良　男　三等功　卢龙县石门镇孔家沟村

高永刚　男　三等功　卢龙县石门镇塔子峪村

田　奎　男　三等功　卢龙县石门镇唱石门村

毛庆焕　男　三等功　卢龙县石门镇唱石门村

孟宪军　男　三等功　卢龙县石门镇孟石门村

孟兆方　男　三等功　卢龙县石门镇孟石门村

齐守安　男　三等功　卢龙县公安局

杨小亮　男　三等功　卢龙县高各庄

李长春　男　三等功　卢龙县李官营

杨久波　男　三等功　卢龙县团山子村

许学泉　男　三等功　卢龙县石门镇杜团店村

夏秀刚　男　三等功　卢龙县石门镇付团店村

胡凤林　男　三等功　卢龙县石门镇胡黄岭村

张永军　男　三等功　卢龙县石门镇胡黄岭村

张宝丰　男　三等功　卢龙县石门镇刘黄岭村

张　新　男　三等功　卢龙县石门镇刘黄岭村

马鹏飞　男　三等功　卢龙县石门镇闫大岭村

陈　涛　男　三等功　卢龙县石门镇尤大岭村

马文忠　男　三等功　卢龙县石门镇西安村

贺旭辉　男　三等功　卢龙县石门镇镇直

安兴全　男　三等功　卢龙县石门镇镇直

王岩仲　男　三等功　卢龙县石门镇小顾佃子村

马运斌　男　三等功　卢龙县石门镇镇直

牛利民　男　三等功　卢龙县石门镇镇直

李金权　男　三等功　卢龙县石门镇镇直

张　稳　男　三等功　卢龙县马家峪

李贵富　男　三等功　卢龙县石门镇李庄坨村

王　文　男　三等功　卢龙县石门镇南阚村

马宝森　男　三等功　卢龙县石门镇镇直

张铁骑　男　三等功　卢龙县石门镇镇直

张春民　男　三等功　卢龙县石门镇印庄乡小横河村

闫广通　男　三等功　卢龙县石门镇镇直

高艳军　男　三等功　卢龙县石门镇镇直

朱景芳　男　三等功　卢龙县石门工商分局家属楼

魏风江　男　三等功　昌黎县朱各庄镇洼里村

孟凡军　男　三等功　卢龙县石门镇石门街村

杜春建　男　三等功　卢龙县石门镇石门街村

方洪涛　男　三等功　卢龙县石门镇石门街村

田进忠　男　三等功　卢龙县下寨乡下寨村

潘成来　男　三等功　卢龙县下寨乡顾家沟村

石占民　男　三等功　卢龙县下寨乡贾庄村

赵永新　男　三等功　安徽省合肥市庐阳区云滨花园

岳立刚　男　三等功　卢龙县下寨乡部落岭村

吴建会　男　三等功　卢龙县下寨乡黄家河村

张付强　男　三等功　卢龙县下寨乡丁家沟村

王永新　男　三等功　卢龙县下寨乡高家沟村

张　金　男　三等功　卢龙县高家沟村

郑泽国　男　三等功　卢龙县下寨乡武王庄村

王利华　男　三等功　卢龙县下寨乡莫黑石村

陆　帅　男　三等功　卢龙县刘家营乡桃林口村

闫向波　男　三等功　卢龙县刘家营乡水峪村

韩玉成　男　三等功　卢龙县刘家营乡桑园村辉煌街5号

付军	男	三等功	卢龙县刘家营乡薛园村永胜大街
张继友	男	三等功	卢龙县刘家营乡南关村光明街
白志国	男	三等功	卢龙县刘家营乡南关村永昌街
姜有才	男	三等功	卢龙县刘家营乡南关村
李海成	男	三等功	卢龙县刘家营乡东风村永发街
孙达	男	三等功	卢龙县刘家营乡下庄村幸福路
张权	男	三等功	卢龙县刘家营乡红星村
张举	男	三等功	卢龙县刘家营乡侯各庄村
薛庆民	男	三等功	卢龙县刘家营乡薛庄村永志街
薛志华	男	三等功	卢龙县刘家营乡薛庄村清华街
薛富良	男	三等功	卢龙县刘家营乡薛庄村
闫书文	男	三等功	卢龙县刘家营乡峰山村
杨春锁	男	三等功	卢龙县刘家营乡峰山村
刘卫东	男	三等功	卢龙县金御龙湾小区
李树正	男	三等功	卢龙县金帝龙湾小区
杨景新	男	三等功	卢龙县刘家营乡峰山村
常金财	男	三等功	卢龙县燕河营镇东吴庄村
李瑞政	男	三等功	卢龙县陈官屯镇陈官屯村
张力	男	三等功	卢龙县下寨乡李时沟村
刘宝会	男	三等功	卢龙县卢龙镇小刘庄村
高旗	男	三等功	卢龙县印庄乡王铁庄村
李海民	男	三等功	卢龙县陈官屯镇丁家庄村
张旭	男	三等功	卢龙县陈官屯镇丁家庄村
王美	男	三等功	卢龙县陈官屯乡郑各庄村
胡海	男	三等功	卢龙县陈官屯镇郑各庄村
宋立军	男	三等功	卢龙县陈官屯镇宋各庄村
袁小兵	男	三等功	卢龙县陈官屯镇后官地村
刘建华	男	三等功	卢龙县陈官屯镇前官地村
殷志春	男	三等功	卢龙县陈官屯镇前官地村
沈述成	男	三等功	卢龙县陈官屯镇宋家坎村
张利	男	三等功	卢龙县陈官屯镇宋家坎村
韩瑜	男	三等功	卢龙县陈官屯镇韩庄头村

韩宽荣　男　三等功　卢龙县陈官屯镇韩庄头村

韩国民　男　三等功　卢龙县陈官屯镇韩庄头村

张　军　男　三等功　卢龙县陈官屯乡韩庄头村

李江华　男　三等功　卢龙县陈官屯镇大刘庄村

马印有　男　三等功　卢龙县陈官屯镇张家沟村

宋绍友　男　三等功　卢龙县陈官屯乡张家沟村

闫志东　男　三等功　卢龙县陈官屯镇冯家沟村

冯庆胜　男　三等功　卢龙县陈官屯镇冯家沟村

冯庆学　男　三等功　卢龙县陈官屯镇冯家沟村

刘爱合　男　三等功　卢龙县陈官屯镇刘陈庄村

齐少海　男　三等功　卢龙县陈官屯镇何官屯村

李学记　男　三等功　卢龙县陈官屯镇八家寨村

李世忠　男　三等功　卢龙县陈官屯镇八家寨村

胡　军　男　三等功　卢龙县陈官屯镇廖各庄村

金　宏　男　三等功　卢龙县陈官屯镇廖各庄村

李　鹏　男　三等功　卢龙县陈官屯镇下东峪村

李书合　男　三等功　卢龙县陈官屯镇下梨峪村

赵文玖　男　三等功　卢龙县陈官屯镇赵家峪村

彭　飞　男　三等功　卢龙县印庄乡一街

陈迎春　男　三等功　卢龙县印庄乡印庄村

王　坤　男　三等功　卢龙县印庄乡大王屯村

郑国华　男　三等功　卢龙县印庄乡小王屯村

王宝起　男　三等功　卢龙县印庄乡白各庄村

孟祥飞　男　三等功　卢龙县印庄乡亭子岭村

姚子峰　男　三等功　卢龙县印庄乡四各庄村

王占财　男　三等功　卢龙县印庄乡毕家窝铺村

周　杰　男　三等功　卢龙县印庄乡相公庄村

陈国久　男　三等功　卢龙县印庄乡西马庄村

孙　浩　男　三等功　卢龙县印庄乡东马庄村

乔永军　男　三等功　卢龙县印庄乡乔各庄村

冯　宝　男　三等功　卢龙县印庄乡黄崖子

冯立祥　男　三等功　卢龙县印庄乡黄崖子

马　凯	男	三等功	卢龙县印庄乡马家洼村
马清海	男	三等功	卢龙县印庄乡马家洼村
张　龙	男	三等功	卢龙县印庄乡大横河村
沈忠久	男	三等功	卢龙县印庄乡大英窝村
刘保顺	男	三等功	卢龙县印庄乡岳各庄村
刘晓民	男	三等功	卢龙县印庄乡政府
刘　江	男	三等功	卢龙县印庄乡大英窝村
马迎成	男	三等功	卢龙县印庄乡政府
王永奎	男	三等功	卢龙县印庄乡政府
王占红	男	三等功	卢龙县印庄乡政府
韩永华	男	三等功	卢龙县印庄乡政府
韦玉华	男	三等功	卢龙县印庄乡水家沟村
吴振峰	男	三等功	卢龙县蛤泊镇工人街
刘瑞林	男	三等功	卢龙县蛤泊镇南街村
杨晓光	男	三等功	卢龙县蛤泊镇南街村
白志洪	男	三等功	卢龙县蛤泊镇白庄
王　鼎	男	三等功	卢龙县蛤泊镇白庄
赵宪法	男	三等功	卢龙县蛤泊镇东洼村
秦　瑞	男	三等功	卢龙县蛤泊镇中坨
董凯军	男	三等功	卢龙县蛤泊镇后坨
董宝生	男	三等功	卢龙县蛤泊镇后坨
张文合	男	三等功	卢龙县蛤泊镇王打窑村
黄金初	男	三等功	卢龙县蛤泊镇黄家营
张利强	男	三等功	卢龙县蛤泊镇张庄子村
艾炳良	男	三等功	卢龙县蛤泊镇后西街
范科伟	男	三等功	卢龙县蛤泊镇蒿地村
朱玉满	男	三等功	卢龙县蛤泊镇头百户村
万宝君	男	三等功	卢龙县蛤泊镇铁庄村
张金山	男	三等功	卢龙县蛤泊镇高柳河村
徐景明	男	三等功	卢龙县蛤泊镇高柳河村
窦成宽	男	三等功	卢龙县蛤泊镇四百户村
刘洪林	男	三等功	卢龙县蛤泊镇小四百户

张立旺	男	三等功	卢龙县蛤泊镇西铺村
冯树贵	男	三等功	卢龙县蛤泊镇大冯庄村
叶国滨	男	三等功	卢龙县蛤泊镇两县店
单纪开	男	三等功	卢龙县蛤泊镇头百户
邸广辉	男	三等功	卢龙县蛤泊镇前坨村
李晓东	男	三等功	卢龙县蛤泊镇商品街
张占国	男	三等功	卢龙县蛤泊镇四百户村
艾中华	男	三等功	卢龙县蛤泊镇工人街
张志权	男	三等功	卢龙县木井镇木井村
曹贺川	男	三等功	卢龙县木井镇曹庄村
吕　剑	男	三等功	昌黎县昌黎镇四街昌金里
刘福林	男	三等功	卢龙县木井镇大道上村
贾金海	男	三等功	卢龙县木井镇大道上村
贾海涛	男	三等功	卢龙县木井镇大道上村
张宝海	男	三等功	卢龙县木井镇张杨庄村
赵晨光	男	三等功	卢龙县木井镇七百户村
杨昊东	男	三等功	卢龙县木井镇东杨庄村
邢　伟	男	三等功	卢龙县木井镇当中庄村
魏书满	男	三等功	卢龙县木井西顾庄村
张进璞	男	三等功	卢龙县木井镇张柏各庄
高广洲	男	三等功	卢龙县木井镇张柏各庄村
卢春祥	男	三等功	卢龙县木井牛柏各庄村
卢文义	男	三等功	卢龙县木井镇卢柏各庄村
卢祥元	男	三等功	卢龙县木井镇卢柏各庄村
牛祥宇	男	三等功	卢龙县木井镇安口村
贺东利	男	三等功	卢龙县木井镇大李佃子村
贺瑞满	男	三等功	卢龙县木井镇大李佃子村
赵银忠	男	三等功	卢龙县木井镇侯庄子村
邸敬新	男	三等功	卢龙县木井镇侯庄子村
黄学军	男	三等功	卢龙县木井镇窦庄子村
毕洪建	男	三等功	卢龙县木井镇窦庄子村
李树德	男	三等功	卢龙县木井镇窦庄子村

冯会军　男　三等功　卢龙县木井镇窦庄子村

张　凯　男　三等功　卢龙县木井镇吕施庄子村

张　奎　男　三等功　卢龙县木井镇吕施庄子村

张福生　男　三等功　卢龙县木井镇吕施庄子村

杨大伟　男　三等功　卢龙县木井镇剪庄子村

郭秀峰　男　三等功　卢龙县木井镇郭佃子村

郭君心　男　三等功　卢龙县木井镇郭佃子村

张玉启　男　三等功　卢龙县城关物资局家属楼

郝云川　男　三等功　卢龙县木井镇郝佃子村

顾洪然　男　三等功　卢龙县木井镇大顾佃子村

顾成海　男　三等功　卢龙县木井镇小顾佃子村

顾永友　男　三等功　卢龙县木井镇小顾佃子村

马　军　男　三等功　卢龙县木井镇黄土营村

高小亮　男　三等功　卢龙县木井镇潘贯各庄村

闫　胜　男　三等功　卢龙县木井镇闫贯各庄村

陈国勤　男　三等功　卢龙县木井镇陈贯各庄村

万洪喜　男　三等功　卢龙县木井镇万贯各庄村

万云龙　男　三等功　卢龙县木井镇万贯各庄村

刘树东　男　三等功　卢龙县木井镇丁贯各庄村

李　强　男　三等功　卢龙县木井镇王百户营村

陈志强　男　三等功　卢龙县木井镇陈家营村

侯建强　男　三等功　卢龙县木井镇陈家营村

王立贤　男　三等功　卢龙县木井镇分山村

薛树峰　男　三等功　卢龙县木井镇陈贯各庄

孟朝喜　男　三等功　卢龙县邮政局家属院

顾宝连　男　三等功　卢龙县木井镇大顾佃子村

荀立新　男　三等功　卢龙县卢龙镇东环新村

伦若明　男　三等功　卢龙县计生局家属楼

王荣新　男　三等功　卢龙县阳光水岸小区

田晓勇　男　三等功　卢龙县双龙尚府小区

李　泽　男　三等功　卢龙县卢龙镇东环新村

张兵兵　男　三等功　卢龙县龙湾御景小区

蔡保生	男	三等功	卢龙县金御龙湾小区
赵　义	男	三等功	卢龙县物价局家属楼
程国昌	男	三等功	卢龙县北门外大街房产楼
薛守忠	男	三等功	卢龙县迎宾花苑小区
王军号	男	三等功	卢龙县陈官屯镇宋各庄村
朱文斗	男	三等功	秦皇岛市海港区红光北里
刘福成	男	三等功	秦皇岛市海港区建设大街世纪星园
李春才	男	三等功	卢龙县东方之珠小区
赵玉堂	男	三等功	卢龙县卢龙镇东环新村
胡建丰	男	三等功	卢龙县东方之珠小区
赵立忠	男	三等功	卢龙县县医院家属院
宋玉申	男	三等功	秦皇岛市山海关区山海雅区
沈彦斌	男	三等功	卢龙县县交通局家属楼
唱兴山	男	三等功	秦皇岛市海港区玉龙湾小区
张希军	男	三等功	卢龙县地矿局家属楼
杨树堂	男	三等功	卢龙县老公安局家属院
周志良	男	三等功	卢龙县卢龙镇东门外大街
申　武	男	三等功	卢龙县卢龙建筑公司北楼
王永红	男	三等功	卢龙县卢龙镇
孟凡栋	男	三等功	卢龙县人民法院家属楼
张晓坤	男	三等功	卢龙县陈官屯镇韩庄头村
刘晓飞	男	三等功	卢龙县卢龙镇东方之珠小区
刘　胜	男	三等功	卢龙县政府家属楼
周保才	男	三等功	卢龙县金御龙湾小区
王国宁	男	三等功	卢龙县永平1号楼
王利胜	男	三等功	卢龙县卢龙镇北上街
孙　满	男	三等功	秦皇岛市海港区兴隆生态谷
牛福春	男	三等功	卢龙县人社局家属院
任树鹏	男	三等功	卢龙县阳光家园小区
杨　成	男	三等功	卢龙县老税务局家属楼
赵建华	男	三等功	卢龙县印庄乡政府
刘　桐	男	三等功	卢龙县人民法院家属楼

杨喜荣　男　三等功　卢龙县向东小区

宣宝平　男　三等功　卢龙县卢龙工行家属院

胡义林　男　三等功　卢龙县卢龙镇安居小区

俞文义　男　三等功　卢龙县卢龙镇环城南路

张国武　男　三等功　卢龙县卢龙镇东门外大街

骆　宽　男　三等功　卢龙县陈官屯乡蛮子营村

吕凤鸣　男　三等功　卢龙县卢龙镇东环新村

齐占魁　男　三等功　卢龙县卢龙镇永平大街防疫站楼

陈占伟　男　三等功　卢龙县卢龙镇沙河街

刘会金　男　三等功　卢龙县刘田各庄镇刘田各庄村

王新兵　男　三等功　卢龙县卢龙镇永平大街

张志利　男　三等功　卢龙县卢龙镇北上街

许海玉　男　三等功　卢龙县卢龙镇东门外大街

赵枢友　男　三等功　卢龙县卢龙镇北门外大街

冯　伟　男　三等功　经济技术开发区碧水园

张铁生　男　三等功　卢龙县卢龙镇阳光水岸小区

刘建波　男　三等功　卢龙县双望镇三分村

李敬先　男　三等功　海港区西港里

尹凤锁　男　三等功　卢龙县东环新村

王自力　男　三等功　卢龙县龙湾御景小区

谢忠武　男　三等功　卢龙县东方之珠小区

刘铁强　男　三等功　卢龙县金御龙湾小区

李锁柱　男　三等功　卢龙县政府招待所家属楼

彭　光　男　三等功　卢龙县交警大队家属院

陈生兵　男　三等功　卢龙县农机局家属楼

艾建国　男　三等功　卢龙县卢龙镇滨河家园小区

高长军　男　三等功　卢龙县委家属楼

艾玉成　男　三等功　卢龙县交警大队家属院

周虎坤　男　三等功　卢龙县交警大队家属院

张立民　男　三等功　卢龙县陈官屯信用社家属院

李洪兴　男　三等功　卢龙县滨河家园小区

宣占锋　男　三等功　卢龙县木井乡政府住宅小区

杨振华	男	三等功	卢龙县卢龙镇龙泉新村
宣祝堂	男	三等功	卢龙县卢龙镇环城东路
王子龙	男	三等功	卢龙县燕河营镇小峪村
孙贵喜	男	三等功	卢龙县下寨乡下寨村
宁宇良	男	三等功	卢龙县医药药材公司家属楼
阎　才	男	三等功	卢龙县经济开发区张木庄村
刘景起	男	三等功	卢龙县陈官屯镇前官地村
刘继然	男	三等功	卢龙县卢龙镇金帝龙湾小区
陈庆贵	男	三等功	卢龙县卢龙镇东门外大街
王凤起	男	三等功	卢龙县卢龙镇新城大街
李基春	男	三等功	卢龙县东环新村
李志民	男	三等功	卢龙县经贸局家属楼
刘跃合	男	三等功	卢龙县木井乡黄土营村
赵　来	男	三等功	卢龙县赵庄子村
胡发昌	男	三等功	卢龙县北门外大街
马旭光	男	三等功	卢龙县石门镇石门街村
杨庆林	男	三等功	卢龙县秦皇岛经济开发区绿荫港湾
张玉成	男	三等功	卢龙县开发区郑庄村
赵荣国	男	三等功	卢龙县建筑公司家属楼
林占江	男	三等功	卢龙县石门镇高各庄村
王军民	男	三等功	卢龙县石门街盛世隆园
杨利民	男	三等功	卢龙县卢龙镇龙泽城村
秦荣友	男	三等功	卢龙县龙栖园村
毛立国	男	三等功	卢龙县石门镇石门街村
郭树文	男	三等功	北京市昌平区回龙观龙腾苑
孙占平	男	三等功	卢龙县龙栖园村
闫晓勇	男	三等功	卢龙县卢龙镇东门外大街
李志伟	男	三等功	卢龙县东方之珠村
马文臣	男	三等功	卢龙县迎宾花苑小区
董树军	男	三等功	卢龙县地矿局家属楼
白军民	男	三等功	卢龙县阳光水岸小区
王立峰	男	三等功	卢龙县石门镇张石门村

张亚洲　男　三等功　卢龙县龙栖园小区

马海东　男　三等功　卢龙县金御龙湾8-1-101

俞志永　男　三等功　卢龙县邮政局家属楼新楼

白国民　男　三等功　卢龙县迎宾花苑小区

李　敏　男　三等功　卢龙县安居小区

花　雨　男　三等功　卢龙县阳光水岸小区

张寸有　男　三等功　卢龙县东方之珠小区

胡海峰　男　三等功　卢龙县蓝钻小区

邱春海　男　三等功　卢龙县地税局家属院

唐玉峰　男　三等功　卢龙县迎宾花苑小区

宁　宝　男　三等功　卢龙县燕河营镇燕窝庄村

刘志清　男　三等功　卢龙县电视台家属南楼

牛水山　男　三等功　卢龙县金帝龙湾小区

张志武　男　三等功　卢龙县蛤泊镇前坨村

王忠江　男　三等功　卢龙县龙泽城小区

李立国　男　三等功　卢龙县卢龙镇木井家属楼

黄亚军　男　三等功　卢龙县滨河家园小区

王洪涛　男　三等功　卢龙县阳光水岸小区

刘小刚　男　三等功　卢龙县龙泽城小区

刘振山　男　三等功　卢龙县阳光水岸小区

朱　华　男　三等功　卢龙县政府家属楼

王庆福　男　三等功　卢龙县永平大街

闫汝光　男　三等功　卢龙县卢龙镇新城大街

朱　来　男　三等功　卢龙县卢龙镇夹河滩村

胡清江　男　三等功　卢龙县陈官屯镇北单庄村

王子平　男　三等功　卢龙县迎宾花苑小区

李桐川　男　三等功　卢龙县尚城花墅小区

马殿军　男　三等功　卢龙县东大街

栗文满　男　三等功　卢龙县燕河营镇太平庄村

孟庆礼　男　三等功　卢龙县石门镇孟团店村

高中有　男　三等功　北戴河区车站村燕兴小区

寇宝来　男　三等功　卢龙县卢龙镇东岗新村

王贵荣　男　三等功　卢龙县石门镇李庄陀村居住

孟凡祥　男　三等功　卢龙县蛤泊镇蛤泊镇孟柳河村

武志军　男　三等功　卢龙县卢龙镇东岗新村

周　刚　男　三等功　卢龙县卢龙镇马台子村

王学强　男　三等功　卢龙县南关村

张佳英　男　三等功　卢龙县金御龙湾小区

刘　强　男　三等功　卢龙县金御龙湾小区

毛亚兵　男　三等功　卢龙县恒祥龙泽城小区

穆学森　男　三等功　卢龙县恒祥龙泽城小区

王　淋　男　三等功　卢龙县石门镇孟团店村

陈　状　男　三等功　卢龙县蓝钻公馆小区

李　江　男　三等功　卢龙县开发区小莫营村

刘　飞　男　三等功　卢龙县东方之珠小区

王剑超　男　三等功　卢龙县木井镇朱家桥村

段立江　男　三等功　卢龙县燕河营镇西吴庄村椿树岭

闫立满　男　三等功　卢龙县木井镇闫贯各庄

闫智成　男　三等功　卢龙县尚城花墅小区

黎金宝　男　三等功　卢龙县卢龙镇葛家园村

伦庆昌　男　三等功　卢龙县下寨乡王老虎庄

莫昌民　男　三等功　卢龙县东方之珠小区

杨　成　男　三等功　卢龙县阳光水岸小区

林占国　男　三等功　卢龙县石门镇高各庄村

薛建国　男　三等功　卢龙县卢龙镇总校家属楼

李铁柱　男　三等功　卢龙县陈官屯镇八家寨村

朱希礼　男　三等功　卢龙县联社家属楼

邢志国　男　三等功　卢龙县东方之珠小区

王全立　男　三等功　卢龙县卢龙镇范庄村

张守礼　男　三等功　卢龙县卢龙镇南道村

马志民　男　三等功　卢龙县印庄乡马家洼村

刘志强　男　三等功　卢龙县陈官屯家属院

刘国成　男　三等功　卢龙县卢龙镇环城东路

胡春宝　男　三等功　卢龙县蓝钻公馆

潘　亮　男　三等功　卢龙县燕河营镇大新庄子

齐建国　男　三等功　卢龙县邮政局小区

张贺生　男　三等功　卢龙县人社局家属楼

周建国　男　三等功　卢龙县金帝龙湾小区

邸云龙　男　三等功　卢龙县东方之珠小区

付宜东　男　三等功　卢龙县滨河家园小区

宣　勇　男　三等功　卢龙县农工部家属院

胡　勇　男　三等功　卢龙县安居小区

沈忠文　男　三等功　卢龙县卢龙镇永平大街

马如江　男　三等功　卢龙县尚城花墅小区

刘宪民　男　三等功　卢龙县石门镇常庄子村

刘树旺　男　三等功　卢龙县印庄乡大英窝村

张　国　男　三等功　卢龙县燕河营镇燕窝庄村

刘志伟　男　三等功　卢龙县卢龙镇永平大街

张红伟　男　三等功　卢龙县金帝龙湾小区

李松坡　男　三等功　卢龙县设计室家属楼

闫小红　男　三等功　卢龙县卢龙镇龙泽城小区

王　猛　男　三等功　卢龙县卢龙镇迎宾花苑小区

周志华　男　三等功　卢龙县东环新村

栾伟利　男　三等功　卢龙县下寨乡烟筒山村

陈悦成　男　三等功　卢龙县滨河家园小区

田中文　男　三等功　卢龙县老医院家属楼

胡学军　男　三等功　卢龙县阳光水岸小区

杨立昆　男　三等功　卢龙县农机局家属院

马宝林　男　三等功　卢龙县医院家属楼

邸俊兴　男　三等功　卢龙县广播电视局家属楼

乔玉田　男　三等功　卢龙县东门外大街烟草家属楼

于建营　男　三等功　卢龙县滨河家园小区

孔庆勇　男　三等功　卢龙县滨河家园小区

张　颂　男　三等功　卢龙县龙泽城小区

张　响　男　三等功　卢龙县卢龙镇西菜园村

王　永　男　三等功　卢龙县新城大街

杨占刚　男　三等功　卢龙县环保局小区

曹 国　男　三等功　卢龙县卢龙人保财险家属楼

周凤升　男　三等功　卢龙县卢龙镇东门外大街

王 海　男　三等功　卢龙县东环新村

王焕起　男　三等功　卢龙县卢龙镇西大街

孙力全　男　三等功　卢龙县刘田各庄镇南石桥村

王运明　男　三等功　卢龙县联通家属楼

张太友　男　三等功　卢龙县一中家属院

李贺民　男　三等功　卢龙县龙湾御景小区

徐文祥　男　三等功　卢龙县联通家属楼北楼

高中义　男　三等功　卢龙县联通家属楼南楼

刘孝忠　男　三等功　卢龙县人民银行家属院北楼

安 禄　男　三等功　卢龙县永平大街交通局家属院

常永权　男　三等功　昌黎县海滴韵小区

王明杰　男　三等功　卢龙镇迎宾路阳光水岸小区

李向东　男　三等功　卢龙县龙飞家园小区

马立敏　男　三等功　卢龙县东环新村 4 号楼

杨守山　男　三等功　卢龙县工商局家属楼北楼

刘宝林　男　三等功　卢龙县阳光水岸

于 林　男　三等功　卢龙县陈官屯镇桑家岭村

董晓军　男　三等功　卢龙县秦皇岛市自然家园

翁金栋　男　三等功　卢龙县卢龙镇永平大街

廉永胜　男　三等功　卢龙县陈官屯镇下梨峪村

黄 杰　男　三等功　卢龙县蛤泊镇宋柳河村

杨志强　男　三等功　卢龙县刘田各庄镇塔上村

奎海兴　男　三等功　卢龙县卢龙镇北道村

张 武　男　三等功　卢龙县燕河营镇富贵庄

王 宁　男　二等功　卢龙县卢龙镇花溪地小区

郭子嶒　男　三等功　卢龙县东环新村

王 武　男　三等功　卢龙县卢龙镇夹河滩村

郭志强　男　三等功　卢龙县木井镇郝佃子村

秦 岭　男　三等功　卢龙县木井镇潘贯各庄村

王晨明　男　三等功　卢龙县石门镇高各庄村

刘　颖　男　三等功　卢龙县石门镇刘黄岭村

魏　坤　男　三等功　卢龙县石门镇卢大岭店村

董　浩　男　三等功　卢龙县下寨乡朱庄村

成　岗　男　三等功　卢龙县燕河营镇丁各庄村

杜文心　男　三等功　卢龙县燕河营镇燕窝庄村

孙青松　男　三等功　卢龙县印庄乡东马庄村

孙海峰　男　三等功　卢龙县印庄乡汤家沟村

王小宽　男　三等功　卢龙县印庄乡王各庄村

四方政务

中华人民共和国成立以来，卢龙县有许多优秀人才先后在中央以及全国各地担任党政领导职务。全国各地，处处有孤竹儿女勤政廉政，为社会主义革命和社会主义建设做贡献的光辉业绩。

吕枫

吕枫，原名李兆熊，1921年1月生，河北卢龙人。1945年7月加入中国共产党，1943年2月参加革命工作，中国共产党优秀党员，历任过兰考县人民政府县长，一机部机械研究院政治部主任等职。

曾任中共中央组织部部长。

人物履历

1943—1947年任冀东区临抚昌联合县区助理员，县政府科员，迁安县某区党委书记、区长

1947—1949年任冀东区迁安县人民政府县长

1949—1953年任河南省兰考县人民政府县长，陈留（郑州）专署民政科科长

吕枫部长向木井乡李贯各庄小学赠送图书

1953—1956年任洛阳矿山机器厂计划科科长

1956—1964年任第一机械工业部三局干部处副处长、处长，局机关党委副书记

1964—1969年任中共中央组织部三处副组长

1969—1973年下放中共中央组织部"五七"干校劳动

1973—1976年任一机部机械研究院政治部副主任、主任，院革委会副主任

1976—1977年任一机部干部组组长

吕枫部长向木井李贯各庄小学赠送图书

1977—1978 年为中共中央组织部"五七"干校干部分配办公室负责人

1978—1983 年任中共中央组织部经济干部局副局长

1983 年 7 月至 1989 年 12 月任中共中央组织部副部长

1989 年 12 月至 1994 年 10 月任中共中央组织部部长

中共第十四届中央委员，中共十三大当选为中央纪律检查委员会委员。

尤权

尤权，男，汉族，1954 年 1 月生，河北卢龙人，1969 年 9 月参加工作，1973 年 3 月加入中国共产党，中国人民大学计划经济系国民经济计划专业毕业，研究生学历，经济学硕士学位。

现任中央书记处书记，中央统战部部长。

人物履历

1969—1976 年，黑龙江生产建设兵团战士、连指导员

1976—1976 年，北京市东城区建国门街道党委协助工作（待分配）

1976—1980 年，北京第一机床厂工人、组织科干事

1980—1984 年，中国人民大学一分校计划统计系国民经济计划专业学习

1984—1987 年，中国人民大学计划经济系国民经济计划专业硕士研究生

1987—1988 年，中国人民大学计划经济系教师

1988—1988 年，国务院办公厅秘书局干部

1988—1990 年，国务院办公厅秘书二局主任科员

1990—1992 年，国务院办公厅秘书二局一组副组长（副处级）

1992—1993 年，国务院办公厅秘书二局一组一秘（正处级）兼副组长

1993—1995 年，国务院办公厅秘书二局一组组长

1995—1997 年，国务院办公厅秘书二局助理政务专员（副局级）

1997—1998 年，国务院办公厅秘书二局副局长

1998—2000 年，国务院办公厅秘书二局局长

2000—2006 年，国务院副秘书长、机关党组成员

2006—2008 年，国家电力监管委员会主席、党组书记

2008—2012 年，国务院副秘书长（负责国务院办公厅常务工作，正部长级）、机关党组副书记

2012—2013 年，福建省委书记

2013—2017 年，福建省委书记、省人大常委会主任

2017—2017 年，中央书记处书记，福建省委书记、省人大常委会主任

2017— 中央书记处书记，中央统战部部长

担任职务

第十七届中央候补委员，十八届、十九届中央委员，十九届中央书记处书记。

卢郁文

卢郁文（1900.12.10—1968.11.6），原名卢光润，字玉温，河北卢龙木井镇人。1922 年北京高等师范学堂英语系毕业后，任中学教员、教务主任，河北省政府科长；1929 年留学英国伦敦政治经济学院；1931 年回国，曾任北京大学讲师；抗日战争胜利后，任国民党新疆省政府委员兼财政厅厅长；1949 年任国民党政府和谈代表团秘书长参加和谈后留居北平；中华人民共和国成立后，历任政务院参事，国务院副秘书长，政协全国委员会副秘书长等职务，第二届全国人民代表大会代表；第二届全国政协委员，第三、四届全国政协常委；1968 年因病去世。

1922 年北京高等师范学堂英语系毕业后，任中学教员、教务主任，河北省政府科长。1929 年留学英国伦敦政治经济学院。1931 年回国，曾任北京大学、北平师范大学讲师，民国大学教授，河北法商学院经济系主任、教授，国民党政府行政院编审，军事委员秘书，粮食部参事。

抗日战争胜利后，任国民党新疆省政府委员兼财政厅厅长，国民党政府立法委员。

1949 年任南京国民党政府和谈代表团秘书长到北平参加和谈，后留居北平。同年出席中国人民政治协商会议第一届全体会议。

中华人民共和国成立后，历任政务院参事，国务院副秘书长，政协全国委

员会副秘书长，中国国民党革命委员会第三届中央委员、第四届中央常务委员。是第二届全国人民代表大会代表；第二届全国政协委员，第三、四届全国政协常委。

1968 年 11 月 6 日，因心脏病在北京逝世，终年 68 岁。

李权中

1916 年 1 月 17 日，李权中出生于卢龙县桑园村。桑园村位于长城脚下、青龙河畔，这里风景秀丽、民风淳朴。李家家境比较殷实，使李权中自幼就接受了较好的教育。1934 年，18 岁的李权中从邻县迁安县乡村师范初中毕业，1935 年开始，先后在青龙县、迁安县等地的小学任教员。

李权中出生和成长的年代，也正是中华民族面临严重的内忧外患的年代，作为一名文化青年，他时刻关注着时局的发展，关心着国家的命运。1937 年，日本发动了全面侵华战争，在全国人民奋起抗日的形势下，作为一名热血青年，李权中积极投身到各界民众自发组织的抗日救亡运动中，并开始接触党组织，接受共产主义思想，多次参加党领导的抗日救亡活动。1942 年冬天，中华民族的抗日战争正处于最为艰苦卓绝的相持阶段，李权中离开教书的岗位，到冀东地区参加党领导的抗日武装斗争。

1942 年至 1945 年间，李权中先后在冀东的迁卢抚昌联合县任文书、教育助理、代区长、区长，1944 年 5 月光荣地加入中国共产党。卢龙、迁安、抚宁、昌黎等地，是来往东北华北的必经之路，自古以来为兵家必争之地。在一次采访中，李权中向记者介绍当时险恶的斗争形势：日本侵略者侵占东北、华北之后，对这个区重兵把守，当时县城驻有日军，县政府有日本顾问，重要乡镇都有日军，多数乡镇有伪军据点，县城西边有一条壕沟，从长城到滦河长达 50 里，沿沟有敌人的炮楼，沟西边是抗日游击队活动根据地。日本侵略军常常到根据地来"扫荡"，游击队也常常越过壕沟袭击敌伪军。1942 年农历腊月二十三，农村过小年，李权中与其他 6 名工作人员越过县城边的壕沟去执行任务。由于昼夜行军，越过壕沟时他们又渴又饿，在荒野中找到了一户老乡，虽然老乡不认识他们，但当知道他们是游击队员时，老乡给他们做了热乎乎的小米粥招待他们。多年后李权中回忆这件事时，说那顿小米粥是这么多年他吃过的最香、最好的一顿饭。他说当时在敌战区打游击，如果没有老乡的支持，就不可能机智灵活地打击敌人，游击队员和老百姓的关系就是鱼水关系。

关于抗战期间的斗争经历，当年记者采访时，李权中讲述了一个惊险的片段：1945年正月初八，李权中带着通讯员到抚宁县的黄金山村开展工作，当时他担任卢抚昌联合县五区区长。黄金山村位于铁路沿线附近，由于敌人的频繁扫荡，原有的党领导下的村政权被搞垮了。他们来这里，就是为了重建村政权。有一天他们抓了一个特务进行审讯，到了晚上敌人就来报复。深夜，李权中和通讯员刚睡着，突然被枪声惊醒，还听到房门外有人说话。敌人已到了门外，把他们包围了。他们清楚地听到一个汉奸对日军指挥官说："八路的区长就在这屋里！"敌人还朝屋里厉声大喊，"再不答话就开枪了。"危急关头，李权中来不及细想，决定带着通讯员冲出去。他猛地打开里屋房门，看到堂屋前门站着两个敌兵，于是他带着通讯员往后门冲去。前门的敌人大喊："八路出后门跑了！"一霎时，敌人都向后门涌去，但是后门打不开，趁敌人不防，他们又扭身冲出前门。恰巧大门口四个持枪的日本兵这时正背对着他们，鬼子转过身向他们开枪，但没有打中。当时斗争极其艰险，抗日战士随时可能牺牲。

关于抗日战争的胜利，在纪念抗日战争胜利五十周年记者访谈时，作为冀东战场的老战士，李权中总结说："中国人民之所以能够持久抗战，最终取得胜利，就是因为有以毛泽东同志为首的中国共产党的坚强领导，中国共产党是抗日战争的中流砥柱，是夺取抗日战争胜利的决定力量；抗日战争是一场人民战争，我们抗日战士处处得到人民的支持，尽管敌人武器先进、经济发达，力量强大，但他们陷入了亿万中国人民的包围之中，陷入了人民战争的汪洋大海之中，不管日本侵略者如何猖狂，全逃不出失败的下场，最后必将灭亡。"

1945年4月至1949年3月，李权中先后任卢抚昌联合县县政府副科长、公安局代理局长和局长、县委委员。1949年3月，按照组织安排，他离开家乡随军南下，参加解放广西的战斗。1949年12月至1955年3月，先后担任广西宾县公安局局长、县委委员，广西宜山专署公安处副处长、处长、地委委员。1955年4月，调任中央公安学院武汉分院任副教务长。在此期间，他为人民革命政权的恢复建立、社会的稳定发展做出了重要贡献。

1956年，李权中调任中国国际旅行总社工作，从此开始了为我国旅游事业发展奋斗的历程，先后任国旅总社处长、副总经理、党组成员。1964年12月任国家旅游局副局长、党组成员，1986年12月离休。离休后任中国旅游饭店协会会长。在长期的旅游事业领导工作中，他脚踏实地、勤勤恳恳、兢兢业业地为我国旅游事业的创建和发展，以及通过旅游事业促进世界各国人民对新中国的了解和友谊工作做出了重要贡献。

李权中对家乡秦皇岛的社会主义建设，也倾注了大量心血。他先后多次来秦皇岛视察工作，对北戴河休养区建设、山海关景区建设，乃至秦皇岛全市的旅游事业发展，提出了许多宝贵的指导意见，并给予了有力的支持。他对卢龙县经济社会的发展也始终牵挂在心，在京或回乡时，多次以不同方式与县里有关负责同志进行交流，为家乡发展建设献计出力。

李权中的家族在卢龙县乃至迁安、青龙等邻县是个有名的大户人家，在东北、承德等地都有很好的生意。但这个家族是个积善之家，他的父亲坚守的是"忠厚传家久，读书继世长"的古训，国难当头，舍弃了家中的所有生意。李权中参加革命后，由于汉奸告密，日本人把他们家的一套标准的四合院给烧了，全家老少二十多口只好投亲靠友，但全家人没有一句怨言。一家人为了躲避扫荡和敌人的迫害，整天东躲西藏、忍冻挨饿，他的两个儿子因病饿先后夭折。在父兄的影响下，李权中从小就养成了良好的人格品德。新中国成立后，一些领导干部离婚再娶。李权中与妻子的婚姻虽然是老人包办的，妻子没读过书，又是小脚，但他对妻子始终不离不弃。到北京生活后，他经常陪妻子上街买东西、逛公园，遇到战友、同事，也大大方方地向人介绍，特别是介绍妻子为了支持他参加革命受过的苦难和做出的奉献。他对自己和家族晚辈始终严格要求，并身体力行做人做事的规矩道理，一直用"大学之道，在明明德""己所不欲，勿施于人"等来律人律己。

李权中对家乡始终充满着眷恋，每次回到家乡，哪怕吃饭的时间都没有，但总要远远的下车，满怀深情地走过家乡的山水土地，总要到父母的墓前拜谒以寄托哀思，也不忘给乡亲近邻带上一份小小的纪念品，每次都亲热的攀谈叙旧。乡亲们也没有觉得他是北京来的干部，而是觉得那么亲近、那么随和。遇到家乡的人请托办事，如不合规矩，他总能耐心解释，并留在家里吃住，在那个物质匮乏的年代，从没有一丝怠慢或不悦。请托办事的人没有一个因事没办成而抱怨，相反的都是心悦诚服，或深怀钦佩之情。

李权中一生襟怀坦荡，光明磊落，受到了领导和同志们以及家乡父老的一致好评。他生前一直深感愧对父母兄嫂，希望去世后陪伴在父母兄嫂身边。2002年11月11日，李权中同志因病逝世，按照生前遗愿安葬在家乡。

党组织在他的生平中给予的评价是：李权中同志为革命事业奋斗了一生，在革命战争年代，他积极投身于中国人民的解放事业，不计较个人得失，把个人安危置之度外，出生入死，经受了各种考验。新中国成立后，他积极投身于社会主义建设，无论在什么岗位上工作，都保持革命战争年代高昂的斗志和艰苦朴素的作风。在中国国际旅行总社、国家旅游局工作的数十年中，密切联系群众，深入实际，忘我工作，为中国旅游事业的发展做出重要贡献。李权中同志一生忠于党，忠于祖国，忠于人民，始终严格按照共产党员的标准严格要求自己，立场坚定，坚持真理，自觉与党中央保持一致。他光明磊落，勤勤恳恳，以大局为重，全心全意为人民服务，充分体现了一个共产党员的崇高品质，不愧是中国共产党的一名优秀党员。

李权中（左2）与周恩来总理合影

赵惠臣

赵惠臣（河北省政协副主席），1935年生，河北省卢龙县人。1951年11月参加工作，高中肄业。1953年5月加入中国共产党。1951年11月起，先后任唐山地区专卖干部训练班学员、武清县专卖公司会计员、副经理；1956年4月后，为武清县县直机关党委干事、副书记，县委组织部副部长；1962年12月起，任中共天津地委组织部干事、副科长，地区生产指挥部办事员；1970年1月后，为天津地区革命委员会政治部组织组组长、地委办公室副主任、地委委员；1972年12月任中共三河县县委书记、县革委会主任，1980年3月任中共三河县县委书记，1983年9月任廊坊地委政研室主任，中共廊坊市委书记，1985年11月任中共廊坊地委副书记、行署专员，1986年10月任中共邯郸地委书记，1989年1月任中共廊坊市委书记、人大常委会主任，1992年3月至1998年1月任河北省政协副主席。中共"十三大"代表。

田百春

田百春（中央政府驻香港联络办公室办公厅副主任），男，1965年生，河北省卢龙县人，北京师范大学历史系研究生毕业，《求是》杂志社所属《红旗文摘》原总编辑，新疆《兵团日报》原党委委员、副总编辑，优秀援疆干部，全

国"五一劳动奖章"获得者。1988年，田百春从北京师范大学历史系研究生毕业后被分配到中国革命博物馆工作。仅4年间，他就参与主持和编撰了17部文史类著作，个人撰写的文章累计超过100万字。1992年，田百春调入《求是》杂志社并于2001年被选派到香港中联办工作。香港工作结束后担任《红旗文摘》筹备人。

2011年，田百春申请参加新疆援建工作，当年8月，随中央第七批援疆干部到新疆生产建设兵团。2012年春因病住院。在兵团日报社工作的4个多月里，田百春深入南北疆5个师进行调研采访，发表新闻作品2万多字，撰写了《兵团精神和事业的传承从哪里抓起》等一批深度报道，在兵团内外引起强烈反响。2013年3月21日5时，田百春同志因患肺癌医治无效在北京逝世，享年47岁。

田百春同志忘我工作、献身事业的先进事迹在《兵团日报》率先刊发后，又经新华网、《人民日报》等媒体报道，引起社会各界广泛关注。

田民

田民，直隶（今河北）卢龙人。中共党员，新中国成立后，历任南宁专署财政委员会副主任，广西壮族自治区财政局副局长，鞍山钢铁公司生产处处长、耐火材料厂厂长、第二初轧厂党委书记，中共柳州市委副书记、书记，广西壮族自治区第七届人大常委会副主任。

田民（原名：张文炳），男，汉族，1927年2月生，河北卢龙人，1943年8月参加革命工作，1944年5月加入中国共产党。

历任河北省迁卢抚昌联合政府见习干部，卢龙县、青龙县财政科科长，冀东十二专署财政科副科长，南下工作队中队长（专署财政科科长），广西邕宁专署财政科科长、秘书科主任、财委主任，广西壮族自治区财政局副局长，武汉钢铁公司财务处副处长，鞍钢耐火材料厂副厂长、厂长，鞍山钢铁公司生产处处长，鞍钢第二初轧厂党委书记，黑龙江省西林钢铁厂革委会副主任、党委核心组副组长，鞍钢第二初轧厂顾问，广西柳州市委副书记、书记、市政协主席，广西壮族自治区第七届人大常委会副主任。

1997 年 2 月离职休养。

2004 年 1 月经中央批准享受自治区政府主席级医疗待遇。

中国共产党的优秀党员、久经考验的忠诚的共产主义战士、广西壮族自治区人大常委会原副主任、享受自治区政府主席级医疗待遇的离休干部田民同志，因病医治无效，于 2016 年 2 月 18 日 21 时 50 分在柳州逝世，享年 90 岁。

田民同志逝世后，习近平、刘云山、赵乐际、胡锦涛、朱镕基，通过各种形式对田民同志的逝世表示哀悼并向其亲属表示亲切慰问。

王占

王占，1941 年 8 月生，河北卢龙木井村人。1964 年辽宁师范学院中文系毕业。1965 年加入中国共产党。历任中共辽宁省委办公厅秘书，铁岭县委副书记，铁岭地委副书记，铁岭市委副书记，盘锦市委、辽阳市委书记。1993 年 12 月起任内蒙古自治区社会治安综合治理委员会副主任。1994 年 11 月至 1998 年 1 月任内蒙古自治区政府副主席。1994 年 12 月在中共内蒙古自治区委第六届一次会议上当选为第六届中共内蒙古自治区委副书记。2001 年 2 月当选内蒙古自治区政协主席。2003 年 1 月在政协内蒙古自治区第九届委员会第一次全体会议上当选为自治区政协主席。是中共十四、十五届中央候补委员。

工作简历

1960.09—1964.08，辽宁师范学院中文系中文专业学习

1964.08—1966.05，中共辽宁省委党校青年干部训练班学习

1966.05—1968.11，中共辽宁省委党校科学社会主义教研室工作

1968.11—1973.02，下放辽宁省"五七"干校劳动

1973.02—1978.08，辽宁省物资局办公室干事

1978.09—1979.07，中共辽宁省委政策研究室干事

1979.08—1981.12，中共辽宁省委政策研究室副处级研究员、省委办公厅秘书

1981.12—1983.04，中共辽宁省铁岭县委副书记

1983.04—1984.08，中共辽宁省铁岭地委副书记

1984.08—1985.05，中共辽宁省铁岭市委副书记、铁岭市副市长

1985.05—1988.05，中共辽宁省盘锦市委书记

1988.05—1993.06，中共辽宁省辽阳市委书记

1993.06—1994.11，中共内蒙古自治区委副书记

1994.11—1998.01，中共内蒙古自治区委副书记、内蒙古自治区人民政府副主席

1998.01—2001.02，中共内蒙古自治区委副书记

2001.02—2001.12，中共内蒙古自治区委副书记、内蒙古自治区政协主席

2001.12—2007.01，内蒙古自治区政协主席

2007.02.28—，全国政协十届常委会第十六次会议决定增补王占为提案委员会副主任

2008.03—，第十一届全国政协提案委员会副主任

全国政协委员王占表示，中国稀土资源控制率不强，综合利用率不高，低水平重复建设问题严重，建议加强宏观调控，实施限产保价，并建立稀土储备制度，实行综合利用。

全国政协委员王占在全国政协年度例会进行小组讨论时表示，加强草原建设势在必行，政府应当采取可行的政策措施，鼓励、引导、支持相关地区改变逐水草游牧的传统生产生活方式。

数据显示，中国拥有不同类型的天然草原近4亿公顷，是中国六成以上少数民族人口和七成以上的国家扶贫开发重点县分布的区域。由于过度放牧和管理不善，大部分天然草原面临不同程度的沙化、退化，自然条件恶劣，生态环境脆弱。

王占认为，掠夺式开发是草原生态持续恶化的重要原因。政府应该合理划定草原标准，明确重点保护、制止开发的草原范围，实行严格的草原修复制度；实施人畜安居工程和退牧、轮牧、休牧制度；继续推进退牧还草工程；加强草原建设科技支持。

他说："应当像重视农区一样重视草原牧区，像支持种粮一样支持草原保护建设，像保护基本农田一样保护基本草原。"

杨玉忠

杨玉忠，1945年7月出生在卢龙县高各庄一个普通农民家庭，家境贫寒。从上小学开始，黄继光、刘胡兰、向秀丽等英雄模范人物的事迹给予他深刻的影响和熏陶。"东方红，太阳升，中国出了个毛泽东"优美的旋律在他幼小的心灵中也打下了深深地烙印。促使他勤奋好学，刻苦奋进。他八岁加入中国少年先锋队，从那时起就知道，红领巾鲜红的颜色是用无数烈士的鲜血染成的。

他16岁加入中国共产主义青年团，胸前佩戴的闪光团徽始终指引着他永远忠于祖国、忠于人民，朝气蓬勃，奋发向上。他23岁加入中国共产党，通过入党宣誓和对党章的学习，不断深化了对党的历史的了解，逐步强化了自己的政治意识和坚定信念。从此，更加严格要求自己，从小事做起，从点滴努力，坚持不以善小而不为，不以恶小而为之，努力培养和树立正确的人生观。

1964年7月，他从河北昌黎师范学校毕业被分配到卢龙县工作，先后在县文教局教研室、大杨庄公社、榆林店公社、县公安局、县委组织部、时各庄公社、县委宣传部、中共卢龙县委担任干事，公社团委书记，公社秘书，副部长，公社书记，县委常委、宣传部部长，县委副书记等职，一干就是20年。在这期间，有两段经历对他来说是至关重要的，一段是1970年正当全国各行各业兴起学哲学热潮之际，经个人申请、组织批准派他作为调干生（带工资上学）到河北大学哲学系学习两年。在校期间，系统地学习了马克思主义哲学、西方哲学和中国哲学，这两年，对于他哲学思想的形成，对于他逻辑思维能力的培养，对于他观察问题、认识问题能力的提高起到了非常重要的作用。可以说，获益匪浅，受益良多。另一段是1997年3月，经过省委组织部选拔推荐，幸运地被借调到中央组织部办公厅工作，近两年的工作时间不仅使他见识了一个党性观念强，工作标准高，办事节奏快，纪律要求严的部级机关工作氛围。而且也使他通过自我管理，自我约束，进一步增强了他的政治责任感和作为一个共产党员的责任担当，使他变得更加坚定，更加自信，更加沉稳。经过这20年多层次工作的实践和多单位工作的磨炼，使他得到了心智的启迪，良知的熏陶，得到了人生地位的坐标。为此，他对党更加忠诚，对党的事业更加热爱，他的家乡情结也格外浓厚，始终把故乡视为自己生命的起点，成长的摇篮，情感的寄托，灵魂的皈依。

1984年10月，因工作需要他离开卢龙，调任中共秦皇岛市委组织部常务副部长。1985年3月任中共秦皇岛市委常委、组织部部长，同年12月任中共秦皇岛市委副书记。1990年6月经中共河北省委研究决定任中共河北省纪委副书记（正厅）直到1995年10月。

在中共秦皇岛市委和中共河北省纪委工作期间，曾两次到中共中央党校进修学习，进修期间，除学习校方规定的必修课之外，他牢记"书山有路勤为径，学海无涯苦作舟"的诗句，坚持攻读马克思主义经典，苦学毛泽东主席原著，特别是通过每周聆听中央领导、专家学者的专题报告，他们那行云流水的语言，缜密的逻辑思维，丰富多彩的报告内容，对他产生更加深远的影响，使他的眼界更高，视野更宽，实现了精神的享受，人格的提升，境界的升华，灵魂的洗礼。这一段经历对他的世界观、人生观、价值观的形成奠定了坚实的基础。反映在工作生活上，他始终坚持待人诚恳，刚直不阿，对上不卑不亢，敢于直抒己见；对下不盛气凌人，乐于礼贤下士。他坚持勤以修身，俭以养德，不为奢华困扰，不让名利缠身，始终低调沉稳，深得领导和同志们的好评和信赖。

1995 年 10 月，由于各种因素的考虑，他多次向省委提出要求，调回秦皇岛市工作。先后任中共秦皇岛市委副书记、市人大常委会主任。2008 年 3 月市人大换届退出领导岗位，2010 年 7 月正式退休。调回秦皇岛工作虽然只有短短的 12 年，但他始终保持自己的风格，心胸坦荡，海纳百川，容纳不同的性格，容纳不同的思维方式，容纳不同的意见，勤奋务实，扎实工作，想在人前，干在人先，不喊空洞口号，不搞劳民伤财政绩，深入实际，扎根群众，把全心全意为人民服务作为自己的工作职责，以拳拳之心，微薄之力来报答党和人民的养育之恩。

张树仁

张树仁，男，1947 年 11 月 14 日生人，卢龙县石门镇李石门人，中共党员，中央党校在职研究生学历。1970 年参加工作，历任石门公社团委书记、公社秘书、庄陀公社党委副书记、大杨庄公社党委书记、卢龙县委常委、县委农村工作部部长、中共卢龙县委书记、秦皇岛市政府副市长、中共秦皇岛市委副书记、河北省林业厅厅长、秦皇岛市人大常委会副主任、党组副书记（正市级）。2009 年 12 月退休。

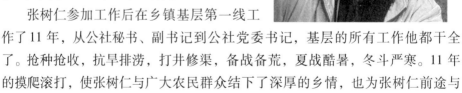

张树仁参加工作后在乡镇基层第一线工作了 11 年，从公社秘书、副书记到公社党委书记，基层的所有工作他都干全了。抢种抢收，抗旱排涝，打井修渠，备战备荒，夏战酷暑，冬斗严寒。11 年的摸爬滚打，使张树仁与广大农民群众结下了深厚的乡情，也为张树仁前途与事业的不断发展奠定了坚实的群众基础。

张树仁到县里工作特别是担任中共卢龙县委书记以后，肩上的担子重了，工作任务更加艰巨了。那时作为农业大县的卢龙县，农业生产条件亟待改善，生产力水平亟待提高，全县经济发展的步伐亟待加快。根据卢龙的县情，张树仁带领县委一班人，提出了发扬一渠百库精神，做大禹传人，接力治水，绿化两代，挖三宝，聚四财的宏观发展战略，收到了明显的经济效益，受到河北省委、省政府领导的充分肯定和高度赞扬。

1991年4月，年富力强的张树仁被组织提拔为秦皇岛市人民政府副市长，1994年担任中共秦皇岛市委副书记，2002年担任河北省林业厅厅长。张树仁视野不断开阔，肩上的担子层层加码。但他不忘初心，不负使命，在自己的工作岗位上拼搏奉献，政绩斐然。

张树仁还有值得令人点赞的一笔就是，作为一个市厅级党政领导干部，在工作之余，特别是退休之后，还勤于写作、书法、摄影，且硕果累累。2001年，张树仁主编出版了青少年素质教育系列读物一函四册：《书画名家写古诗名句》《当代作家写文学名人》《硬笔书家写德育名言》《两院院士写科技明星》。2004年主编出版了报告文学集《燕赵务林英雄谱》。2006年主编出版了摄影报告集《大禹传人》。2007年，主编出版了《渤海仙岛——张瑞华秦皇岛风光摄影报告集》。2008年主编出版了《年轮档案——秦皇岛市古树名木摄影报告集》和《张树仁摄影集》。2014年主编出版了《夷齐颂——夷齐后人颂夷齐书画作品集》。

大禹传人封面

方宝枝

方宝枝，男，1942年出生，祖籍河北省卢龙县刘田各庄镇方家沟村。

方宝枝从小酷爱学习，1958年毕业于马时各庄小学，并以优异的成绩考取卢龙县一中。在校期间，一直担任班长。1961年毕业后，经学校推荐，被卢龙县委录用公务员，给县委书记陆达同志当警卫员，直到陆达同志调走。1964年又跟随新的县委书记刘章清同志到抚宁县深河公社搞"四清"，既是县委书记的警卫员又是"四清"工作队员。1965年加入了中国共产党。1965年抚宁县"四清"结束后，又转入滦县商家林公社的"四清"工作队，担任"四清"工作队指导员，负责一个村的"四清"工作，直到1966年春"四清"工作结

束。回到县委，被分配到县委组织部工作。1968年又被调到县委报道组工作。在三年多的时间里，一直下基层调查走访，采写新闻报道，撰写文章，先后被《新华社》《人民日报》《解放军报》《光明日报》《河北日报》《唐山劳动日报》以及《中央广播电台》《省、市电台》刊发，刊发广播、报道300多篇，荣获省、市先进称号。1971年被调到县委办公室任副主任，分管文秘工作，并担任当时的县委书记孟英同志的秘书。1973年被选派到双望公社当书记，在任职三年多时间里，一直吃住在基层，了解民情，倾听民意，解决民生问题，并从实际出发，先后组织干部群众修建了腰站、五达营、安里、曹家沟、韩官营、四新庄等6座水库，不仅解决了老百姓吃水难的问题，还解决了抗旱用水问题，促进了农业经济发展。

1975年被县委提拔为县革委副主任（副县长），1978年任县委副书记、革委会主任。1979年至1980年在北京农业大学学习农业科学技术，并获得结业证书。1981年恢复人民代表大会制度，被选为"文革"后第一任县长。1983年改任县委书记。在任职期间，除干好本职工作外，最重要的是同当时的县委书记李连璧同志一道带领全县干部、群众经过三年的艰苦奋斗，修建了关乎卢龙县实现水利化的关键工程——引青工程。该工程北起桃林口，南到石门镇，全长135华里，引水10个流量。同时，还开工修建了8条分干渠，两处大型扬水站，使全县大部分土地得到控制，结束了卢龙多年来干旱缺水的历史，为工农业发展奠定了坚实的基础。

1985年被调到秦皇岛市山海关区任区委书记。在山海关任职期间，从山海关区旅游资源比较丰富的特点出发，带领区四大班子经过调查研究，邀请专家论证，重新规划了老龙头、第一关、姜女庙、角山长城、悬阳洞、堰塞湖等六大景区，组织修复了长城起点老龙头、海神庙，修了关城城墙、角楼，重新规划建设了几个城墙圈门，关城经过修复基本恢复原貌。各景区功能设施逐年完善，游客逐年增多，促进了旅游事业的发展，推动了当地经济发展。

1989年被调到秦皇岛市北戴河区任区委书记；在任职期间，带领几大班子深入基层调查研究，勤奋工作，在做好暑期工作的同时，注重加强城市基础设施建设，搞好城郊经济发展、第三产业发展，还规划新建碧螺塔公园、怪楼等景点，以满足广大游客的需要。

1991年被调到市委统战部任部长，兼任市政协副主席，三年后任市政协党组副书记驻会常委副主席，主持政协日常工作（主席在市委工作）。在市政协任职期间，主要做了三件事：一是做好统一战线工作，广泛团结各民主党派，各团体和各界人士，围绕市委中心工作调查研究，建言献策，知情出力；二是加强政协自身建设，探索政治协商制度化、规范化、程序化，这个经验和做法得到了省政协的肯定和推广；三是调查研究，围绕市委中心工作，定期组织委员调查研究，并写出有情况、有分析、有建议的调查报告送市委参阅。

冯国华

冯国华，男，1949 年 8 月出生于卢龙县卢龙镇三里庄村。分别在本村小学和县城东街小学读完小学，在卢龙中学读完初、高中。1968 年高中毕业后回村担任小学民办教师。1972 年进入昌黎师范学校学习，1973 年底毕业后分配到唐山地区文教局教学仪器供应站。1975 年调至唐山地委宣传部。1983 年 4 月调回卢龙，先后任县长助理、县委党校副校长、县政府办公室主任、县委副书记。1986 年 9 月调至秦皇岛市政府任副秘书长，1988 年底兼任市政府办公室主任。1990 年初任市委组织部常务副部长，1991 年 7 月任市委常委、组织部部长。1993 年 9 月至 1994 年 7 月在中共中央党校培训班学习。1994 年 3 月任市委统战部部长、市政协副主席，2003 年 3 月任市政协党组副书记、驻会副主席。2011 年 9 月退休。

在唐山地委宣传部工作期间，多次参与编写干部理论学习辅导材料，在河北日报和唐山劳动日报发表多篇理论文章。担任卢龙县政府县长助理期间，协助主管工业副县长工作，足迹遍及全县 20 多个县办企业，参与了县陶瓷厂 108 米隧道窑和唐山卢龙煤矿延伸等重大技改项目的谋划和实施。担任卢龙县委副书记期间，与县有关同志多日骑自行车沿青龙河岸踏勘，与省、市林业部门有关人员一起调研段家沟等杂果基地开发建设问题，落实县委提出的建设"两带"（防护林带和经济林带）战略，与县有关同志多日驻村调研，解决了高各庄村因果树承包纠纷引起的群体性进京上访问题。担任市委组织部部长期间，发现并树立了优秀共产党员潘火中这一典型，报最高法院授予"全国法院模范"称号，评选了企业和农村基层党建各"十面红旗"，党外干部安排、妇女干部安排、中青年干部培养锻炼工作受到省委组织部的肯定。担任市委统战部部长期间，组织协调非公企业人士投资兴建了青龙县乱石磴子村希望小学，带领市县有关人员多次与天主教唐山教区主教刘景合商谈解决卢龙原天主教教产问题，并带领市县有关人员赴京汇报请示，最终统一了市县有关同志认识，为以后妥善解决这一问题奠定了基础。

骆志强

骆志强，1941 年 11 月生人，河北省卢龙县陈官屯乡蛮子营村人。历任干事、副局长、公社党委书记、县委副书记、县长、市政协副主席。2003 年 11 月退休赋闲。

骆志强 1950 年开始上学读书，1964 年 10 月昌黎农业专科学校（大专）毕业。毕业后被分配到唐山地区遵化县人事科工作。其间，在昌黎县高圪村、滦南县董各庄村、滦县地委四清工作总团参加四清工作，任资料员、团委书记等职。在人事科工作期间，还在遵化市"五七"干校学习了一年多。1969 年 5 月至 1973 年 7月，在遵化县革命委员会政治部组织组、宣传组工作，曾任常委学习秘书。

1973 年 7 月，骆志强被调回卢龙县工作。先后在卢龙县委政治部组织组、宣传组工作、县委办公室工作，任干事。1976 年 7 月，任卢龙县文教局副局长，1977 年 11 月，任木井公社党委书记。1983 年机构改革，骆志强任卢龙县委副书记兼县机构改革领导小组副组长。1984 年 4 月，任县委副书记、人民政府县长。1987 年 5 月调任抚宁县委副书记、县长。

1993 年 3 月，骆志强被提拔为秦皇岛市政协副主席，并连续两届驻会，直到 2003 年退休，离开了领导岗位。

卢龙籍在外地担任正县级以上党政干部人员名录

李　勤　卢龙镇小高庄村　国家工业科学院　常委书记

李会民　卢龙镇胡仙河村　吉林市委书记

朱景辉　卢龙镇　省委办公厅

马华山　卢龙镇　天津红桥区土地资源管理处处长

郑春田　卢龙镇郑庄村　河北省政府办公厅督察处处长

王凤祥　卢龙镇朱家仙河　中央财政部

哈增友　卢龙镇一街村　国家发改委副司长

周耀东　卢龙镇张毛庄村　外交部

方玉玲　卢龙镇张毛庄村　湖北省煤炭厅调研员

王忠海　卢龙镇夹河滩村　农业部产业政策与法规公司处长

何　玉　卢龙镇胡仙河村　河北省建委办公室主任

朱立杰　卢龙镇　河北省秦皇岛环保学院院长

许亚琴　卢龙镇　河北省财政厅会计处处长

毛丽军　卢龙镇　河北省国资委副主任

程占东　卢龙镇汤池王庄村　江西医学院纪委书记（副厅级）

张井凤　卢龙镇郑庄村　广西壮族自治区地委党校书记

徐　淳　卢龙镇张各庄村　秦皇岛市政府副市长

张西敏　卢龙镇张各庄村　秦皇岛市林业局局长

胡　田　卢龙镇李仙河村　秦皇岛市财政局长

朱向东　卢龙镇　省法院

窦　剑　卢龙镇　省三院副院长

刘秀娟　卢龙镇　省检察院

胡　义　卢龙镇　省建设厅廉租房保障中心主任

付顺和　刘家营乡薛园村　外交部　副部长、驻荷兰大使

刘乃民　刘家营乡南关村　河北省政法委巡视员

佟卫东　刘家营乡三里店村　中央直属机关疗养院处长

郝迎春　刘家营乡三里店村　广州市老干部局长

李　勇　刘家营乡三里店村　广西南宁老干部局长

张九明　刘家营乡侯各庄村　江西省农林厅长

殷百川　刘家营乡侯各庄村　最高检察院检察员

郭占鑫　刘家营乡桑园村　秦皇岛市海港区政协主席

刘立东　潘庄镇西蔡庄　唐山市体育局局长

刘小军　潘庄镇西蔡庄　珠海市地税局局长

刘　峰　潘庄镇西蔡庄　黑龙江省银监会主席

王立成　潘庄镇滦马庄　桂林市商务局副局长

董秀兰　潘庄镇潘庄村　河北省农业厅处长

董　江　潘庄镇潘庄村　秦皇岛市物价局局长

王金成　潘庄镇上新庄　唐山市曹妃甸开发办副主任

张静祥　潘庄镇赵各庄　承德市委党校校长

张景林　潘庄镇赵各庄　秦皇岛市公安局纪检书记

毛耀华　潘庄镇毛各庄　河北省供销社纪检委巡视员

孟祥敏　潘庄镇亮甲峪　国家研究院研究员

王　禄　潘庄镇大岭村　北京七机部处长

张立民　潘庄镇张家庄　秦皇岛市物价局书记

刘文凤　潘庄镇张家庄　秦皇岛市妇联主席（退）

王　录　潘庄镇大岭村　原七机部后勤处处长

董素兰　潘庄镇潘庄村　河北省农业厅处长

宁忠义　潘庄镇荆子峪村　河北省医药管理局人事处处长

王林成　潘庄镇上新庄村　唐山市税务局长

张景祥　潘庄镇赵各庄村　承德市委党校校长

刘树荣　潘庄镇大万山村　原广东省国家安全厅副厅长

李　胜　潘庄镇卸甲庄村　沈阳市交通局局长

李春茹　潘庄镇韦家沟村　拉萨市劳动局长

刘秀平　潘庄镇西蔡庄村　银川市水利局局长

高永安　潘庄镇石岭村　中共中央对外联络部办公室主任

刘东新　潘庄镇虑马庄村　秦皇岛市人大常委会代表人事工作委员会主任

任景玉　燕河营镇梧桐峪村　外交部驻西班牙使馆大使

胡耀庭　燕河营镇下兴隆庄村　中央对外广播电台　常委书记

张绍强　燕河营镇良仁庄　水利部水利排灌中心处长

李树怀　燕河营镇二街　河北省水利厅办公室主任

于凤玲　燕河营镇李各庄　河北省农业厅蔬菜处处长

胡连鼎　燕河营镇下兴隆庄村　河北省邮政厅办公室主任

鲍际强　燕河营镇梧桐峪　秦皇岛市公安局纪委书记

吕宝良　燕河营镇户部寨村　桃林口水库管理局局长

王成银　燕河营镇大新庄村　中央军委外事处处长

张绍中　燕河营镇良仁庄村　国防大学处长

王　礼　燕河营镇良仁庄村　新华社疗养所所长

王爱香　燕河营镇燕窝庄村　河北省技术监督局财务处处长

魏凤鸣　燕河营镇下兴隆庄村　京唐港人事局局长

何燕青　燕河营镇二街村　唐山市委副秘书长

邢克石　燕河营镇邢家洼村　天津市和平区开发办主任

邢克成　燕河营镇大新庄村　天津市河北区财政局局长

杨家俊　燕河营镇燕窝庄村　交通部天津第一航务工程局人事处处长

杨春友　燕河营镇　山东省审计局巡视员（副厅）

李树槐　燕河营镇李各庄村　河北省水利厅办水电处处长

朱记满　陈官屯镇蛮子营村　广州市委秘书长

曹立新　陈官屯镇蛮子营村　秦皇岛市退役军人事务局局长

朱纪满　陈官屯镇蛮子营村　原广州市委副秘书长

韩小兵　陈官屯镇　河北省质监局食品监督处处长

朱全友　陈官屯镇张家沟村　唐山师范学院院长

尤振雄　陈官屯镇染庄村　秦皇岛市人大科教文卫委员会主任

刘忠全　陈官屯镇张家沟村　秦皇岛市审计局局长

余连元　印庄乡石岭村　广西壮族自治区轻工业厅厅长

高永安　印庄乡石岭村　中联部办公室主任

李玉英　印庄乡石岭村　北京外文局法文部处长

李士民　印庄乡蔡各庄　河北省检察院科长

王翠莲　印庄乡蔡各庄　河北省国家税务局

杨宁生　印庄乡杨上沟村　宁夏回族自治区监察厅副厅长

许有权　印庄乡大王屯村　铁道部设计院副院长

翁树满　印庄乡翁各庄村　河北省劳动厅副厅长

杨庆堂　印庄乡杨上沟村　宁夏银川市中级人民法院院长（离休）

段　来　印庄乡段家沟村　广东省陆黄县县长

刘春荣　印庄乡大横河村　秦皇岛市交通运输局调研员

于振富　双望镇桃园村　北京市电业局　常委书记

田志杰　双望镇石羊虎村　邯郸市政协主席

王培宏　双望镇单庄村　省公安厅审计处长

张国友　双望镇韩江峪村　省物价局办公室主任

王培洪　双望镇单庄村　河北省公安厅人事处处长

范　权　双望镇上应各庄村　唐山市人大常委会副主任

徐志华　双望镇马各庄村　秦皇岛市人大财经工委主任

李志华　双望镇李黑石村　国家电网处长

曹子栋　刘田各庄镇曹柳河村　河北工商局局长

张一平　刘田各庄镇宋翟坨村　原唐山地区专员

张殿山　刘田各庄镇张田庄村　原河北省检察院副检察长

刘红日　刘田各庄镇东方沟村　省发改委大项目办原主任

白洪涛　刘田各庄镇小王翟坨村　省纪委巡视组干部

王秀成　刘田各庄镇后下荆子村　秦皇岛市司法局二级调研员

焦鹏利　刘田各庄镇孟时各庄　秦皇岛市巡察办主任

冯晓军　刘田各庄镇　河北省林业厅外资处处长

张铁中　刘田各庄镇张田各村　廊坊市审计局局长

刘凤云　刘田各庄镇刘田各庄村　河北水利电力学院党委书记

祖伯光　刘田各庄镇前下庄村　新华社黑龙江分社（副厅级）

吕树金　刘田各庄镇李时各庄村　武汉市检察院检察长（离休）

骆德新　刘田各庄镇驼骆营村　秦皇岛市科协党组书记、主席

臧立君　刘田各庄镇下荆子村　北京市海淀区环保中心处长

闫学光　蛤泊镇闫深港村　国家行政学院后勤部部长

闫增山　蛤泊镇闫深港村（中共中央组织部干部调配局局长）

王鸣林　蛤泊镇王深港村　中央对台工作办公室　局长

周景海　蛤泊镇王深港村　秦皇岛房产局长

闫学光　蛤泊镇闫深港村　国务院干部学院后勤部长

王亚儒　蛤泊镇王深港村　航天部第二研究院南戴河培训中心主任

张学勤　蛤泊镇前西街村　河北省卫生厅科教处处长

张志刚　蛤泊镇　河北省电大办公室主任

赵鹏年　蛤泊镇西铺村　秦皇岛市委政法委二级调研员

裴福安　木井镇阎贯各庄村　广东湛江地委书记

张　青　木井镇大道上村　辽宁省人大常委会主任

陈廷鳌　木井镇陈家营村　内蒙古自治区粮食局局长

郝作春　木井镇郝佃子村　桂林空军学院院长

侯庆山　木井镇陈家营村　省工商局公平交易局局长

齐季祥　木井镇东李佃子　吉林人民银行原行长

王连臣　木井镇剪庄子村　山海关开发区管委主任

杨　祥　木井镇大道上村　兵器工业部202研究所纪检书记

贾会敏　木井镇大道上村　中纪委监察部第八处处长

万忠和　木井镇万庄村　秦皇岛市水产局长

陈福博　木井镇陈家营村　辽宁省管理委员会副主任

闫荣申　木井镇闫庄村　西安市中级人民法院副院长

卢存学　木井镇卢柏各庄村　中国国民党革命委员会广西省北海市主任委员

贾慧敏　木井镇大道上村　中纪委监察处第八处处长

杨　祥　木井镇大道上村　兵器工业部201研究所纪检书记

田国华　木井镇田贯各庄村　河北省公安厅总队副队长

樊振武　木井镇陈家营村　河北省政法学院学生处处长

张建国　木井镇万贯各庄村　保定徐水区政协主席

杨占堂　木井镇张庄子村　北京市东城区城建局长

沙焕臣　木井镇潘贯各庄村　河南省委组织部部长

沙焕文　木井镇潘贯各庄村　河南开封地委副书记

李淑贞　木井镇新房子村　克拉玛依市政协副主席、正教授级高工

宋国战　木井镇　秦皇岛市机关工委常务副书记

李文阁　木井镇　秦皇岛市安全局副书记、政委

陈艳丽　木井镇　省联社机关服务中心主任

李连平　木井镇　省建投董事长

魏质元　石门镇西阚各庄村　湖北省水利厅长

崔志平　石门镇霍家沟村　中央联络部局长

高国祥　石门镇塔子峪村　天津市公安局局长

林景富　石门镇高各庄村　内蒙古自治区秘书长

杨守勇　石门镇高各庄村　秦皇岛市人大秘书长

张家祥　石门镇高各庄村　交通部副司级干部

张庆余　石门镇张石门村　北京市公安局处长

刘凯军　石门镇常庄子村　河北省水利厅副厅长

杨立功　石门镇尤大岭店村　抚顺市公安厅厅长

韩西先　石门镇高各庄村　沈阳市总工会正处级干部

祖国忠　石门镇南祖石门村　湘潭市外贸局长

富建新　石门镇　省检察院

李长荣　下寨乡十八里铺村　广东省政府办公厅主任

吴光亮　下寨乡张木庄村　天津市环保局副局长

田有利　下寨乡下寨村　北京市海淀区干休所长

杨爱志　下寨乡下寨村　秦皇岛市政协文史委主任

宋海滨　下寨乡丁家沟村　秦皇岛市人大研究室主任

高　义　下寨乡上屯村　张家口市重工业局长

韩广明　下寨乡孟家沟村　广西壮族自治区卫生厅厅级干部

沈振龙　下寨乡邵黑石村　秦皇岛市农业农村局副局长

宁延昌　下寨乡下寨村　北京总政 1201 厂保卫处处长

张文强　下寨乡上屯村　河北省物资局厅级干部

王希增　下寨乡烟筒山村　广西桂林公安处党组书记

韩　荣　下寨乡孟家沟村　广西柳州市政协副主席

赵文庆　下寨乡烟筒山村　吉林省档案馆副馆长

李　季　下寨乡十八里铺村　秦皇岛市委政法委纪经检组长

韩广明　下寨乡孟家沟村　广西壮族自治区卫生厅厅级干部

崔建国　下寨乡十八里村　河北师大江华学院书记

张仁江　陈官屯乡　丁家庄村　石家庄市检察院监察部

袁冀民　陈官屯乡　河北省曲协驻会副主席

郑春田　开发区郑庄村　河北省政府督查处处长

黄凤翔　开发区朱仙河村　财政部国防司处长

张九明　卢龙县　江西省农林厅厅长

河焕臣　卢龙县　河南省委组织部部长

刘利东　卢龙县　唐山市体育局局长

董　友　卢龙县　省教育厅副厅长

王超英　卢龙县医院家属院　财政部中财公司

陆　兵　卢龙县　牡丹江市人民政府市长

张喜文　卢龙县　西南航空管理局卫生处党委书记

赵晓东　卢龙县城　秦皇岛市政府副秘书长

文体领军

孤竹，物华天宝，卢龙，人杰地灵。在孤竹这片国土上，不仅出现和涵育了古圣先贤，封疆大吏，也培养和造就了许多作家、艺术家、书法家、摄影家、国家乃至世界冠军等文体领军人物。他们以各自不同的形式和姿态，充分展现了优秀孤竹儿女的精神风貌。

王纯德

王纯德，河北省卢龙县大横河村人。1943 年参加革命，1946 年任《东北画报》摄影记者。在四平攻坚战、公主屯战役中实地拍摄了许多珍贵的摄影作品。

后参加了辽沈战役的战地采访。1949 年调中央新闻总署新闻摄影局，又随新闻摄影局并入新华通讯社摄影部。后一直在新华社从事新闻摄影工作，多次为毛主席拍摄照片。

王纯德担任《东北画报》摄影记者不久，便与摄影科长齐观山一起参加了四平战役的战地采访。四平是东北中心的战略要地，是沈长铁路、四梅铁路和四洮铁路的交汇处。对于东北民主联军来说，若攻下四平不但可以将根据地连成一片，还可以切断沈阳和长春的联系，使长春几十万国民党军队成为"瓮中之鳖"。

当地老百姓流传着这样一句话：四平，四平，非"平"四回不行。而国共两军恰恰在这里打了四仗，这一年夏天的四平攻坚战是"第三平"，也是最为惨烈的一次。四平的防御工事修得固若金汤，城墙一丈多高，护城河五米之宽，城墙下有钢板式碉堡群，护城河里布有梅花桩、绊马索、地雷、铁丝网等，城内则以屋为堡，一街一巷都派兵固守，攻城之难之险可以想象。

王纯德随齐观山跟随前卫团来到了四平采访。当时，国民党军在封锁线上埋了许多地雷，只要地雷一响，机关枪马上就会扫射过来，非常危险。为了保护王纯德的安全，齐观山便说："我先过。"齐观山走在前面，让王纯德跟着他，

顺着他走过的路线走。结果
王纯德一着急，绊到了一个
地雷，地雷爆炸了。齐观山
转过头来大喊："趴下！趴
下！"这时，国民党军机关枪
开始朝这边扫射，王纯德赶
紧趴在了地上。两三分钟后，
齐观山冲他喊："快跑！"然
后带着他，一口气跑过了封
锁线。过了封锁线后一看，
齐观山的背包上已经被打了

王纯德在公主屯阵地上拍摄的《一把炒面一把雪》

十几个弹洞，真是有惊无险。第二天，他们在铁路附近采访时，被民主联军的
一位团长发现了。这位团长又急又怒，说这里太危险了，叫他们不要乱跑，并
派人将齐观山和王纯德送到了附近的地堡里。

　　王纯德在新华通讯社工作期间，勤勤恳恳，兢兢业业，经常深入工厂、农
村、连队第一线，捕捉新闻线索，抓拍具有较高价值的新闻图片，在新华社发
通稿。此外，他还多次参加国内重要会议、大型外事活动的图片拍摄工作，多
次拍摄了毛主席活动的镜头。二十世纪八十年代，王纯德举办了王纯德个人摄
影展，在北京、唐山等城市展出后，又在家乡卢龙县进行了展出。许多卢龙人
观看了展出后为之振奋，一致认为，王纯德是当之无愧的中华摄影艺术家，名
副其实的孤竹骄子。

王纯德拍摄的生产队长

王纯德拍摄的毛主席看报纸

奚碧泉

奚碧泉，原名奚新增，字碧泉，号野桥。1906年农历十月初六出生在小李佃子村。1936年，他自己开办了刻字铺兼搞印刷；1942年壮大成为"奚碧泉印刷厂"，几年工夫，便积累了大量资金。在此期间，他接触了许多社会名流和先进思想，成了名噪一时的进步乡绅。

奚碧泉还是一位书法家，他的书法早在二十世纪四十年代，就在冀东一带颇负盛名——他独创的"奚碧泉体"，成为人们争相欣赏、临摹和收藏的艺术品。《卢龙县志》载："奚碧泉（1906—1983），自幼爱好书法、绘画，家中藏有各种字帖和画册，他临摹郑板桥和魏碑体两种书法后，融为一体，自成一派。"

奚碧泉书法

奚碧泉自幼聪明过人，从小酷爱书画、雕刻。十七八岁时，他的字画十里八村就家喻户晓，年节及婚丧大事，大户人家都会请他写对子，偶尔几家赶到一块，十副二十副对子，不仅信手拈来，而且从内容到字体绝不重复。他从小研究各大名家的墨迹，30多岁时，篆、隶、楷、行、草等各种书体已无所不能，尤对隶书和魏碑体下功夫更深。在此基础上，他又潜心学习板桥体，吸取其精华，天赋加勤奋，使他的造诣有了长足的进展，很快便达到了自成一家的高品位。有些书画爱好者，把他新中国成立后临摹的毛主席诗词视若珍宝，至今仍谨慎收藏。

奚碧泉不仅崇拜郑板桥的字体，更敬重他的为人。郑板桥的除恶济贫、爱憎分明以及清高倔强、不落时俗的性格在奚碧泉的书画、人品中都能清晰可见，就连大号也仿效"板桥"而取之"野桥"。因而，他确是我县已故名人。

然而，在那腥风血雨的岁月里，他如何凭借自身的名气，充分利用社会上的合法身份，暗中成为共产党的秘密联络员，为我党提供枪支弹药、医疗设施等紧缺物品，又怎样多次营救我党政干部及亲属，帮助当地百姓逃离虎口，却一直鲜为人知。他的家乡离昌黎20多华里，是日本鬼子活动的猖獗之地，乡亲们经常进城赶集或到安山（今九龙山）办事，稍有不慎就会被兵痞、恶棍搜身毒打甚至关押，奚碧泉闻讯总会暗中打点、托人疏通，出面搭救。

1940年春，本村的乔福春被抓去征为治安军，家人找到奚碧泉后，他二话没说，立即四处打探，硬是把正在押往前线的乔福春从队伍中解救出来。1943年秋，村中的张世升、赵连荣、武成被安山的伙会以八路军嫌疑犯的罪名加以扣押，经奚碧泉担保释放；小李佃子有几位村民给八军购买油墨、纸张等紧缺物品，经常往返于昌黎天津之间。有一次，奚景海、奚凤田、胡振阁等八人在安山火车站被扣，蹲了一宿禁闭又押到昌黎日伪机关待审，奚碧泉深知事态的严重，他一面与安山的伙会头子联系，一面亲临昌黎派出所审讯现场，据理陈词，立字担保，终于使这八位老乡免遭灾难。

同时，在革命最艰苦的岁月里，奚碧泉还曾多次保护过我党的干部及其家属。八路军干部赵树田进昌黎县城工作多次被抓，都是奚碧泉机巧周旋将人释放；李大钊的亲侄子李海涛（曾任海南军分区司令员）日伪时期正在昌黎县城从事革命活动，一次被宪兵跟踪以共产党嫌疑分子之名遭监禁，奚碧泉慷慨解囊，重金打点，百般周旋，使其化险为夷；1944年秋，组织派遣我八路军战士潘某（潘贯各庄人）到昌黎县城收集情报，被南门守备军警抓获，他谎称奚碧泉的外甥来看望舅父，军警带他到印刷厂对质，奚碧泉将计就计，不仅使潘某转危为安，而且顺利完成了任务。

奚碧泉对我党干部及邻里乡亲热情似火，对地痞、恶霸却恨之入骨。他的亲侄子二国，英姿聪慧与他毫无二致，为人处世与他却大相径庭。奚碧泉帮扶过无数穷乡亲，搭救了众多受害者，从不求回报，受到人们的普遍尊重。二国却利用叔叔的威望四处敲诈、欺男霸女、无恶不作，成了当地一霸。奚碧泉曾多次管教、并正言厉色地警告他："如果你再不悔改，我就把你打成残废，宁可养你后半生，也不让你再祸害百姓。"然而，二国仍我行我素，本村、邻村的俊俏姑娘或漂亮媳妇，都难逃他的骚扰。更有甚者，当时的蛤泊大集，方圆百里闻名，滦县、乐亭等地的群众常赶蛤泊集。小李佃子村西的大桥是他们的必经之路。集日，二国不止一次站在桥中央，高举手榴弹，威逼行人掏出过桥费。

大家或碍于他叔的面子或慑于他的恶势力，都敢怒不敢言。由于民愤太大，奚碧泉冒着坐牢的危险，差人将其活埋了。为此乡亲们无不拍手称快。

奚碧泉的仗义疏财与爱憎分明早已得到共产党的赏识。昌黎新中国成立前，我地下党便与奚碧泉建立了秘密关系，以一块特别标志的红布作为联络交接的信物。并在奚碧泉印刷厂和小李佃子酒贩王辅清家分别设有两个联络点。当年，迁卢抚昌联合县派出的八路军联络员到昌黎敌占区执行任务，多数都是奚碧泉妥善安排吃住。八路军中的东利（化名、迁安人）、李权中（曾任国家旅游局领导）、孙颢（曾任唐山地区民政局局长）、张文浩（原唐山地区专员）、赵衡（曾任秦皇岛市政协主席）等人在我县工作时都曾与奚碧泉有过秘密联系。在我党最困难的时候，他曾多次为我们印刷宣传品、提供急需的医药用品和文化用品，并冒着生命危险，为八路军搞到敌人藏匿的13只大枪、780发子弹及其他军用物资。新中国成立前夕，他还亲自为我党画下昌黎城防图、秦皇岛兵力设防图，为我军顺利攻下秦皇岛、昌黎两城做出了特殊贡献。

"文革"期间，奚碧泉这位"资方代表"当然逃不过扫大街、挨批斗。直到1983年秋，奚碧泉仍然住在地震后的简易棚中。他在市政协主席赵衡的帮助下，通过县政协、县委统战部将自己的冤情反映到省委。1984年春，省委派人专门调查解决这位颇具影响的爱国民主人士的问题时，他已于1983年不幸去世，终年77岁。

孟昭天

孟昭天，1920年出生，历经抗战、新中国成立、跃进、"文革"、开放……早岁动荡的生涯没有毁掉老人的意志，反而铸就了他积极向上的精神。他说："我是从石画起步的……我是石匠的儿孙！我爷爷和父亲都是石匠，我是转了行的，呵呵。"或许就是孟石门的那一方水土积累了无数年的灵性，祖辈从石头上看出的美感都集中在了他的身上，从小表现出超凡的绘画天赋。父亲没有让他继承祖业，把他送进了学堂，知识赋予了他更多灵性，也开阔了胸怀。在战乱年代，他走遍了京津大地。后来考到北京读大学。其间，他拜访过很多学者，聆听过很多前辈的教诲，执着地用手中的画笔，描绘着心中那一方净土。知识的增高和积累，让他对画画有了更深的喜爱。他拜胡佩蘅、金哲公、钟质夫、晏少翔等湖社著名画师为师，学习山水、花鸟、人物画。他游走在林实馨国画补习学校、雪庐画社、故宫画院之间，贪婪地吸收着营养。

1943年，孟昭天告别北京，回到了家乡教书。1948年秋，唐秦大地解放，组织安排他到冀东军区建国学院学习。毕业后，他分配到唐山市文化馆任创作

组长。之后，他历任文化馆文宣部主任、文化馆副馆长、皮影团副团长、唐山艺校副校长、唐山市群众艺术馆副馆长、唐山市美术家协会一、二、三届副主席、中国美术家协会河北分会理事。并创建了唐山"五一"画社，参与筹建了唐山美术工作者协会。

新中国成立后的各种运动，没有停止老人艺术创作的步伐，相反，这一段时期，老人硕果累累。《长城脚下宝藏多》《古城纵横万世雄》《碧血铸山河》等画作相继问世，这些山水画作品雄浑峻厚、壮美高古，凝重中显婀娜、潇洒中出神韵，在河北大地引起了强烈的反响。辛勤的劳动和甘苦的付出，使老人和著名画家贾克、谷守一等人一起，被河北省文化厅列为专项补贴的画家。

1981 年，老人离休后，回到了久别的家乡孟石门。为了培养祖国下一代，孟昭天在石门义务举办了少年、儿童、青年、老年、中小学教师函授等各种不同美术学习班五十余期，学员人数逾千人。其间，他被聘为石门中学校外辅导员、被特邀为中国书画函授大学国画系主任，并被评为该校模范教师、也曾被特聘为中国书画艺术研究会理事、翰墨书画院院士、授予"中华老人艺术家"荣誉称号，连续五届当选为卢龙县政协委员。他自己笔耕不辍，300 多余幅作品在各级刊发表或选入画集，多幅作品被日本、美国和我国香港等海内外人士收藏。他还举办过《孟昭天离休 10 周年书画展》《孟昭天离休 20 周年书画展》《孟昭天师生作品展》《孟昭天画集》等。

如今，近百岁高龄的孟昭天老人居住在山海关关城南路一间清静的房子里，又别出心裁，用瓜子作画，创作出了大量的作品，并有意在出版《孟昭天离休30 周年书画展》专辑当中收录。

胡宝珊

胡宝珊，男，号"古月一人"，1932 年出生于河北省卢龙县城关四街。河北省书法家协会会员，原秦皇岛市书法家协会理事，原卢龙县书法家协会主席，海内外书画艺术联谊会会员，福建省金艺斋书画研究会理事。1985 年被聘为北京书画函授大学秦皇岛分校书法部主任，在书法专业班任教三年，渤海书画院授予高级书法家艺术职称。1998—2002 年在卢龙县老年大学书法班任教。

青年时代，胡宝珊先生的书法与篆刻艺术在唐山地区已颇负盛名，这得益于书香门第的家庭熏陶，和他自幼对书法篆刻的痴迷。少年在北平求学期间，住在姑姑家，曾得到姑丈温鹏年（北平专业书法家）的精心指导，并得以目睹到大量碑、帖真迹，名著、善本及书论、典籍。他多年坚持临池不辍，孜孜以求，力争"尚精""尚似"；更追其神韵，获益匪浅。由此打下了深厚的书法艺术功底。

二十世纪六十年代初，胡老对古文字发生兴趣，溯本追源，顺着文字发展的脉络，从殷商甲骨文到商周金文（大篆），六国异文都进行过探讨。尤其在甲骨文方面，无论是雄健宏伟的武丁时期的甲骨拓片，或工整凝重、温润静穆的祖庚年代的遗文；还是粗犷峭峻、绮侧多姿的武乙时期的精粹，均做过探讨临习。金文则从《毛公鼎》入手，得其"圆可循规，方能入矩，亦方亦圆，刚柔相济；坚韧纤徐，中含内敛，起止藏收，回曲婉延"之精妙。篆刻艺术从古玺和汉印中汲取营养，以甲骨文、钟鼎文入印；师古不泥，力追新意。曾模拟甲骨拓片，刻古今名言于其上，古为今用；并大胆创刻仿青铜器拓片，配刻金文名言警句，古朴高雅，颇受海内外方家赞许。

1957 年二十五岁的胡宝珊，正欲在教育事业上一展抱负，却不想，时代的鞭影已向他狠狠地抽来，他被打成了"右派"。第二年春天，他和其他右派一起被下放到土山劳动改造。和其他右派一起每天负重百里，上坡下岭地去挑水，肩膀上都磨出了血泡。1959 年，胡宝珊被降三级工资继续留在干校。这缘于他具有书写各体大字和钢板刻字的功夫。那时各种名目的现场会、展览活动非常频繁，大量场地需要美术装饰和布置，每次运动之后还要更换街道墙壁上的标语。因此，从 1959 年开始，他在唐山、昌黎、卢龙成了各单位的"抢手货"。那时，他常常穿一件周圈露了棉花的破棉袄，棉袄上沾满各种油彩，满脸的络腮胡子扎里扎煞的，脸形消瘦，没有表情。晚上还要给干校的学员上课，由于严重的营养不足和巨大的内耗，使他终于在一天早晨昏倒在宿舍的门口。

此后的二十年里，他一直病魔缠身——营养不良性脑供血不足、肝炎、心脏病、阵发性三叉神经痛、十二指肠溃疡、神经官能症，这些疾病常常是一个还没走远，另一个又来了，每日以药当饭，他变得骨瘦如柴、弯腰驼背、面色萎黄，未老先衰。……每当这时，他喜爱的那些文字又在他眼前跳跃起来，它们像一个个闪光的精灵，让他去凝视、书写和抚摸，他的心中又有了明亮坚挺的支撑。他告诫自己不要去想那些病痛，连这个瘦弱的身体都不应该属于自己，也不要为自己设计什么未来，只有把心思扎进那些文字的深处，才能感到妩媚与深邃，才能达到忘我的境地。没有资料，他到处寻找，没有钱买书，他就向朋友借……也许是他对文字的痴迷，感动了造字的神，他的病痛在草药和精神的作用下，慢慢地逃离了他的身体。

从二十世纪八十年代起，胡宝珊先生致力于书法教学工作，二十多年中，培养了一批又一批的书法人才。1985年曾被聘为北京中国书画函授大学秦皇岛分校书法部主任并在书法专业班任课三年。1998年起在卢龙县老年大学任教。对痴迷中国书法的银发老人及青少年学子们，他耐心指导，口传身教。曾书写各种书体字样二百余张，并亲自录制了几十盘讲课磁带。胡老的书法作品、小传已载入海内外正式出版的大型典籍、专集多部。从二十世纪六十年代起至今，作品曾参加国家、省、市各级展览二十余次。1991年，应台湾甲骨文学会特邀，为纪念辛亥革命八十周年举办的海峡两岸《当代书画名家作品遇合展》（在台湾台中市文英馆首展，后赴美、日、韩及东南亚各国巡回展出。）参展的甲骨文作品受到海内外人士的赞誉。

他亦是个杂家，对中华传统文化，特别是对古典文学、文物考古、音乐、工艺美术、民俗等都有较浓厚的兴趣。他治学态度严谨，一丝不苟，精益求精。在涉及有关学术问题上，从不妄加断言或人云亦云。在卢龙县地名资料考察及编审工作中，做过大量繁重细致的工作。尤其是在对民国二十年编辑出版的《卢龙县志》的誊写油印翻刻工作中，在他的带领下，全家利用一年的业余时间为县档案馆刻印了150部。在刻印过程中对原本中的舛错处做了认真的校订和修改，并逐条都做了详细说明，把全部繁体字改成规范的简化字。为全县的编志写史工作做了不小的贡献。

周德荣

周德荣，1938年11月生于抚宁县。曾任卢龙县文化馆副馆长，卢龙县第一、二、三届政协委员，第四届政协常委。河北省美术家协会会员；中国群众文化学会河北省会员；中国剪纸协会会员。1985 年 5 月
至 1988 年 9 月在中国书画函授大学任卢龙站站长。1998
年至 2001 年任卢龙县老年大学绘画班教师。曾撰写发表
群众文化、剪纸艺术论文、故事、文艺作品数十篇；曾
获"中国剪纸德艺双馨奖""共和国杰出剪纸艺术家最
高荣誉成就奖"等荣誉称号，2017 年 8 月被授予"国家
文化功勋人物"。

　　周德荣自幼痴迷民间艺术。1956 年 9 月抚宁师范毕业后，到卢龙县宋翟坨
小学教书；后又到刘田各庄公社文化馆做美术工作。1961 年 7 月调到卢龙县文
化馆做基层美术辅导工作，一直到病退，为推广卢龙县的民间文艺工作做了很
大贡献。

　　二十世纪五六十年代，在党委政府的支持下，文化馆承担了兴办识字班、
文化班的任务，当时有文艺班、美术班、幻灯班、曲艺班，等等。周德荣是文
化馆唯一的美术干部，许多工作都要他牵头去完成。1964 年初，他以应各庄公
社为典型下乡跑了三个月，走遍了全公社各村，树起了典范，对开展农村的文
化科技活动起到了宣传教育和推动作用，同时也发现了一大批爱好群众文化的
新人。于是，他们相继请伦宝善、张玉合、卢春然等师傅多次办秧歌班，请陆
云起、张守林、程万林等师傅办唢呐班数次，培养了一批民间艺人，继承发展
了卢龙农村基层文化艺术，活跃了农民的业余文化生活。

　　那时文化馆的任务非常繁重，为电影院画幻灯片、为书店布置门店、为剧
团画布景灯片，每年秋末还要搞农业展览，重点村的村史展……这些自然又落
到周德荣身上。1967 年至 1971 年间，全县内共 8 幅巨幅毛主席画像每年重画一
次，5 年 5 次共画了四十幅……几十年来，他工作上从来不分分内分外，都是全
力做好，圆满完成，得到了群众领导的认可和好评。

　　他一直单身在馆里奋斗，白天干，晚上打夜班，任劳任怨，从没叫过苦说
声累。那些年由他主持办过的大型展览有书画展、农业展览、毛主席是我们心
中的红太阳、阶级教育展、抗大展、富申庄村史展、水利建设——一渠百库展
等计三十几次。他爱人王宝环在抚宁县浅水营北村老家带着四个孩子过苦日子。
他回家探亲次数有限，为服从工作的需要，无力顾及家庭，造成妻子生病，落
下终身肾病。1992 年 4 月周德荣因为视力下降，眼疾严重申请病退。

　　退休后，对钟爱一生的艺术创作还是放不下，于是又开始大型壁画的创作。
在 1992 年至 2006 年间，由他主创发明仿景泰蓝浮雕壁画《八仙过海》《舞乐声
平》《燕鹿春晓》《古钱说》《孔雀牡丹》（花鸟）等在省级大宾馆、银行、酒店

展出；2006 年以后，由于视力进一步下降，他又开始木雕艺术创作，先后制作两件作品：木雕屏风《孔雀牡丹》（高 213 厘米，宽 224 厘米）、《和平、富贵山水画》（高 234 厘米，宽 300 厘米）。几十年间，对油画、中国画、年画、版画、连环画都有探索，代表作有《塞口之春》（版画）参加河北省政协举办的"国庆三十五周年大型书画展"并被收藏；1987 年《桃林口之春》（中国画）参加天津、河北四市十三县举办的"滦河流域书画展"；2003 年山水画《金山亭松风图》参加河北省少数民族书画展，获优秀作品奖。

　　他一生热爱剪纸，从 1956 年在河北画报上发表作品以来从未放手。二十世纪六七十年代经常有作品在《唐山劳动日报》《河北日报》《中国妇女》《体育报》《冀东文艺》等刊物上发表。1976 年被唐山劳动日报评为先进通讯员并出席了表彰大会，后被评为剪纸艺术大师，有多幅作品被评为金奖。2000 年第四届中国黑龙江剪纸艺术节活动中荣获"新中国剪纸艺术 50 年贡献奖"；2010 年 2 月"虎跃龙腾迎世博"剪纸在"迎上海世博会公益书画展"活动中获金奖；2011 年 5 月由卢龙县政协主编的《卢龙史画》出版印发 3.5 万册，主要插图由周德荣作 127 幅。2012 年 11 月庆党的十八大召开时，在"牡丹杯、全国艺术展赛"中《同舟共济》剪纸荣获金奖，入编《吉祥中国》牡丹杯全国艺术大展赛获奖作品集（中国文化出版社）。2013 年 12 月入编《感动世界》年度人物画册，作品有版画《温暖》、山水画《深谷流翠图》。2014 年 4 月，为庆祝中华人民共和国成立 65 周年，荣获"共和国书书画功勋奖"金奖，同时被授予"共和国诗书画功勋人物"荣誉称号。2014 年 11 月在纪念孔子 2565 周年诞辰活动中，书法作品《见贤思齐》《富国兴邦千载求索…孔学引领世界风》获银奖，入编《中国诗书画集》。2015 年在庆祝世界反法西斯战争暨中国人民抗日战争胜利 70 周年活动中，作品《扣马谏伐》《纪念抗日战争暨世界反法西斯战争胜利 70 周年》两幅剪纸作品被评为金奖，并被美国抗日战争胜利博物馆收藏。2016 年 6 月 28 日被评为"中国剪纸艺术大师"。12 月 6 日，篆书"飞天梦、强国梦、中国梦"，剪纸《金石为开》入选 2016 迎神十一载人航天飞行成功，中国当代书画名家精品展，作品被中华航天艺术博物馆收藏。2017 年 10 月 18 日，为庆祝党的十九大胜利于篆书《长征》《石留印，抓铁有痕》入展"献礼十九大，共筑中国梦中国当代书画名家精品展"，荣获金奖并编入《献礼党的十九大共和国史册上的中国当代书画名家大典》。2018 年 6 月，篆书《绿水青山就是金山银山》《雄关漫道真如铁，而今迈步从头越》作品，在翰墨中华国粹经典纪念改革开放 40 周年中国当代书画名家精品展全国大赛中荣获金奖，编入《盛世中华翰墨名家大典》。

陈风

陈风，1937年生，笔名郑兴；河北卢龙人；民盟成员；1966年毕业于吉林省函授学院中文系。1968年参加工作，历任吉林省《浑江工人》，临江林业局《临江林讯》主编，中国林业文协副秘书长，《中国林业文学》杂志部主任，《林业文坛》杂志副主编，副编审。中国林业文学工作者联合会、中国企业文化促进会副秘书长。1963年开始发表作品。1995年加入中国作家协会。著有长篇小说《抗联的后代》，散文《待寄的双山木雕》，短篇小说《项目问题》《红石》《绿色忠诚》《绿色的森林》《老场长的情怀》等。报告文学《绿色文明的护卫者》获林业部嘉奖，《耀金闪玉的群雕》获中国文联十部委联合征文二等奖，《绿色之光耀眼明》获林业部优秀作品奖，《祭起法宝绿乾坤》获《中国林业》征文二等奖。

赵勤轩

笔名冰轩、赵文。河北卢龙人。中共党员。1962年毕业于吉林大学中文系。同年入伍，任原总参谋部某部参谋，后调军事科学院任军事学术杂志社、《国防》杂志主编，研究员。荣立三等功。1979年开始发表作品。2004年加入中国作家协会。著有童话、杂文、文艺评论及长篇战争纪实文学《沈阳1948》《东北解放大全景》《梦断长河》《马占山抗日传奇》《朱克靖传》《碧血黄花》等多部。

杨鹤楼

笔名叶今。河北卢龙人。中共党员。1961年毕业于西安煤校地球物理勘探专业。历任中南130水文物探队、广西150地质队技术员，德保铜矿新闻干事，广西冶金研究院秘书，《中国有色金属报》广西记者站站长，副编审，中国有色金属南宁公司党组成员、纪委书记。广西作协第四届理事，广西科普作协副理事长，广西科学文艺委员会主任。1958年开始发表作品。1985年加入中国作家协会。著有童话集《神奇的宝山》，诗集《彩石情》《鹤楼诗选》，散文诗集《博格达之恋》，散文集《西部萍踪》及《外国谚语选辑》（合作）、《科学家的童年》《古调今弹》等。《按住地球的脉搏》获全国13家晚报征文优秀作品奖，《神奇的宝山》获广西首届科学文艺创作三等奖，《科学诗创作》获广西科普作协1990—1991年论文一等奖，《彩石情》获广西第二届科学文艺创作三等奖。被评为1990—1996年度广西优秀科普作家。2006年获广西科普创作终身成就奖。

宋坤

宋坤，1951 年生人，河北省卢龙县人。中国作家协会河北分会会员，河北省杂文学会理事，中国民间文艺家协会会员，中国诗词协会会员，中国孤竹文化研究中心副主任。著有杂文集《虎头石漫笔》，主编报告文学集《孤竹魂》，文史论文集《中国孤竹文化》《京东第一府》《古今石门》《走近刘田各庄》《诗话孤竹》。发表在《人民日报》海外版上的三篇乡土杂文获河北省文艺振兴奖。

一、杂文领域崭露头角

宋坤从二十世纪七十年代开始喜欢杂文，热爱杂文，写作杂文。零零散散的在《唐山劳动日报》《河北日报》上发表了一些杂文作品。进入八十年代中期以后，宋坤的杂文创作达到了顶峰。先后在全国各地一百多家报刊发表杂文作品数百篇。全国性报刊主要有《人民日报》、《人民日报》海外版、《光明日报》、《中国青年报》十多家。省级报刊主要有《北京日报》《天津日报》《河北日报》《河南日报》等三十多家。宋坤在全国地市级报刊发表的杂文更是数不胜数了，发表最多的还是《秦皇岛日报》。

也许宋坤不具备某种天赋，使他在官场节节败退，不到四十岁，便从县委常委、县委办公室主任的位置上辞职不干了，到县文联去爬格子。也许是宋坤具备某种天赋，使他在杂文领域大显身手，如鱼得水，在秦皇岛，在河北，在全国都小有名气了。

1985 年 7 月 1 日，《人民日报》海外版创刊。稿件通过卫星发往纽约、旧金山、东京、巴黎等地印刷，在全世界八十多个国家发行。年底，宋坤去省会石家庄参加河北省杂文学会理事会，也叫杂文年会。会上，获悉《人民日报》海外版第二版是个言论专访版，《望海楼随笔》专栏专门刊登杂文随笔。当时，《人民日报》海外版什么样？《望海楼随笔》什么样？他一无所知。回来后，他订阅了一份《人民日报》海外版，抱着试试看的态度，为海外版写了一篇杂文《论猫的功过》，钢笔抄写，一稿一投。稿件发出后半个月，1986 年 1 月 10 日，《人民日报》海外版《望海楼随笔》专栏原文发表了，并使用了作者原稿手写体签名。第二年，宋坤去石家庄参加杂文年会，参观了河北省杂文成果展览，居然看到美国旧金山华文报纸《时代报》转载了宋坤的杂文《论猫的功过》。

开弓没有回头箭。宋坤主攻海外版，一箭中的，从而一发不可收。杂文写作的实践，使宋坤形成这样一个习惯。日常生活中，通过一件事，一个人，一个故事，一场电影，往往会突发灵感，脑海里会蹦出活灵活现的杂文题目。由于没时间写，他就把这些杂文题目写在笔记本上。久而久之，就形成了杂文题目库。他从自己笔记本中的杂文题目库里选了几篇，急就成篇，发往海外版。1986 年 3 月，《人民日报》海外版第二版就发表了宋坤五篇杂文随笔。同一个作者，同一张报纸，而且是在国内，在世界都具有广泛影响的中共中央机关大报，发表五篇文章，在《人民日报》，在《人民日报》海外版是独一无二的。这一年，宋坤在《人民日报》海外版上发表了十多篇杂文随笔。

宋坤在杂文领域，视野越来越开阔，朋友越来越多，发表杂文的园地越来越多。全国各地，除了"台湾"、西藏、新疆、青海、内蒙古等省市自治区省级报刊没有发表作品外，其余省市自治区的报刊，都发表过宋坤的杂文作品。

上海的《文汇月刊》，自从 1980 年横空出世以来，得到国内最优秀的作家、艺术家的支持：巴金、茅盾、叶圣陶、夏衍、冰心、丁玲、王蒙等等，都在《文汇月刊》发表过文章。换个角度说就是，《文汇月刊》注重名人。在全国没有一定影响的作者，想在《文汇月刊》上发表作品，简直势比登天。然而宋坤写了一篇《焦大不该吃老本》，投给了《文汇月刊》。奇迹出现了，稿件发出去不久，1987 年第 6 期《文汇月刊》居然发表了。宋坤的杂文，堂而皇之地登上了令人望尘莫及的大雅之堂。时隔半年，宋坤的杂文《那仁福的幽灵》又在 1988 年第 1 期《文汇月刊》发表了。1990 年 7 月，《文汇月刊》辉煌了十个春秋后被迫停刊了。宋坤再也不能在《文汇月刊》上发表作品了。这两篇杂文，成就了宋坤与《文汇月刊》的一段情缘。

一分耕耘，一分收获。宋坤的杂文，在全国各地引起一定影响。《中国青年杂文选》《全国青年杂文选》《新杂文集》等杂文选集纷纷选登宋坤的杂文。1989 年，河北省杂文学会会长杜文远主编了一本《杂文百家专访》，收录全国 70 多名著名杂文家的近照、小传、专访和代表作，宋坤列入其中。与夏衍、廖沫沙、唐弢、秦牧等一系列杂文大家共聚一堂，宋坤感到无比的自豪。1991 年，河北省杂文学会会长楼沪光主编了一部《中国杂文鉴赏辞典》。分为古代编、现代编、当代编，收入 416 位杂文家的 520 篇佳作予以鉴赏。宋坤发表在《人民日报》海外版上的《酒不醉人人自醉》收录其中。与古代编的孟子、屈原、荀况、陶渊明、王安石等，现代编的陈独秀、李大钊、鲁迅、巴金、郭沫若等，当代编的夏衍、陶铸、吴晗、廖沫沙、华君武等共聚一堂，宋坤又一次感到荣幸和自豪。

1989 年，宋坤发表在《人民日报》海外版上的《家乡的秧歌》等三篇杂文获河北省文艺振兴奖。这一年，河北省评选文艺振兴奖，杂文体裁只给两个名额。而河北省的杂文家，林林总总不下一个加强排。省会石家庄，更是龙盘虎踞。然而，评选揭晓了，滦南县石飞的《夜垦集》和卢龙县宋坤发表在《人民日报》海外版上的《家乡的秧歌》《杏林春色》和《倒映西湖的启迪》等乡土杂文三篇荣获河北省文艺振兴奖，并荣立省级三等功。

1989 年，宋坤的红楼梦系列杂文，获河北省金蔷薇杂文奖。

1989 年，宋坤的杂文集《虎头石漫笔》，作为《中国当代杂文丛书第四卷》，由花山文艺出版社出版了。

1989 年，宋坤的红楼梦系列杂文，获河北省金蔷薇杂文奖。

1989 年，宋坤的杂文集《虎头石漫笔》，作为《中国当代杂文丛书第四卷》，由花山文艺出版社出版了。

二、报告文学园奋力打拼

宋坤参加工作后不久，在卢龙县委宣传部做了十年新闻报道工作，钢笔字变成铅笔字，姓名见诸报端，属于家常便饭。但是宋坤不满足，他瞄准了报告文学，致力于报告文学的研究与写作，在报告文学这块园地奋力打拼。特别是到县文联、县文化局工作以后，作为县文联党组书记，文联主席，文化局局长，他有责任、有义务团结和带动县内文学爱好者用手中的笔，讴歌全县社会主义建设、改革开放、四个现代化和两个文明建设中发生的巨大变化，涌现出来的英雄模范人物，凝聚社会主义正能量，激发人民积极向上的革命精神，促进国民经济和社会各项事业的发展。

若干年来，宋坤撰写了《年轻的生产队长》《刻在童心上的丰碑》《走出死亡谷》《禹的传人》《玄水河畔杨家坡》《傅建中印象》《张胜利的胜利情结》等一系列报告文学，在各级报刊、出版社发表。卢龙县自二十世纪七十年代以来，历届县委、县政府接力治水，修水库、筑塘坝、挖大渠，建设水利化，改变了卢龙县十年九旱的局面。桩桩往事，感人肺腑。宋坤在大量调查研究的基础上，写出《禹的传人——卢龙县二十年接力治水纪实》的报告文学。1991年，河北作家尧山壁、刘小放主编并出版了报告文学集《中国风》，收录全省33 篇优秀的，有一定影响的报告文学，书中的第二篇就是宋坤的《禹的传人——卢龙县二十年接力治水纪实》。此外，宋坤还把全县文学爱好者撰写的优秀报告文学搜集起来，汇编成册。宋坤、田敏主编了《孤竹风·印青济秦专号》《孤竹风·计划生育专号》，还主编出版了报告文学集《孤竹魂》。

三、孤竹文化传承一马当先

卢龙，是个具有三千多年历史的千年古县。以源远流长、多彩多姿、举足轻重的玄水文化、农耕文化、青铜文化、道德文化为核心的孤竹文化，在这片土地上辉煌了三千年，传承了三千年。特别是伯夷、叔齐让国全仁、谏伐存义、采薇守节衍生的孤竹道德文化，古往今来，在全国以及对世界周边国家，均产生了广泛的影响，对孔子儒家思想的形成，也起到一定源流的作用。

宋坤担任卢龙县文化局长、文联主席不久，就致力于孤竹文化的研究与挖掘。同时还发动宋海斌、席立新、张树满等一些爱好者共同研究。1996年，自发成立了孤竹文化研究会，宋坤当选为会长，宋海斌、席立新为副会长。他们的研究成果，除了在一些省市级报刊公开发表外，还辑印成册，宋坤为主编，书名《孤竹史稿》。《孤竹史稿》属于内部资料，没有书号，非公开出版物，装帧不精，印数不多，但是在县内、市内、省内都引起了广泛影响。秦皇岛的，唐山的、石家庄的，以及韩国的学者，都来索要《孤竹史稿》。燕赵书库丛书编委会，也专门打来电话索要，说如果没有原书，复印件也行。

2004年，卢龙孤竹文化研究会根据秦皇岛市政协原副主席李书和的建议，更名为秦皇岛孤竹文化研究会，会长是时任卢龙县委副书记的薛顺平。薛顺平记者、编辑出身，对中华民族传统文化一往情深，对孤竹文化更是情有独钟。他率先打起孤竹文化的大旗，带领一批人，在挖掘、研究、弘扬、打造、传承孤竹文化上稳步前行。不久，薛顺平主编，宋坤、田爱军为副主编的《卢龙记忆》出版了，在孤竹文化研究领域一炮打响。2009年，随着卢龙县被国家命名为中国孤竹文化研究之乡，中国孤竹文化研究中心在卢龙县同时落地命名。薛顺平、宋坤、宋海斌等人兵合一处，将打一方，合力打造中国孤竹文化，孤竹文化研究与传承循序渐进，风生水起，真正形成了继承和发扬中华民族传统文化的正能量。2012年，卢龙县把中国孤竹文化研究中心列入政府事业编制，把业已退休的县人大常委会副主任、中国孤竹文化研究中心常务副主任宋坤请回来驻会办公，并聘用了几名专业研究人员。宋坤似乎又一次如鱼得水了。他全身心投入孤竹文化研究之中。几年下来，主编并公开出版了《中国孤竹文化》《京东第一府》《诗话孤竹》《古今石门》《走近刘田各庄》等一系列专著。燕赵文库是河北省大型文化丛书，工程浩大。宋坤主编的《孤竹国史论》收入其中。这是秦皇岛市唯一一本入选燕赵文库的书籍。

席立新

席立新，笔名梅里，1962年生，大学文化，现为中国作协会员，中华诗词学会会员。20年来，他勤于文学创作，作品散见《天津文学》《长城》等文学期刊，著有中篇小说集《痛苦的生命》，长篇小说《河戒》《佛耳山歌》《采薇歌》，诗集《梅里诗词选》等，其中《河戒》荣获河北省"五个一"工程奖。

席立新，卢龙县刘家营乡鹿尾山村人。村前，就是青龙河。青龙河水，蜿蜒流淌，用它壮阔的身躯，哺育了两岸的生灵，浇灌着肥田沃野，既是人们的生活之源，也传递着朴素、独特的文化源泉。席立新在青龙河畔长大，他沐浴山河灵气，根系乡野之间，用手中的笔，调动全部的才情，完成了一个地域作家从青涩萌芽到瓜熟蒂落的创作之路。

1982 年，席立新进入刘家营中学，成为一名民办教师，三尺讲台，并不能全部燃尽一个热爱文学的青年的胸中之火。他订了大批文学刊物，也萌生了试着写一写的冲动，却没想到的是，这一写，就是几十年。最初写的多为诗歌作品，后期开始写小说。20 世纪 90 年代初，他将写过的短篇小说结集出版，名为《痛苦的生命》。这些小说，在他看来，多数带有青春成长的烙印，虽然并不成熟，但反映了一个青年在现实面前的苦闷、彷徨的心态，是当时自己生命阶段的真实写照，这些作品，尽管多有模仿的成分，但已经初步建立了自己的写作风格，那就是立身于自己生之以斯、长之以斯的土地，例如《宁静的夜》就是以引青济秦工程为背景，描写青龙河上一家人在即将面临河水被引走时的惆怅心情，堪称文集中的代表之作。

1989 年，席立新正式调入卢龙县文联，从此走上专职创作之路。1990 年，他又被调入县委组织部，担任组织部副部长，2009 年又兼任县人事劳动和社会保障局局长，在这段成为基层领导者的岁月里，他没有放弃写作，相反，丰富的社会实践和工作经验，促成他对社会变革进行了更深入的思考和探索，也让自己的创作，走出"情绪化"时代，从写"小我"变成了写"大我"。

从 2009 年开始，席立新历时三年，完成以青龙河为背景的长篇小说《河戒》的创作。《河戒》的故事，简单概括就是"三个家族，一条河流，六十年历史"。小说故事跨度从 20 世纪 50 年代合作化生产队阶段开始，一直写到 1978 年改革开放至今，重点描写了王家三代人在青龙河的生活，从第一代人物王三木到第三代人物王水强，他们亲眼见证了青龙河随着时代发展、变迁的历史，也目睹了一个村庄历时半个世纪的沉浮，从政治结构变革、生产关系变革到风俗习惯演化，直至人性人情蜕变，青龙河在时代大潮中浮沉潮落，不停地发生着变化，但以王家人为代表的乡民们，一直坚守着护卫家乡河流的清澈与纯净，与破坏河流的各种势力做着不屈的斗争。书中一个个鲜活的人物，虽是文学创作，但都有其原型，从父辈席廷高开始，直至身边的伙伴、朋友、乡亲们，都为席立新创作人物，提供了丰厚的生活基础。而书中的故事，也多数来源于他的所闻所见。

席立新亲眼看见了青龙河几十年来的发展历史，也痛惜地发现，随着现代化脚步的迈进，为了追求眼前利益，青龙河遭遇到的种种人为的破坏、污染的现实，美丽、清澈、一尘不染的河岸，近年来，却被非法牟利之人投放鱼糖精、火药炸鱼、引走河水、伐林盗木、挖沙卖地……在现代化的进程中，环境的破坏，像一只利箭，射在了他的心上，让他痛心、伤心，也忍不住用手中的笔，大声疾呼，保护环境，保护青龙河……而多年来对于基层工作的亲身实践，也让他更加了解基层群众的所思所想，生活中的酸甜苦辣，甚至在农村土地改革，所面临的尖锐的问题与矛盾……这些思考，都集中反映在了这部地域文学之中，可以说，从一个纯自然状态的写作模式，转为现实主义写作者，是席立新十几年来，在写作生涯中的成功转型。

2013 年《河戒》一书由长江文艺出版社出版发行，受到读者和评论界的好评。著名评论家冯立三认为"《河戒》以青龙河之历史演变为总体象征，意象映照人间沧桑，它将一个村庄几个家族历经半个世纪的沉浮、悠长的故事，以其多视角、多色彩，细致入微的摄入小说，使它显得结构宏大，内容厚重，既有认知价值又有审美意义。"《河戒》也荣获了当年年度的河北省"五个一"工程奖。在《河戒》之后，席立新更坚定了以家乡为背景的现实主义写作之路，相继创作出版了以农村土地改革为背景的长篇小说《佛耳山歌》、描写伯夷叔齐在卢龙的历史题材小说《采薇歌》等作品。

而对于古诗词的喜爱，则让席立新更好地完成了他的使命。席立新在写长篇小说的同时，多年致力于古典诗词的创作，曾在全国许多诗词大赛中都获得过金奖，他曾出版过专业古典诗词集《梅里诗词选》，也曾主编过《中国诗词选刊》等，因为在诗词方面的成就，他是中华诗词学会会员，也是河北省诗词学会副会长、秦皇岛诗词学会会长，成了秦皇岛古典诗词创作者的带头人。

席立新不仅是一个作家，作为卢龙县作协主席，他还是基层作者们的组织者和领导者，在他努力创作的同时，也培养了一批有志于创作的基层文艺作者。为了提供家乡文化的品位和格调，席立新经常组织各种文化交流、学习活动，成为当地乃至秦皇岛较有影响的文艺活动家。

宋海斌

2012 年 8 月，他的孤竹文化研究专著《东方德源——伯夷叔齐史话》荣获秦皇岛市第六届社会科学成果一等奖。

2018 年 9 月 27 日，中国孤竹文化研究中心主任薛顺平在主持清圣山伯夷、

叔齐雕像揭幕仪式时对他的孤竹文化研究成果给予充分肯定："毫不夸张地说，宋海斌先生的一项项文史研究成果，代表着现阶段中国孤竹文化研究的最高水平和最大视域，具有坚实的长远的基石价值。"

2018年12月1日，中央广播电视总台《平语近人——习近平总书记用典》12集节目中5集思想解读人、中共中央党校王杰教授对他创作的《观平语近人　品夷齐美德》系列观感给予高度评价："宋海斌同志撰写的《观平语近人　品夷齐美德》，体现了高度的政治敏感性，较强的学习领悟思考能力、孜孜不倦的求学精神、严谨细致的治学态度，在学海书山中挖金掘宝的顽强毅力令我十分钦佩，堪称基层国家公务人员、党员干部学习宣传推广普及国学的一个范例。"

2018年12月3日，时任秦皇岛市委书记孟祥伟就他创作的《观平语近人　品夷齐美德》系列观感作出批示："'伯夷、叔齐，古之圣人也！'这是中华民族，更是秦皇岛的宝贵财富，我们应倍加珍视！海斌同志研究经年，颇有收获，应大加弘扬。此文旁征博引，借古喻今，意味深远广大，应采取多种形式予以推介宣传。向海斌同志致敬！"

2019年1月1日，中华竹氏文化研究会授予他孤竹文化研究特别贡献奖。

2019年1月23日—25日，韩国翰林大学中国学系教授金敏镐慕名专程来到秦皇岛与他进行孤竹文化学术交流。

他，就是现任秦皇岛市人大常委会研究室主任、中国孤竹文化研究中心副主任宋海斌。

宋海斌，1965年出生于河北省卢龙县下寨乡丁家沟村，1979年7月至1981年7月在卢龙县中学读高中。1985年7月河北师范大学中文系毕业之后，先后在卢龙县委宣传部、卢龙县委办公室、秦皇岛市人大常委会工作，曾任卢龙县委办公室副主任兼县保密局局局长。从1995年起先后任卢龙县孤竹文化研究会、秦皇岛市孤竹文化研究会和中国孤竹文化研究中心副主任。

2007年11月，党的十七大提出构建和谐社会。宋海斌敏感地意识到，伯夷叔齐的故事所凝结的道德内涵对建设和谐社会的现实意义。于是，他以一个卢龙人对家乡的浓烈社会责任感，以一名"孤竹后裔"对传承弘扬孤竹文化的强烈历史使命感，开始致力于孤竹文化的深入挖掘研究。随着研究的不断深入，占有文史资料的不断丰富，他每每喜出望外，时时兴奋异常，越来越深刻地感受到孤竹文化的博大精深，伯夷叔齐道德精神内涵之丰富，影响之深远，逐渐形成了独特的宽广视野和知识架构。历时三年，2012年10月由中国文史出版社出版了中国历史上第一部孤竹文化和伯夷叔齐道德文化研究的史学专著《东方德源——伯夷叔齐史话》。站在商末周初的伯夷、叔齐在距今上下三千年的历史时空上，将伯夷叔齐用一个"德"字牵引，伯夷叔齐德扬孤竹文化、德连两岸亲情、德创十姓始祖、德感百家圣贤、德垂千秋青史、德誉万代文宗、德聚亿众民魂，从中国的思想史、历史、文学艺术史、人文教育史、现代革命史等方面，以磅礴富厚的文史资料，用章回体小说的结构、散文的笔法写史学研究论文，构筑支撑起伯夷叔齐——世界东方传统道德重要起源之一的信史新论，从而拓耕出孤竹文化研究的崭新天地、广阔空间和丰硕成果。使孤竹文化超越了卢龙县和秦皇岛市地域文化的范畴，上升到中国传统文化的重要根脉、儒家思想的重要源泉、中华民族传统美德的重要起源的地位，为面向全国乃至世界宣传推广孤竹文化奠定了深厚的文化底蕴和牢固的文化根基。

宋海斌在创作完成《东方德源——伯夷叔齐史话》的基础上，又把拓耕着力点转移到挖掘伯夷叔齐的道德内涵上，2014 年 1 月由中国文史出版社出版了另一部专著《夷齐梦》。立足于伯夷叔齐不仅集中华民族传统美德于一身，是中华民族传统美德最初始、最完整、最完美的体现，而且是重要起源的总体论断，用四字成语的形式，分设古之贤人、圣之清者、礼让为国、叩马义谏、顽廉懦立、耻食周粟、求仁得仁、睿智刚勇、忠君爱国、精诚笃信、恭敬孝悌、隐居求志、首阳高节、安贫乐道、特立独行、不念旧恶、长幼有序、志同道合、和合二仙、矫弊救时、百世之师、东方德源等 22 篇，加之 300 多幅珍贵图片，用通俗易懂的语言讲述伯夷叔齐的故事，分析伯夷叔齐的道德内涵，介绍伯夷叔齐的道德影响。为更加便于大众传播，还创作了《夷齐三字经》和《夷齐赋》，作为《夷齐梦》的附录。

夷齐圣贤百世师，夷齐品德师百世。宋海斌以严谨认真的态度和丰厚的文史资料论证被孔子称为"古之贤人""求仁得仁"、被孟子称为"圣之清者""百世之师"的伯夷、叔齐的道德内涵。伯夷、叔齐是中国历史上唯一的互让君位的"礼让为国"者，是精诚守信的楷模，是恭敬孝悌的最高境界，是"天下义感之始"，是知耻拒辱的道德实践者，是穷天地亘万世的特立独行者，是忠君爱国的表率，是民族气节的象征，是隐居求志的始祖，是反对以暴易暴、倡导和平的先驱，是志同道合的"和合二仙"，是杀身成仁的求仁得仁者。伯夷、叔齐所凝结的道德精神，是仁智勇"三达德"、礼义廉耻"四维"、忠孝节义"四字"、仁义礼智信"五常"、忠信孝悌礼义廉耻"八德"等中华民族传统美德最初始、最完整、最完美的体现，不仅集中华民族传统美德于一身，而且具有独特的起源地位，这在中国历史人物上是极为罕见、绝无仅有的。由此，也奠定和抬升了孤竹文化在中国传统文化、中国传统道德文化中的独特地位。

拓耕永无止境，求索永无止境。2018 年 10 月 8 日至 19 日，由中共中央宣传部、中央广播电视总台联合创作的《百家讲坛》特别节目《平语近人——习近平总书记用典》在央视综合频道首次播出。宋海斌以孤竹文化研究者的独特视角，敏感地发现 12 集节目贯穿着一条道德主线，丰厚的孤竹文化和伯夷叔齐道德文化知识底蕴使他自然而然地把每集节目中谈论到的古籍典故和历史人物与伯夷、叔齐联系起来，一方面是这些历史人物对伯夷、叔齐的评价，另一方面是伯夷、叔齐对这些历史人物思想和行为的影响。由此，他萌生了撰写《观平语近人 品夷齐美德》12 篇系列观感的想法。从 2018 年 10 月 30 日至 2019 年 1 月 15 日，《秦皇岛日报》在二版时评版开设《观平语近人 品夷齐美德》专栏，连续 12 周刊载宋海斌的 12 篇观感文章。《观平语近人 品夷齐美德》还先后在秦皇岛文化活动、秦皇岛发布、秦皇岛文明网、河北民主法制网、中国文明网等媒体连续刊载。秦皇岛电视台专门录制《观平语近人 品夷齐美德》五期电视讲堂节目，在 2019 年 9 月至 2020 年 3 月开展"不忘初心、牢记使命"主题教育和疫情防控期间先后三轮播出。《观平语近人 品夷齐美德》系列观感紧密结合学习贯彻习近平新时代中国特色社会主义思想和开展"不忘初心、牢记使命"主题教育，生动而深刻地解读和阐释了伯夷、叔齐的道德精神对于传承中华民族传统文化和传统美德，培养和践行社会主义核心价值观，加强党员干部理想信念、爱国廉政教育的现实意义和永恒价值，产生了强烈的社会反响，形成了积极的社会影响。

"我拿什么奉献给你？我的家乡？"

"我们应该树立高度的文化自觉、文化自信和文化自强意识，面向全国乃至世界，大力弘扬孤竹文化和伯夷、叔齐道德精神，使之成为省内广泛认知、在全国叫得响的文化品牌，向外宣传推介的文化名片，开展公民传统道德教育的生动教材。通过长期不懈的努力把孤竹文化和伯夷、叔齐道德文化资源转化为文化产业优势、旅游开发优势、经济发展优势，切实发挥文化引领风尚、教育人民、服务社会、推动发展的作用。"这就是热爱家乡的"孤竹后裔"、孤竹文化的拓耕者宋海斌对卢龙县寄寓的期盼和希望！

谢飞

初识谢飞先生，就感觉他是个念旧的人。说话很爽快，语气很温和，字里行间透漏着对自己当知青时的人和事的怀念。陪着他乘车走了几个当时他曾留下印记的地点，听他叙述当时在卢龙生活的点点滴滴，就能感觉出来这人数十年来是怀着感恩的心态活着的。人在社会中浮浮沉沉，会沾染上各种颜色，一个人能这样把赤子情怀长久保持，是殊为让人感佩的。就是这种感觉，不禁让我有了进一步了解他的冲动和想法。

当时我们曾把车停在阳山脚下引青渠边，他画了一张山水写生，这也是我第一次接触到他的绘画作品。

他画的很流畅，墨色运用十分丰富，线条也很利落，造型非常到位，一看就是基本功非常扎实，肯定是有西画功底的。说实话，我此前不是很主张把西画的技巧运用到中国画中，虽然我也是西画起步的，但总感觉这样似乎是冲淡了中国画的文人味道，所以一直对这个路子不是很赞同。当然，我也没有权力否定这一点，因为很多国画大家就是这么做的，中西合璧在很多人看来也是一种前进的方向，因此只是个人单纯的不喜欢而已。可谢飞先生的画笔，却让我改变了以往的观点。从他的笔下，我感受到了一种扎实的美感，在严谨的墨色中体现酣畅，在规矩的笔法中体现随性，一切都是那么的自然，这让我有了一种醍醐灌顶的感觉——原来中国画的文人味道也是可以通过扎扎实实的描写来体现的，这条路子也不是不能走，而是我以前见得少了。

后来，接触的多了，看到谢飞先生的作品也多了，这种感觉就更加突出了。在卢龙的展览，他拿出了三幅国展巨制；在雄安新区举办的三人展，他一下子拿出了二百余幅写生小品；在他的画室，我更是看见了他悬挂在墙上的精心力作。从作品的规格、数量和质量，不难看出他的勤奋，更不难看出他品质追求。每一幅画，都能深切体现出他的匠心独造，都能流露出他做人严谨而又洒脱的性格。他的大型画作，在传统中展现创新，墨色斑驳沧古，线条灵动飞扬；他的小品山水，在严谨中孕育和谐，情调安宁静谧，色彩淡雅怡心。他的画作既没有笔墨的堆砌，也没有重复的雷同，更没有浮华的夸张，就是那么的简简单单的伫立在那里，可你仔细审视，却又是那么的又富有内涵，又是那么的生机勃勃，把中国画的文人气质体现的那么淋漓尽致。当你在他的每一幅画作中走进走出，绝对会不禁感叹，艺术从来就不是简单的描摹啊！他师从常开愚、胡佩衡、秦仲文和姚治华等先生，又走出了这些先生的窠臼，博采众长，自成天地；他借鉴宋代马远、夏圭的格调，却又比他们更加靠近现实，更加接近地气。冰寒于水，青出于蓝，千淘万漉虽辛苦，吹尽狂沙始到金。他确实做到了"君子博学而日参省乎己"，终得明心见性，百炼成钢。

艺术到了一定的程度，就一定会产生争议，就会有喜欢和不喜欢。有人喜欢齐白石，有人则更喜欢徐悲鸿；达芬奇在活着的时候就功成名就，梵高在活着的时候却穷困潦倒；张大千的画作供不应求，黄宾虹的画作却在角落里沉默了几十年。艺术作品价格的高低，有时候受世俗的影响很大，但艺术作品的好坏，却需要时光的检验。齐白石在一幅《瓷盘蜜蜂图》画作上题写："能喜此帧者他日不能无名"。老人一条线练了二十余年，但他知道，这种精彩老百姓其实是看不懂的，所以他题写了这样的句子，这就是曲高和寡。但白石老人的画还是得到了老百姓的认可，不懂没关系，喜欢就好。我想，观看谢飞先生的画，人们有时候也会有这种感觉。他们未必懂得积墨的艺术魅力，也未必懂得线条的张力，更未必懂得构图的奇正，但他们却能说出这画好不好看。曲高和寡是一种境界，雅俗共赏也是一种境界。谢飞先生的画，就是做到了这两点。先生的画是朴实的、浑厚的、招人喜欢的，所以他的画不会像黄宾虹先生的画作那样被埋没。这就像是他的人，怀着感恩的心态，用着温柔的语气，委婉地述说着对人生的理解，对生活的赞美，总能让人在不知不觉中走近，总能让人在不知不觉中亲切。他的画有着艺术的高度，几十年的耕耘，几十年的总结，都蕴含在笔墨之间；他的画有着平和的语言，那山、那水、那人，就是我们回首一瞬的永恒。

燕山不像太行那样吸引画家，因为燕山很少有太行那样的悬崖峭壁。可燕山一样吸引着画家，因为燕山一样的厚重挺拔。春花是燕山的妩媚，白云是燕山的梦想，西风是燕山的旷达，长城是燕山的脊梁。就在燕山的怀抱，谢飞先生喝着燕山的河水长大，他走遍了燕山的沟沟岭岭，对燕山有着母亲一样的感情。所以他写燕山，画燕山，所以他想打造燕山画派，他想把同样被燕山哺育的一群志同道合的人、孤竹的艺术儿女们聚拢在一起，一起为燕山母亲高歌，一起为燕山母亲梳妆。所以，在他的画作里面，他勾勒出了燕山的月，燕山的云，燕山的雨，燕山的风，燕山的石，燕山的树，燕山的路，燕山的河，燕山的城，燕山的人，燕山的梦，燕山的魂……谢飞先生的画，有着燕山的空灵，也有着燕山的厚重；有着燕山的妩媚，也有着燕山的苍凉。从他的画里，我多次寻找到了诗词的灵感，我曾为自己最喜欢的他的一幅《燕山石阶》题写了一首小词《卜算子》："小路向高山，婉转清河水。一片帆来一片歌，雨后寒林北。岭上卧浮云，过眼千千岁。多少春秋多少人，梦里长回味。"千人过眼千般意，这或许只能叙述出我的一种感觉，远不足以表达先生画作的意境，这里写出来仅做笑料耳。

艺术从来都是负重前行的，没有担当的艺术是苍白无力的。闲谈中，我曾经问过谢飞先生："创作的热情来源于哪里？"先生说："寻找并走上自己的征途。"艺术是孤独的，所以有相似但不能相同；艺术是唯一的，所以艺术家的眼睛必须是独特的；艺术是要有承担的，所以艺术绝不能浅显的表达。北方的燕山，赋予了谢飞先生宽广的胸怀，赋予了他淳朴的性格，更赋予了他独特的思维和视角。所以，他在不停的耕耘，不停的奔走，不停的攀登，不停的追求。也所以，我由衷的希望，先生能用他的魅力，带领这么一群人，把燕山的气息融入到一幅幅画作中，用这种独特的语言，来描摹燕山母亲的慈祥，来述说燕山母亲的美好。更希望这位燕山樵夫，时刻背负着他肩上那一捆燕山的柴，一直走下去，让樵歌回荡在燕山的每个角落。

最后，让我用一首七绝《题燕山画派谢飞》结尾吧：

> 梦里燕山驻此身，樵歌荡漾谓何人？
>
> 长城脚下玄河绿，正是先生笔下春。

李志田

李志田，农民诗人，1943年生于卢龙县大道王庄，蔷薇诗社创始人，卢龙县十佳诗人，发表格律诗词近千首，收入各类诗词专集五百多首，曾获第四届田园诗词大赛三等奖。

李志田上小学时对课本上李白、杜甫的诗产生了极大兴趣。他和父亲说想学诗。上过几年私塾的父亲从老木箱子里翻出一本《千家诗》给了他。考入卢龙中学后，李志田下狠心花钱买了杜牧、黄庭坚、陆游三人的诗选。1962年，初中毕业回乡务农的李志田，把报纸上连载的王力教授的《诗词格律十讲》抄下来，后来又陆续购买了一些诗词书籍，并按照诗词格律的要求，开始学写格律诗词。

1976年，李志田的父亲去世了。两个姐姐随着工作单位的调动到了成都，后来，两个妹妹也出嫁了。家里就剩下李志田和母亲。尽管生活很艰难，但李志田笃志不倦，仍然坚持学写诗词。村里人劝他，别总琢磨写诗了，也该琢磨琢磨自己的婚姻大事了。李志田只是淡淡一笑。后来，年龄大了，超过了婚龄。李志田对成家的欲望不高，但对写诗却痴心不改，他说，终身不娶可以，一天不写诗心里憋得慌。后来，母亲也去世了。李志田家里就剩下他自己，成了名副其实的单身汉。李志田的全部家当，除了一个大书橱，里面装满书，剩下的就是锅碗瓢盆了。他最好的伙伴，是两只猫。两只猫的最大职责，除了与主人交流以外，就是为主人看住老鼠，保护厨子里的书。人们一日三餐，李志田不是。有时一日三餐，有时两餐，有时一餐。他写了一首《题自家宅》，诗曰：编篱陋室一农家，落絮飞花又晚霞，绝子无妻罕客至，无钱破寂倩昏鸦。

命运，折磨了李志田，使他在生活中举步维艰；命运，也历练了李志田，使他在诗词领域展翅翱翔。李志田意识到，偏居经济文化不发达的小小乡村，靠自己摸爬滚打，是很难在诗词创作上有所作为的。于是，他开始拜师求教。李志田买过一本《格律诗词启蒙》，作者山东著名诗人王永义。他给王老先生写了一封信，附带自己认为满意的几首诗。王老回信了，对李志田的诗没有一句表扬与肯定的话，全是挑毛病。一来二去，混熟了。他也从王永义的批评中获得了补益。他又拜湖北教育学院古典文学教研室的侯孝琼教授为师，向河北省农民出身的著名田园诗人刘章求教——李志田自小从母亲那里学会了知恩图报。王永义教授八十岁那年，李志田想为王老祝寿，倾其囊中所有，给王老汇去四十元钱。王老感动了，回信了，还给李志田邮了几本书。入声字，是写格律诗词的最大障碍。古人对字的读音与今人不同。不熟练掌握入声字，很难在平仄上符合格律诗词的要求。李志田把 608 个入声字抄写下来，贴在自己睡觉的墙上，天天看，时时看。终于把这 608 个入声字烂熟于心了。经过坚持不懈地努力，李志田格律诗词写作的功底越来越深厚，写出来的作品也越来越多了。

2000 年初，李志田要牛刀小试，开始投稿了。他给湖南《祁阳日报》一次寄去四首七绝。不久，编辑回信了，说写得还不错，决定发表两首。果然，两首七绝在《祁阳日报》发表了。一首《雨后》这样写道："连霄喜雨润无涯，抢种趁墒空万家。白发老翁闲不住，羔羊喂罢又摘瓜。"另一首《追肥》："追肥雨后去东洼，烈日无风汗水加。中午归来饥又渴，直奔架上摘黄瓜。"其实，两首诗中描绘的人，就是他自己。这是他形象的速写，是他辛勤劳作和劳作归来放飞心情宣泄情感的真实写照。说实话，两首诗从文字到意境都非上乘。但那是铅字印出来的，是李志田的处女作。他捧着报纸，不知读了多少遍。其实，他早就会背了。

小试成功的喜悦，没有使李志田像李白那样振臂高呼："天生我材必有用"，也没有像杜甫那样引吭高歌："会当凌绝顶，一览众山小"，而是扎扎实实，一步一个脚印，向诗词领域的更高层次攀登。接着，《甘肃诗词》《湖北诗词》《中州诗词》《长白山诗词》《燕赵诗词》《文化月刊》以及《中华诗词》，全国十四家省以上诗词刊物，陆续发表了李志田的诗词。《华夏吟友》等一百多种诗词专集，收入李志田的诗词作品三百多首。李志田的诗词作品，除了仍然保持乡土田园气息外，水平却在节节攀升。且看发表在《长白山诗词》的一首《春日所见》："谁道鹤发兴来潮，杨柳风中越小桥。驻足花红茵草处，高声朗诵念奴娇。"再看发表在《中州诗词》上的一首《蝶恋花》："天公又展丹青卷，彩羽翔空，蝶闹千红，扑面温柔杨柳风。村姑采叶纤纤手，挖菜顽童，牧鸭衰翁，都入盎然春意中。"如此佳句，谁会想到是出自一个白发老翁，一个乡下孤身老农之笔啊。

一花独放不是春，万紫千红春满园。这个道理，李志田最明白不过了。可以说，这也是他晚年的最大追求。

在张国忠的提议下，李志田、闫文祥等人在大横河一带，成立了蔷薇诗社，办起了《蔷薇》诗报，发展会员，培养作者，让更多的人投身到格律诗词的创作之中。《蔷薇》诗报，开始只是用钢板刻写的印刷品。但是，它吸引了许多人，除卢龙县外，抚宁、滦县等地的诗词爱好者也纷纷来访，来稿，在《蔷薇》诗报上发表作品。大横河中学的学生，有不少找上门来，拜李志田为师。李志田利用星期日，为他们辅导，修改作品。经李志田培养的中学生，已有李立、李艳民、王宏娜、刘丹等二十多人在省以上诗词刊物上发表作品。

2000 年，李志田担任了孤竹诗社副社长，《孤竹诗词》的责任编辑，担子重了，也更加繁忙了。他仍然和往常一样，土炕上的炕桌不往下搬，上面一支钢笔，几页稿纸，几本书刊。每天，绝对是每天，他都要盘起双腿，在炕桌前写诗、读诗、改诗。他在努力实践自己的诺言：可以终身不娶，不可一日无诗。

刘凤崎

刘凤崎，卢龙县印庄乡榆林甸人，卢龙县民间故事大成的民间文艺家，1905 年生，享年 93 岁。从小喜欢听故事、讲故事，十八岁做木工。他的故事来源广泛，内容丰富，以幻想故事见长，亦有生活故事、鬼狐精怪故事。他的故事富有哲理和训诫性。他的代表作有《两好并一好》《其理不知其外事》《十二岁的督察官》《多年的老僧吃大肉》《鹿妈妈》等。1985年，卢龙县"三套集成"办公室，编印了《刘凤岐故事集》，收录了他的民间故事 60 余篇。1987 年，被誉为河北省"民间故事讲述家"，并荣获省三套集成工作三等"长城奖"。

伦宝善

"伦派地秧歌"是河北省第五批省级非物质文化遗产，以其创始人——已故秧歌表演艺术家伦宝善的姓氏命名，并因其细腻幽默传神的表演特点在冀东秧歌中独具魅力。

伦宝善，1905年生，卢龙县石门镇阎大岭店村人，自幼喜爱民间艺术，9岁开始就迷上了冀东秧歌，12岁随艺人下场表演，这一扭就是80年。从农村到城市、从关里到关外，无不留下他秧歌艺术的足迹。同时，他善于钻研，能熟练地表演"妞""丑""擓"等行当的各种角色，而且样样皆通，尤以扮"丑"为最佳。随着视野的拓展和艺术水平的提升，他的"丑角"表演艺术逐步达到了炉火纯青的地步，集扇花身段于一身，融表情韵味于一炉，表演细腻技艺精湛，20世纪40年代就成了享誉关内外的一代秧歌名"丑"。在冀东一带被同行们誉为西北派，就此形成了独特的"伦派"风格，也因此被命名为"著名民间秧歌艺术家"。

伦宝善的地秧歌艺术风格有以下特点："全身轻松微微颤，挺胸收腹揉双肩。表情细腻眼传神，风趣幽默加浪漫。屈腿滑稽步敏捷，扇花翻飞舞翩跹。臀部左右来摇摆，蹲裆扶膝脖颈转。小巧玲珑满堂戏，造型奇巧真美观。自摘自戴缨子帽，别具一格不虚传"。在小折子秧歌戏的表演中，伦宝善勇于探索，大胆借鉴京剧等其他剧种中的丑角动作，巧妙利用唢呐的音乐节奏，根据不同角色的心理活动，表达出一颦（pín）一笑、一羞一闹，动静相生、刚柔并济，表演与剧情可谓珠联璧合。特别是他独创的"自摘自戴缨子帽""小幌腰""窥探步"等动作，既俏皮浪漫，又不失纯朴自然，充满了浓郁的乡野情趣。他就像魔术大师一样，手中的扇子能变化出五十多种扇花，舞动时如蝶儿上下翻飞，跑跳时像风儿轻盈飘逸，真是美轮美奂。他的表演步法多达二十余种，可谓缓快交错、轻松敏捷。表演时，他两腿稍弯，臀部摇摆，双肩揉错，脖颈旋转，帽缨环绕。突然，他猛地将头往后一甩，双肩上耸，脖子低缩，帽子便突然飞起，又紧随着惯性不偏不倚地扣在了头上，乐观诙谐，令人忍俊不禁。再看他的表情，丰富而细腻，喜怒哀乐，都能给人以美的享受。

在20世纪50年代，伦宝善参加唐山地区以及河北省文艺汇演，获得多次荣誉。1956年3月，在全国民间文艺汇演中，他和其他民间艺人一起，到怀仁堂为毛泽东、周恩来、朱德等党和国家领导人进行专场演出，荣获了个人表演一等奖。周总理称伦宝善的表演"小巧玲珑，满堂是戏"，鼓励他将秧歌这一祖国传统文化传承下来并发扬光大。中央、省、市组织了专门人员整理"伦宝善秧歌艺术"资料，还为他的秧歌表演录了像。伦宝善在80高龄时还参加了河北省民间花会录像表演赛，荣摘桂冠。

为了继承发展秧歌技艺，伦宝善精心培养了张玉和、薛桂兰、卢春然、解文宽、杜庆志等一大批秧歌表演人才，其中，张玉和、卢春然、薛桂兰均被河北省舞蹈家协会吸纳为会员，被命名为省民间秧歌艺术家。在卢龙的乡间村镇，伦派秧歌获得了最朴实、最广泛的追随和喜爱，以伦派传人为代表的秧歌队遍及全县。善于钻研、大胆借鉴其他剧种表演形式，目前，伦派地秧歌的代表作有《赶旱船》《傻柱子接媳妇》《铁弓缘》《顶灯》《钻席筒》《错中错》《扑蝴蝶》《拾玉镯》等传统小出子，此外，还曾编演了《一枕黄粱梦》《三打白骨精》《四人帮出丑记》等具有浓郁时代气息的新节目。

伦派地秧歌为冀东秧歌艺术做出了突出贡献，拓展了冀东秧歌表演内涵，丰富了地秧歌各个角色的表演技巧，形成自身鲜明的艺术特色。它不仅展现了当地民俗文化的深厚底蕴，是表现我们现实生活和民俗民间艺术的依据和源泉，同时也为进一步研究传承民间化习俗提供鲜活素材。

顾炳珠

顾炳珠（1900—1962年），卢龙县大李佃子乡小顾佃子人，著名唢呐艺人。幼年曾就读私塾，8岁随父顾云学艺，勤奋好学，在东北沈阳等地颇负盛名。录制的《句句双》《柳青娘》等片，深受群众喜爱。新中国成立后，他又以吹奏革命歌曲擅长，曾多次参加地区、省、文化部民间乐器会演，均名列榜首。中央人民广播电台多次播放他的录音，曾被国家文化部授予"高级知识分子"荣誉称号。1962年病故，享年62岁。

耿丽娟

耿丽娟，卢龙城关人，1963年生，中国女子乒乓球运动员，擅长右手横拍快攻结合弧圈打法，曾在第38、39届世界乒乓球锦标赛上获得双打和混打冠军。1985年获国际级运动健将称号。1987年被评为全国十名最佳乒乓球运动员之一。三次获体育运动荣誉奖章。1987年当选为第七届全国人大代表。

耿丽娟是1970年正式接受乒乓球训练的。由于她瘦弱、文静、内向，母亲才送她到张奉先老师那里学

打乒乓。张老师的训练非常严厉，输球就被"训"得哭鼻子。当时训练环境异常艰苦，没有专用的训练室，得借用学校唯一的 3 间教室。等放学后，师生一起动手，把课桌码起来放在墙角，搭个临时的球台，训练结束以后再摆回原位。除此之外，训练就在教室外面的水泥台上。1972 年 4 月，在卢龙县举办的唐山地区乒乓球比赛上，耿丽娟没有发挥出正常水平，几个关键球丢得很可惜，仅仅获得第 9 名。赛后受到张教练的严厉批评，这次挨训使她明白了作为一个运动员在赛场应该临危不惧，沉着应战。耿丽娟从此沉稳了许多，改掉了草率的毛病。她渐渐养成了敢打敢拼的不服输的坚韧性格，在球场上保持着"火辣辣的拼劲"。同年 8 月，在玉田县举办的唐山地区运动会青少年乒乓球单打比赛中，耿丽娟获得了第一个冠军，并连续 3 年包揽了唐山地区项目冠军，同时在 1975 年保定举办的河北省乒乓球锦标赛上也获得了冠军。面对成绩，耿丽娟骄傲了，因此丧失了一个宝贵的机会。1975 年，省体工队总教练李平之应张奉先教练的邀请来卢龙挑选人才，在张教练的力荐下，耿丽娟和另外一名队员获得了参加省体工队在天津体育学院的集训机会。按照惯例，集训是个跳板，队员表现好就会留在省队。可令张教练没想到的是，唯独耿丽娟在 3 个月的集训后被退了回来。看着李平之总教练对耿丽娟的评语，张奉先顿时火冒三丈，从牙缝里挤出了一个字：懒！当着她父母的面数落她："不争气！接球快点行不，捡球跑两步能咋地，还练不练吧！不练就别去了，练就练出个人样来！咱们省冠军有了，就不兴往国家、世界冠军上奔？改改你那臭毛病，咱们这点志气没有？"不上进的孩子遇到挫折就垮掉了，争气的孩子遇挫而愈发顽强。这次挨训后，耿丽娟咬了牙，她变得异常勤奋和刻苦，在 1976 年 4 月全国乒乓球成年组比赛上，以弱挡强，获得团体第 5 名的好成绩，同年在省体工队集训中因表现出色而留在了省体工队。进入省体工队的耿丽娟受到了更为系统的训练，竞技水平也日益提高；1979 年，她凭借全国运动会团体第 3 名的成绩而进入国家队。1980 年在上海国际邀请赛和 1982 年重庆全国锦标赛上都获得冠军。但在国家队，耿丽娟始终打不过齐宝香，因此获得个绰号"耿老二"。使耿丽娟崭露头角的是 1983 年第 37 届世界乒乓球锦标赛，朝鲜的名将朴英顺一路过关斩将，势如破竹，先后击败我国戴丽丽、曹燕华两员大将，使得我国夺金的情势岌岌可危。耿丽娟沉着应战，一球不让，愈战愈勇，以 2：0 轻松拿下，为获得女子团体冠军立下了汗马功劳。此后，耿丽娟作为国家乒乓球女队主力队员冲锋陷阵，并于 1985 年在瑞典哥德堡举办的第 38 届世界乒乓球锦标赛上获得女子双打冠军和团体冠军，1987 年在印度新德里举办的第 39 届世界乒乓球锦标赛上获得混合双打冠军。

王志军

随着"国球"的日益强盛，乒坛崛起了一位名将，她就是先后获得 14 次世界冠军头衔，在世界乒坛排名连续 8 年保持第一，第 25、26 届奥运会女子乒乓球单打和双打的双料冠军邓亚萍。邓亚萍驰骋乒坛数年间，所向披靡，她之所以取得了如此骄人的战绩，她的成功离不开一个默默无闻的英雄，那就是她的陪练王志军。

王志军，1972 年出生，卢龙县刘家营人，6 岁进校队，9 岁被县体校教练哈德茹看中并重点培养，10 岁进入省队，成为主力队员，曾获得 1985 年全国少年赛团体第 3 名和单打第 3 名，成为国家一级运动员；1988 年取得全国青年赛团体冠军的骄绩，相继被评为国家级健将；1989 年作为中国乒乓球队的主力队员赴伊朗参加国际公开赛获得团体冠军。同年，取得全国成年乒乓球锦标赛单打第 9 名。正当他的事业如日中天时，却接到了国家女队的调令。

在 1991 年日本千叶世乒乓赛上，中国男队失利，中国女队也在团体决赛中输于朝韩联队，不得不将 1975 年就落户中国的考比伦杯拱手让出，邓亚萍在女团决赛中输给了朝鲜名将俞顺福，虽然在单项上也有收获，但男、女团体的双双失利，使从千叶归来的中国队上上下下蒙上了一层灰色，中国乒乓球队进入了一段极其困难的时期。

为加强针对性的训练，国家队决定从全国男乒选手中选调陪练。王志军当时年仅 19 岁，作为河北第一主力，有较大的发展空间，很受省体工队领导和教练的器重，同时作为男性运动员在这个年龄进入国家女队作陪练以前从没有过。省体工队领导恋恋不舍，最后只答应借给 3 个月，找到王志军一商量，王志军二话没说，毅然以国家利益为先，拿着球拍就到了国家女队。可是令省队领导和王志军本人没有想到的是，王志军这一陪就是 6 年。

在这漫长的 6 年时间里，王志军曾经刻意模仿磨砺了几把快刀，她们就是后来闻名世界的邓亚萍、乔红、刘伟、乔云萍、陈子荷等国手，她们在之后和韩国、朝鲜运动员的较量中，基本上保持了不败的战绩。尤其是 1996 年年初，队里为了使广岛亚运会上小山智丽的情况不在 1996 年的奥运会上重演，决定让王志军把其原有的反手生胶改成了反胶。很显然，这对于打了 20 来年反手生胶，并且正处在等待 1996 年奥运会后执行援外任务的他，是一个严峻的考验。谁都清楚，一个优秀的运动员放弃习惯的打法，这意味着运动生涯的结束。可王志军牺牲运动生命换来的是什么呢？是国家女队在奥运会上取得金牌得更加稳定。

1995年在天津举行的世界锦标赛上，由于中国队获得了7项全包的卓著成绩，王志军同代表团其他成员一起受到了当时的总书记江泽民、总理李鹏、政协主席李瑞环等党和国家领导人的亲切接见。在庆功会上，当时的国家女队主教练张燮林拉着王志军的手向在座的全国政协主席李瑞环，现在的国家副主席曾庆红等中央领导人说："这是咱们真正的无名英雄，小伙子人品端正，技术过硬，我们女队这几年来的辉煌业绩是离不开他的。"

1996年，为推动乒乓球国际化发展，王志军毅然放弃移居法国、德国的优厚待遇，欣然接受国家体委的安排，派往科威特，任职于科威特萨伦米亚俱乐部队，其中2001年至2004年任中国驻科威特教练组副组长，一干就是10多年。他以高尚的人格，扎实、稳健的技术赢得了异域人民的崇高评价。在执教期间，他所带的队伍多次蝉联国内冠军，对推进科威特体育事业的发展起到了积极作用。1996年至1999年主管12岁和14岁组，担任主教练，执教的少年组队员蝉联国内锦标赛和杯赛的团体和单打冠军。1999年之后主管17岁组和成年组，任主教练，2003年，获得阿拉伯冠军俱乐部杯赛的成年团体第3。2003年，执教俱乐部海湾地区冠军俱乐部杯赛团体第2。2001—2004年，执教的成年组蝉联国内锦标赛和杯赛的团体冠军。1999—2004年，执教的17岁组蝉联国内锦标赛和杯赛的团体冠军。执教队的队员布拉黑木蝉联1999年至2004年阿拉伯锦标赛杯赛的单打冠军。

何焰柱

何焰柱1982年出生，河北省卢龙县人。1997年开始在秦皇岛体校练习柔道，第二年进入省柔道队，2002年进入国家队。成为中国著名柔道运动员，中国北京奥运会中国代表团成员。2005年十运会－90公斤级第三名；2006年全国锦标赛－90公斤级亚军，全国冠军赛－90公斤级冠军；2007年柔道团体世锦赛第三名。

进入国家队的6年中，他先后夺取了五城会铜牌，十运会铜牌和全国冠军赛冠军。他战胜了2005年世锦赛冠军、日本名将泉浩，并与队友一起获得了世界柔道锦标赛团体第三名。他又以奥运会选拔赛积分第一的身份入选北京奥运会国家队阵容，成为自1984年以来河北首位代表国家队出征奥运会的男子柔道运动员。

田庆瑞

田庆瑞，男，汉族，1962年10月生，卢龙镇人；现任卢龙县美术家协会主席，河北省美协会员，清华大学中国产业经济研究中心艺术委员会专业委员；师从著名画家吕云锁、霍春阳老师，国画作品《幽谷响流泉》《松风鸣瀑》《墨竹》《高山流水》等多次在全国及省市级美术大展中获奖，有些作品被外国友人收藏。他在从事美术工作中，为我县设计多件雕塑艺术作品，代表作有"中国孤竹文化之乡标志雕塑"；为"卢龙县烈士陵园"提供园艺设计和施工；同时还为我县孤竹文化、红色教育书籍等方面提供了大量的插图和封面设计等。他精心绘制的《永平府复原图》，真实再现了永平府繁华的历史风貌，受到大家的一致好评。

彭铁军

彭铁军，男，汉族，1960年生，中共党员，笔名孤竹耕夫，室称归悟斋，现为河北省书协会员；河北省篆刻研究会会员；河北省毛体研究会理事；秦皇岛市篆刻委员会副秘书长；卢龙县书协主席。作品在参加省、全国及国际相关机构举办的书、画、印大展赛中多次入展获奖。作品曾入选31市县滦河流域美术书法联展、全国百家印社联展、国际当代书法篆刻博览会，庆祝香港回归祖国中华书画作品大赛荣获银奖，同时授予"中华爱国艺术家"称号：荣获首届中国文艺金鹰奖"名家成就奖"，同时授予"中国文艺成就艺术家"称号，作品录入《国际当代书法篆刻大观》《当代书法篆刻辞典》，篆刻作品被法国、韩国、瑞士、新加坡、日本等国际友人收藏。

科教旗手

在科学教育领域，卢龙县同样人才辈出，代表国家级先进水平的专家、学者、教授层出不穷。他们是尖兵，在各自不同的领域不断攀登科学技术的高峰。他们是旗手，引领国家科学教育事业的不断发展。他们也是喝着古玄水长大的孤竹后裔。

白眉初

白眉初，又叫白月恒，著名地理学家。1876年10月2日出生于直隶永平府城，曾读于永平府敬胜书院，15岁成了远近闻名的"少年秀才"，16岁开始到

永平府立中学堂任教，32岁取得清政府学部"举人"。他先后在直隶省清苑中学、天津直隶女师任教，受聘北师大地理系主任、教授，兼中国地学会编辑部部长。1910年创办了中国第一家《地学杂志》，是中国地理学界著名的教授和中国近代人文地理学学派的创始人。著有《中华民国省区全志》《中国人文地理》《地理哲学》《新建设时代初中中国地理教本》《高中世界地理教本》《西藏始末纪要》《蒙古始末纪要》等著作，并精心绘制了《国耻图》《中华民国改造图》《最新北平全市详图》《蒙古详图》各一幅，《中华民国建设图》32幅、《中国地理教授挂图》25幅、《中华民国详细大挂图》61幅，为我国地理事业做出了杰出的贡献。1940年秋，因病去世。死后好友赠诗："卢沟晓月似眉初，桂影疑是描君图。功名利禄无所谓，世间只留等身书。"

一、为邓颖超改名字

白眉初在天津直隶女师任教期间，曾为邓颖超改名字。邓颖超，原名邓文淑，当时在天津直隶女师读书。邓文淑虽然在班里年龄最小，但聪明过人、举止大方、追求真理，没有骄娇之气。白眉初的口才好，记忆力超常，讲课从来不看讲稿，常以通俗明白、丰富翔实的材料，旁征博引，深入浅出，把问题讲

得鞭辟入里，深受学生爱戴。邓文淑崇拜班主任白眉初老师的学识，讨厌自己带有封建色彩的名字，请求老师为她起个有时代意义的新名。白先生取《论语·雍世》之"文质彬彬，然后君子"之句，取名"颖彬"。又因"彬"同于"斌"，故为"颖斌"，希望她脱颖而出，卓尔不群，早日成为治国安邦的巾帼英雄。邓大姐不喜欢"斌"字，认为"斌"仍未摆脱旧俗窠臼，乃将"斌"字换为"超"字。

二、捍卫中国南海海疆，贡献非凡

《中国国家地理》杂志执行主编单之蔷，近期发表文章《三沙市两件宝"九段线"和"珊瑚岛"》，他在文中高度赞扬白眉初先生为捍卫南海海疆所做出的杰出贡献。他在文中这样记述："九段线"的雏形诞生于1936年，由一个叫白眉初的地理学家在他画的全国地图上最先画出来。当时的"九段线"不是断续线，而是实线。当时为什么会画成实线？一个有知识、有教养的地理学家为何画出这样一条在今天的有些外国人看来很霸道的线？他的道德勇气来自哪里？他心里是怎样想的？可以想象，他之所以这样画，一定是有道义基础的。因为他清楚，只有中国人最早有能力航行在这片海域。在这片海域中的那些珊瑚礁岛屿，只有中国人有能力最早发现，也只有中国人能在上面生存下来。他也清楚地知道，早在宋元时代，中国的商贸船只就已经出现在南海周边的各个港口，中国人已经移民到了南海周边各个地区。那时的南海，其实是"中国湖"。正是基于这种认识，他才理直气壮地在南海画出了一条"U形"的实线（后来这种"U形"的实线还在民间的一些地图上出现过）。1947年，国民党政府接收了南海诸岛，重新整理和公布了南海诸岛的地名，并且出版了包括南海诸岛的新地图。这时，新地图上的"U形"线才从实线变成了断续线。当时画了11条断续线，后来去掉两条，逐渐演变为今天的"九段线"。由实线变成断续线，我觉得更理性了，因为它毕竟不是一条不允许外国人自由通行的国界线，画断续线比较符合实际。

三、为李大钊操办后事

白眉初不仅是著名学者，也是一位爱国者，他与革命先驱李大钊是挚友，平时交往甚密。他盛赞李大钊"守常文思如泉，气魄如虹，有笔扫千军之力，经天纬地之才"。1924年冬，李大钊遭通缉时，他毅然接受了代转送地下党信件的任务。当得知李大钊被捕的消息后，他以史地部主任的名义找北师大校长及董事长联名"上书"，欲保出李大钊。1927年4月28日，李大钊被秘密杀害。白眉初与夫人怀着悲愤的心情，把李夫人和三个孩子接到自己家住，并派北师大的学生去买寿衣和棺材，然后偕同李大钊亲属领回遗体，进行重殓。1933年

4 月 23 日，在公祭李大钊时，他领先捐款，并送上"杀身成仁，舍生取义；大道之行，天下为公"的挽联。为保护大钊的女儿李星华，他让自己的女儿汝漪代读祭文，体现了他对革命对朋友的忠贞和侠肝义胆，实在难得。

中国南海"九段线"的产生源于白眉初

李书华

李书华（1090—1979 年）字润章，卢龙县新房子村人，曾任北大物理系教授、主任，国立北平研究院副院长，中法大学校长，国民政府教育部部长，中国物理学会会长，中央研究院总干事，中央研究院首批院士等职。与蔡元培、李大钊、陈独秀、周作人、胡适之、李四光等先后同事。

李书华天资聪慧，读书勤奋，于 1908 年考入保定直隶高等农业技术学校，1912 年以全校第一名的毕业成绩获省官费赴法留学。当时"镭"及放射性元素的研究正值世界科学新潮流，使"理学博士"成为最难攻克的博士之首。尽管法国的教育制度相当严格，但李书华仅利用 8 年时间就先后获取了农学、植物学、数学、化学、物理 5 张高等教育证书，取得了攻读理学博士的资格学位——理学任教硕士。期间的教授多为诺贝尔奖得主，其中的放射学教授即为居里夫人。此后他又跟随导师从事了两年半的科研工作，终于在 1922 年 6 月 11

日以最优等级通过论文答辩，成为第一位获巴黎大学理学博士的中国留学生。

李书华获得博士学位的同时，便收到了北大校长蔡元培先生"物理系教授"的聘任书。从 1922 年暑假毕业至 1929 年北平研究院成立，李书华在北大任物理系教授、主任 7 年里，通过自编教材、为各大报刊撰稿、到各大学演讲等，广泛传播世界最新科技知识。到 1926 年，北大不仅彻底甩掉了物理系的落后帽子，而且预科水平与美国一年级水平相当，本科毕业生水平处在美国的学士和硕士之间。许多北大毕业生借此顺利进入欧美大学留学，并多取得博士学位，归国后到各大学任教或从事专门的研究工作，成为科教界的栋梁。

1931 年，李书华被任命为国民政府教育部部长。当时教育界最突出的问题是清华大学校长更迭频繁，直接影响着全校乃至整个教育界的教育质量。他慧眼选中当时在美的梅贻琦。梅从上任至去世 31 年宝贵光阴全部献给了清华，成就了三十年代初、中期"老清华的黄金时代"，培育出成千上万名中华"精英"，这便是李书华对祖国教育的又一杰出贡献。

1929 年 8 月 26 日，北平研究院成立，先后设立 9 个研究所，李石曾（李煜瀛）为院长，李书华为副院长。当时李石曾常忙于国际往来，研究院的工作实际上一直由李书华主持。整整 20 个春秋，他走访过欧美发达国家的科研机构、图书馆及牛津、剑桥、哈佛等二十几所名牌大学，拜访过爱因斯坦等二十几位世界级科学家及诺贝尔奖得主，为祖国的科研事业殚精竭虑。尤其抗战期间，研究院几次迁移，各所的研究工作从未间断。从显微镜和地磁测量仪的制造到《中国植物图志》的编制，从北京猿人及秦汉古墓的发现到各地地图的绘制，从唐中书省旧址的发掘到边疆及太平天国史料的整理等等，可谓硕果累累。各所先后发表有重要价值的研究论文近千篇，使中国的科学研究实现了由无到有、由少到多、由粗到精的转变。李书华先生堪称中国科研事业的奠基人。

李书华先生喜欢旅游，祖国的名山、名川、名胜古迹几乎都留有他的足迹。但他的旅游又与常人截然不同：把所游地方，用科学方法各写一篇游记，附地图及照片，有时还要做些考证，多篇游记在国内外发表，成为最早的史料记载及游人的向导。其中一次黄山之游更具有划时代意义——此前的各种记载中，黄山的天都峰均高于莲花峰。但老先生那日的直观感觉却与之相反。他便用中国土木工程定水平的老法，在天都峰顶点"置一盛满水大碗，使一眼在其碗后与水平面齐，延水面之沿线对准莲花峰顶点测视之，则见莲花峰顶点尚高于此水平线一段，是以知莲花峰必较天都峰高"；而登上莲花峰用同法，则"顺水面测视天都峰顶点而不见，尤可证明莲花峰最高"。后用高度表测之，得出与之完全相符的结论：莲花峰高 1820 米，天都峰高 1770 米。一次旅游变成了一次纯粹的科学考证。这正是李书华先生用科学的态度对待工作、对待生活的侧面反映。家族的言传身教，使得李书华和李书田兄弟的后人，人才辈出。到 2000 年，第二代和第三代已有 15 人获博士（博士后）学位，加上他们弟兄的 4 个博士学位，整个家族就获得了 19 个博士（博士后）学位。其中第五位华人诺贝尔奖得主朱棣文先生，就是李书田长女李静贞之子。一个家族祖孙三代先后获取 19 个博士（博士后）学位，可谓鲜见，更令人景仰。

李书田

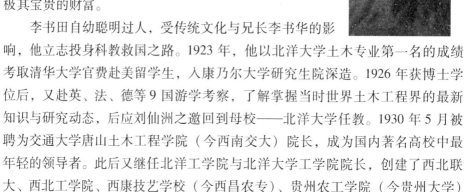

李书田，字耕砚，1900 年 2 月生于卢龙县新房子村，1988 年 3 月病逝于美国拉皮德城。生前曾任中国第一所大学——北洋大学（现天津大学）校长，治理黄河委员会副委员长，是拥有哲学、土木工程学、地质学 3 个博士学位于一身的罕世奇才，是我国著名的土木工程学家与水利学家、享誉中外的教育家。晚年在美国创办了"世界开明大学"。一生共撰写 13 部专著、800 余篇论文，在 17 个国家发表，为中国也为世界知识文库留下了极其宝贵的财富。

李书田自幼聪明过人，受传统文化与兄长李书华的影响，他立志投身科教救国之路。1923 年，他以北洋大学土木专业第一名的成绩考取清华大学官费赴美留学生，入康乃尔大学研究生院深造。1926 年获博士学位后，又赴英、法、德等 9 国游学考察，了解掌握当时世界土木工程界的最新知识与研究动态，后应刘仙洲之邀回到母校——北洋大学任教。1930 年 5 月被聘为交通大学唐山土木工程学院（今西南交大）院长，成为国内著名高校中最年轻的领导者。此后又继任北洋工学院与北洋大学工学院院长，创建了西北联大、西北工学院、西康技艺学校（今西昌农专）、贵州农工学院（今贵州大学）等高等学府，任院、校长职务，堪称中国近现代高等教育的拓荒者、奠基者。

李书田归国不久，即以学深识宏被顺直水利委员会（后改组为华北水利委员会）聘为秘书长，主持日常工作。他先后发表了《铁道运行工程》《水利学》《经济论》等重要论著，并在广泛调查研究的基础上撰写了《北方大港之现状及初步计划》，深得国内外同行与专家的赞誉，时至今日对京唐港之建设开发，仍具极大参考价值。在他的奔走呼吁、精心筹划之下，先后成立了中国工程师协会、中国水利工程学会，创办了《水利》月刊等刊物。1935 年 10 月他联合国内八大水利机构，在北洋工学院设立中国第一水工试验所，开创了中国水利工程试验之先河。新中国成立前夕，他又联络国内水系流域机构技术负责人，编写了中国水利的权威著作——《中国水利问题》，全面系统地总结研究了中国水利事业的过去、现状与未来，具有珍贵的学术价值及史料价值，影响了几代治水工作者。尤其对如何治理母亲河问题，他更倾注了诸多心血，所提出的根治黄河水患的种种设想与措施在《大公报》发表后，受到了同行与政界的高度评价。为表彰李书田对中国水利事业发展做出的贡献，国民政府曾授其"胜利勋章"与一等金色水利奖章。

1972年，定居美国的李书田已步入古稀之年，毅然创办了世界开明大学暨李氏科技研究所，在17个国家设立了33个分院，从五大洲聘请130名国际知名教授为导师，以通讯方式教学，该校有权授予博士或硕士学位，为世界培养了一大批科技人才。

李书田先生为人公正坦诚，处事先人后己，一生布衣粗食，烧饼加咸菜是他的家常便饭。晚年家中竟没有汽车、电视和电话，临终却将数百万美元的资产捐赠给了开明大学。他不仅对祖国对世界的科教事业贡献非凡，而且德高望重，大家风范享誉中外。

吴光强

吴光强，1965年出生，卢龙县下寨乡半壁山村人，一直从事汽车先进设计与仿真理论及方法、汽车非线性系统与结构动力学及其智能控制，以及汽车主动安全性，特别是整车动力学集成控制及各种自动变速器等方面的理论与技术研究。发起创建了"中日联合汽车先端技术研究中心"与"同济－萨克斯液力传动联合研究所"，并为其负责人。

吴光强在"Vehicle System Dynamics""International Journal of Vehicle Design"和《机械工程学报》等国内外重要学术刊物及国际学术会议上发表论文220余篇，且已有80余篇收录入SCI/EI；出版《车辆静液驱动与智能控制系统》《汽车数字化开发技术》（机械工业出版社高水平著作基金资助）等专著，出版"Ground Vehicle Dynamics"译著，主编"普通高等教育'十一五'国家级规划教材"《汽车理论》，这些图书为美国、日本等国的多所著名大学图书馆所馆藏；获国家发明专利16项、实用新型专利4项，获国家计算机软件著作权21项，负责制订国家标准2项、修订汽车行业标准3项。此外，被评为上海市第八届曙光学者。吴光强教授掌握英语、德语和日语等外语，其所负责的本科生《汽车理论》课程于2007年被评为上海市精品课程，且曾被上海市教育委员会推荐申报 2009 年国家级精品课程，所负责的《车辆现代设计理论与方法》为同济大学研究生精品课程，并为同济大学教学名师；已培养出博士后 4 人，博士研究生 20 余人；培养出硕士生 60 余人，曾指导过法国留学生 2 人。

林青

林青（1928—1989 年），木井镇黄土营村人，中共党员。高级工程师、教授、冶金专家。

建国前在南开大学就读，学习期间于 1948 年 11 月经党的地下组织介绍，到解放区河北正定华北大学政治班学习革命理论，后转入华北大学工学院学习，1951 年被选送赴苏留学，1956 年学成回国，在冶金部有色金属研究院工作。1963—1989 年在北京矿冶研究总院，曾任课题组长、专题大组长、冶金室副主任兼主任工程师、金川资源综合利用技术开发中心北京分部主任、北京矿冶研究总院副院长兼副工程师等职。还曾任中国有色金属学会第一届理事会理事、重有色冶金学术委员会副主任委员和中国钨业协会冶炼分会主任委员。1981 年晋升为高级工程师，鉴于在科研工作中成绩优异，1988 年经总公司审定享受教授待遇。

早在冶金部工作期间，林青就从事第一线科研工作，是我国最早从事镍钴提取冶金科学研究的科技工作者之一。研究回转窑镍铁法提镍新工艺取得成功，获科委奖励，1958 年被评为社会主义建设积极分子。

1963 年到北京矿冶研究总院工作。1964 年任冶金研究室副主任，组织领导了金川火法冶炼工艺技术研究，成功地用于金川一期工程，为我国第一个大型镍企业建设做出了重大贡献。二十世纪六七十年代，参与组织领导了云锡锡中矿高温氯化半工业试验，获国家科委"六五"攻关奖；常州闪速炉炼铜半工业试验，他亲到现场进行技术领导和开炉攻关，试验成功，获冶金部科技成果二等奖和 1987 年全国科学大会奖。

在冶金部科技司工作期间，组织编制了科技规则。获国家发明二等奖的白银炼铜法由林青参与组织安排在白银有色公司冶炼厂建设，完成了半工业试验。

80 年代，在任北京矿冶研究总院副院长期间，他参与了科研机构改革，将冶金研究室分为材料、节能、金银和冶金等科学研究室，扩大冶金专业研究领域，调动该院广大冶炼科技人员的积极性，发挥他们的聪明才智，使各研究室在短期内取得多项研究成果，占领了新的科研领域，特别是材料研究室既获丰硕成果，又带来经济效益，为该院的发展做出了有益贡献。他还参与组织领导了攀枝花资源综合利用钢铁冶炼新工艺研究，在该院实验厂进行半工业试验，提钒工艺获 1985 年国家科技进步二等奖；广西大厂资源综合利用研究和水口山直接炼铅新工艺新技术研究半工业试验均取得成功。

林青组织有关单位对金川扩建和二期工程及资源综合利用的科学研究和技术攻关、金川"六五""七五"科技攻关规划的实施，做了大量工作，多次到金川参加试验、组织技术交流和安排计划。金川资源综合利用取得了重大科研成果，获 1989 年国家科技进步特等奖，在金川科技联合攻关过程中，林青做出了重大贡献。

林青在北京矿冶总院亲自指导培养了冶金专业的第一位硕士研究生，为该院冶金专业硕士研究生授予单位的取得奠定了基础。

林青多次协助代表有色总公司科技部组织编制过重有色金属冶炼科技发展规划；撰写多种高水平的科学研究报告，发表过多篇技术论文；组织撰写《当代中国有色金属》科研篇的重金属冶炼章的编写以及《有色金属科技进展丛书》的编审工作，该丛书获 1985 年总公司科技进步二等奖。他参加的国家十二个重要领域技术政策研究软科学课题获国家科委、国家计委、国家经委联合颁发的一等奖。

林青忠于党，忠于党的事业，衷心拥护党的十一届三中全会以来的路线、方针、政策，拥护改革开放，并在工作中努力贯彻执行；他立场坚定，旗帜鲜明地反对资产阶级自由化；他党性、组织纪律性强，身虽染重病仍不忘参加党的组织生活；他严于律己，宽以待人，团结同志，联系群众，作风朴实，为人正派；他工作公而忘私，经常不顾个人安危，长期出差现场，从不考虑个人或家庭困难，而是处处考虑全局，体谅国家和集体的困难，深为广大群众所尊重。

赵东元

赵东元，物理化学家。复旦大学化学系教授。1963 年 6 月生于辽宁沈阳，籍贯河北卢龙。1984 年毕业于吉林大学化学系，1987 年、1990 年先后获该校硕士、博士学位。现任《科学通报》执行副主编。2007 年当选中国科学院院士。

主要从事介孔材料合成和合成机理的物理化学及其催化的研究。发明了 SBA－15 等介孔材料。采用三嵌段共聚物表面活性剂，通过调节嵌段共聚物的疏水和亲水的比例，合成了 17 种三维孔穴结构的、大孔径的、立方相的介孔分子筛。提出了单元分步组装机理，将无机介孔材料的合成扩展到有机组成体系。提出了"酸碱对"理论，合成了一系列介孔材料。提出了热处理和提高孔壁的交联度的方法，改进了介孔分子筛的水热稳定性和表面酸性。曾获 2004 年国家自然科学二等奖、2005 年杜邦青年教授奖等多项奖励。

薛祝华

薛祝华，男，汉族，1908 年 9 月出生，卢龙县石门街村人抗战时期，薛祝华利用京山线石门火车站同义货栈经理的身份，做过大量的革命工作，先后从敌伪手中营救掩护过多名革命战士及群众。如：八路军高恒队的解云方、雷劈世、靖安粮贸助理张子玉，卢龙县支队长田齐，孔家沟农会主任陈德忠，石门街村民王恒贵、杨树森，地下党员姜立川等。

1948 年 12 月石门一带解放，当时深受拥护的他当选为石门小学校长，战争后的校园满目疮痍，校舍内只有残败的旧房架，于是，他主动捐献出原来同义货栈的所有财物，挂钟 6 个，水缸数口共计十五大车的物资，捐献材料定制了 150 套桌凳。小学恢复惠及一方民众，应乡民要求，经学校董事会决定，又创办了石门民办中学，为此，薛祝华将土改后分到的五亩良田无偿献出，换回街北旧城墙地址，创办了新中国成立后卢龙县第一所中学；1953 华、祖玉温等人把恢复石门民办中学的要求写信给党中央，同年 3 月 13 日，中央国务院通令恢复石门中学，省、地区也相继下达通知，恢复当年招生，同时薛祝华被国务院任命为校长。当时未被初级中学录取的学生依旧很多，单纯的普及小学教育已不能满足学生的要求，鉴于此，经申请于 1957 年 2 月，河北省政府批准成立了石门民办农业中学。当年招生，国办生与民办学生同一个校园，师生团结互助，学习氛围良好。薛祝华任校长职务，他曾两度出席河北省召开的中学教育会议，其先进事迹也在全省范围内大力推广宣传。

1957 年唐山地区专署有关部门为表彰他的办学功绩，特地烧制了一把瓷壶，后面是一首藏头诗：薛家出英雄，祝国力有恒。华北刚解放，校内新儿童。长期乐无穷，为民忠厚义，人人齐赞成。民间享太平，服从国政策，务公奔革命。

1958 年反右被调离职务。1962 年下放回农村。1984 年卢龙县委县政府恢复其退休待遇。1987 年耄耋之年的他又自费创办了石门幼儿园。1989 年将幼儿园无偿捐献给了石门小学并赠送了五百元现金。1990 年石门镇政府、石门小学联合向薛祝华赠送了两牌匾"教育功臣"和"老骥伏枥，志在千里"的牌匾。1990 年 2 月 14 日《人民日报》第五版刊登了时任统战部部长张富祥的文章《耄耋之年、赤子之心》，讲述了他的办学事迹。并给予了充分的肯定和表扬。

战争后迅速恢复小学，又先后创办石门中学、石门民办农业中学是新中国成立初期卢龙县教育事业的一大成就，而创办人薛祝华就是一名爱国人士，开明士绅，他的胆识和倾尽家财的付出，为石门教育的早期发展，做出了重大贡献。为国家培养了许多杰出的人才，他们在全国各地各条战线上为祖国的建设做出了杰出贡献。

薛祝华为教育事业做出杰出贡献是当地人民永远不会忘记的，他多次被选为县政协委员，多次赴京、唐山、承德等参加相关活动，薛祝华一生曾先后有三房妻室，育五子五女，于 1994 年元月在石门家中安然辞世，享年 85 岁。

赵杨

赵杨，北京大学教授、博士生导师，对外汉语教育学院院长，全国汉语国际教育专业学位研究生教育指导委员会委员，《国际汉语教育》期刊主编，中国英汉语比较研究会二语习得研究专业委员会副会长，北京市侨联智库专家。

赵杨教授 1965 年出生于河北卢龙县下梨峪村。1978 考入卢龙县中学，1981 年入读河北玉田师范学校，1984 年毕业后分配至卢龙县中学任教。期间参加自学考试，获英语专科文凭。1990 年考入北京外国语学院，1992 年获学士学位。同年考入北京大学英语系，1995 年获硕士学位后留校任教。2000 年获剑桥大学全额奖学金，赴英攻读语言学博士学位，2005 年初获博士学位后回国工作。

赵杨教授研究兴趣为第二语言习得、生成语法、社会语言学、语言教育等，出版专著、译著、研究生教材多部，在国内外主流学术期刊发表论文数十篇，承担国家社科基金等研究项目十余项。应邀赴美、英、德、俄、日、韩、澳等多个国家及中国港、澳、台地区进行访学、从事合作研究或讲座，同时兼任国内多所大学客座教授。曾获"国家优秀自费留学生奖学金"、剑桥大学"中国剑桥奖学金"、北京大学"青年教学优秀奖""教学优秀奖""正大奖教金"等荣誉称号和奖励。

高彦祥

高彦祥，男，1961 年 12 月 25 日生于河北省卢龙县石门镇塔子峪村，1979 年 9 月从卢龙县中学考入天津科技大学食品工程系，1986 年 7 月在该系研究生毕业并留校任教，1993 年 9 月公派到匈牙利留学，1996 年 7 月在匈牙利园艺与食品工业大学获食品工程博士学位，现为中国农业大学食品科学与营养工程学院教授、博士生导师，植物源功能食品北京市重点实验室副主任。

曾就职于康师傅（饮品）控股有限公司研发经理和中国汇源果汁集团研发副总裁，现任中国饮料工业协会技术委员会委员，中国食品添加剂和配料协会副理事长。1996年被天津市政府授予"爱国爱市，创业成才"优秀青年知识分子称号；2003年被北京市政府授予"京郊建设先进科技工作者"称号。目前主要从事果蔬加工和功能食品开发，植物活性成分提取、稳态化和传递系统研究。

近年来主持或参加国家高技术研究发展计划（863计划）项目、"十一五"科技攻关项目，"十二五"科技支撑计划项目，国家自然科学基金面上项目，"十二五"湖南省重大科技专项，"十三五"国家科技支撑计划（食品添加剂与配料绿色制造关键技术研究与示范），"十三五"国家重点研发计划项目（茶制品稳态储藏保鲜技术集成与示范应用）；国家高技术研究发展计划"863计划"项目（膳食纤维高效制备技术研究与新产品开发）、国家自然科学基金面上项目（"超声强化 ε‑聚赖氨酸‑壳聚糖共价复合反应机理及产物抑菌特性研究"及"蛋白质‑多酚‑多糖自组装与共价复合物生成机理及其功能表征"），承担与匈牙利布达佩斯技术大学、斯洛文尼亚马里博尔大学国际合作项目，同时与完美中国有限公司、浙江新合成股份有限公司等多家企业合作共建"食品配料与功能食品研发中心"。

近年来共出版著作10部，包括《食品营养学》《食品添加剂》《食品添加剂基础》《食品工艺学》《现代食品加工技术》《食品技术原理》等。已在国内外食品类主流期刊上发表250篇学术论文，其中，SCI论文170余篇，同时获得授权专利21项。

荣获多项科技发明奖，如"国产2.5LPET无菌冷罐装生产线开发应用及评价标准建立"项目获中国商业联合会2007年度科技进步二等奖；"PET无菌冷罐装技术应用及PET阻氧技术的研究"项目获中国食品科学技术学会2008年度科技进步二等奖；"脱苦脱酸技术研究及其在国产橙浓缩汁中的应用"项目获中国食品工业协会2009—2010年度科技进步二等奖。"加气果汁饮料关键技术研究及应用开发"项目获中国轻工业联合会2012年度科技进步优秀奖；"芦笋边角料及其提取物的加工技术与应用"项目获中国商业联合会2013年度科技进步一等奖；"芦笋副产物高效利用关键技术与应用"获2014年度河北省科学技术进步二等奖。

李秀祥（1936—2007 年）

李秀祥，卢龙县刘田各庄镇马时各庄村农民，乡土专家。1981 年刚刚实行联产承包责任制，农民对土地增产的热情非常高涨，信心满满。这年夏天，李秀祥在自家地里剪蔓栽夏薯的时候，从"丰薯 1 号"中发现一棵变异植株。这棵薯秧黄绿色，长势很好，他扒开土垄，看见秧苗已结出较大薯块，他隐约有种异样的感觉，就留了心，做了标记，打算将这一薯秧单独繁殖栽种。秋后，这株白薯颜色和形状都有点特别，很容易区分，他没舍得食用，将它们单独存放于薯窖内。

第二年，李秀祥将此种薯培植出的幼苗栽植于大田，当年秋季收获时，他发现该薯株系结薯集中、皮浅红色、薯肉白黄色、薯形纺锤形，味道很甜很干很面，他欣喜异常，就把它作为新品种保留下来。此时他还不知道，他这一举动将给卢龙的甘薯产业带来一场革命。

甘薯在卢龙县有一百六十多年栽种历史，自清咸丰年间（1851—1861）传入后，由于它适应性强，无论土、肥、水条件如何或遭受风、雹、虫等灾害的轻重，都能有所收获，尤其大灾之年，填补了人们的饥荒，被誉为"铁杆庄稼"，所以十几年间渐布卢龙全境，栽培面积逐年增加。在建国初期全县栽种面积只有 10 余万亩，鲜薯单产不足千斤；六七十年代甘薯面积扩大到 20 万亩左右，单产水平提高到 1000 公斤左右；到 80 年代中期，随着改革开放，县政府确立了开发利用甘薯资源的发展方向，甘薯面积直线上升，每年递增近万亩，90年代初达到 30 万亩，到本世纪初已达到 34 万亩，单产水平比新中国成立初期翻了两番，达到 2000 余公斤，总产近 7 亿公斤，甘薯产业成为卢龙县第一大主导产业。1996 年卢龙县被国家特色产业评审委员会命名为"中国甘薯之乡"，被国家特产名乡大典编纂委员会以"中国甘薯名乡"列入《中国特产名乡大典》。2002 年被省命名为"河北甘薯之乡"。

但在 20 世纪 80 年代，甘薯品种还很单一，多是本地白薯——"一窝红"和"丰薯 1 号"，产量相对较低。1983 年引进了抗涝能力强和增产潜力大的"徐薯 18"，后来又引进 30 多个品种，从高淀粉、食用、抗病 3 个方面进行试验、筛选，对遗 86 - 306、烟薯 3 号、烟薯 13 号和淮薯 3 号等几个产量和质量已超过"一窝红"的品种进行了示范和推广。与此同时，马时各庄村农民李秀祥也在潜心研究他的新品种。

1987 年，李秀祥把他的新品种与"一窝红"作了对比试验，收获时发现，此薯比"一窝红"增产 18.6%，出淀粉率高达 23.6%，高出 3.1 个百分点。到 1990 年，李秀祥的自家 9 亩地全部栽种上新品种，除此之外，他还向社会提供了 20 万株薯秧苗。在 1991 年到 1993 年这 3 年间，据其他种薯户普遍反映，和"一窝红"比较，该品系具有产量高、淀粉率高、收获省工、不丢失等优点。以后逐渐试验、示范，在卢龙南半县普及开来，并被命名为"卢选 1 号"，有的群众称它为"腾飞"。

"腾飞"吧！腾飞了，卢龙人自己的甘薯新品种腾飞了！它体现了当时卢龙甘薯人的迫切希望和丰收后的喜悦心情！

在县政府的大力支持和推广下，到 1995 年，全县"卢选 1 号"种植面积达到 4000 公顷。1996 年卢龙县科技局在河北省科委立项，对"卢选 1 号"甘薯新品系进行评比试验。到 1999 年，全县示范 1.66 万公顷。全县 90% 种上了"卢选 1 号"。

"卢选 1 号"的特点：适应性强，耐旱耐瘠薄，生长势壮，结薯集中，整齐，易于收获，丰产性好，田间测产平均亩产鲜薯 2200 公斤，比"一窝红"和"徐薯 18 号"分别增产 18% 和 12.2%，淀粉产量比"一窝红"增产 20% 以上，而且品质好。

2004 年该品系经河北省农作物品种审定委员会认定为"冀审薯 200001 号"。

李秀祥，一个普普通通的农民，凭着大胆细心和踏实肯干的精神，培育出自己的甘薯新品种，使全县甘薯产量大幅度提升，农民收入大大提高，在农业产业和新产品研发上做出了很大的贡献，值得尊重和铭记。

王连仲

王连仲，1958 年 4 月出生，木井镇剪庄子村人，甘薯产业的能人之一。

王连仲喜欢创新。他在甘薯春季育苗方式、秋季薯种储存等每一环节都在创新。2009 年王连仲奔赴河北雄县、霸州、山东、湖北等地，考察鲜食甘薯种植商机，回来后与朋友在村里试种了 100 多亩，品种有紫薯王、紫美、京薯 6 号等，都是新品种，但效益都不理想，每亩产量才 1000 斤左右。王连仲不断寻找失败原因，他意识到薯种的重要性，主动与山东、河北等多个甘薯研究中心对接，经过精挑细选和多方对比，最终选定了龙薯 9、冀黑 1 号、紫罗兰、冀紫、高粉 27 等 8 个优良品种进行培植。这一次，王连仲大获成功。2013 年又引进早熟品种龙薯 9，8 月份就可上市，生长 80 天，亩产 4000 到 5000 斤，每斤 0.9 元，长到秋天再收，亩产更可高达 10000 斤。龙薯 9 弥补春秋季鲜食甘薯的断档期，性能和市场反应都特别好。

王连仲又不断钻研育秧方式和薯种储存方法。2014年在他家前后院建起了新型薯窖。新型薯窖为砖砌结构，底部直径为4米，深4米，井口直径为0.8米，总体为圆锥形，这种薯窖储存量大，每个可存2万斤，易于管理，保温保湿，井口悬挂温度计，基本控制在9℃到15℃，通过井盖的开封可以掌控温度。2015年春，王连仲改革了老式育秧模式，采用了以锅炉为动力的水暖型薯炕，实现了省时、省工、省燃煤，低碳环保，秧苗整齐粗壮。

王连仲成了远近闻名的甘薯育秧和种植专家，70铺薯炕可育出600—700万棵薯秧，除了留出种植50多亩地自己培育薯种的薯秧外，还远销大连、沈阳、齐齐哈尔等地。

付建中

付建中，1949年生，中共党员，现任卢龙县中强孤竹小金米种植专业合作社理事长，卢龙县第九届、第十届政协委员，2016年、2017年度连续被评为优秀政协委员，卢龙县第9、10、11、12、13届人大代表，2018年全国明星合作社理事长。1970年去海南繁育杂交高粱种子，回来后一直在原大刘庄公社任农业技术站站长，并多次获得农业技术先进工作者称号，1984年改社建乡后，历任乡长、人大主席等职务，积累了较全面的农业技术知识、丰富的农村实践经验和较强的组织协调能力。

2004年从领导岗位上退下来以后，不忘初心，牢记使命，把带领农民增收致富作为主要任务。2007年第一部农民专业合作社法颁布，他带头成立了卢龙县第一家卢龙县建中棉花专业合作社，后来又带头引进张杂谷，并征得张杂谷发明人赵治海的同意，成立了卢龙县赵治海张杂谷专业合作社。2010年，他退休以后，又创办了卢龙县中强孤竹小金米种植专业合作社，自己出任合作社理事长，法人代表，继续带领更多的农民增收致富。目前他领导的合作社已由5人发展到208人，其中农民社员206个，2018年他的合作社又吸收63个建档立卡贫困户加入合作社，享受合作社待遇和年终分红。

他领办的合作社先后被评为市级示范社、省级示范社、国家级示范社、2018年全国农民合作社排行榜300强。合作社还被评为河北省科技型中小企业、秦皇岛市龙头企业。

为了实现科技创新、拥有自己的知识产权，他领办的合作社先后注册了孤竹、首阳山、桑家岭粉丝和桑家岭甘薯、付建中牌29类和30类商标共6个，卢龙孤竹小金米和卢龙红薯干地理标志集体商标2个，对孤竹小金米包装申请了专利。

他在小谷子、大产业，土特产、大品牌上下功夫，合作社主打产品孤竹小金米先后被秦皇岛市旅游局评为旅游必购商品、被河北省质监局评为河北省优质产品、河北省旅游商品大赛银奖，从 2013 年开始连续两届被农业部评为名、特、优、新农产品，2017 年荣获第 15 届（北京）中国国际农产品交易会金奖。

付建中不忘初心，牢记企业家的使命，积极参与社会公益事业，为构建和谐社会做贡献。从 2013 年开始，遵照尊重知识，尊重教育，褒扬拔尖人才的宗旨，已连续 6 年对本县考取一本的考生奖励价值 148 元的孤竹小金米，累计投资已达 30 多万元；他还多次应邀到本市的扶贫重点县青龙进行孤竹小金米的生产技术和合作社建设现场指导；还对县第一、第二特困人口中心赠送孤竹小金米，对大病住院的合作社社员家属赠送补助金，资助下岗职工儿女完成高中学业等公益活动。

付建中向阿根廷友人赠送孤竹小金米礼品

卢龙籍在外专家教授名录

葛效尧　卢龙镇葛园村　北京大学教授

程汝宏　卢龙镇　省农科院谷子研究所研究员

周　兴　卢龙镇张毛庄村　涿州市物探局研究所高级工程师

李子敬　卢龙镇张毛庄村　甘肃金川集团公司高级工程师

赵晓宾　卢龙镇小刘庄村　青县巨龙钢管厂高级工程师

郑春勇　卢龙镇郑庄村　河北科技大学教授

胡永利　卢龙镇胡仙河村　河北科技师范学院高级实验师

张秀云　卢龙镇张毛庄村　河北师大教授

俞会新　卢龙镇马庄子村　河北工业大学教授

朱立兵　卢龙镇城关　南京理工学院高级工程师

朱立群　卢龙镇城关　北京外交学院博士生导师

杨印东　卢龙镇西湖庄村　加拿大多伦多大学教授

张　秘　卢龙镇招军屯村　华北石油总医院主任医师

徐秀娥　刘家营乡侯各庄村　北京航天部高级工程师

薛立新　刘家营乡薛庄村　浙江省宁波大学教授

肖敬山　潘庄镇小杨各庄村　美国教授

王敬平　潘庄镇大岭村　加拿大双硕士研究生

张子红　潘庄镇秀各庄村　中国青年政治学院

孟祥敏　潘庄镇亮甲峪村　国家研究院研究员

王子文　潘庄镇大岭村　河北理工学院教授

刘秀贵　潘庄镇西蔡庄村　天津南开大学教授

王志岩　潘庄镇大杨庄村　河南解放军炮兵学院教授

王克义　潘庄镇滤马庄村　北大计算机科学技术系教授

翁淑兰　潘庄镇翁家沟村　中国煤炭工人疗养院主任医师

张国林　潘庄镇张家庄　河北农大教授

刘胜军　潘庄镇西蔡庄　河北科学院数学研究系主任

张子红　潘庄镇秀各庄村　中央政治青年干部学院外语系主任

孟祥敏　潘庄镇亮甲峪村　国家研究院研究员

王志烟　潘庄镇大杨庄　北京外国语学院教授

王敬平　潘庄镇大岭村　加拿大教授

白雪松　燕河营镇白家坊村　瑞典龙德大学博士生导师

张启星　燕河营镇东花台村　河北省农林研究院滨海农业研究所　总支委员科研支部书

吴志新　燕河营镇东吴庄村　秦皇岛市政府高级工程师

秦宝云　燕河营镇小峪村　山海关桥梁厂高级工程师

牛立军　燕河营镇白家坊村　唐山技工化工厂高级工程师

岂福民　燕河营镇燕河营四街村　加拿大高级工程师

李建辉　燕河营镇大新庄村　北京朝阳区朝阳医院主任医师

李正海　燕河营镇李各庄村　大连民族学院教授

王嘉川　燕河营镇燕窝庄村　江苏省扬州社会发展学院教授

安秀荣　燕河营镇燕窝庄村　秦皇岛市委党校教授

郭宝强　陈官屯镇宋家坟村　重庆市勘察设计院高级工程师

赵　杨　陈官屯镇下梨峪村　北京大学教授

丁树友　陈官屯镇丁家庄村　天津港航道局技术部　教授级高级工程师

曹立华　陈官屯镇蛮子营村　秦皇岛市第三医院主任医师

张翠敏　陈官屯镇陈官屯村　河北干部经济管理学院教授

孙秀荣　陈官屯镇新挪寨村　山东东莞石油大学教授

宋玉青　陈官屯镇宋各庄村　山海关造船厂技校高职

李永军　印庄乡李家窝铺村　美国物理研究生

王四新　印庄乡蔡各庄村　天津工程机械研究所教授

景会成　印庄乡蔡各庄村　河北理工学院教授

孟翠娥　印庄乡亭子岭村　秦皇岛市冶金机械有限公司高级工程师

王　阁　印庄乡李家窝铺村　美国左俊亚洲大学教授

景世平　印庄乡蔡各庄村　中国科学院半导体遥控研究所高级工程师

赵德存　双望镇安里村　天津铁路设计学院高级工程师

郑旭光　双望镇三分村　石家庄市第一人民医院　内科主任教授

张秀齐　双望镇董各庄村　河北省城乡建设学院教授

赵金华　双望镇三分村　承德畜牧局高级畜牧师

王会银　刘田各庄镇薛庄村　中央民族学院教授

孙伯君　刘田各庄镇孙田各庄村　北京清华大学博士后

李艳丽　刘田各庄镇于各庄村　石家庄铁道学院教授

高国生　刘田各庄镇高田各庄村　石家庄铁道学院教授

温　杨　刘田各庄镇温翟坨村　北京市中关村普天研究院研究员

祖百祎　刘田各庄镇前下庄村　新疆中科院研究所教授

王　磊　刘田各庄镇薛庄村　广州华南大学光电研究所教授

韩立兴　蛤泊镇中坨村　美国教授

王献华　蛤泊镇二百户村　唐山煤炭医学院教授

单　洪　蛤泊镇头百户村　合肥电子工程学院教授

田　伟　蛤泊镇孟柳河村　天津市中新集团高级工程师

张元良　木井镇东杨庄村　空军航空学院教授

杨景槐　木井镇大道上村　兵器工业部201研究所高级工程师

邹艳华　木井镇杨家坨村　大庆石油研究所高级工程师

曹信封　木井镇曹庄村　唐山陡河电厂高级工程师

邹振胜　木井镇杨家坨村　天津中铁高级工程师

王永盛　木井镇木井村　江苏金湖工业院理市科技有限公司高级工程师

潘瑞芹　木井镇潘贯各庄村　中日友好医院　主任医师

李文广　木井镇新房子村　长城医院　骨科专家

朱翠兰　木井镇朱贯各庄村　河北科技师范学院教授

朱立天　木井镇朱贯各庄村　天津师范大学教授

孙占波　木井镇吕施庄子村　西安交通大学材料学院博士生导师

杨立静　木井镇东杨庄村　河北省环境保护学院教授

秦振东　木井镇秦贯各庄村　中央电视台电视剧制作中心　编导高级美术师制片主任

李文广　木井镇新房子村　长城医院骨科专家

尤凤祥　石门镇尤庄坨村　河北省国防工作办高级工程师

毛锦来　石门镇唱石门村　北京中建二局三公司高级工程师

魏肇安　石门镇贾背口村　天津医科大学教授

刘万才　石门镇常庄子村　河北农大教授

高艳群　石门镇塔子峪村　中国农业大学食品学院博士生导师

李慧玲　石门镇马大岭店村　秦皇岛市党校教授

刘宝友　石门镇常庄子村　河北科技大学教授硕士生导师

高彦祥　石门镇塔子峪村　中国农业大学食品学院教授

王海军　石门镇高各庄村　青岛海军航空工程学院教授

杜春生　石门镇塔子峪村　美国教授

李月明　下寨乡部落岭村　香港理工大学教授

王庆桃　下寨乡石家脑村　天津塘沽海军后勤学院教授

赵庆乐　下寨乡赵家洼村　东华大学教授

董作仁　下寨乡董各庄村　河北医科大学　教研室主任

王明武　下寨乡小莫营村　北京汽车研究所　所长总工博士生导师

杨兆宜　刘家营峰山村　卢龙县农业局　高级农艺师

王立强　卢龙县人　清华大学核研院博士

王士权　卢龙县人　酒泉卫星发射中心高级工程师

景世平　卢龙县人　中国科学院半导体授控研究所高级工程师

翁淑兰　卢龙县人　中国煤炭工人疗养院主任医师

崔建国　卢龙县人　河北师范大学教授

卢龙县正高职称人员名录

刘　泽　　县医院主任医师

严　峻　　县医院主任医师

翁爱国　　卢龙县中学正高级教师

刘晓菊　　卢龙县中学正高级教师

张　艳　　卢龙镇中学正高级教师

付跃红　　卢龙县第四实验小学正高级教师

张翠荣　　县农业农村局农业技术推广研究员

孟素艳　　县农业农村局农业技术推广研究员

吴金美　　县农业农村局农业技术推广研究员

孟红权　　县农业农村局农业技术推广研究员

胡　全　　县农业农村局农业技术推广研究员

李秀舫　　县农业农村局农业技术推广研究员

王晓红　　县农业农村局农业技术推广研究员

徐秀艳　　县农业农村局农业技术推广研究员

殷宏阁　　县农业农村局农业技术推广研究员

刘兵海　　县农业农村局农业技术推广研究员

李亚军　　县农业农村局农业技术推广研究员

徐　平　　县自然资源局农业技术推广研究员

任玉娟　　卢龙镇农业技术推广研究员

张建敏　　印庄乡农业技术推广研究员

时代公仆

新中国成立前后，卢龙作为县一级行政区划单位，涌现了不少广大人民群众有口皆碑的优秀县委书记、县长，他们是真正的人民公仆，也是优秀的孤竹儿女的代表。本章收录了新中国成立前后到当代在中共卢龙县委、县政府、县人大常委会、县政协担任主要领导职务的孤竹儿女，展现了他们时代公仆的精神风貌。

孟英

孟英姓王，原名王廷英，孟英系别名。1970年12月，担任卢龙县委书记，1976年离开卢龙，担任唐山行政公署副专员。

孟英在担任县委书记期间，带领全县人民，修建了120多座小水库，180多座塘坝，解决了人民群众吃水难、用水难问题，改善了农业生产条件。三百多座水库、塘坝遍布全县，碧波闪闪，犹如群星落地。卢龙县接力治水四十年，接力棒就是从孟英手中传下来的。

1971年2月，刚刚20岁的笔者，就参加了工作，在孟英身边当服务员。孟英下乡，有时也带着我，和孟英同坐一辆全县唯一的美吉普。在孟英身边工作了二年，组织上分配我到县委报道组，仍然和孟英一起同在四合院办公。隔着玻璃窗，便可看见孟英办公的背影，每每感到亲切。宣传报道工作的职能，使我对全县的大型活动，重点工作，事迹突出的模范人物，都有所了解，有的了如指掌。对孟英带领全县人民修水库的创业壮举，也有更深刻了解。

1970年12月，卢龙县召开第四届党代会，时任卢龙县革命委员会主任的孟英当选为县委书记。那时，全县上下，余乱未消。人们食不果腹，却在津津有味地吞食"窝里斗"的苦果。孟英顾不上其他，他想的是农业生产，人民生活，想的是如何找到一条带领全县人民摆脱困境的出路。他决定调查研究，访贫问计，了解民生民情。他很少坐那辆全县唯一的从战场缴获的业已破烂不堪的"美吉普"，而是骑着自行车，带一两名工作人员，"漫游"全县。

他们有一次渴了，来到老乡家里，老大娘听说来者是县委书记，拿起水瓢，从缸里白起半瓢凉水，颤巍巍地递给孟英。看那神情，她递给书记的，不是水，而是一瓢蜜，一碗油。总之。他们太珍惜水了。走家串户，这种情况并不鲜见。老百姓吃的，一日三餐，离不开白薯，很少见到米面。穿的，是打满补丁的"家线布"。青黄不接之际，全县有五分之一的户需要救济。冬天，有许多孤寡老人穿不上棉衣。

孟英的心是痛楚的，他举目四望，见到的是满目凄清的山水，龟裂的大地。大地上，写着百姓悲苦的历史和贫困的现实。新中国成立快二十年了，人们仍然织不能自用，耕不能自食，在贫困线上苦苦挣扎。作为一个县委书记，不迅速改变贫困的面貌，愧对三十多万父老乡亲。

历时几个月，孟英跑遍了全县的山山水水，沟沟坡坡，掌握了大量的第一手材料。卢龙贫穷落后，根子就在水上。卢龙县境内有大小河流71条，年平均降雨量700毫米。由于低山重叠、丘陵起伏、沟川纵横的独特地貌使地表水流出境外加之大量蒸发和渗透，造成水资源匮乏。新中国成立以来，卢龙县部分群众吃水困难仍然没有得到解决。全县没有水浇地，540个行政村竟有286个村严重缺水。正常年景，大自然恩赐给这里的雨量，每年在700毫米左右，且集中在七、八月份，平时降雨极少。春旱、秋旱，几乎年复一年。粮食亩产，最低时仅有36公斤。汛期雨量集中，不仅毫无利用价值，而且容易酿成灾害。县内有四条主要河流。青龙河由北到南流经全县，饮马河、教场河、骚龙河遍布县内。这里的土地属丘陵山地，土层薄，易走墒，沟谷多而分散，并无大沟大川。改变水利条件的一个最好办法，就是利用地势，修水库，建塘坝。库内蓄水，库下造田。既可抗旱浇地，又可拦洪防涝，控制水土流失。当年，西门豹修渠引漳，灌溉农田，于是才有千古称颂的邺之大治，李冰采取"深掏滩，低作堰""遇弯截角，逢正抽心"的治水方针，建成都江堰，灌溉万亩田。于是才有"水旱从人，不知饥馑，沃野千里，世号陆海"的天府之国。

前人能做到的，今人能做到，前人做不到的，今人也能做得到。孟英的意志很坚定，一个字："上"！

孟英带领有关常委、县直有关单位负责人和各社队三百多名干部，坐上大卡车，日夜兼程，赴林县取经，到大寨参观。目的是寻求治水的大计。他们其心也诚，其志也坚。

孟英带着十二指肠溃疡的病痛，带领水利工程技术人员，翻山岭，涉沟壑，像夸父丈量九州那样，丈量每一条流域，每一座库址。他们很认真。

1971年入冬，修水库的战斗打响了。各公社出工出力。县里除从财政拿出一部分补贴外，还负责技术。水电局的工程技术人员深入工地，分工包库。经过三个冬春的大干，刘黑石、黄家村、土山等二十多座水库建成蓄水，当年受益。

这一仗果然打出了威风。县委决定采取小流域治理的方法，一治一道川，一治一座坡。在施工方法上，坚持专业队与人民战争相结合。专业队负责承担跨社跨队的骨干工程，各社队承担本社范围内的小型配套工程。为了综合平衡，防止平调，坚持"统一规划，分期施工，先后受益，大体平衡"的十六字方针，建一座，成一座，用一座。

1974年，两千人的农田基本建设专业队活跃在饮马河系。奋战半年，拿下红花峪等五座水库，十一座塘坝。

1975年，专业队扩大到三千人，在教场河系摆开了战场。下枣园等六座水库竣工。

1976年，专业队重点治理骚龙河系。炮石岭沟等四座水库建成。

与此同时，群众性的以建库整地为中心的农田建设在全县铺开。到1976年底，全县共建成水库一百二十一座，塘坝一百八十座。

县委书记孟英、县委副书记解文富、县委常委、县武装部长
赵淮带领水利工程技术人员勘察水库地址

卢龙县修建小水库的经验，受到国家有关部门的重视和肯定。1975年，在国际大坝会议上，该县做了书面发言。1975年，中华人民共和国农林部组成援外工作队，赴尼日尔，帮助兴修百里万亩灌区的水利工程，历时四年。该县水利工程师胡万生，县委副书记李旭庚先后参加，把治水的经验传到了国外。

李连璧

李连璧，男，汉族，中共党员，河北省迁西县白庙子乡李兴庄村，生于1929年10月。1944年12月参加革命工作，曾任迁安县长、唐山地区水电局核心组组长，唐山地区根治海河指挥部主任，河北省治理滦河指挥部办公室主任，中共卢龙县委书记，秦皇岛市农委顾问等职。

自1971年开始，李连璧率领唐山地区万名民工参加永定新河、潮白新河、沙陡河的治理工程。在施工中，他坚持"百年大计，质量第一"，重视技术革新，因坚决执行毛泽东同志"一定要根治海河"的号召，保证正常施工，受到河北省根治海河指挥部的赞扬。1976年5月，李连璧受组织派遣，由唐山地区根治海河工程指挥部主任调任卢龙县委书记，接过原卢龙县委书记孟英同志的班，开始主持县委工作。

20世纪70年代的卢龙，虽然历史中的"文化大革命"已进入尾期，党的各项工作受到冲击影响，在那个"宁要社会主义草，不要资本主义苗"的时期，任何发展社会生产力的举措，都可能受到阶级斗争的批判，从1966年5月，"文化大革命"在卢龙蔓延开始，已有3名县委主要领导被游街批斗，治水面临着巨大的政治风险。然而，新中国成立初期的卢龙大地，却又是那样的渴盼兴县富民，在960平方公里的土地上，占总面积81%的是低山丘陵地带，沟壑纵横，丘陵起伏，水土流失严重，山区卢龙500多个村竟有近200个村严重缺水，许多深山区村民要起五更睡半夜，翻山越岭，驴驮人担。人们日常生活用水紧张如此，更别提农业、工业生产用水。为了改变落后面貌，执掌新政权的历届卢龙县委开始治水大业，尽管面临"文革"的重重束缚，但抗旱治水的脚步一直没有停歇。就在李连璧踏上卢龙土地的前一年，在他的前任县委书记孟英同志领导的治水工程得到了各级认可。在1975年的全国水利工作会议上，卢龙县受到表彰，李先念副总理还专门听取了卢龙县委的小水库建设工作汇报。卢龙县作为全国农田水利建设先进典型，在国际大坝会议上交流了水库建设经验。

如何管好用好现有水库，接好孟英书记的班，为全县老百姓造福，成了他这个水利专家型书记的首要问题。上任伊始一个月，李连璧的主要工作是下基层调研，他发现经历届县委重视修建的遍布全县的水库、塘坝，虽能够充分发挥灌溉之益，缓解许多用水矛盾，但一遇到旱年，水库蓄水不足，干旱缺水的面貌依旧没能得到彻底改变。而流经全县的青龙河，源远流长，水量丰富。如能开发利用好这一宝贵资源，依托百库一河，这个参加工作以来，长期同水打交道的卢龙新当家人有了个大胆的设想。基层调研期间，李连璧指示县水利局研究论证他的接力治水构想。

青龙河是冀东第二大水系，卢龙第一大过境河流，发源于辽宁省凌源，从桃林口入境，沿县境西侧由北向南曲折蜿蜒，并入滦河，流入大海，过境流程43.5公里，年径流9.6亿立方米，相当于境内其他河流年径流总量的5倍。借此搞一个大型引水工程，纵贯南北，居高临下，自流灌溉，年可引水3亿立方米，相当于现有水利设施蓄水总量的10倍以上，这是彻底改变卢龙干旱贫水困境、改善生产条件的根本措施。然而，要上这样的大型工程，解决建设资金是个大问题。十年"文革"，整个国民经济遭到严重破坏，已经到了崩溃的边缘，而在全唐山地区经济发展水平排位居后的纯农业县——卢龙，更是捉襟见肘，全县财政收入连支付人均几十元的干部工资都很困难，如何筹集支付这上千万元的工程投资？要是等钱攒够了，再上引青工程那将等到何年何月？面对县级财力和现实矛盾，李连璧和县委一班人想到了全党发动、全民动员和上级支持。

1976年7月8日，上任仅仅一个月的李连璧主持召开常委扩大会议，专门听取了县水利局的引青工程方案。会上，李连璧果断表态：引青工程是造福于民的治水大业，意义重大，接过前人接力棒，完成前人未竟事业，是县委的责任。在我们这一届，不管有多大困难，一定要把这项工程搞上去、搞成功，了却35万卢龙人民的心愿。这项工作一定要抓紧，只争朝夕！李连璧的意见得到了县委副书记、县长方宝枝等同志的支持。随后，县委做出"立下愚公志，修建引青渠"的决定，开始组织勘测，进一步细化工程方案。

就在李连璧和县委一班人为找到解决卢龙干旱贫水历史出路而大受鼓舞，紧锣密鼓筹措引青工程的时候，一场突如其来的大地震发生了。1976年7月28日凌晨，突然"地光闪射、地声轰鸣、房倒屋塌、地裂山崩"，唐山发生7.8级强烈地震，"数秒之内，百年城市建设夷为墟土，二十四万城乡居民殁于瓦砾，十六万多人顿成伤残，七千户家庭断门绝烟。此难使京津披创，全国震惊，盖有史以来为害最烈者"。离震中丰南不远的卢龙，251人死亡，555人重伤，全县34万间房屋有30万间坍塌或遭到严重损坏，原先建设的水利工程也未能幸免，大多机井被毁坏，百座水库不同程度遭到破坏。国家受创，家乡遭难。面对大自然的破坏带来的疮痍，李连璧和县委一班人转而迅速带领全县党员群众投入到抗震救灾里来，然而阵痛之中，一个噩耗报给了李连璧。住在唐山家乡的李连璧的妻子和岳父随着大地震永远地离开了他，女儿和岳母也严重受伤。李连璧陷入的不仅仅是失去亲人的痛苦，还有他壮志满怀的引青工程。

在随后的几个月里，李连璧坚忍地接受了家庭突变，除带领县委一班人转入接收从唐山来的伤残人员救护，在安顿好全县老百姓的生产生活之后，他又开始为引青工程而奔波。多次往返石家庄、天津和唐山，向省、地领导和有关部门汇报引青工程；带领县委常委、有关部门及基层干部、水利技术人员，北踏长城，南抵京山铁路，现场勘察渠线走向，确定工程位置，选择最佳施工方案；甚至把县委常委扩大会议开到渠线上，研究引青工程的筹建，李连璧为根本改变卢龙干旱缺水奔劳着。

1976年12月3日，"卢龙县跃进渠震毁修建工程指挥部"在潘庄公社组建。县委书记李连璧担任总指挥，县委副书记解文富、许文明，县委常委、县革命委员会副主任陈会，县委常委、县武装部部长赵淮任副总指挥。6000多名基干民兵从家中的防震棚中住进了更加简陋的建渠工棚。12月24日，指挥部在1958年"跃进渠"誓师大会旧址——潘庄公社滤马庄小学操场举行跃进渠震毁修建工程誓师大会。3000多人的会场红旗招展，雄壮的《东方红》乐曲奏响，在唐山大地震后不到半年，引青工程正式拉开帷幕。

渠首拦河坝，选定在桃林口村西南小黄崖山脚下。坝型为桨石重力坝，坝长340米，其中，溢流段长300米，重力段长40米，顶宽2.5米，最大坝高18.9米，设计库容1284万立方米。12月25日，李连璧嘱咐好几位常委主持县委日常工作后，住进桃林口沙滩上帐篷搭建的工程指挥部。

那年，桃林口的冬天挥汗如雨，帐篷外喊声震天，帐篷内灯火通明。13个民兵连，在施工一线展开渠首拦河坝清基备料大会战。300亩漫石滩，筑坝备料忙；春节无假期，昼夜三班倒。次年3月12日，右岸120米基醋槽清基任务完成，转入大坝砌筑。位于青龙河主河道的9个坝块，水下作业进度受阻，工程施工十分艰难，李连璧指挥同志们采取边排水、边清基、边砌筑的施工方案，保证施工工程正常进行。为确保大坝汛前拦洪，5月1日，李连璧组织县委和工程指挥部在工地召开"决战红五月、六月保拦洪"的誓师动员大会。会议要求前后方协同作战，各行各业大力支援前线，大干60天确保汛前完成筑坝任务。随后，精选的3200人的治水大军，人机结合，开展攻坚大决战。20多台机泵、27台推土机昼夜排水抢挖基槽；600多辆马车抢运沙石；40多辆卡车和拖拉机抢运水泥、钢材和木料；工地上，车水马龙，红旗招展。

　　1977 年 6 月 28 日，三声枪响，大坝截流封堵开始。在每秒 40 个流量、瞬间就可以把导流渠冲垮的激流面前，县委书记李连璧指挥干部民兵跳进齐腰深的激流，手拉手组成人墙，用装满沙石的草袋，抢筑三道截流埝。虽说是春暖时节，但青龙河水依然是冰凉彻骨，那天夜晚，连璧回到帐篷，倒了半盆温水，洗去污泥，把脏衣服泡在盆里，正准备抽支烟休息一会时，一位民工端来碗鼋鱼汤，让他补补身子。原来是在大坝导流时捉到了几只鼋鱼，李连璧高兴地喝了几口，随后叫那位民工多熬点汤，让同志们也都补补。民工不失时机地劝李连璧考虑下再婚的事，连璧淡然一笑，在他的心中，引青工程成了他不舍不弃的"另一半儿"。几天后，拦河大坝拔地而起，青龙河水被拦腰斩断。7 月 4 日，一场二十年一遇的 4800 立方米/秒的洪峰呼啸着，在拦河大坝前停住了脚步。

　　接下来，卢龙百里丘陵坡地上开始了引青主干渠建设。设计中的引青主干渠，全长 67.5 公里，从北到南，三个不同断面，有大小建筑物 426 座，串塘串库 38 座。在雷店子公社武家沟，县委成立前线指挥部，县委书记李连璧任政委，县委副书记、县长方宝枝任总指挥。主干渠沿线的 5 万民工，在李连璧等指挥部领导的带领下，日夜兼程，开挖近百里的干渠。哪里有困难，哪里就会出现指挥部的人员与工程技术、施工人员研究施工方案，攻坚克难的场面。

李连璧与民工们一起在渠首施工

　　大岭隧洞是引青工程的又一个关键，1958 年，卢龙"跃进渠"的失利就卡在大岭隧道这个问题上，由于地质条件恶劣，隧洞开凿过程中连续出现塌方、冒顶，施工难以进行。指挥部经反复研究，多次论证，决定实行"不影响过水流量、调陡纵坡缩窄断面"的施工方案，面对隧洞开凿出现的出料、通风、水淹、塌方、冒顶等诸多技术难题，采取从地面下挖 14 条导洞的施工方案，以解决出料、通风问题。先掘进，后扩洞，再成型；先挖拱座，后砌渠墙，挖一段拱一段，李连璧在一线指挥的同时，亲自参与工地凿石，最终，这一能致干渠于死地的关键隧洞，在引青建设者面前成功解决。

大型渡槽建设是引青工程的另一个关键，被称为"悬空中的龙脊"，需要严格的工程质量。主干渠上的岳沟、陈家沟、上屯、莫黑石4座桁架渡槽总长970米，跨越河流、公路，地形复杂，地质条件差、施工困难。李连璧请来了老同事，唐山地区水利局设计队副队长刘谭帮助设计，县交通、商业、工业局分别承担4座渡槽的组织实施和物资供应；潘庄、陈官屯、刘田各庄、木井工委承建。1979年5月，4座渡槽吊装完成，青龙河水穿隧洞、翻山岭，过渡槽，流进了农田。随后的几年，卢龙各乡镇开始了主干渠延伸分干渠配套建设。截至1983年，历时6年4个月的艰苦奋战，一条北起桃林口，南至门镇高各庄村，经过17个乡镇、78个村，南北贯穿县境，近百里的引青渠穿行在卢龙低山丘陵间。整个工程完成工程量6964万立方米，投工11142.68万工日。67.5公里长的主干渠，宛若长龙，蜿蜒南下，61公里长的8条分干渠、1123条支斗渠，纵横交织，星罗棋布，辐射四面八方。昔日空望水流去，今朝牵龙走山间。这是卢龙水利建设史上的奇迹，被卢龙后人称作"瀚海游龙"。

何进先

何进先，1991年7月至1992年11月任卢龙县委书记。他思想敏锐，政治坚定，重实干、敢担当，任职期间下大力搞好县办工业，振兴乡镇企业，加开对外开放的步伐，努力推动社会事业发展，并使教育、科技、文化等领域发生巨大变化，为全县经济工作的全面发展打下了坚实的基础。

一、举党建之纲激发干事创业热情。始终把党的建设放在县委工作的首位，面对乡村学习条件落后、师资力量缺失、部分党员党性观念淡漠的情况，在全县共举办了各类培训班、读书班，建立了乡镇党校，基本做到了组织、设施、规划、师资、教材、经费、制度"七落实"。完善了村级干部绩效挂钩的目标管理制度、建功立业登记表彰制度、民主监督制度等。

二、谋经济之策促进产业转型升级。遵循客观经济规律，适时抓住甘薯产业优势，引导农民开创甘薯生产、加工、销售一条龙的产业格局，促进了农民增收和县域经济发展。到90年代初全县各类淀粉加工机械达6.5万台套，加工专业村150个，专业大户达到19500户，粉制品加工厂8家，行程了"小规模、大群体"的加工格局。认准了发展乡镇企业是发展农村经济、促进农业现代化的必由之路，要求各级干部提高对发展乡镇企业的认识，县、乡镇、村领导主动走出去，广泛开展横向联合，引进项目资金和人才。制定了《关于进一步扶持鼓励乡村集体企业发展的暂行办法》，要求县财政出自建立乡村集体企业导向资金，对科技含量高、技术进步型企业减免税收，对企业和经营者、引进项目人员进行奖励等政策性办法，促进乡镇企业快速发展。

三、奠发展之基推进基础设施建设。积极推进山、水、林、田、路综合治理，推进水利、交通等基础设施建设。在中央加强农业基础地位的方针指引下，紧紧抓住秦皇岛市修建引青济秦工程的契机，带领全县人民掀起以"引青灌区"配套续建为重点的全县第三次水利建设高潮，并提出到1992年基本实现全县水利化的宏伟目标。两年间，掀起以"引青灌区"配套为主体，以四百户、燕河营、花台、陈官屯4条分干渠为重点的农田水利化建设高潮，完成了总长度67公里的4条分干建设，扩大水浇地7400公顷，完成了全县水利工程的大型骨架，辐射了全县除马台子乡以外25个乡镇为全县实现水利化奠定了基础，困扰了卢龙县的旱魔被驱除，生态环境得到了改善，被赞誉为"旱海游龙"，到1992年6月，全县基本实现了水利化。关注地方道路建设，不断召开全县地方道路建设动员大会等推进会议，对地方道路建设做出具体的安排部署。到1992年6月底，全县实现了乡乡通油路，基本形成了以国省干线为骨架，县乡公路为网络，四通八达的公路交通体系。对于百姓民生问题，对全县基层所站进行检查评议，有效地解决了群众普遍关心的淀粉销售难、粮油挂钩化肥、柴油不兑现、电费涨价等问题。

杨文波

杨文波，1992年11月至1998年2月任卢龙县委书记。

近6年的时间里，杨文波以小康建设总览全局，自我加压，在重新分析审视县情的基础上，研究制定了全县"九五"规划和2010年远景目标，决心紧紧抓住102国道开通和兴建京沈高速公路的机遇，谋求县域经济的超常规、跳跃式发展，大力实施"科教兴县、开放强县、工业立县"三大战略，积极推进经济体制和经济增长方式的转变。

始终把农业放在经济工作首位，作为实现小康目标的战略重点来抓，制定完善《两高一优农业发展规划》，确定了发展农业六大工程和六大主导产业，即以甘薯为原料的食品和化工产品加工业，以发展优质苹果为主的果品加工业，以发展粮菜间混套种为主的高效种植业，以发展肉牛为主的草食畜禽养殖业，以发展瘦肉型猪为主的养猪业，以开发渠库水资源为主的淡水养殖业。本着"明确所有权，稳定承包权，搞活使用权"的原则，建立健全土地流转机制，坚持在土地集体所有和不改变土地用途的前提下，允许土地使用权依法转让，鼓励大户承包，引导群众发展适度规模经营。积极推进农业产业化进程，依靠现代科学技术改造传统产业，着力发展"立体农业、设施农业、开发农业、创汇农业、旅游农业"五大特色农业，培育新的经济增长点。

注重改革创新，在国有企业中的县印刷厂实行了"先出售、后改制"的股份制试点。同时，因厂制宜，采取兼并、租赁、拍卖、切块经营等改革措施，搞活危困企业。以发展个体私营经济为突破口，大力发展乡镇企业，实施了"5511"工程，即抓好五个工业小区、五个亿元乡镇、十个千万元产值村、十个千万元产值企业建设。进一步巩固了对乡镇分税制财政管理体制，组织实施了乡镇财政上台阶工程，实行乡镇财政包干责任制。加大招商引资力度，确定完善了坚持创汇农业与创汇工业并举的对外开放工作指导方针。重点实施"外向带动，两环结合，内联入手，外引突破"的开放战略，对外开放步伐显著加快。

大抓基层党的建设，总结多年来选用农村干部的经验教训，提出了"五用五弃"原则，即：用率先致富者，弃无专长者；用肯服务为民者，弃只顾个人发财者；用勇于开拓者，弃平庸守摊者；用廉洁奉公者，弃私心严重者；用作风民主者，弃独断专行者。狠抓社会治安综合治理，全县基本形成县、乡、村、户四级调解网络，全县大局和谐稳定。

郁和平

郁和平，1998 年任中共卢龙县委书记，2002 年离开卢龙。

一、以项目建设为抓手，促进经济不断增长。1998 年，以招商为主线，抢抓机遇，参加"5·18"石家庄河北经贸洽谈会、"8·18"北戴河之夏经贸洽谈会，组织全县 6 大系列、30 个品种参展。1999 年，兴建刘田各庄镇与天津协通酒业有限公司合作投资 400 万元的秦皇岛龙迪酿酒业有限公司；引进北京和木节水有限公司技术推广项目，兴建 2.67 公顷酒葡萄滴灌试验场；引进北京农院即引 2 号、许引 1 号甘薯新品种。2000 年，组团参加"5·18"廊坊经贸洽谈会、首届中国国际葡萄酒节、"8·18"第十二届北戴河经贸洽谈会、长城节等大型经贸活动，接触国内外客商 100 余人次，洽谈项目 20 多个，签约项目 4 个，收集信息 300 多条，发送"卢龙县招商指南"宣传材料 1000 多份，卢龙县被中国国际地区开发促进会命名为"中国酿酒葡萄生产基地"。2001 年，全县引进省外经济技术合作项目 27 个，引进资金 5898 万元，其中经济合作项目 9 个，技术合作项目 18 个，引进人才 85 人，其中高级 5 人，中级 36 人，初级 4 人。2002 年，全年引进外资 144 万美元，引进国内资金 15768 万元，其中引进省外资金 11875 万元；一般贸易和三资企业出口完成 289 万美元，签约外资项目合同 4 项，完成 3 项签定内资项目合同 45 个，开工建设 33 个，其中投资千万元以上项目 7 个。2000 年，县委、县政府制定《关于进步优化投资软环境的若干规定》，主要内容包括：牢固树立"人人都是投资环境，事事关系招商引资"的思想，强化开放意识、发展意识和服务意识。外商投资企业是依法设立的独立都不得干预企业正常的生产经营活动。2001年国内生产总值达到274895万元，人均6586元，为历史最好水平。2002年，达到301815万元，十1978年的44.2倍。

二、农村经济不断发展，打牢农业大县基础。种植结构从单一粮油生产发展到粮食作物、经济作物和饲料作物多种经营，农业结构不断优化。1998年，全县种植业总产值119978万元，粮食总产量28.9万吨，均创历史最高水平。1999年被河北省定为首批农业产业化建设示范县。2000年，卢龙被国家命名为"中国酿酒葡萄生产基地县"，同时成为秦皇岛市肉鸡养殖第一县。2002年卢龙被省命名为"河北甘薯之乡"，全县8个农产品被评为知名品牌。2002年7月成立"卢龙县农村税费改革领导小组"，加快税费改革，减轻农民负担。

三、加快基础设施建设，提高群众生活质量。城镇基础设施不断改善，1998年，启动建设水厂二期工程并投入运行。2002年自来水厂3座，供水管道34公里。2002年底，县城区绿化覆盖面积8.1公顷，乔灌木3.2万株，草坪6.8万平方米，草木花卉1000平方米，绿化覆盖率32%。交通设施不断改善，1999年7月，京沈高速及卢龙连接线竣工。2002年，县境北、重、南有大秦、京秦、京哈3条铁路通过，基本形成一个以国省干线为骨架的公路网，全县公路、铁路、高速公路纵横贯通，交通十分便利。卢龙服务区1999年9月开始运营。大力建设饮水工程，2000年，实施中央财政预算内专项资金人畜饮水项目。解决燕河营镇四街村、下兴隆庄、陈官屯乡张家沟、上梨峪、刘田各庄镇冯家山、卢龙镇范庄的7个村、5700任何1140头大牲畜的饮水困难。四、注重干部队伍建设，提高组织领导能力。注重干部培训，成立十项村书记素质工程领导小组。到2002年，共举办各类培训班25期，培训干部2600度人次。注重干部考核，到2002年，有86名考核突出的领导干部被提拔，其中进入县级领导岗位的5人。注重领导干部廉洁自律，1998年，对党风廉政建设进行分解，坚持半年检查年终考核，落实责任追究制。1999年，坚持对乡镇党委、农村党支部发展党员定期检查制度，对3年以上不发展党员的党支部进行通报预警。1999年，在全市率先实行干部任前公示制。2000年开展"三讲"教育工作。2001年，实行"定额补贴，超支自付，落实到人"的花费限额补贴货币化管理模式。2002年，实行干部任期经济责任审计制度，建立健全领导干部谈话诚勉制度，实现干部监督工作制度化、规范化。卢龙县被河北省政府确定为首批五公路"三乱"县。预防腐败，1999年开始推行财政体制、行政审批制度等源头改革，对全县财务管理情况进行全面检查。卢龙县在抓"三资"强"两基"的经验做法得到了河北省委的勘定并在全省进行推广。

高文涛

高文涛，2003年4月至2006年4月在卢龙担任县委书记，积极履职尽责，为民尽力，致力发展，取得了突出成绩。

一、抓住历史发展机遇，实现经济高质量发展。针对卢龙经济基础比较薄弱，发展比较落后的实际，高文涛在广泛调查研究、充分听取各方意见，继承上届发展思路的基础上，高文涛适时提出了"坚定一个主体战略（即实施项目带动战略），明确两大目标（富民、强县），实现'一特三化'（以县域特色产业发展为重心，加快农业产业化、农村工业化和城镇化步伐），寻求七项突破（即龙头企业发展、农业结构调整、项目建设、企业改制、民营经济发展、小城镇建设、财政经济）"的经济发展思路，把项目建设作为加快发展、维护稳定的突破口。工作中，坚持以思想解放为先导，在全县各级干部中组织开展了解放思想大讨论活动，着力消除"求稳怕乱、思想僵化、信心不足、怨天尤人"等制约发展的思想障碍。同时，把解放思想大讨论活动与政策、环境的优化紧密结合，与增强各级干部加快发展的压力感、危机感、责任感紧密结合，与放开各级干部的手脚紧密结合，先后制定了一系列有突破、有分量、有创新、有操作性的政策措施，特别是针对干部中存在的工作中怕犯错误、怕担责任等思想疑虑，专门制定了七条政策标准，把在项目建设、经济发展中改革创新的做法、造成的失误与假公济私、官僚主义、渎职等行为区别开来，对前者支持帮助，对后者坚决查处，彻底解除了各级干部的后顾之忧。通过思想的不断解放，全县上下的发展意识明显增强，投资环境明显优化，使卢龙迅速成为资本聚集的洼地。

2003年，全县项目建设无论是数量还是质量均创历史最好水平，投资千万元以上项目在全市三区四县名列第二位。特别是引进了投资1.5亿元的香格里拉葡萄酒项目，是卢龙历史上第一家上亿元项目；建成了投资1.1亿元的武山水泥项目，成为卢龙历史上第一家纳税额超千万元项目。2004年，进一步抓住发展机遇，又组织谋划了总投资120亿元的240万千瓦电厂项目等十大项目，作为全县实现超常规跨越式发展的载体工程，举全县之力重点争取和实施，为卢龙经济的长足发展奠定坚实基础。

二、处理复杂社会矛盾，实现改革深层次推进。面对相对比较繁重的发展压力和深化改革、维护稳定的工作任务，高文涛注重把维护稳定作为深化改革、加快发展的前提和基础，始终坚持权为民所用，利为民所谋，情为民所系，坚持公开、公平、公正，妥善合理地解决各种社会热点难点问题，妥善处理改革、发展和稳定的关系，以发展保稳定，以稳定促发展。坚持带着感情做好群众信访工作，在建立并落实矛盾纠纷排查调处机制的基础上，对历史遗留的难点问题不回避、不推拖，逐一明确责任人，使一大批老案、积案得到限期化解。强化矛盾纠纷的源头治理和控制。几年来，就农村财务、砂场、砖瓦窑、铁矿、农村宅基地等容易引发矛盾纠纷的热点难点问题，连续开展了治理整顿活动，有效维护了农村稳定。

2003 年 7 月，全省农村基层民主政治建设现场会上，高文涛专门推广了卢龙"三资"（资金、资产、资源）管理经验。在企业改制过程中，始终把维护职工群众利益放在第一位，严格按照上级有关补偿标准兑现职工身份置换费用，避免了因不符合政策造成"后遗症"。切实关注弱势群体生产生活，通过加强农民负担检查、扩大城镇低保覆盖面、严格落实扶贫政策等一系列措施，确保群众生活得到可靠保障，从根本上促进了社会稳定、政治安定。全县刑事案件发案数量始终在全市保持最低，社会治安综合治理工作在全市始终保持领先位次。

三、弘扬廉洁干事风气，推进班子高水平建设。高文涛始终坚持树正气、讲团结、求发展，激活锻造干部队伍，为卢龙的加快发展提供了坚强的政治保障。把坚持和加强集体领导作为提高决策水平、凝聚工作合力的前提和基础，凡是事关全县改革、发展、稳定大局的工作，事关群众切身利益的敏感问题，事关党风廉政建设的原则性问题，都坚持集体研究决定，并根据工作需要，邀请县人大、政协的全体班子成员列席党政联席会，充分调动了四大班子成员的积极性，在县委乃至四大班子内部营造了宽松和谐的工作氛围。同时，高文涛还打破县四套班子领导工作分工，实行密切合作，形成了合力抓经济的工作机制。坚持正确的用人导向，提出并严格坚持了"重用发展创业者、鼓励改革创新者、奖励招商引资者、查处违规违纪者"的干部选拔任用原则，大胆起用政治坚定、年富力强、靠得住、有本事、干净干事干成事的人，特别注意选准配强各级领导班子的"一把手"。县财政专门拿出近百万资金，用于奖励招商引资项目建设有功人员。通过高文涛的不懈努力，有效提升了干部队伍的精神状态，形成了"聚精会神搞建设，一心一意谋发展"的工作氛围，使干部队伍真正成为经济和社会各项事业协调发展的政治保障。

冯志永

冯志永，2003 年担任卢龙县人民政府县长，2006 年任县委书记，2010 年离开卢龙。

冯志永在担任县委书记期间，按照"工业主导、项目拉动、农业稳固、商贸振兴"的指导思想，坚持"规划引领、项目突破、凝心聚力、蓄势勃发"工作主题，推动城镇化建设、农村转型、社会和谐，经济保持平稳较快增长。2006 年，扭转在全省综合排位持续被动下滑局面；2007 年建成全国最大双矮苹果示范区和全省最大文冠果基地；中国葡萄酒之乡、中国核桃之乡、石门核桃地理坐标通过评审；2009 年被省委评为农村两委换届工作先进县；2011 年，鲍子沟村被命名为全国首批"一村一品"专业村；被国家科技部授予"2011 年全国县市科技进步考核先进集体"荣誉称号。

一、科学制定思路，目标明细化、具体化。上任伊始，面对落后和脆弱的经济运行状况，冯志永始终坚持审慎规划、科学发展。坚持跳出卢龙看卢龙，确定"科学规划区域布局、优化壮大产业集群、培育农业潜在优势、开发高端旅游资源、打造文化生态名城"的工作思路。为促进经济提速发展，确定以三大园区和"旅游金三角"高端旅游开发片区为主战场，整合确定"人字轴四板块"产业发展格局；为促进项目建设，形成全年招商机制，坚持大招商和招大商结合，把产业园区作为产业集聚地和发展的增长极；为提升城市形象，围绕创建"山水园林生态新城"、"历史文化旅游名城"和"秦皇岛旅游西部门户"目标，强力推进"城镇面貌三年大变样"工作。加强规划编修，确定四个特色功能区域，树立"宁拉经济债、不拉政治债"理念，加大建设投入；同时还完成了重点产业发展规划、村庄布局调整规划、学校布局调整规划等一揽子规划的制定工作，进一步明确提出建设"开放、生态、文化、和谐、实力"目标，明确细化了工作重点和工作举措，为今后的更好更快发展指明了方向。

二、重点谋划部署，项目落地落实生效益。卢龙经济总量小、运行质量低、发展后劲不足，冯志永上任后，以经济建设为主要目标，坚持在引进重点项目、立县项目上寻求突破。他倡导发挥项目引领作用，对项目建设进行立体式、全方位宣传，营造"全民招商、全民创业"氛围。形成以春节老乡会为发起、以春季百日集中招商活动为冲锋、以"孤竹风情"商务节和葡萄酒节为高潮的全年招商机制；总投资 3.8 亿元、纵贯全县南北的蛇刘线业已开工，污水处理、集中供热等项目顺利实施；引进两家战略性投资商，分别投资 80 亿元、5 亿元开发龙河湾和柳河山谷，标志"旅游金三角"项目取得实质性突破；切实做强园区平台，龙城工业区、石门工业区、葡萄酒产业聚集区不断发展，共入住企业 80 余家。2006 年到 2010 年间，全县累计新开工项目 514 个，完成投资 93 亿元，其中千万元以上工业项目 133 个，超亿元工业项目 28 个，有 16 个项目列为省重点。规模以上工业增加值由 2005 年底的 2.5 亿元增长到 2010 年底的 6.6 亿元，年均增长 23%，年产值超亿元、税收千万元以上骨干企业由以前的空白发展到 2010 年的 3 家，经济结构实现由农业主导型向工业主导型的战略调整。

三、振兴农业农村，释放乡村经济发展潜力。卢龙县作为农业传统县，存在农业产业链条短、农民增收难、对财政贡献率低的问题，面对实际困难，冯志永力推转变城乡发展思路，打牢农业基础，为提速振兴提供支撑力。将现代理念融入传统农业，利用倒推法拉动农业产业结构调整，引进千万元以上骨干农产品加工企业 38 家，香格里拉等 3 家企业被认定为省级农业产业化重点龙头企业，市级农业产业化重点龙头企业达到 60 家，农民合作社 150 家；培育农业潜在优势，把葡萄酒和石门核桃打造成基础产业，中国葡萄酒之乡、中国核桃之乡、石门核桃地理坐标申报通过专家评审，与省林科院合作建立了中国（北方）干果研发中心，柳河山谷酒葡萄基地被授予"最具投资价值产区"；改变农村传统发展格局，按照"三个集中"原则，在全市率先启动 36 个村的新民居建设工程，柳河山谷片区作为新居民建设与产业发展完美结合的典范被列为河北省 100 个重点推荐项目在世博会上精彩亮相。

四、建强干部队伍，为发展提供组织保障。针对卢龙资源匮乏的实际，冯志永大力倡导事在人为理念，通过发扬"敢"和"干"的亮剑精神来实现"赶"的目标。坚持"围绕发展用干部、通过发展选干部、选好干部促发展"的用人理念和"重用想干事、能干事、会干事、不出事的干部，重用经济型干部"的用人导向，组织干部挂职培训，创新乡科级后备干部资格考试制度；鲜明提出"树正气、刹歪风，保稳定、促发展"的工作主题，加强作风建设，深入开展"四讲四争"活动。行政执法单位到企业进行面对面公开承诺，2010 年全省公共资源集中统一管理研讨会对我先进行了现场观摩，河北电视台阳光访谈节目对我先进行了专访。价钱保廉增效长效机制建设，在全省率先成立了招投标交易平台，得到省纪委书记肯定；建党强基创先争优，以全会形式出台《关于进一步加强和改进的建设的意见》探索建立了党员队伍教育管理机制、村干部队伍优化带动机制、责任目标考核评价机制等一整套机制，形成考评、激励、奖惩乡贤街的基层党建格局。2009 年被省委评为农村两委换届工作先进县，全市"四议两公开"试点选在我县，市学习实践科学发展观活动第一阶段现场会和2010年全市基层党组织建设推进会都在卢龙召开。阵地意识、发展意识明显增强。

孙国胜

孙国胜，河北东光人，2006年4月到卢龙工作，先后任县委副书记、县长、县委书记，2013年4月离开卢龙，现任秦皇岛市副市长。

孙国胜同志在卢龙工作期间，针对卢龙经济基础比较薄弱，发展比较落后的实际，提出了"主动融入京津唐、对接环渤海，主动承接周边发达地区产业辐射和转移"的发展定位和"改造提升传统产业，培育战略新兴产业，加快构建现代产业体系"的发展思路及"重点培育酒葡萄、石门核桃、设施蔬菜、畜牧养殖四大特色农业，改造提升建材、食品加工、机械制造三大传统工业，大力培育绿色化工、新材料、新能源等战略新兴产业，积极发展以旅游、商贸流通及物流为代表的现代服务业"的三次产业发展重点。同时，积极借鉴外地先进经验，适时提出了加快推进城乡一体化的城镇建设思路和"建设大园区、构筑大产业、发展大旅游"的战略构想，逐步形成了"以新型工业化、新型城镇化为龙头，带动和促进农业产业化，统筹城乡科学发展"的发展战略，为卢龙在更大空间、更高层次上实现更好更快发展指明了方向。工作中，综合考虑现有基础条件和未来发展趋势，坚持规划先行，按照"全域规划"理念深入研究统筹城乡发展规划，按照"产业集群"理念深入研究工业聚集区建设，按照"城镇带动"理念，精心谋划城镇发展路径，按照"可持续发展"理念深入研究"十二五"规划及各专项规划，形成了一整套经济社会发展战略规划，构筑了更加符合卢龙实际的发展框架和工作格局。短短几年间，全县园区规划面积由原来的不足8平方公里调整到当时的100多平方公里；先后有佰工高顿高速线材、武山水泥熟料等23个超亿元项目开工建设，康姿百德、中青阀门等99个千万元以上重点项目竣工投产；县城建成区发展空间拓展一倍以上，城镇功能及城市形象显著提升；全县生产总值总量增长七成以上，地方一般预算财政收入增长超过1.79倍，固定资产投资总量增长超过4倍。

面对繁重的发展压力和深化改革、维护稳定的工作任务，孙国胜同志坚持把关注民生、维护稳定作为深化改革、加快发展的前提和基础，妥善合理地解决各种社会热点难点问题，以发展保稳定，以稳定促发展。坚持带着感情做好群众信访工作，在建立并落实矛盾纠纷排查调处机制的基础上，对历史遗留的难点问题不回避、不推拖，逐一明确责任人，使一大批老案、积案得到限期化解。高度重视安全生产和食品安全，连年被市政府评为安全生产工作先进县。深入推进和完善企业改制工作，始终把维护职工群众利益放在第一位，严格按照上级有关补偿标准兑现职工身份置换费用，避免了因不符合政策造成"后遗症"。切实关注民生民本，连年组织实施社会保障、教育普惠、医疗惠民等民心工程，在县财力极为紧张的状况下，机关事业单位增资政策得到全面落实，城乡最低保障水平实现翻番增长，新农保试点工作全面展开，高标准建设了2所集中供养中心，组织实施了院校合作、标准化学校新改建、县医院迁建、体育馆建设、乡镇卫生院改造、乡镇文化站和"农家书屋"建设、农民体育健身等一批项目，不断丰富群众的物质文化需求，人民生产生活得到可靠保障，从根本上促进了社会稳定、政治安定。在其工作期间，全县刑事案件发案数量始终在全市保持最低，社会治安综合治理工作在全市始终保持领先位次。

1945年以来卢龙县历届县委书记统计表

组织名称	职务	姓名	籍贯	任职时间	备注
中共迁卢抚昌工作委员会	书记	高敬之	河北滦县	1942.10—1943.7	
中共迁卢抚昌工作委员会	书记	石堂	河北滦县	1944.10—1944.12	
	书记	张文浩	河北饶阳	1944.12—1945.9	
中共卢龙县委员会	书记	张文浩	河北饶阳	1945.9—1946.5	
	书记	索国仁		1946.6—1947.11	
	书记	赵衡	河北丰润	1947.1—1948.4	1947.1—1947.11 为代书记
	书记	史一	河北蠡县	1948夏—1949.7	
	书记	阎欣	河北肃宁	1949.8—1950.4	
	书记	张炬	山东聊城	1950.4—1952.6	
	代书记	陈品忠	河北卢龙	1952.2—1952.7	
	书记	刘正舟	河北滦县	1952.9—1955.3	
	第一书记	王永山	河北迁西	1955.3—1955.10	
中共卢龙县第一届县委会	第一书记	王永山	河北迁西	1955.10—1957.12	
	第二书记	刘述汉	河北唐县	1957.4—1957.12	
中共卢龙县第二届县委会	第一书记	王永山	河北迁西	1957.12—1958.11	
	第二书记	刘述汉	河北唐县	1957.12—1958.11	
中共卢龙县委书记处	第一书记	陆达	河北任丘	1961.5—1962.3	
	书记	傅瑞丰	河北遵化	1961.5—1962.3	
	书记	刘述汉	河北唐县	1962.3—1963.4	
	书记	刘章清	河北安国	1961.5—1962.3	
	书记	蒋德恩	河北乐亭	1962.3—1963.4	

续表

组织名称	职务	姓名	籍贯	任职时间	备注
中共卢龙县委书记处	书记	孙常	河北抚宁	1962.3—1963.4	
	书记	张福	河北遵化	1962.3—1963.4	
	书记	许文明	河北卢龙	1962.3—1963.4	
中共卢龙县第三届委员会	第一书记	陆达	河北任丘	1962.3—1963.4	
	书记	傅瑞丰	河北遵化	1962.3—1963.4	
	书记	刘述汉	河北唐县	1962.3—1963.4	
	书记	刘章清	河北安国	1962.3—1963.4	
	书记	蒋德恩	河北乐亭	1962.3—1963.4	
	书记	孙常	河北抚宁	1962.3—1963.4	
	书记	张福	河北遵化	1962.3—1963.4	
	书记	许文明	河北卢龙	1962.3—1963.4	
	书记	陆达	河北任丘	1963.4—1964.3	
	代书记	刘章清	河北安国	1964.3—1964.11	
	代书记	傅瑞丰	河北遵化	1964.11—1966.5	
中共卢龙县第四届委员会	书记	孟英	天津汉沽	1970.1—1977.9	
	书记	李连璧	河北迁西	1977.4—1982.4	1974.—1979为代理书记
中共卢龙县第五届委员会	书记	李连璧	河北迁西	1982.5—1983.11	
机构改革后县委会	书记	方宝枝	河北卢龙	1983.11—1985.12	
	书记	张树仁	河北卢龙	1985.11—1986.3	
中共卢龙县第六届委员会	书记	张树仁	河北卢龙	1986.3—1991.4	
中共卢龙县第七届委员会	书记	何进先	河北卢龙	1991.7—1992.11	
	书记	杨文波	河北山海关	1992.11—1992.12	
中共卢龙县第八届委员会	书记	杨文波	河北山海关	1993.12—1998.2	

续表

组织名称	职务	姓名	籍贯	任职时间	备注
中共卢龙县第九届委员会	书记	郁和平	河北抚宁	1998.3—2002.12	
中共卢龙县第十届委员会	书记	高文涛	河北文安	2003.3—2006.4	
中共卢龙县第十一届委员会	书记	冯志永	河北滦南	2006.4—2011.8	
中共卢龙县第十二届委员会	书记	孙国胜	河北东光	2011.8—2013.4	
中共卢龙县第十三届委员会	书记	张立群	河北秦皇岛	2013.4—2017.4	
中共卢龙县第十四届委员会	书记	鞠世闻	河北抚宁	2017.4—当今	

1945 年以来卢龙县人民政府历任县长（县革命委员会主任）

届期	职务	姓名	籍贯	任职时间	备注
	县长	于步之		1945.9—1949.1	
	县长	马子良		1949.1—1950	
	县长	姜立川	山东海阳	1950—1952.1	
第三届各界人民代表会议	县长	姜立川	山东海阳	1952.1—1954.7	
县第一届人民代表大会	县长	姜立川	天津蓟县	1952.1—1954.7	
县第二届人民代表大会	县长	苏成	天津蓟县	1956.12—1958.2	
县第三届人民代表大会	县长	苏成	天津蓟县	1958.6—1958.11	
县第四届人民代表大会	县长	傅瑞丰	河北遵化	1961.12—1963.12	
县第五届人民代表大会	县长	傅瑞丰	河北遵化	1963.12—1966.2	
县第六届人民代表大会	县长	傅瑞丰	河北遵化	1966.2—1967	
县革命委员会	主任	边树林		1967—1969	
	主任	孟英	天津汉沽	1969—1977	
	主任	李连璧	河北迁西	1977—1979	
	主任	方宝枝	河北卢龙	1979—1981.2	
县第七届人民代表大会	县长	方宝枝	河北卢龙	1981.2—1983.11	
县第八届人民代表大会	县长	骆志强	河北卢龙	1984.6—1987.3	
县第九届人民代表大会	县长	何进县	河北卢龙	1987.4—1990.5	
县第十届人民代表大会	县长	何进县	河北卢龙	1990.5—1992.3	
县第十届人民代表大会	县长	姚兆荣	河北玉田	1992.3—1993.2	

届期	职务	姓名	籍贯	任职时间	备注
县第十一届人民代表大会	县长	姚兆荣	河北玉田	1993.3—1998.1	
	县长	张宇	河南封丘	1998.1—1998.2	代理
县第十二届人民代表大会	县长	张宇	河南封丘	1998.3—2001.6	
	县长	高文涛	河北文安	2001.6—2002.6	代理
	县长	高文涛	河北文安	2002.2—2002.12	
县第十三届人民代表大会	县长	冯志永	河北滦南	2003.3—2006.4	
县第十四届人民代表大会	县长	孙国胜	河北东光	2006.4—2011.8	
县第十五届人民代表大会	县长	高峰	河北青龙	2012.2—2013.2	
县第十六届人民代表大会	县长	安生宏		2014.1—2014.2	代理
	县长	安生宏		2014.2—2019.2	
	县长	张志明	河北涉县	2019.1—2019.2	代理
	县长	张志明	河北涉县	2019.2—至今	

1950 年以来卢龙县各界人民代表大会常务委员会历任主任（主席）

届期	职务	姓名	籍贯	任职时间	备注
第三届各界人民代表会议	主席	张炬	山东聊城	1951.12—1954.7	
	主席	姜立川	山东海阳	1954.7—1961.2	
县第七届人民代表大会	主任	赵兴凯	河北滦南	1981.3—1984.6	
县第八届人民代表大会	主任	陈润铭	河北乐亭	1984.5—1987.4	
县第九届人民代表大会	主任	陈润铭	河北乐亭	1987.4—1990.5	
县第十届人民代表大会	主任	杨宝山	河北卢龙	1990.5—1993.2	
县第十一届人民代表大会	主任	尤振雄	河北卢龙	1993.2—1996.4	
县第十二届人民代表大会	主任	王义	河北卢龙	1996.4—2002.12	
县第十三届人民代表大会	主任	安胜	河北卢龙	2002.12—2007.5	
县第十四届人民代表大会	主任	王杰	河北卢龙	2007.5—2012.3	
县第十五届人民代表大会	主任	王杰	河北卢龙	2012.3—2016.1	
县第十五届人民代表大会	主任	贺学军	河北卢龙	2016.1—2017.2	
县第十六届人民代表大会	主任	魏增顺	河北卢龙	2017.2—2020.9	

政协卢龙县委员会历届主席

届次	职务	姓名	籍贯	任职时间	备注
第一届委员会	主席	李连璧	河北迁西	1981.2—1982.4	
	主席	许文明		1982.4—1983.12	
第二届委员会	主席	裴晓军	河北卢龙	1984.5—1986.3	
	主席	彭士金	河北卢龙	1986.3—1987.4	
第三届委员会	主席	彭士金	河北卢龙	1987.4—1990.5	
第四届委员会	主席	彭士金	河北卢龙	1990.5—1993.3	
第五届委员会	主席	董荫乔	河北卢龙	1993.3—1998.2	
第六届委员会	主席	董荫乔	河北卢龙	1998.2—2002.2	
第七届委员会	主席	孟凡林	河北卢龙	2002.2—2007.5	
第八届委员会	主席	杨俊达	河北卢龙	2007.5—2016.1	
第九届委员会	主席	李志佳	河北	2016.1—2017.2	
第十届委员会		方是宽	河北卢龙	2017.2—至今	

社会贤能

在卢龙这块风水宝地上，也涌现了许多遨游商海的大腕，在各自不同的企业、产业里独领风骚。涌现了许多接地气，爱家乡，扶贫助难的社会贤能。通过他们的作为，他们的事业，可以折射出孤竹儿女超凡脱俗的高风亮节。

闫小兵

闫小兵，1969 年生，河北省卢龙县人，河北机电学院毕业。现任京东集团高级副总裁、京东零售集团 3C 电子及消费品零售事业群总裁。

闫小兵参加工作以来，曾分别就职于肯德基、百信鞋业、国美电器等不同领域的零售企业，从基层工作做起，经历了各种行业的不同零售阶段和业务形态，凭借自身的聪明好学和勤奋钻研，在每一段工作中都取得了优异的成绩，同时开拓了职场视野，积累了大量管理和营销经验，为日后取得行业瞩目的成绩打下了坚实的基础。

2012 年，闫小兵受邀加入京东，担任集团副总裁职务，负责家电业务。京东家电在闫小兵的带领下业务飞速发展，很快就成为京东的支柱品类，业务规模从 2012 年到 2018 年增长了近 20 倍，占据中国家电网购市场六成份额，成为全渠道最大的家电零售商。

由于出色的业绩和管理能力，闫小兵在 2018 年年初升任京东集团高级副总裁，并在 2018 年年底成为新成立的京东零售集团 3C 电子及消费品零售事业群总裁，统管 3C 电子、家电、快消品等以自营为主的京东优势品类，京东零售集团超过 80% 的净收入都来自该事业群。

闫小兵在工作中大胆创新，先后打造出京东帮服务店、京东家电专卖店、家电超级体验店等引领行业的新业态，并持续优化业务。在 2018 年初开始全面负责家电、手机和电脑数码等 3C 电子全品类，通过快速整合资源，进一步扩大了京东在带电品类的领先优势，打造出更高的竞争壁垒和更宽的行业护城河，多次获得京东集团CEO特别大奖和最佳团队奖，还获得中国家电协会30周年"杰出贡献奖"、中国电子视像行业协会"杰出领军人物奖"等行业嘉奖。

雷厉风行的闫小兵为人诚信正直，既有商场上的钢铁意志和进退谋略，也有对待团队的严格要求和温情关怀，在带领团队披荆斩棘的同时，也打造了一支善打硬仗的热血团队。

"如果我一个月没有创新，一年没有改革，我就会很惶恐，这样我会被别人超越。我不停地改变我自己，就是在和自己竞争，我最大的竞争对手不是别人，正是自己。"正是在这样跟自己赛跑的心态下，闫小兵个人和所领导的事业群一直没有停下创新发展的脚步，不断地尝试新的业务形态，带领团队向前冲刺，创造零售行业的一个个新纪录！

杨金才

杨金才，卢龙县印庄人，北京金隅集团天坛家具股份有限公司总经理。

北京金隅集团天坛家具股份有限公司创立于1956年，经过近半个世纪坚持不懈的努力，现已成为在海内外享有较高声誉的大型现代化家具制造企业。公司注册资金9689万元，拥有总资产4亿元。公司占地35万平方米，厂房面积20万平方米，下辖3家合资企业、12个生产分厂，年销售收入超过5亿元。销售遍及全国31个省市自治区和港澳特区，并出口美国、法国、日本等40余个国家和地区。

公司采用世界领先的制造技术，拥有从德国、意大

利、日本、瑞士等国引进的 20 余条具备当代先进水平的家具生产线，同时还拥有同行业设施最完备的原材料和产成品质量检测中心，具备制造实木、板式、软体、玻璃、金属、注塑等各类家具的先进加工手段，使天坛家具的产品质量和环保性能始终保持国内领先水平。

公司拥有高素质的专业设计队伍，秉持"人性化"的设计理念，全力为客户创造舒适的现代办公环境，使各级工作人员发挥最大的工作效能。每年设计开发新品千余种，还可按照客户的个性化需求设计产品。公司与意大利等国的设计集团长期合作，同步开发具有世界先进水平的系列家具。

高金义

高金义，卢龙县燕河二街人。中国五矿地产有限公司总经理。

中国五矿地产有限公司（股票代码：230.HK）是中国五矿集团有限公司下属一级公司，是中国五矿的香港上市旗舰平台，是国资委首批确定的 16 家以地产作为主业的央企之一。

在母公司中国五矿的大力支持下，2008—2018 年间，五矿地产上市公司进行了 6 次资本市场融资和 4 次资产注入（不含银团、俱乐部贷款等银行间融资工具），公司业务规模和土地储备得到了极大充实的同时，经过一系列公开市场拿地和资本运作，成功开拓了境内外多种融资渠道。

五矿地产在手的房地产开发项目、商业地产项目、产业地产项目共计 73 个，分布于全国 21 个城市。经过 20 多年的探索和实践，逐步形成了以房地产开发为核心，产业地产综合运营、多领域建筑安装为两翼，资产管理、地产服务和地产金融业务为支撑的业务格局，通过积极推进"4＋X"区域布局，在深耕环渤海城市群、长三角城市群、粤港澳大湾区城市群、中部城市群的基础上，拓展成渝城市群等其他国家级城市群的核心城市。

在房地产开发领域，五矿地产打造了多个经典住宅产品系，包括以九玺台、晏山居为代表的"高端定制系"，以澜悦方山、澜悦云玺为代表的城市低密度"澜悦系"，以御江金城、崇文金城为代表的城市核心地段"金城系"，以万境水岸、万境蓝山为代表的城市大规模人文社区"万境系"以及以哈施塔特为代表的"特色小镇系"；在产业地产综合运营领域，五矿地产在辽宁营口打造了占地面积约 30 平方公里的营口产业园，在广东汕头打造了总面积约 8 平方公里的汕头粤东物流总部新城，在成都市郫都区打造了总面积约 14 平方公里的电子信息产业地产项目，在成都大邑县打造了总面积约 8 平方公里的未来生态城产业地产项目；在多领域建筑安装领域，五矿地产承建了深圳五矿金融大厦、上海世博演艺中心、澳门美高梅酒店、北京奥运会场馆等一批标志性工程，多次荣获"鲁班奖""国家优质工程奖"；在资产管理方面，五矿地产打造了城市商业综合体品牌"LIVE"、社区商业品牌"幸福里"以及长租公寓品牌"拾贰悦"，并在北京、香港等多个城市运营酒店、写字楼等高端物业；在地产服务领域，五矿地产构建了具有自身特色的37℃生活服务体系，五矿物业凭借专业、贴心的37℃服务，得到广大客户及社会各界的高度认可，于2017年、2018年连续获得"中国蓝筹物业30强"荣誉称号；在地产金融领域，五矿地产与美国保德信、华润信托、鼎信长城基金等开展了业务合作与创新探索；在城市运营开发领域，五矿地产在北京副中心以东的香河县和天津市北辰区宜兴埠镇启动了大型的城市运营开发项目，力求通过城市综合开发提升新区的整体形象。在社会责任和企业文化建设方面，五矿地产积极履行企业社会责任，五矿地产工会在集团公司工会和五矿地产党委领导下，持续开展公益活动，注重企业与员工的和谐共同发展，于2018年荣获全国工会系统表彰先进集体的最高荣誉——"全国模范职工之家"称号。

五矿地产秉承"珍惜有限，创造无限"的发展理念和"让建筑尊重时空，让建筑回归自然，让建筑懂得生活，让建筑点亮城市"的开发理念，立志造福于民、繁荣城市，着眼于人和城市的健康可持续发展，合理开发和利用有限的土地资源，挖掘历史人文价值，应用绿色科技手段，打造优质精品项目，建设宜居和谐社区，推动区域经济发展，在满足人们幸福生活需求的同时，助力政府实现建设宜居宜商宜业城市的使命，为社会创造无限的价值。

张熠君

张熠君女士，1963年11月出生于卢龙县。曾在卢龙电视台、秦皇岛电视台担任记者。1997年12月创立北京正和恒基滨水生态环境治理股份有限公司任董

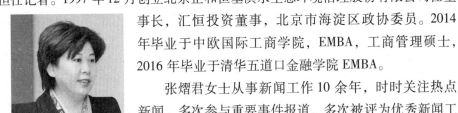

事长，汇恒投资董事，北京市海淀区政协委员。2014年毕业于中欧国际工商学院，EMBA，工商管理硕士，2016年毕业于清华五道口金融学院EMBA。

张熠君女士从事新闻工作10余年，时时关注热点新闻，多次参与重要事件报道，多次被评为优秀新闻工作者。

张熠君女士1997年下海经商，从事生态环境治理行业，创立北京正和恒基滨水生态环境治理股份有限公司。她创立公司"以智慧生态实现人与自然的可持续发展"为愿景，以"河流、湖泊水更清、景更美"

为使命。坚持可持续发展的理念，走技术创新之路。其中，公司可持续发展的规划设计、生态系统构建技术、智慧生态领域全国领先；提出"DBIFO（设计－建设－智慧－投资－运营）"发展模式；坚持以技术引领市场，以京津冀、长三角、粤港澳大湾区、长江经济带为中心，实施了一批有社会影响力的国家重点项目，并多次获奖。

张熠君女士创业22年过程中，专注生态环境治理，在全国率先定义了"滨水生态环境"行业。坚持自主培养和引进相结合的人才战略，打造国际化人才团队，在企业中设立"训－战－复盘"培训体系。积极与国际同行业技术交流、工作营活动，形成专业研发、技术创新、不断超越自我的工作氛围。公司坚持"大道源和，诚信永恒"的经营理念，坚持"坚守匠心、研究进取、学习创新、不畏强手、抢抓机遇、合作共赢"的奋斗者精神，外化于行，内化于心。

从卢龙到北京，从北京到全国，张熠君女士不忘初心，与家乡众多奋斗者一起，用辛勤的汗水浇筑了一道道靓丽的绿色风景，共同促进家乡快速发展。

陶洛武

陶洛武，清末卢龙县四各庄人，县境义和团领袖。光绪二十六年（1900）义和团传入，县城西迷谷（今属滦县）张鸿聚众数百人，于洞山寺立坛，打出"扶清灭洋"旗帜。被义军拥为"大师兄"。陶洛武（号"桃木人"）发动民众数千人于县城钟楼立坛，义民。其为"二师兄"。农历六月初一，张鸿、陶洛武会于府城皇庙，邀期起事，焚教堂，杀教民。至八月十四日，俄兵入城扼守天主教堂，义和团与其血战，终因府县衙署妥协投降，与勾结，战斗失利，神坛被焚。首领张鸿转移他方，莫知所终。陶洛武于府城就义。

赵振增

赵振增，1957年6月出生，唐山丰润县西佑国寺村人。是一位有理想、有抱负，开拓创新、追求卓越的创业者，更是一位践行责任、乐于奉献的企业家。他就是秦皇岛武山实业开发集团有限公司董事长——赵振增。

赵振增出身于一个普通的工人家庭，在父母熏陶下从小立志成为一名德才兼备、对社会有贡献的人。1977年正值唐山震后重建，正值20岁的他在党的号召下、在重建家园的使命下毅然投入到唐山地区武山水泥厂建设中。在以后的几十年里，凭借着其厚德笃行、勤劳智慧，他从最

初的一线工人逐步走上了主要领导岗位，并励精图治，奋发有为，以其特有的睿智和追求、高超的战略管控能力，开创了一片崭新的事业天地。

1995 年底，年仅 38 岁的赵振增临危授命，接任秦皇岛武山水泥总公司总经理。面对各种积弊他进行了大刀阔斧的改革：剥离不良资产，精简机构，改革企业办社会，裁减冗员；2004 年又凭借其个人魅力，成功招商引资，武水历史上第一条新型干法水泥熟料生产线建成投产。

2005 年初企业重组改制完成，河北武山水泥有限公司诞生，赵振增不负众望出任公司董事长；2008 年他谋划组建了秦皇武山实业集团，成为卢龙县第一个集团化运作典范；在之后 10 年中，武山集团坚决落实绿色发展理念，积极追求产业升级、绿色转型，先后培育发展了"岩棉制品、现代物流"等产业板块；特别是在 2018 年，赵振增以敏锐的战略眼光和超前意识，抢抓国家政策机遇，精准发力，建设卢龙——武山装配式建筑产业园项目，至此成功实现了从资源依赖型经济向绿色经济的高质量转型。

在赵振增长政武山集团的 20 余年里，企业经历了国企改革、组建集团等一次又一次历史性跨越；取得了产业升级、品牌提升等一项又一项重大成就；保持了产值和税收规模等多项卢龙第一，为建设"沿海强县、美丽卢龙"做出了积极贡献。同时，他本人也得到了社会的高度认可，先后荣获秦皇岛市劳动模范、河北省优秀企业家、河北省建材行业杰出人物等多项殊荣；连续两届被推举为市党代表、市人大代表，三届卢龙县人大常委会委员。

在企业跨越发展中，赵振增始终强调"企业效益来源于社会，也要还之于社会"，不忘初心，积极践行"惠泽员工，成就客户，共谋发展，奉献社会"的企业使命和"诚实、宽容、勤勉、精进"的企业精神，诚信经营，依法纳税，节能减排；提高员工的薪酬福利待遇，保持业内领先；先后资助 50 余名大学生，对集团大病员工、困难员工给予爱心捐助，与卢龙县贫困家庭结对子，积极参与卢龙县扶贫村建设、园区公路基础设施建设，先后累计捐助物资及款项达 500 万元。同时累计向卢龙县法华寺建设捐赠近 3000 万元。

在企业跨越发展中，赵振增始终强调人才的重要性，视人才为最重要的战略资源，持续激发人才干事创业，尤其注重对年轻人的培养历练，构建了一支结构合理、素质过硬的年轻干部团队，为武山集团的可持续发展奠定了强大的人才基础。

面向新征程，在党和政府的领导下，在赵振增董事长的运筹帷幄下，武山集团必定行将至远，续写辉煌！

刘建涛

刘建涛，卢龙县刘田各庄人，北京力天集团总裁。北京力天兴业科技发展有限公司位于北京市丰台区丰体北路 4 号，公司于 2001 年 10 月 11 日在丰台分局注册成立，注册资本为 1050 万元，在公司发展壮大的 18 年里，他们始终为客户提供好的产品和技术支持、健全的售后服务该公司主要经营销售机械设备、电器设备、汽车配件、仪器仪表、金属材料、建筑材料、五金交电、煤炭、化工产品、电子计算机及辅助设备、日用品、装饰材料、服装、鞋帽、针纺织品；家居装饰；设备维修；劳务分包；施工总承包。

刘国珍

刘国珍（1924—1973 年），卢龙县潘庄镇毛各庄村人，军队离休干部，中共党员。1942 年参加革命，曾任教师、区干部，1947 年参加中国人民解放军，离休前任广州市珠海区人民武装部政委。刘国珍于解放战争中南征北战，驰骋疆场，屡立战功。解放广州后，身居闹市，一尘不染，克勤克俭，保持和发扬艰苦朴素的优良传统。为改变家乡贫困面貌，节衣缩食，将多年积蓄的 7000 元，悉数支援农田水利建设，为了家乡提高科学文化知识，先后赠送各种书刊 2000 余册。1983 年病逝于秦皇岛，临终向党组织请求丧事从简，实为清正廉洁楷模。

戴荣

戴荣（1909—1975 年），大刘庄乡土山村人，中共党员。抗战时期入党，长期从事基层革命工作。1949—1966 年，一直担任村党支部书记。第四次县党代会被选为县委委员。为了改变家乡贫困落后的面貌，他率领群众修塘坝、打水井，坚持兴修水利工程。1972 年，他已年过花甲，虽辞去职务，仍坚持在水利建设第一线。首先完成了延伸 15 公里高压线，解决了工程用电。秋，土山水库动工，他将行李搬到工地，吃住在工棚，白天坚持坝上劳动，严把质量关；夜里看守施工机具，顶风雪战严寒，苦干一冬春，终于建成一座坝高 18 米、蓄水 40 多万立方米的小水库，使土山彻底摘掉了缺水落后村的帽子。水库建成后，又转向配套工程，建成 2 条共 3800 米长的渠道和大小建筑物 19 座，当年平整土地、发展水浇地小麦 400 亩，获山地小麦亩产 110 公斤的好收成，实现了水库建设"四个当年"（即当年建设、当年配套、当年整地、当年受益）的要求。先后受到国家水电部和省、地、县各级领导的赞扬，成为全县水库建设的榜样。

在长期革命工作中，他积劳成疾，虽然身患重病，仍不离开水库，继续开展养鸡、养蚕、养鱼和库区绿化等综合性经营活动。当他病危之际，女婿送来10条鲜鱼，让老人补补身子，他只留下两条，将8条放入库中，并一再叮嘱要把水库养殖业搞好。

张鸣云

张鸣云（1902—1971年），马台子乡范家峪村人，中共党员。抗日战争时期入党，1954—1957年，任沙金河初级农业生产合作社和高级社社长，经过三年艰苦奋斗，改变了贫困落后的一面，1957年被推选为治山治水劳动模范，出席全国劳模大会，受到周恩来总理等党和国家领导人的接见。

姜兴歧

姜兴歧（1893—1969年），燕河营镇西吴庄人，中共党员。他出身贫农家庭，16岁失去父母，靠倒工卖月过活，1947年西吴庄解放。从此，姜兴歧获得翻身。

姜兴歧为县内最早走农业合作化道路的带头人，1951年冬，他出席县"劳模群英"会，会上他听到传达党中央关于"组织起来，走集体化道路"的号召，1952年在他的带动下，由10户农民成立全县第一个拨工组，1953年，在拨工组的基础上，又串联6户贫下中农，办起了初级农业生产合作社，并在当年夺得了丰收，被誉为全县"办社的一面红旗"，1956年他跑遍附近10个村庄，积极宣传集体化的好处，在上级党委的关怀和农民的支持下，于燕山脚下办起了"长城农林牧生产合作社"。群众敲锣打鼓，欢庆合作化的胜利，并推选他为社主任。

1957年，由于按人劳比例所出现的分红差异，部分村庄农民提出"分社""退社"，面对这种情况，姜兴歧饭吃不下，觉睡不着，召开干部会、群众会，反复宣传党的政策，讲合作化的优越性，在他的宣传鼓动下，"长城社"这面旗帜终于坚持下来。

姜兴歧率先带领农民施用化肥、农药，引入优良种子，推广先进农业生产科学技术。多年来经过艰苦努力，实现荒山造林2200亩、沙滩绿化600亩、栽植果树万余株和葡萄200架，棉花产量由过去亩产15公斤（皮棉），增加到50余公斤，并总结出一套因地制宜科学种田的经验，迅速在全县推广，促进了棉花的增产。

姜兴歧始终保持勤俭节约、艰苦奋斗的光荣传统。1963年他得了重病，饮食不进，干部门想给他换点细粮，他严词拒绝："干部不能搞特殊，不能给大家增添麻烦。"干部看他屋子里很冷，想从大队给他弄点煤，他又制止说："集体财产一丝一毫也不能动，"有一次，他的小孙子海川从地里拣来两棵高粱穗，他严厉地批评说："集体的东西怎么能往家里拿？"立即让小海川把高粱穗送交了生产队。他当干部17年如一日，始终保持了共产党人清正廉洁的本色。

姜兴歧自1951至1965年历任初、高级社、公社管理区主任及大队长等职，被群众誉为"长城脚下不老松"，曾获省级农业劳动模范。1969年10月13日病殁，终年75岁。1970年，县召开四级干部大会上，为之举行了追悼仪式。

阎国良

阎国良（1954—1967年），刘家营乡薛庄人，生产队的小放牧员。他爱羊如命，整天吃住在饲养处，经他放牧的羊又肥又壮，每年都为集体增收财富，被群众誉为"小社员"。1967年秋的一天，国良于青龙河边扬鞭放牧，突然山洪暴发，压顶而来。此刻国良只有一个信念，说什么也要把集体的羊一只不丢的赶上岸，他东拼西搏，连拽带推，一只只羊得救了，无情的洪水却卷走了这位年仅13岁的"小羊倌"。乡亲们望着青龙河水，泪水涟涟。《唐山劳动日报》载文报道了他的英雄事迹，小学也编写歌曲，广为传唱："长城脚下，青龙河畔，毛泽东的好孩子阎国良，小小年纪踏上英雄道路，他不畏惊涛恶浪，热爱集体临危不惧，体现了共产主义战士精神，完全彻底为人民，集体事业记心上，从小就有凌云志，走社会主义路，创集体的业，青龙河水日夜奔流，阎国良精神永放光芒，在毛泽东思想阳光下，共产主义鲜花胜利开放。"

席廷高

席廷高，中共党员，卢龙县刘家营乡鹿尾山村党支部书记，曾连续29年被评为市县优秀共产党员，两次被选为河北省人大代表，1994年被河北省授予"优秀共产党员""劳动模范"称号。

席廷高1965年担任鹿尾山村党支部书记，几十年来，他凭着一股不折不挠的精神和为大众谋福利的信念，带领全村人与自然与贫穷进行了一场又一场艰苦卓绝的斗争，将一个贫穷落后的小山村变成了卢龙县首批小康先进村。

鹿尾山地处卢龙、青龙、抚宁三县交界处，两面环山，一面临水，当地有民谣："荒山秃岭石头多，山洪暴发地成河。怕风怕旱又怕涝，打粮不如下种多"，准确描

绘出昔日一个穷山恶水贫穷落后的鹿尾山。

席廷高从小生长在鹿尾山，目睹过旧社会穷人的痛苦，如今新社会人民当家做主了，应该过更富裕幸福的日子，他下决心要改变鹿尾山的面貌，做个带头人、领路人，打一场与自然与贫穷抗争的战役。令他没想到的是，这场战役如此规模宏大、旷日持久，他一打就打了三十多年。为此，席廷高折弯了一身骨，蒸白了一头发，但他无怨无悔。

从 1968 年开始，席廷高就带领全村干部群众用大锤钢钎凿出了 15 眼大口井，54 眼深水井，改善了全村的水浇地条件；接着到了七十年代，他们又用大镐和铁锹铲平了 5 座小山，填平了 4 道沟，挖通了 3 道全长 2000 米的泄洪洞，修固小塘坝 52 道，修建山地梯田 13000 亩，人造平原 1000 亩，使粮食年年大丰收。八十年代，鹿尾山人绿化荒山 1500 亩，荒坡 300 亩，栽植果树 230 亩，使昔日的荒山秃岭变成一道绿色屏障。到了九十年代，席廷高又带领全村打响了创办集体企业战役，他们利用本地资源，先后创办了耐火土厂、石棉瓦厂、铁选矿石厂、油母页岩矿等 11 个村办企业，年创产值 2000 多万元。从此，鹿尾山村不再缺粮、缺钱、缺肉，真真正正摆脱了贫困，过上了富裕的日子。

作为中国最基层的一名党支部书记，席廷高心里始终牢记自己的使命，向党和乡亲许下的诺言，不管付出多大代价，遭受多少艰难困苦，都不改初衷，一定要带领全村共同富裕。事实证明，他做到了，他用一生的心血和汗水为鹿尾山谱写下壮丽的诗篇。

这中间，他有多次升迁的机会，都被村民们挽留下来，他知道自己是鹿尾山的儿子，要为鹿尾山人尽心尽力谋福祉。在鹿尾山村委会办公室，席廷高亲手书写了一副对联："为人民掌权，一尘不染；替人民办事，两袖清风。"揭示他一生的品质和精神操守。

张胜利

张胜利，1950 年出生，中共党员，现任六峪山庄景区总经理，秦皇岛市杏山万亩园区董事长、秦皇岛西戴河田园综合体董事长，秦皇岛首阳山老虎坡公司董事长。

张胜利出生在陈官屯镇新挪寨村一个农民家庭里。1970 年高中毕业，历任陈官屯中学高中教师，卢龙县供电局组长、班长、股长、科长、副局长、卢龙县工商联副主席。曾经被卢龙县供电局聘任为工人技师、工人技术员、工人工程师；1985 年同世界乒乓球冠军耿丽娟一道被卢

龙县破格聘任为卢龙县十佳自学成才人员。退休后被聘任为国家级林业经济人、国际农林规划师。2006年从电力部门领导岗位退下来，开始在自己的家乡陈官屯镇上梨峪村六峪沟承包了土地2300亩带领当地农民创办六峪山庄景区，到2012年将六峪山庄打造成国家2A级旅游景区、乡村旅游、休闲农业国家4A级园区；河北省省级采摘园。秦皇岛市农业产业化龙头企业、河北省林业产业化龙头企业。

2012年开始带领陈官屯镇北部山区的上梨峪、下梨峪、庙岭沟、土山、廖各庄、北单庄、赵家峪七个村的村民建设秦皇岛市杏山万亩生态旅游园区。共流转土地3650亩，承包期到30年不变最后一年2023年种植新型酿酒原料黑果花楸1550亩，优质核桃816亩，建设了红山景区、摇铃山景区和杏山景区。2013年在下寨乡首阳山地区的张家沟村邵黑石村、刘黑石村联合三户农民承包了4000多山场，投资1000万元，注册了秦皇岛首阳山老虎坡生态农业观光有限公司，开始开发首阳山。申报了首阳山伯夷叔齐采薇园项目，弘扬3000年前被孔子、孟子尊为圣贤的伯夷叔齐、兄弟让国、采薇守节的思想行为和价值观念。

2018年张胜利又创建了秦皇岛西戴河田园综合体，（即：一带六区十二湖三十六景）东起燕河营镇的红山景区、经陈官屯镇的摇铃山景区、六峪山庄景区、杏山景区、仙景山景区到潘庄镇的凤凰山景区。在东起正在建设中的京沈高速燕河出口至潘庄出口35华里的北部山区建设燕窝湖莲花池、燕窝湖游乐场、燕窝庄知青湖水上拓展基地、燕窝庄知青村、红山民俗村、红山游客中心、明长城红山采石场遗址、卧龙湖水上竞技场、摇铃湖少儿游乐场、红豆杉园、油牡丹园、桃花湖游乐园、山里人家、药王庙遗址、天井瀑布、郎家坟遗址园、杏山湖休闲游乐园、杏山民俗村、冯家沟战备洞国防教育实践拓展基地、仙景山

庙、凤凰山、凤凰巢、九龙山、九龙寺等一带六区十二湖三十六景。

十几年来，京津地区、唐秦地区和县域周边地区的游客纷至沓来，他们到这里春踏青、夏赏花、秋采果、冬狩猎。

张胜利不忘初心，牢记使命，他带领卢龙县北部山区燕河营、陈官屯、潘庄镇和下寨乡的十几个村的农民建设河北省果品采摘园、建设卢龙县林下油牡丹种植基地、建设卢龙县黑果花楸种植基地、建设卢龙石门核桃示范基地、建设林下藏香猪养殖基地、建设河北省休闲渔业示范基地、带领村民脱贫致富，创造了良好的经济效益和社会效益。

卢龙籍在外企业家名录

胡　志（胡海涛）卢龙镇李仙河村　中冶公司副总裁

赵志成　卢龙镇赵庄子村　辽宁省联通公司经理

王超英　卢龙镇城关　财政部账簿发行公司总经理

张海洋　卢龙镇郑庄村　河北省机电公司总经理

李泉忠　刘家营乡桑园村　国际旅行社社长

王永安　刘家营乡侯各庄村　吉林省冶金勘探公司原总经理

杨春政　刘家营乡峰山村　首钢津唐公司副总经理

肖　福　刘家营乡桑园村　唐山机电公司书记

王成金　潘庄镇大岭村　迁安化肥厂党委书记（退）

毛成河　潘庄镇毛各庄村　秦皇岛港务局局长

李国英　燕河营镇大新庄村　中铁十六局集团第五工程公司总工

李树友　燕河营镇大新庄村　中铁十六局集团第五工程公司总经理

何燕生　燕河营镇二街村　唐山宾馆副书记

刘振天　陈官屯镇前官地村　抚顺钢厂总经理

王玉柱　陈官屯镇　河北省机械工业供销总公司总经理

杨　森　印庄乡杨上沟村　上海市浦东区港务局党总书记

李桂华　印庄乡石岭村　中国机械进出口公司驻香港办事处副总经理

乔玉江　印庄乡乔各庄村　北京金白岭有限公司主任

段久华　印庄乡段家沟村　内蒙古第一机械厂十六分厂厂长

姚洪山　双望镇韩官营村　山海关船厂副厂长

杨香九　双望镇四新庄村　广西华麻厂厂长

毕起良　双望镇下应各庄村　褐石国际有限公司运输部经理

刘胜昆　双望镇廖黑石村　邯郸峰矿务局处长

张宝生　双望镇董各庄村　天津市热力公司经理

申树山　刘田各庄镇康时各庄村　顺达船务总经理

李　伟　刘田各庄镇东山村　北京私营企业董事长

李景明　刘田各庄镇前下荆子村　河北省盐业公司董事长（退）

陆荣归　刘田各庄镇小陆岭村　天津电视机厂厂长（退）

李胜泉　刘田各庄镇李柳河村　大连软件厂（电子）董事长

顾冠军　蛤泊乡王深港村　衡峰化学有限公司总经理

郝振利　木井镇分山村　中国机械化进出口公司企管部总经理

李连平　木井镇朱家桥村　河北省建设投资集团党委书记董事长

宋国民　木井镇木井村　邢台内丘顺达冶炼铸造有限公司董事长

齐季祥　木井镇东李佃子村　吉林市人民银行行长（退）

李莲瑛　石门镇李庄坨村　天津大港油田亿通矿粉有限公司总经理

伦奉祥　石门镇闫大岭村　天津友发钢管集团副总

曹义德　石门镇团山子村　天津铁路分局原局长

董介利　下寨乡董各庄村　塘沽进出口公司经理

董艳华　下寨乡董各庄村　天津镀锌厂厂长

卢龙县市以上劳动模范名录

市级劳模 93 名

夏会江　卢龙县网信办　2014 年 10 月　河北省党政系统机要密码工作先进工作者

王建江　县委办、保密机要局　2013 年 1 月　河北省保密工作先进工作者

曹　剑　卢龙县社保局　2015 年 1 月　河北省人力资源和社会保障系统先进工作者

韩学成　县委政法委　2009 年 6 月　全省社会治安综合治理先进集体先进工作者

王学义　卢龙县法院　2006 年 4 月　秦皇岛市职工劳动模范

周庚全　卢龙县经济开发区　2010 年 12 月　河北省城镇面貌三年大变样工作先进个人

马晓飞　卢龙县发展和改革局　1997 年 11 月　河北省供销合作社系统劳动模范

苗振林　原卢龙县饮食服务公司　1986 年　秦皇岛市劳动模范

花景林　原卢龙县五交化商场　1999 年 12 月　河北省贸易系统劳动模范

李晓波　交通运输局科员　2006 年 4 月　秦皇岛市 2003—2005 年度职工劳动模范

李润堂　卢龙县公安局　1996 年 4 月　秦皇岛市先进工作者

刘庭来　卢龙县公安局　1995 年 12 月　市劳动模范

于悍忠　卢龙县公安局　2004 年 4 月　市劳动模范

张　顺　卢龙县统计局调查队　1994 年 5 月　获省级先进工作者

高永文　卢龙县统计局　1997 年 6 月　河北省统计系统先进工作者

闫哲书　市生态环境局卢龙县分局　2006 年 3 月　全省环保系统先进工作者

郭兴安　天成化工　2003 年 4 月　获 2000—2002 年度职工劳动模范

安　来　供信系统　市级劳动模范

冯宝顺　县陶瓷厂　1998 年 4 月　1996—1997 年度秦皇岛市劳动模范

史徐海　县陶瓷厂　1993 年 11 月　省劳动厅优秀技师

刘明永　县化肥厂　2000 年 4 月　1998—1999 年市劳动模范

王志勇　双益磷化总经理　2012 年 4 月　2009—2012 年度职工劳动模范

魏云山　工信系统　1997 年 1 月　全省建材系统劳动模范称号

白宝堂　劳务输出大队　1984 年度劳动模范　1988 年度劳动模范

陈景文　陶瓷厂　1994 年 4 月　1993 年度劳动模范

李桂林　武水财务处　1991 年 8 月　获省财政厅全省先进会计工作者

徐　学　双益磷化　市级劳动模范

王焕富　天成化工　1998 年 4 月　评为 1996—1997 年秦皇岛市劳动模范

王　峰　矿上建材公司经理　市级劳动模范

杨长银　颖佳化学　1990 年 2 月　获 1989 年度劳动模范

伞国民　陈官屯搪瓷厂　2009 年 4 月　秦皇岛市 2006 年度职工劳动模范

赵振增　工信系统　市级劳动模范

陈素英　百益搪瓷厂　1998 年 10 月　授予省轻工业劳动模范

翁金宇　卢龙县下寨乡人民政府　2012 年市级劳动模范

张瑞华　卢龙县中学　2006 年 4 月　获秦皇岛市 2003—2005 年度劳动模范

袁晓新　卢龙县第四实验小学　2017 年 6 月　省模范教师

李桂贤　卢龙县刘田各庄中学　1987 年　秦皇岛市劳模

陆希山　孟时各庄小学　1983 年　秦皇岛市劳模

王玉兰　卢龙县第三实验小学　1991 年　市劳模

白丽娜　卢龙县第三实验小学　2009 年　省模范教师

秦延乾　卢龙县木井中学　1998 年 4 月　1996—1997 年度秦皇岛市劳动
模范

王素华　卢龙县幼儿园　1997 年 9 月　市级劳模

杨作龄　卢龙县职业技术教育中心　2001 年　省模范教师

杨　森　河北燕河营镇卢龙县燕河营镇信托货栈　1987 年度　市级劳动
模范

闫　起　卢龙县民政局　1997 年 6 月　殡葬工作先进工作者

李海龙　卢龙县住房和城乡建设局　1999 年　市级劳动模范

双志和　卢龙县建筑公司经理　2001 年　河北省建设系统劳动模范

寇兴福　卢龙县政协　1996 年 4 月　1994—1995 年度市先进工作者

魏忠伶　卢龙县政协　1986 年 5 月　秦皇岛市 1985 年劳动模范称

周艳清　卢龙县档案馆馆长　2011 全省档案系统先进工作者

王喜林　卢龙县档案馆　1999 年全省档案系统先进工作者

黄志明　卢龙县司法局　2015 年 12 月　河北省司法行政系统先进工作者荣
誉称号

郑春元　卢龙农业农村局　1989 年　秦皇岛市劳动模范

闫春雨　卢龙县统战部　2017 年 5 月　河北省统战工作先进工作者

赵炳成　卢龙县工商联　秦皇岛市 1991 年度劳动模范

李宝田　卢龙县工商联　2011 年　河北省人民政府节能减排先进个人

安　胜　卢龙县人大　1996 年 10 月　获得计生系统先进工作者

宋　坤　卢龙县人大　市级劳动模范

李兴荣　卢龙县人大　1995 年　省检察院劳动模范

韩淑敏　卢龙县人大　市级劳动模范

李福桥　卢龙县人大　市级劳动模范

王玉萍　光荣院　1994 年 3 月　市级劳动模范

杨爱民　卢龙县卫生健康局　2008 年　河北省改革开放 30 年先进工作者

刘　泽　卢龙县医院　2015 年 4 月　秦皇岛市 2012—2014 年度职工劳动模范

严　峻　卢龙县医院　2009 年 4 月　获得秦皇岛市 2006—2008 年度职工劳动模范

朱　荣　卢龙县医院　秦皇岛市 1988—1990 年度职工劳动模范

姜济川　卢龙县自然资源局　2014 年　市级劳模.

徐　平　卢龙县自然资源局　2018 年　市级劳模.

周正华　卢龙县自然资源局　2009 年　市级劳模

陈连涛　卢龙县自然资源局　1994 年　市级劳模

刘恩清　卢龙县自然资源局　1986 年　市级劳模

李振海　卢龙县农业农村局　1998 年 4 月　秦皇岛劳动模范（先进工作者）

马树波　卢龙县妇幼保健院　2003 年市级劳动模范

齐　为　邮政分公司渠道平台　2016 年市级劳动模范

尹绍桐　石门供销社　1999 年 12 月　河北省供销合作社系统劳动模范

吴步玉　潘庄供销社　1986 年 3 月　1985 年度劳动模范

王有忠　农业生产资料土产公司　2016 年 2 月　河北省供销合作社系统劳动模范

邢　友　卢龙县纪委　2011 年河北省先进工作者

于清林　卢龙县发展和改革局　1987 年、1988 年　两次秦皇岛市劳动模范

肖　义　卢龙县双望粮库　1994 年 4 月　秦皇岛市劳动模范

刘晓光　卢龙县教育局　市级劳动模范

张春凤　卢龙县税务局印庄税务分局　2016 年 1 月　河北省地方税务系统先进工作者

李长青　卢龙县农工部　市级劳动模范

杨文达　卢龙县住房和城乡建设局　2019 年秦皇岛市先进工作者

薛　建　秦皇岛市品维石材有限公司　2019 年市劳动模范

范国营　秦皇岛市鹤凤祥集成房屋有限公司　2019 年市劳动模范

赵　美　河北永祥集成房屋有限公司　2019 年市劳动模范

孔晓锋　卢龙县永平投资管理有限公司　2019 年市劳动模范

李　娟　卢龙县人大常委会　2019 年市劳动模范

张成祥　卢龙县政府　2019 年市劳动模范

王金友　卢龙县电力局　2019 年市劳动模范

段学武　卢龙县电力局　2019 年市劳动模范

梁　浩　卢龙县中学　2019 年市劳动模范

省级劳动模范 35 名

贺耀环　卢龙县公安局　1959 年政法先进工作者

何玉民　卢龙县公安局　1994 年公安一等功

王淑华　卢龙县石门小学　1966 年河北省先进工作者

严春文　卢龙县第一运输公司　1992 年河北省劳动模范

贾伯晨　卢龙县石门镇东阚村　2014 年河北省劳动模范

王枢环　卢龙县赵官庄村　1999 年河北省劳动模范

魏连增　卢龙县赵官庄村　2004 年河北省劳动模范

齐子荣　卢龙镇农业站　2004 年河北省先进工作者

赵　林　卢龙县赵庄子村　2004 年河北省农业劳动模范

胡　利　卢龙县邮电局　1981 年河北省劳动模范

孟繁勤　卢龙县刘田各庄镇　2009 年河北省农业劳动模范

张宝贵　卢龙县中学　1989 年河北省劳动模范

黄永增　卢龙县人大　1996 年河北省计划生育系统劳动模范

于成书　卢龙县人大　1956 年、1959 年河北省先进工作者

刘振宇　卢龙县武山石矿　1990 年、1995 年先进会计工作者

冯　庆　卢龙县砂轮厂　1958 年河北省先进生产者

刘凤起　卢龙县陶瓷厂　1995 年河北省府劳动模范

刘克用　卢龙县汽车一队　1977 年在西藏先进工作者

孟凡林　卢龙县政协　1996 年中纪委监察部先进工作者

王汝琴　卢龙县医院　1981 年河北省劳动模范

王泽生　卢龙县医院　1978 年河北省劳动模范

冯守诚　卢龙农村商业银行股份有限公司　1992 年全国金融系统劳模

张　军　秦皇岛市卢龙县印庄乡　2009 年河北省先进工作者

冯国成　康姿百德集团有限公司 2016 年全国五一劳动奖章

毛文兴　卢龙县潘庄供销社　1999 年河北省劳动模范

李松林　卢龙县双望供销社　1981 年河北省劳动模范

冯　洋　卢龙县新华书店　2009 年河北省劳动模范

陈　伦　卢龙县潘庄镇镇政府　1981 年河北省劳动模范

李亚军　卢龙县动物疫病预防控制中心　2014 年河北省先进工作者

鲍振堂　秦皇岛市卢龙县广播电视台　1978 年河北省科技先进工作者

申　宏　卢龙县妇幼保健院　2017 年全国卫生系统先进工作者

张志强　卢龙县副县长　2010 年全国防汛抗旱先进个人

金会存　县招待所　2014 年河北省见义勇为英雄

刘建明　思嘉特专用汽车制造有限公司 2019 年河北省劳动模范

张立新　秦皇岛佰工钢铁有限公司　2019 年河北省劳动模范